Иван Селеньи, Петер Михайи

•

Разновидности посткоммунистического капитализма

Сравнительный анализ России, Восточной Европы и Китая

Academic Studies Press

Бостон

2023

УДК 321
ББК 66.3
С29

Перевод с английского Николая Проценко

Серийное оформление и оформление обложки Ивана Граве

При участии Издательского дома «Директ-Медиа»

Селеньи, Иван; Михайи, Петер.

С29 Разновидности посткоммунистического капитализма. Сравнительный анализ России, Восточной Европы и Китая / Иван Селеньи, Петер Михайи; [пер. с англ. Н. Проценко]. — Бостон: Academic Studies Press, 2023. — 418 с. — (Серия «Современная западная русистика» = «Contemporary Western Rusistika»).

ISBN 979-8-887193-22-9 (Academic Studies Press)

Книга Петера Михайи и Ивана Селеньи вносит вклад в парадигму разновидностей капитализма, которую Иван Селеньи разрабатывал еще с конца 1980-х годов. Концептуальной основой работы является теория легитимности Макса Вебера. Авторы задаются вопросами, обладал ли когда-либо коммунизм легитимностью и какие требования к легитимности предъявлялись при переходе от коммунизма к капитализму. Ответы даются на материале трех регионов посткоммунистического мира. Центральная Европа была ближе к западной «либеральной» модели. Россия в построении капитализма пошла по патримониальной траектории. Китай двигался собственным уникальным путем, который иногда называют социализмом с китайской спецификой.

УДК 321
ББК 66.3

ISBN 979-8-887193-22-9

Предисловие

Эта книга создавалась на протяжении длительного времени. Один из ее соавторов — Иван Селеньи — включился в разработку парадигмы разновидностей капитализма (Varieties of Capitalism, VoC) еще в начале 1990-х годов и в дальнейшем на ее основе участвовал в подготовке коллективной монографии «Построение капитализма без капиталистов» [Селеньи, Эял, Тоунсли 2008].

Ключевая гипотеза этой книги заключалась в том, что единственно возможное понимание разновидностей посткоммунистического капитализма даст анализ коммунистических систем, которые предшествовали рыночной трансформации экономик более чем 50 посткоммунистических стран. Исходно данную концепцию разработал Дэвид Старк [Stark 1996], подчеркивавший, что посткоммунистический капитализм не просто (или не преимущественно) «строился на руинах» коммунизма, но еще и задействовал ключевые элементы коммунистического прошлого — иными словами, он построен *«из руин коммунизма»*. Посткоммунистический капитализм представляет собой беспрецедентный исторический эксперимент. Во всех известных истории случаях накоплению частного капитала предшествовали столетия трансформации, в ходе которой отдельные экономические системы превращались в капиталистический «способ производства». К примеру, во Франции или Англии во времена феодализма существовала значительная группа обладавшей собственностью буржуазии, а представители феодальной знати или аристократии тоже нередко включались в капиталистические виды деятельности. В первые десятилетия существования капитализма присвоение и огораживание общинных земель лендлордами способствовали трансформации крестьянских экономик, ориентированных на натуральный тип хозяйства, в капиталистические системы товарного производства, а бывшие крепостные или сельские работники становились городским пролетариатом — двигателем капиталистического промышленного развития. (Используя марксистскую терминологию, капиталистический способ производства зародился в «недрах» феодального.)

Хотя при коммунизме накопление частными лицами состояний или капитала не было каким-то невероятным явлением, в сравнении с другими известными истории случаями его масштаб был ничтожным. Кроме того, директора предприятий или функционеры коммунистических партий предпринимали определенные попытки управлять государственными компаниями так, будто это были их собственные частные предприятия (см. [Hankiss 1990], [Staniszkis 1990]), но крупномасштабное накопление началось лишь после того, как рухнула политическая система коммунизма. Следовательно, посткоммунистический капитализм является первым образцом «построения капитализма без капиталистов».

В то же время — в соответствии с логикой парадигмы разновидностей капитализма — в процессе перехода от коммунизма к капитализму существовали различные маршруты [Stark and Bruszt 1998]. Очевидно, что ближайшим к классическому пути «построения» капитализма был случай Китая 1980-х годов — здесь капитализм возникал *«снизу»* [Nee and Opper 2012]. В ходе постепенного дерегулирования семейного сельскохозяйственного производства отдельные крестьяне стали создавать крупные промышленные и финансовые предприятия, благодаря прибылям от которых они в дальнейшем превратились в долларовых миллиардеров. Для так называемых поселково-волостных предприятий (ПВП, см. [Oi 1992]) были характерны не слишком прозрачные имущественные отношения (что во многом напоминало так называемую спонтанную приватизацию в Восточной Европе), но именно поэтому они, похоже, обеспечили траектории персонального обогащения для политической номенклатуры.

Происходившее в России и почти во всех постсоветских государствах (за исключением стран Прибалтики, которые пошли противоположным путем) гораздо больше напоминало то, что Элемер Ханкиш и Ядвига Станишкис называют «политическим капитализмом». Еще в 2000 году Пол (Павел) Хлебников назвал Ельцина «крестным отцом Кремля»[1]. Вслед за Хлебниковым Балинт Мадьяр [Magyar 2013] применил понятие «мафиозное государство» (mafia state) к Венгрии. Иными словами, в России капитализм был построен *«сверху»*: новый капиталистический класс создавался милостью нового «царя» — Бориса Ельцина, — зачастую из бывших высокопоставленных представителей коммунистической номенклатуры. В иллиберальной (illiberal)[2] Венгрии, утверждает Мадьяр, премьер-министр Виктор Орбан после 2010 года выступал в качестве «крестного отца», раздавая крупные состояния своим клиентам, которых Мадьяр именует термином «большая семья».

В периферийных государствах Европы реакции на вызовы посткоммунистической трансформации чрезвычайно различались (см. [Bohle and Greskovits 2012]). Петер Михайи, второй автор этой книги, в своих работах по сравнительному экономическому анализу в макрорегиональном масштабе с акцентом на венгерском материале [Mihályi 1993a, b, 1994, 1996a, 2000, 2001a] продемонстрировал такую уникальную особенность посткоммунистического транзита, как ключевая роль прямых иностранных

---

1 Книга Хлебникова, вышедшая на английском в 2000 году, а в русском переводе год спустя, называлась «Крестный отец Кремля: Борис Березовский, или История разграбления России». Впервые эту формулировку Хлебников использовал в статье о Березовском статью «Крестный отец Кремля?», опубликованной в Forbes еще в декабре 1996 года — *Прим. пер.*

2 По утверждению авторов, английский термин illiberal впервые ввел политолог Фарид Закария в статье 1997 года "The Rise of Illiberal Democracy", *Foreign Affairs* 76 (8): 22–43. В русском переводе, опубликованном в журнале «Логос» (2 (42) 2004. С. 55–70), статья называлась «Возникновение нелиберальных демократий», однако авторы полагают, что более корректным вариантом перевода illiberal является «иллиберальный», указывая в том числе на такой же несколько искусственный венгерский термин *illiberális* — *Прим. пер.*

инвестиций (ПИИ). Именно Венгрия привлекала самый большой объем ПИИ на душу населения с начала 1990-х годов и вплоть до 2017 года, когда она уступила по этому показателю Эстонии и Чехии. Иван Селеньи и Лоренс Питер Кинг в своей статье 2005 года назвали такую траекторию капитализмом «*извне*» [King and Szelényi 2005].

* * *

Еще в 2012 году было очевидно, что тектонические изменения происходят не только в посткоммунистических режимах, но и в глобальном капитализме в целом. Именно в это время Ивану Селеньи и Петеру Михайи посчастливилось углубить их интеллектуальное сотрудничество. Когда обоих авторов попросили представить мнения об увесистой книге Томаса Пикетти «Капитал в XXI веке», оказалось, что они имеют гораздо больше общих позиций по самым принципиальным вопросам, чем можно было ожидать. Тем самым было положено начало чрезвычайно продуктивному соавторству, результатом которого стало появление первой совместной книги «Получатели ренты: прибыли, заработки и неравенство (верхние 20%)» [Михайи и Селеньи 2020]. Подняв из своего архива уже несколько устаревшую черновую версию книги «Разновидности посткоммунистического капитализма», Иван Селеньи предложил поучаствовать в ее дополнении и переработке Петеру Михайи как превосходному знатоку экономики и более активному автору (на тот момент Михайи было всего 60 лет, тогда как Селеньи уже отметил 80-летие).

Кризис 2008 года изменил представление авторов о глобальном капитализме. Хотя мы оба оставались «глобалистами», нам пришлось признать, что глобальная финансовая система основательно подвела всех нас. Капитализм в очередной раз выжил — как предсказывал Йозеф Шумпетер (1864–1920), это будет происходить вновь и вновь, — однако это выживание соответствовало предположениям Макса Вебера о том, что капитализм будет в меньшей степени иметь «классовую основу» и все более активно функционировать на «ранговой» (rank) базе[3], становясь, в соответствии с недавним определением Пикетти, «рефеодализированным». Богатые становятся еще богаче, а бедные — еще беднее, поскольку привилегии предыдущего поколения все чаще передаются его наследникам.

К нарастающему неравенству внутри национальных государств было приковано огромное внимание. Порицание роста неравенства между верхним 1% (или даже верхней 0,1%) и всеми остальными стало мобилизующей силой, воплотившись в лозунге «Нас 99%». Верхние 1% или 0,1% в самом деле получали все большую долю совокупных доходов и имели в своем распоряжении все больше богатства. Однако уже в книге «Получатели ренты: прибыли, заработки и неравенство» мы предупреждали: не следует делать слишком большой акцент на «верхнем 1%». Дело не в том, что мы недооценивали размах и значимость накопления богатства в пределах 1% или 0,1% — мы стремились подчеркнуть наличие, похоже, еще более масштабного процесса социального замыкания, принявшего вид крупного привилегированного «ранга». Мы утверждали, что рефеодализация едва ли была ограничена верхним 1%, и наш главный вывод состоял в том, что ключевой вопрос заключается не в масштабах измеряемого неравенства (доходов или состояний). Страны, где значение индекса Джини составляет примерно 0,2 или 0,4, могут обладать одинаковым уровнем экономической динамики и социальной сплоченности[4]. И если вынести за скобки этнорасовые, религиозные и гендерные социальные разрывы, то ключевой вопрос

---

3 В данном случае авторы следуют за терминологией Макса Вебера, используя один из английских вариантов перевода его термина *Stand* (ранг, статус, сословие). Подробному анализу подхода и терминологии Вебера посвящена вторая глава книги — *Прим. пер.*

4 При помощи индекса, или коэффициента, Джини измеряется неравенство между значениями частотного распределения, например, уровней дохода. Коэффициент Джини, равный 0, подразумевает абсолютное равенство, когда все значения одинаковы, а коэффициент 1 (100%) демонстрирует максимальное неравенство, когда все доходы или весь объем потребления приходятся лишь на одно лицо, а остальным не достается ничего.

состоит в следующем: проистекает ли рассматриваемое неравенство из некоего механизма, порождающего максимально возможную свободу конкуренции между трудящимися и между капиталистами, — или же это неравенство возникает из рентоориентированного поведения, результатом которого становится недопущение к конкуренции отдельных игроков, осуществляемое теми, кто обладает политическими связями? Неравенство становится масштабной социальной и экономической проблемой, если его движущей силой выступает рента. Порожденные рентой разновидности неравенства подрывают меритократическую легитимность либерального капитализма и эффективность инвестирования капитала.

Увеличение доходов и состояний действительно идет наиболее быстрыми темпами в самой верхней части социальной иерархии, но в то же время можно наблюдать все более жесткое разделение между верхними 10–20% и остальной частью общества — именно по этой причине «верхние 20%» появились в подзаголовке нашей предыдущей книги. Некоторые американские исследователи в своих недавних работах (см. [Putnam 2015], [Reeves 2017]) также стали описывать восхождение «новой аристократии», выдвигая в качестве основного тезиса снижение социальной подвижности или относительной мобильности. Дети представителей верхних 10–20% со все большей вероятностью окажутся в этой же группе во взрослом возрасте. Они наследуют состояние своих родителей или дедов, они, как правило, учатся в элитных школах, куда обычно закрыт доступ для нижних 80%, и все чаще вступают в брак с партнерами из того же «верхнего среднего класса», или «новой аристократии». Это снижение социальной подвижности бросает тень сомнения на меритократическую природу современного капитализма.

Информация о представителях самой верхней группы социальной иерархии является скудной и не особенно надежной. Те, кто принадлежит к верхним 10–20%, не слишком охотно участвуют в опросах — а представителей верхнего 1% это касается в еще большей степени. Несмотря на наличие достаточных свидетельств, что в самой верхней социальной группе увеличение доходов и накопление богатства происходит особенно активно, вопрос о том, имеет ли место соответствующее снижение мобильности, еще подлежит изучению. Можно, к примеру, предположить, что межпоколенческое воспроизводство среди верхней 0,1% имеет аналогичный или даже меньший масштаб, чем среди верхних 10–20%.

Представляется, что собранные нами данные о миллиардерах в Китае, России и Восточной Европе демонстрируют значительные колебания: некоторые из этих людей, имея скромное происхождение, всего за несколько лет вознеслись на самую вершину, тогда как другие оказались в тюрьме, были изгнаны или даже убиты. Возьмем для сравнения стремительное восхождение Ли Янхуна в Китае (пример 14 в основном тексте книги), Романа Абрамовича в России (пример 9), Лёринца Месароша в Венгрии (пример 12), с одной стороны, и столь же быстрое падение бывшего мэра Чунцина Бо Силая, оказавшегося на скамье подсудимых (пример 13), Бориса Березовского в России (пример 3) и Лайоша Шимички в Венгрии (пример 11), с другой.

Левые популисты нередко использовали стремительное обогащение верхнего 1% в качестве ключевого тезиса против любых форм капитализма. Если определение популизма вообще возможно, то дать его гораздо сложнее, чем в случае других ярлыков, используемых для обозначения противников в политической борьбе (например, «либералы», «консерваторы», «левые» или «правые») в том случае, когда необходимо охарактеризовать политические разногласия. Само понятие «популизм», используемое начиная с XIX века, в последние несколько десятилетий выступало прежде всего неким уничижительным термином. Оппонентов клеймят словом «демагог», когда хотят подчеркнуть, что они предлагают различные блага (как правило, для групп с меньшими привилегиями), которые не смогут обеспечить после победы на выборах, — именно так «демагоги» исключаются из политического дискурса. Кроме того, популистов зачастую называют «антилибералами» или «антидемократами».

За и против левого или правого популизма написано огромное количество работ — такой же объем литературы посвящен и обоснованию мер, которые необходимо предпринять для защиты либеральной демократии от обоих типов популизма[5]. В совсем упрощенном виде общей особенностью популизма как такового является упор, который он делает на конфликте между «народом» и «элитами». Однако различные версии популизма значительно различаются в том, какое содержание они вкладывают в эти два понятия.

Если вновь прибегнуть к упрощению, то левый популизм определяет «народ» преимущественно как людей, не обладающих экономическими и социальными привилегиями (сюда могут относиться и этнические меньшинства, представители сообщества ЛГБТК и т.д.). К «элитам» же, как правило, принадлежат экономически или политически привилегированные лица. Классическим ранним примером такого популизма является Народная, или Популистская, партия в Соединенных Штатах, которая была образована примерно в 1890 году прежде всего как движение фермеров, противостоявшее воротилам «позолоченного века». Народом в данном случае выступали бедные, а элитами — нувориши. В ходе президентской кампании 1892 года Народная партия получила вполне достойные 8,5% голосов, заняв третье место, но к 1896 году она развалилась. Коммунистические движения тоже, как правило, имели ограниченный «левопопулистский» характер, определяя свою цель как борьбу между классами — выступая за пролетариат и против буржуазии. Коммунисты, в особенности приверженцы ленинистско-маоистской версии этого движения, не рассматривали себя в качестве представителей «народа» в том же смысле, в каком к этому склонялись народники или анархисты (см. статью Ленина 1913 года «О народничестве» [Ленин 1958–1965: XXII, 304–8]). Для ленинистов или маоистов «народом» выступали лишь пролетарии,

---

5 Одна из последних версий проработанной аргументации в пользу левого популизма представлена в работе Шанталь Муфф [Mouffe 2018]. Нашумевшие доводы в пользу правого популизма (иллиберальной демократии) см. в активно цитируемой программной речи Виктора Орбана [Orbán 2014], а всеобъемлющие аргументы в защиту либеральной демократии даны в недавней работе Уильяма Гэлстона [Galston 2018].

откликавшиеся на то революционное сознание, которым наделяли их теоретики революции (о чем писали Маркс и Энгельс в «Святом семействе»). Народников же марксисты объявляли обычными «популистскими» демагогами, а с учетом акцента народников на чистоте души русского крестьянина они и вовсе оказывались расистами.

Правые популисты определяют народ в этнорасовых категориях, рассматривая элиты преимущественно в качестве политического истеблишмента. До того, как прийти к власти, эти элиты выступали в качестве «этнорасовых» чужаков. Главным примером подобного правого популизма является Национал-социалистическая (нацистская) партия Германии. В период, когда в элитах доминировали неарийцы (например, евреи), нацисты утверждали, что евреи обладают расовым превосходством и намерены повести за собой весь мир — следовательно, евреям нужно нанести поражение или даже ликвидировать их. Цель нацистов заключалась в том, чтобы как минимум создать гомогенное в этнорасовом плане государство, а по возможности и сформировать подобный миропорядок.

Нарастающее неравенство, которое, как считается, было порождено глобализацией, в особенности после 2008 года, дало толчок новому левому популизму — именно такую природу имело движение «Оккупай Уолл-стрит». Его участники под лозунгами наподобие «Богатые должны платить больше» нередко выступали за обложение очень высокими налогами получателей самых высоких доходов — именно эту меру попытался реализовать по совету Пикетти президент Франции Франсуа Олланд. Активисты атаковали транснациональные компании, которым удавалось уклоняться от уплаты налогов при помощи перемещения своих штаб-квартир в офшоры, а также финансовый капитал, рассматривая его в качестве крайнего примера уклонения от налогов и манипулирования рынком ценных бумаг и другими финансовыми рынками. Этот левый экономический популизм привлекал огромное внимание, однако добился относительно небольших политических успехов. Наиболее успешным среди подобных левых популистских движений в сегодняшнем западном мире до недавнего времени было движение, которое возглавил Берни Сандерс. В качестве кандидата в президенты от Демократической партии он мог рассчитывать на победу над Дональдом Трампом, учитывая значительную поддержку Сандерса среди белого рабочего класса — той самой группы, которая обеспечила электоральное преимущество Трампу. Однако в 2016 году Сандерс проиграл праймериз Хиллари Клинтон, и тому было две причины. Клинтон утверждала, что Сандерс не сможет осуществить некоторые свои обещания, например, общедоступное здравоохранение и бесплатное высшее и среднее специальное образование. Это изображение Сандерса в качестве всего лишь «популистского демагога» не принесло ему симпатий среди потенциального электората демократов. А во-вторых, истеблишмент Демократической партии изначально хотел видеть кандидата, имевшего поддержку партийной элиты. В дальнейшем, помимо серьезной поддержки финансовых тузов, Клинтон получила и скрытую поддержку от Национального комитета Демократической партии, что, как демонстрируют данные Wikileaks, обеспечило ей последующее преимущество. В ходе праймериз Демократической партии Уолл-стрит уверенно заняла сторону Клинтон, и это обстоятельство демонстрирует, насколько принципиальное значение для политики демократов имеют состояния и доходы самой верхней группы американского общества. Именно оттуда поступает финансирование избирательных кампаний в дополнение к тем деньгам, которые обеспечивает сам кандидат, и без того принадлежащий к верхней 0,1% — что мы и наблюдали в случае Дональда Трампа.

Прежде, чем перейти к рассмотрению правого популизма, необходимо сделать одно дополнительное замечание относительно глобализации. То резкое увеличение неравенства, о котором говорилось выше, имеет *внутри*страновой характер. Но если мы попробуем оценить неравенство *между* странами, задав для каждой из них вес по численности населения, то обнаружится, что неравенства в мире становится меньше. Главным сюжетом здесь, разумеется, выступает Китай (а также Индия, хотя и в меньшей степени). При переходе Китая к рыночной экономике тоже имел место внутренний скачок неравенства, но бедность при этом сокращалась, и если взглянуть на стоимость недвижимости и резкий рост цен на элитное образование в крупных городах этой страны, то и здесь можно обнаружить формирование «новой аристократии». Несмотря на отсутствие бесспорных доказательных данных, в работе Ивана Селеньи и Иштвана Тота «Верхний средний класс — новая аристократия? Постановка проблемы для посткоммунистической Венгрии» [Tóth and Szelényi 2019] была предпринята попытка продемонстрировать актуальность гипотезы Роберта Патнэма и Мартина Ривза для посткоммунистических стран. Очевидно, что разрыв между привилегированными 10–20% и остальной частью общества нарастает и в Китае (а возможно, и в Индии и России), однако представители нижней части социальной иерархии ощущают улучшение своего уровня жизни, и это по меньшей мере отчасти объясняет неожиданную политическую стабильность в этих странах, которым в ином случае грозила бы турбулентность. В этих сомнительно демократических режимах (а Китай, конечно, даже не притворяется демократией) власти могут привлекать на свою сторону многочисленную «новую аристократию».

Теперь мы можем обратиться к рассмотрению тех разновидностей правого популизма, которые мы относим к «радикальному национализму» — представляется, что на данный момент (во втором десятилетии XXI века) именно они одержали крупную политическую победу. Здесь тоже необходимо начать с некоего уточнения. Различие между левыми и правыми радикальными националистами не высечено в граните. Зачастую они заимствуют друг у друга риторику и даже политические решения. Новый левый популизм отнюдь не свободен от национализма. Берни Сандерс мог одержать победу над Дональдом Трампом, поскольку он тоже обещал «вернуть американцам рабочие места», а также постоянно высказывал сомнения относительно «мультилатерализма», например, по поводу транстихоокеанского и трансатлантического торговых соглашений. Джереми Корбин, британский аналог Сандерса в сфере нового левого популизма, провел самую слабую кампанию против Брексита из всех возможных вариантов действий, но и теперь Корбин предпочел бы стать премьер-министром, заново договаривающимся об условиях Брексита, а не о сохранении членства Великобритании в Евросоюзе. И даже Уильям Гэлстон, убежденно отстаивающий либеральную демократию против различных видов национализма, завершает свою упоминавшуюся выше работу такой фразой: «Преодоление [недугов либеральной демократии] потребует... появления политических лидеров, готовых... служить долгосрочным интересам своих стран» [Galston 2018: 18]. Заключается ли суть позиции Корбина в том, что он проведет выход Великобритании из Евросоюза на лучших возможных для нее условиях (логично предположить, что для Евросоюза это будет наихудшая сделка)? На этом, пожалуй, можно поставить точку в рассуждении о националистическом (или, если уж совсем честно, патриотическом) уклоне нового левого популизма.

Каковы же причины успеха радикально-националистических (или патриотических — два эти термина мы используем в качестве синонимов) новых правых? Понятие «радикальный» в данном случае появляется с целью подчеркнуть этнорасовый характер такого феномена, как «нация». Эта крайняя формулировка выдвигается «альтернативными правыми» — американским политическим движением, которое страстно желает вернуться к тем мифическим Соединенным Штатам, где проживают только белые англосаксы. Разумеется, это нереализуемая фантазия, однако она уже привела к политическим решениям, направленным на поддержание фактически существующего этнорасового ансамбля по меньшей мере за счет ограничения иммиграции, даже если прекратить ее полностью невозможно. В качестве особой опасности при этом рассматриваются беженцы из мусульманских стран. Именно этот момент был центральным посланием Трампа, когда в 2015 году он выдвинул свою кандидатуру на пост президента США: он выдворит всех нелегальных иммигрантов (на тот момент их насчитывалось примерно 10 млн человек), построит стену на границе с Мексикой и в будущем не позволит попасть в страну никому из потенциальных иммигрантов. В период президентства Трампа значительное ограничение любой иммиграции (включая законную) было подразумеваемой и реализуемой политикой. Ключевое послание Трампа, представлявшее собой прямой вызов глобализации и любым многосторонним соглашениям, воплотилось в лозунгах «Снова сделаем Америку великой» и «Америка превыше всего». Трамп вышел из Североамериканского соглашения по свободной торговле (НАФТА) и Транстихоокеанского партнерства (ТТП), а затем и Евросоюз, прежде бывший для США «союзником номер один», стал одним из недругов Трампа. Кроме того, Трамп приветствовал Брексит и угрожал Китаю и даже России торговой войной. С его точки зрения, мы должны вернуться в те времена, когда суверенные государства заключали двусторонние «сделки», а многостороннее сотрудничество в таких формах, как природоохранные соглашения, ЮНЕСКО, НАТО, макрорегиональная торговая кооперация и зоны свободной торговли, не являлось нормой.

Очевидно, что за глобализацию была заплачена высокая цена. Капитал перемещается по всей планете почти без ограничений — это позволяет уклоняться от налогов, что может ослабить государства всеобщего благосостояния. Но если капитал обладает мобильностью в глобальном масштабе, то перемещение трудовых ресурсов столкнулось со значительными ограничениями. Все это ослабляло профсоюзы и способность трудящихся к коллективным переговорам. Поскольку мир в определенной степени стал более эгалитарным, в странах ядра мировой экономики были утрачены рабочие места. Реальные доходы в определенных секторах экономик капиталистического ядра (в особенности в обрабатывающей промышленности) прекратили расти или вообще снижались. Даже высококвалифицированным специалистам в странах ядра пришлось столкнуться с конкуренцией со стороны некогда периферийных или полупериферийных стран (что совершенно противоречит предсказаниям мир-системной теории) — теперь они вынуждены соперничать с обладающими прекрасными квалификациями мигрантами из таких стран, как Китай или Индия. Культуры также становятся более разнообразными. Несмотря на определенный процесс «ассимиляции», Соединенные Штаты больше не являются, как раньше, «плавильным котлом» [Glazer and Moynihan 1970], в котором мигранты в конечном итоге утрачивают свои языки. Как указывали Ричард Олба и Виктор Ни [Alba and Nee 1997], культура принимающей мигрантов страны сама инкорпорировала элементы культуры иммигрантов. *Мы движемся в направлении многоэтничного, мультикультурного и многоязычного общества.*

На деле перед нами не завершение, а лишь начало значительной демографической и социальной реструктуризации всего мира. В Североатлантическом регионе без масштабной иммиграции низкие темпы рождаемости и растущая продолжительность жизни приведут к сокращению экономически активного населения. Поддерживаемые государством инициативы по увеличению показателей рождаемости редко оказываются успешными, они сопряжены с большими затратами, а для ответа на потребности рынка труда требуются десятилетия. Разрешение проблемы снижения налоговых доходов при помощи роботов на данный момент является футуристической фантазией. Тем временем взрывной рост населения происходит не только в Африке, но и на Ближнем Востоке, в Южной Азии и в большей части стран Латинской Америки.

Культурное и экзистенциальное беспокойство в странах ядра нарастает. Людей справедливо волнует то, что они могут потерять свои рабочие места или как минимум столкнуться со стагнацией или падением доходов в реальном выражении. Перед людьми стоят культурные, так и этнические вызовы. Возможно, им придется принять то, что их дети вступят в брак с человеком иной этнической принадлежности, а их общество может стать многоязычным. Быть может, им придется признать, что их культура не превосходит другие, и с уважением относиться к тому, что религиозные практики других людей отличаются от их собственных, что другие люди иначе молятся, одеваются и питаются. Все это будет огромным вызовом в течение следующих двух столетий.

Люди, обеспокоенные подобными опасениями, могут обнаружить привлекательность идеи возведения стен (или как минимум заборов[6]), чтобы отгородиться от «других». Они могут ощущать необходимость в сильных государствах, сильных армиях и сильных лидерах для защиты от этих неведомых чужаков. Поэтому они станут голосовать за Владимира Путина, Маттео Сальвини, Себастьяна Курца и Виктора Орбана и не будут склонны к тому, чтобы бросить вызов председателю Си. Уже завтра они могут проголосовать за Марин Ле Пен.

Именно это в одной из наших работ [Szelényi and Mihályi 2018] мы назвали «контрреволюцией» нации-государства. Суверенные нации-государства восстают против воображаемого и реального ущерба, который глобализация порождает сейчас и может породить в будущем. Мы живем в эпоху, о которой, обратившись к «Государю» Макиавелли, можно с основанием утверждать, что над ней господствует «политика страха». Однако в этой сегодняшней политике страха есть и нечто новое: государь сообщает людям, что им следует бояться не его (а лучше бы они любили правителя или правительницу), а того, от чего он их защищает. К тому же люди склонны этому верить. Учитывая это обстоятельство, что они еще могут поделать? Хотя экономика является глобальной, политика остается преимущественно (а в некотором смысле и все более) локальной. Глобальное управление работает слабо или вовсе отсутствует. Евросоюз фактически неспособен ни на какие меры, если одна из входящих в него стран нарушает демократические правила, верховенство закона или даже права человека. ООН способна сделать еще меньше: от нее часто ожидают вмешательства, которое фактически так и не происходит. Так что суверенным национальным государствам и их сильным лидерам остается лишь защищать свой народ от внешних врагов.

В книге «Получатели ренты: прибыли, заработки и неравенство» было высказано предположение, что причиной нашего бедственного положения, которая, помимо прочего, привела

---

[6] Намек на действия властей Венгрии, по инициативе которых в 2017 году был построен забор на границе с Сербией, чтобы избежать попадания в страну нелегальных мигрантов. В 2022 году аналогичный забор Венгрия стала строить и на границе с Хорватией — *Прим. пер.*

и к избранию Трампа, является утрата рентных доходов, накопленных на протяжении десятилетий благодаря экономическому протекционизму и неравномерному распределению богатства и технологий в глобальном масштабе. Теперь «Запад» (the 'West') должен учиться тому, как конкурировать со «всеми остальными» (the 'Rest'). Это болезненный урок, и в нынешних обстоятельствах привлекательность радикального националистического популизма почти непреодолима.

Ожидалось, что после падения коммунизма посткоммунистические режимы «догонят» ядро капиталистического мира, однако после Великой рецессии 2008 года посткоммунизм испытал и другие импульсы. Россия пребывает в экономической стагнации, а динамика Китая замедляется. Отчасти это является следствием, но в то же время и причиной глобального замедления экономики. Лучшие времена глобализации — промежуток 1990–2010 годов — позади. Все ее прежние особенности (экспансия мировой торговли и ПИИ, острая потребность развивающихся стран в углеводородах, стремительный прогресс информационных технологий) после 2010 года, похоже, обескровлены[7]. После 1989 года бывшие коммунистические страны Центральной и Восточной Европы — Восточный блок бывшего СССР[8] — возложили надежды на Евросоюз, но с момента европейского кризиса 2008 года сам Евросоюз борется за выживание. Лидеры России и Китая, как уже было сказано, пребывают в крайнем беспокойстве, пытаясь компенсировать его имперскими и военными амбициями. Путин с 2014 года *де-факто* находится в состоянии войны с Украиной. Консолидация власти в руках генерального секретаря Коммунистической партии

---

[7] В недавней большой аналитической публикации журнала The Economist (26 января 2019 года) говорится, что на смену глобализации пришла новая инерционная эпоха, которую авторы назвали термином 'slowbalisation' (от англ. slow — медленный и globalisation).

[8] Основание Союза Советских Социалистических Республик (СССР) произошло после революции 1917 года, в 1922 году, в качестве конфедерации России, Белоруссии, Украины и Закавказской федерации. Внешние и внутренние границы СССР неоднократно менялись до 1954 года.

Китая (КПК) и председателя Китайской Народной Республики (КНР) Си Цзиньпина, которого начиная с 2012 года часто называют «верховным лидером», а начиная с 2016 года «стержневым лидером» Китая, привела к почти полной перестройке тоталитарной (или коммунистической? или националистической?) системы страны, невиданной с момента смерти Мао Цзэдуна в 1976 году. Когда Китай благодаря четырем десятилетиям экономических реформ стал глобальной державой, все больше наблюдателей стали испытывать беспокойство за то, что же произойдет в мире, где эта страна превращается в одного из главных игроков [Kornai 2018].

Таким образом, в этой книге мы намерены представить историю того, *как посткоммунистические страны, которые после падения коммунизма двигались по расходящимся траекториям, теперь, похоже, все в большей степени сходятся в общем направлении к радикально-националистской, популистской или иллиберальной системе*. Фрэнсис Фукуяма [Фукуяма 1990] ошибался в своих предсказаниях конца истории и финальной победы либерального капитализма. В этой книге мы хотели бы избежать повторения подобной ошибки и не будем предсказывать конвергенцию всего или хотя бы части посткоммунистического мира в направлении иллиберальной парадигмы. Прав был Маркс, писавший в работе «Восемнадцатое брюмера Луи Бонапарта», что люди действительно «сами делают свою историю». Однако нам не следует забывать вторую часть его *bon mot* [меткой фразы — *фр.*]: «но они ее делают не так, как им вздумается, при обстоятельствах, которые не сами они выбрали, а которые непосредственно имеются налицо, даны им и перешли от прошлого» [Маркс и Энгельс 1955–1981: VIII, 119].

* * *

Существенную помощь для первых набросков большинства глав этой книги, сделанных в 2012–15 годах, оказали болгарские, российские и китайские студенты и аспиранты Нью-Йоркского университета Абу-Даби, где в тот момент преподавал Иван Селеньи[9]. Кроме того, мы выражаем признательность руководителям этого университета — декану Эрве Кре, проректору Фабио Пьяно и ректору Элу Блуму, которые великодушно предоставили финансирование для исследований после выхода на пенсию, что позволило выпустить уже несколько книг (фактически шесть книг за шесть лет пенсии), включая эту. Прямая финансовая поддержка Нью-Йоркского университета Абу-Даби позволила нам воспользоваться услугами редактора Анны Брэдли, которая два месяца кропотливо работала над исходной рукописью этой книги.

---

[9] Авторы выражают особую благодарность Лу Пэну, Владиславу Максимову, Томе Павлову и одному студенту из Гонконга, который из соображений безопасности попросил не называть его имя.

Iván Szelényi, Péter Mihályi

•

Varieties of Post-communist Capitalism

A comparative analysis of Russia, Eastern Europe and China

Brill
Leiden
2020

Предисловие к русскому изданию

Книга с долгой историей

Оба автора этой книги исключительно рады, что их совместная работа выходит в русском переводе. Несмотря на то что универсальным рабочим языком для экономистов и социологов давно стал английский, русский по-прежнему выполняет роль передаточного механизма, при помощи которого с книгой смогут ознакомиться множество коллег из всех 15 бывших республик СССР — эти страны являются чрезвычайно важным регионом посткоммунистического мира, основной темы нашей работы. По правде говоря, написание этой книги потребовало значительного времени. Для Ивана Селеньи феномен посткоммунистического капитализма представляет интерес с 1990 года, то есть с самого момента его возникновения. В дальнейшем ряд стран, которые в коммунистические времена совершенно отличались друг от друга — например, Китай, Россия, Куба, Венгрия времен Яноша Кадара и т. д., — стали двигаться в одном направлении классической системы либерального капитализма. Однако эта конвергенция была недолгой: некоторые страны пошли собственным путем в полном соответствии с *теорией разновидностей капитализма* [Hall, Soskice 2001], обсуждавшейся в литературе несколько позже. Именно поэтому, с учетом указанных стремительных изменений, а в особенности комплексных трансформаций мировой экономики, исходный вариант исследования Ивана Селеньи о посткоммунистическом капитализме был отложен в стол — пока в качестве его соавтора не выступил Петер Михайи. Наша совместная работа вышла в свет спустя почти десятилетие сотрудничества, и за все ее достоинства и недостатки авторы несут перед читателями одинаковую ответственность.

История посткоммунистических стран, разумеется, не завершилась в 2020 году, когда оригинальная версия нашей книги на английском была опубликована «Brill», одним из самых престижных международных издательств. За рамками исследования остались изменения, которые случились за каких-то два года после его выхода в свет и повлекли за собой далеко идущие последствия для всего мира, включая США и Западную Европу. Начало военных действий в Украине привело к возникновению ситуации, когда применение ядерного оружия и развязывание Третьей мировой войны стали реальными рисками.

В начале этого предисловия к русскому переводу логично обратиться собственно к России, которая в первые годы XXI века действительно демонстрировала уверенные экономические результаты благодаря своим невероятным нефтегазовым богатствам. Россия обладала ресурсами для переоснащения своей армии, и все это напоминало ее возвращение на мировую сцену в качестве крупной империи. Учитывая значительную зависимость России от нефти и газа при низкой эффективности в обрабатывающем секторе, надежды президента Владимира Путина на то, что его страна сможет конкурировать с Евросоюзом и США, вызывали сомнения, но не были лишены основания. Однако в момент первой публикации нашей книги мы не знали — и не могли знать — истинную ценность российской военной мощи. Лишь сегодня, в начале 2023 года, стало очевидным, что Путин сделал серьезную ошибку, когда совершил нападение на Украину, обосновывая это решение утверждением, что все постсоветские государства следует считать легитимной сферой российского влияния. В то же время только сейчас появилось всеобщее понимание того, что начиная с 2014 года намерения Путина заключались в поглощении Украины с последующим превращением ее в один из регионов России, хотя Путин недооценивал то, в какой мере даже носители русского языка в Украине обладали украинской идентичностью. В итоге вместо неудержимого вторжения, которое по планам должно было продолжаться всего несколько недель, мы получили войну, идущую уже на протяжении года. Самое неприятное для Путина заключается в плачевном уровне эффективности его армии: согласно оценкам, прозвучавшим на момент написания этого предисловия, в ходе украинского конфликта погибли или получили тяжелые ранения порядка 100 тысяч российских военнослужащих. После неоспоримых военных успехов на Ближнем Востоке и в Африке путинская армия потерпела безусловное обескураживающее поражение, попытавшись оккупировать Киев. Кроме того, удар по России нанесли западные торговые и финансовые санкции, тогда как ответные намерения запретить продажу нефти странам, соблюдающим потолок цен, а также односторонние ограничения поставок российского газа, похоже, не привели к существенному ущербу для Европы. Как гласит официальное обоснование или объяснение Путиным неспровоцированного акта агрессии против Украины, его задачей была некая «денацификация» — однако едва ли кто-то, включая самого российского президента, верит в этот мотив всерьез.

Меняющиеся цели: от коммунистического интернационала к восстановлению великой Российской империи

Еще в момент появления на свет посткоммунизма Иван Селеньи предложил альтернативную схему интерпретации сути перехода от коммунизма в одной небольшой статье на венгерском языке, которая осталась незамеченной даже в Венгрии [Szelényi 1990]. В ней утверждалось, что для некоторых бывших коммунистических стран первой исторической вехой посткоммунистического транзита может стать не движение в направлении либеральной демократии, а «балканизация», национальная независимость от Советского Союза (строительство национальных государств) и возвращение к национальным целям и мифам предшествующих столетий.

Почему все это имеет значение сегодня? Вспомним о Ленине и Троцком, которые воображали, что произошедшая в СССР большевистская революция станет всемирной. Еще один очень важный момент: на протяжении нескольких десятилетий гимном Советского Союза был «Интернационал». Однако Сталин со временем был вынужден умерить эти глобальные революционные амбиции, признав, что в обозримом будущем коммунистическая революция может и должна состояться лишь в одной стране. Но поскольку сам Сталин не был русским, он (в соответствии с представлениями умершего в 1924 году Ленина) рассматривал Советский Союз как многонациональную страну с множеством языков. Время от времени Сталин поступал как русский националист, предпринимая недружественные действия в отношении определенных народов, когда, к примеру, высылал в Сибирь некоторые кавказские народы, крымских татар, эстонцев, литовцев, евреев и немцев. Однако сталинский Советский Союз не был реинкарнацией великой Российской империи и не стремился к этому — в отличие от путинской ностальгии по Советскому Союзу, которая сейчас уже открыто совмещается с мечтаниями Петра Великого.

В 1980-х годах лишь немногие полагали, что колесо истории можно повернуть вспять, однако через каких-то несколько лет все изменилось. Примерно к 2010 году, после серии изменений границ, 38 посткоммунистических государств сформировали группу стран с «переходными экономиками»[1]. На тот момент по-прежнему казалось очевидным, что Россия и даже Китай стремительно движутся к превращению в рыночные экономики, а в определенной степени и к движению по либеральной траектории развития. На старте преобразований преобладающей схемой интерпретации изменений режимов, происходивших

---

[1] Стоит принять во внимание, что к 2010 году термин «переходные экономики» уже стал дискуссионным. Одни авторы утверждали, что проблемы таких экономик схожи с трудностями, которые испытывают обычные развивающиеся государства, а потому не имеет смысла выделять посткоммунистические развивающиеся страны в отдельную группу экономик. Другие исследователи с этим категорически не соглашались, указывая на то, что экономическое развитие той или иной страны во многом определяется «эффектом колеи», или ранее пройденного пути. — *Прим. ред.*

в странах коммунистической мировой системы в 1989–1990 годах, была работа Фрэнсиса Фукуямы «Конец истории». Обобщая уроки 1980-х годов, этот американский политолог японского происхождения сформулировал следующий тезис: история является эволюционным процессом, текущая стадия которого представляет собой состояние, когда либеральная демократия как форма государственной власти выступает *единственной* желательной моделью для всех стран мира. Лидеры и формирующие общественное мнение интеллектуалы этих стран обнаружили, что идеологические конкуренты либеральной демократии — фашизм и коммунизм — потерпели неудачу, и полагали, что повсеместное, включая бывшие коммунистические страны, торжество идеи либеральной демократии как экономической, научной, культурной, военной и т. д. системы является лишь вопросом времени.

С высоты сегодняшнего дня понятно, почему упомянутая выше идея Селеньи не привлекла внимания и впоследствии: дело в том, что две важнейшие бывшие коммунистические страны, Россия и Китай, а также страны Балтии, Польша и Венгрия по меньшей мере в начале 1990-х годов были в значительной мере привержены либеральной демократии. Экономики этих стран были открыты Западу в сфере международной торговли, происходила приватизация, несколько посткоммунистических государств вступили в НАТО и Евросоюз. Более того, даже Россия и Украина присоединились к платформе сотрудничества с НАТО по программе «Партнерство во имя мира» и вплоть до начала 2010-х годов подписывали с НАТО многочисленные соглашения.

До февраля 2022 года накопленный ущерб от военной конфронтации в посткоммунистическом мире был сравнительно скромным. За предшествующие три с лишним десятилетия произошло порядка полусотни военных столкновений на Балканах и постсоветском пространстве, но до начала российско-украинской войны казалось, что эти боевые действия ограничены во времени и пространстве, а вопрос об использовании оружия массового уничтожения не возникал. На деле Россия даже сократила свой ядерный арсенал, а Белоруссия, Казахстан и Украина «вернули» ей свое ядерное оружие. Так или иначе, казалось, что посткоммунистический переход дается человечеству невысокой ценой. При взгляде из Берлина, Парижа, Лондона или Вашингтона неслучайно представлялось, что потери в Первой или Второй мировых войнах либо возможная человеческая цена нападения западных стран на СССР затмевают количество этих конфликтов и масштабы их жертв. Начавшаяся в феврале 2022 года российско-украинская война, которую также можно назвать агрессией Путина против Украины, привела к фундаментальным изменения в международном балансе сил из-за *размеров двух государств*: крупнейшая по территории страна Европы напала на вторую по площади страну континента. С другой стороны, совершенно новая ситуация возникла потому, что США и Евросоюз де-факто стали участниками военного конфликта, поставляя оружие Украине, вводя санкции против России и расширяя пределы НАТО. Важной тенденцией также представляется сближение России и Китая, открывшее исключительное окно возможностей для китайской аннексии Тайваня, а заодно и для отправки в поддержку российской армии десятков тысяч добровольцев из Северной Кореи в качестве пушечного мяса. *Со времен Карибского кризиса 1962 года человечество никогда так близко не подходило к ядерной Третьей мировой войне.*

На наш взгляд, фундаментальная причина начала этой войны заключается в том, что смена политико-экономического устройства для России не принесла ожидаемого результата — такого экономического развития, которое позволило бы догонять Запад. Более того, по многим параметрам Россия оказалась в еще худшей ситуации, чем в 1989 году, сразу после поражения в холодной войне. Именно поэтому Путин еще в 2005 году мог утверждать, что распад Советского Союза, с точки зрения России, был величайшей геополитической катастрофой XX века. Украина тем временем демонстрировала еще худшие экономические показатели, чем Россия. Тревожно выглядит и картина демографических изменений: если за последние 30 лет население планеты увеличилось на 40 %, в США население выросло на 30 %, а в Китае — на

20 %, то в России численность населения оставалась примерно неизменной, а в Украине сократилась на 20 %.

В сравнении с Россией Украина выглядела гораздо слабее в военном отношении, поэтому с точки зрения Путина было логично, что именно там он захотел протестировать рассчитанную, возможно, на целое десятилетие программу насильственного восстановления некоего подобия Великой России. Более сильный нападает на более слабого — таково главное правило эволюции. Как сформулировал его Путин в одном ностальгическом интервью в 2015 году, «еще 50 лет назад ленинградская улица научила меня одному правилу: если драка неизбежна, бить надо первым».

В конечном итоге нынешний российский президент считает, что Советский Союз и Российская империя Петра Великого — это одно и то же: советские республики не обладали суверенитетом, будучи составными частями Российской империи. Такое представление имеет под собой реальную основу: в республиках СССР каждый, кто хотел чего-то добиться, должен был учить русский язык, а кроме того, многие русские отправлялись в «новые» республики — даже в три республики Балтии, где национальное самосознание оставалось, пожалуй, наиболее сильным.

Украина в этом отношении обладала особой значимостью. Украинский язык является родственным русскому, и на этом основании Путин стал сомневаться в реальности украинского государства и языка еще 24 февраля 2014 года, когда российские силы стали захватывать стратегические объекты по всему Крыму, после чего там было установлено пророссийское правительство во главе с Сергеем Аксеновым. А после начала войны и сам Путин, и его доверенные лица в своих выступлениях больше не скрывают, что подлинная путинская амбиция — стать новым Петром Великим, восстановить ту великую Российскую империю, которая была создана им в XVIII веке.

Петр Великий действительно был одним из самых выдающихся царей в истории России, хотя от любимого царя Сталина — Ивана Грозного — его отличала одна важная особенность. Оба эти царя сыграли важную роль в низвержении власти бояр и в этом смысле сделали важный шаг к построению эффективного — можно даже сказать «модерного» — государства. Для достижения этой цели они использовали любые средства: Петр, как гласит легенда, лично рубил головы боярам, которые выступали против его власти.

Но если проводить параллель между Сталиным и Иваном Грозным вполне органично, то параллель между Путиным и Петром Великим некорректна. Безжалостность Путина к олигархам допускает его сравнение с Петром, но Российская империя, о которой мечтает Путин, должна не только быть большой и сильной, но и являться частью Западной Европы. Как известно, Петр Великий долго путешествовал по Европе инкогнито, скрывая свое истинное имя, чтобы научиться управлять страной на европейский манер, и в ознаменование этого устремления построил Санкт-Петербург, самый европейский город России, европейский характер которого не смогли полностью ликвидировать ни советская власть, ни даже ужасная Вторая мировая война.

Таким образом, Путин видит себя в роли Петра Великого, рассматривая свою историческую задачу в восстановлении великой Российской империи с использованием любых средств, в том числе религиозных традиций православия. При этом Путин получает значительную поддержку в России (после захвата Крыма его рейтинг составлял около 80 % и даже в последнее время он находится на уровне 72 %) — но не со стороны потенциальных международных партнеров. Турция настроена по отношению к России скептически, а страны Центральной Азии в большей степени поддерживают именно Турцию. Китай также не хочет видеть слишком сильную Россию в Сибири. Иными словами, фундаментальное внутреннее противоречие путинской доктрины заключается в том, что славянофильская, этнонационалистическая и православная идеология вкупе с культом личности Путина неприемлемы для большинства государств постсоветского пространства — ближнего зарубежья России. За пределами же границ бывшего Советского Союза — «дальнего» зарубежья — отдельные страны в регионах, где Россия сохраняет то, что Дмитрий Медведев в бытность свою президентом назвал «привилегированными интересами» могут иметь лишь ограниченный суверенитет. Эти страны, с точки зрения России, должны быть «нейтральными» — что бы это ни значило. Такая доктрина противоречит логике международных договоров, заключенных после 1945 года, и потому неприемлема для Финляндии, Швеции, Польши и других стран (что касается Венгрии, то ее националистическое правительство хранит молчание по данному вопросу). В начале войны Путин рассчитывал достичь двух формально заявленных целей: (1) НАТО не будет принимать в свои ряды новых членов, (2) в будущем силы НАТО не смогут оставаться в странах, которые вступили в этот военный альянс Запада после 1989 года. Но уже в течение первых нескольких недель войны обе цели были сняты с повестки.

С интерпретацией Советского Союза как Великой России сопряжена еще одна существенная проблема. Советский Союз обладал универсальной атеистической идеологией, основанной на призыве к освобождению всего человечества — идеологией фальшивой, для многих оказавшейся неприемлемой, но все же было немало и тех, кто воспринял этот *идеал коммунизма*. Такая идеология хорошо сочеталась с моделью многонационального государства, организованного на федеративных принципах, а также с тем обстоятельством, что некоторые из лидеров Советского Союза родились вообще не в России и/или не были русскими по происхождению и не исповедовали православие (Сталин, Троцкий, Дзержинский, Берия, Хрущев, Горбачев и т. д.). Сейчас уже не вспоминают о том факте, что в августе 1991 года, после неудавшегося путча против Горбачева, Ельцин своим решением президента Российской Федерации внезапно запретил Коммунистическую партию Советского Союза (КПСС). Относительно Горбачева не приходится утверждать, что он был убежденным коммунистом, однако, как и Дэн Сяопин в Китае, на тот момент он, вероятно, считал, что КПСС была необходима для сохранения Советского Союза. Возможно, на исторической развилке 1991 года Горбачев был прав, но Ельцин его переиграл.

Слабеет ли власть Путина?

По мере нарастания военных неудач в Украине и под влиянием западных санкций, нацеленных на российский экспорт, экономика России падает, пусть и не настолько сильно, как ожидалось сразу после начала войны, и это обстоятельство последовательно создает сложности для перевооружения армии. Похоже, что у Путина имеются и внутриполитические проблемы. Не успел Путин в ноябре 2022 года назначить руководителем группировки для ведения войны в Украине Сергея Суровикина (с учетом жестоких военных действий в Сирии имеющего репутацию «генерала Армагеддона»), как всего через три месяца тот был снят с должности — явный признак проблем Путина с собственными кадрами. Суровикин является фигурой, близкой к чеченскому лидеру Рамзану Кадырову, который уже призывал к применению в Украине тактического ядерного оружия, и Евгению Пригожину, возглавляющему военизированное формирование, известное как ЧВК «Вагнер». В начале 2023 года на место Суровикина Путин назначил Валерия Герасимова, тесно связанного с министром обороны Сергеем Шойгу — уже появились предположение, что они будут вести в Украине не столь агрессивные действия. Возможно, это не означает изменения политики Путина в отношении Украины, но демонстрирует борьбу за власть внутри высшего военного руководства России. Кроме того, в январе 2023 года Путин в прямом телеэфире подверг резкой критике курирующего оборонную промышленность вице-премьера Дениса Мантурова — необычный для российского президента жест. Российской оппозиции и западным изданиям, таким как «The Guardian», все это вновь дало повод для рассуждений на тему возможного переворота против Путина.

Китай сохраняет верность коммунистической идеологии

Разительным отличием на этом фоне является то, что руководство Китая ни на миг не отказывалось от коммунистической идеологии и ведущей роли Коммунистической партии (КПК), которая и сегодня насчитывает 96 миллионов членов! На практике концентрация власти и культ личности председателя КНР Си Цзиньпина действительно мало чем отличаются от Путина, но огромная разница состоит в том, что руководство России не может легитимизировать свою власть ничем иным, кроме указаний на национальные интересы страны. Но, рассуждая формально, совершенно не укладывается в голове, как Путин представляет себе, что народы постсоветских стран и нынешние лидеры бывших вассальных государств СССР в Восточной Европе (включая и венгерского премьер-министра Виктора Орбана, ближайшего союзника Путина в посткоммунистическом мире) готовы принять формулировку «Россия превыше всего».

Впрочем, у председателя Си тоже есть свои проблемы, пусть они и не столь серьезны, как у Путина. Спустя месяц довольно непривычных для Китая демонстраций протеста против политики «нулевого COVID» Си пришлось отказаться от этой затеи. Ее реализация, сопровождавшаяся масштабными локдаунами и недостаточной вакцинацией населения, привела к серьезным экономическим, а также эпидемиологическим проблемам и вызвала недовольство обычных людей. На протяжении долгого времени Си игнорировал протесты. Однако они становились все более бурными, а их участники начали выдвигать политические требования — в ряде случаев, например, люди призывали к отставке Си и расширению демократии. Это еще не совсем та ситуация, которая сложилась в Китае в 1989 году, когда на площади Тяньаньмэнь в течение нескольких недель проходили многотысячные демонстрации, но история начала двигаться в этом направлении. Правда, пока непонятно, насколько своевременным и достаточно радикальным был отказ Си от прежней политики борьбы с коронавирусом.

Тем не менее очевидно, что фигура Си в определенной степени несет разочарование. Некогда пострадавший от «культурной революции», Си был избран на пост председателя КНР в 2013 году и обещал продолжение экономических реформ. Но в 2018 году вместо того, чтобы выдвинуть кандидатуру своего будущего преемника в соответствии со сложившейся после смерти Мао практикой, Си изменил конституцию, обеспечив себе возможность избраться на третий срок и в принципе остаться председателем пожизненно, отказавшись даже от видимости демократии. За время, прошедшее с выхода нашей книги на английском, особых экономических реформ в Китае заметно не было — напротив, Си укрепил государственный сектор экономики и обрушился на некоторых частных предпринимателей. Неудивительно, что в годы правления Си китайская экономика функционировала хуже, чем при его предшественнике на посту председателя КНР Ху Цзиньтао. «Си начинает свой третий срок с одного провала за другим», — отметил в декабре 2022 года заместитель редактора американского журнала «Foreign Policy» Джеймс Палмер.

В остальном же Си следует тактике Путина, обращаясь к массовому национализму, чтобы сплотить народ против осязаемого врага — для Китая в этой роли выступает Тайвань (хотя для Пекина это скорее идеологический враг, чем недруг по национальному принципу, ведь на острове живут такие же китайцы, как и в КНР). Внутренние проблемы Китая не настолько глубоки, как в России, но внутри страны Си тоже уязвим. Символично, что в конце 2022 года его пользовавшегося популярностью предшественника Ху Цзиньтао силой выпроводили со съезда КПК — неслыханный и необъяснимый для китайской компартии эпизод. По мнению Палмера, приход Си к власти во многом был связан с тем, что он был «скучным», но компетентным политиком. На данный момент ощутимых признаков его компетентности немного, так что некоторые европейские политики, такие как Виктор Орбан в Венгрии или Александр Вучич в Сербии, сильно рискуют, делая ставку в своей будущей внешней политике на сотрудничество с Путиным и Си, а не с Евросоюзом и США.

Петер Михайи, Иван Селеньи
Будапешт, 14 января 2023 года

Глава 1
Введение

Задача этой книги состоит в том, чтобы внести определенный вклад в парадигму «разновидностей капитализма». Исходно в фокусе этой теории находились Северная Америка и Европа [Hall, Soskice 2001], однако в дальнейшем ее поле расширилось, включив в себя Восточную Азию и некоторые другие части планеты. Разновидностям посткоммунистического капитализма было посвящено сравнительно немного теоретических и эмпирических исследований [Hanké et al. 2007], и мы хотели бы сделать несколько дальнейших шагов в этом направлении.

Кроме того, мы намерены вновь обратиться к почти забытой теории «сравнительного коммунизма» (см. [Montias 1970; Azrael, Johnson 1970; Mesa-Lago 1974; Bertsch, Ganschow 1975; Корнаи 2000]). После падения коммунистических режимов в СССР и Восточной Европе анализ «коммунизма» проводился в рамках слишком общей терминологии, как будто начиная с 1917 года он представлял собой единую целостную систему, одинаковую или по меньшей мере принципиально схожую в разные моменты времени и в разных частях планеты. Более глубокое понимание разновидностей посткоммунистического капитализма требует для начала провести исследование в области сравнения коммунистических режимов.

Мирная смена режима? В Восточной Европе политический и экономический транзит — тот самый «триумф Запада», как его незамедлительно окрестил Фукуяма [Фукуяма 1990], — разворачивался мирно и с очень незначительными жертвами[1]. Един-

---

[1] Этот анализ основан на обновленных данных работы [Mihályi 2014a].

ственным известным исключением была Румыния, где в ходе нескольких недель восстания против режима Чаушеску погибли около тысячи и были ранены около трех тысяч человек. Дезинтеграция СССР, напротив, как обычно утверждается, не была мирной. В советский период границы между 15 ныне независимыми государствами устанавливались в качестве внутренних линий административно-территориального деления. Эти границы существовали только на картах, но не были отчетливо нанесены на территорию. К тому же за территориальными спорами скрывались этнические конфликты, которые подавлялись на протяжении десятилетий, пока не наступил окончательный крах. Двумя наиболее серьезными из этих конфликтов были война между Азербайджаном и Арменией в 1988–1994 годах и пятидневная российско-грузинская война в 2008 году. В Чечне, расположенной в границах Российской Федерации, жестокие стычки происходили практически ежедневно начиная с 1991 года. В этих этнических конфликтах погибли сотни тысяч людей[2], а количество беженцев, возможно, достигло миллиона человек. В общем и целом то же самое происходило при дезинтеграции Югославии в период между 1991 годом, когда в войну вступили Сербия и Хорватия, и 2008 годом, когда независимость в одностороннем порядке провозгласило Косово[3]. Правовой статус подобных территорий (Приднестровье, Нагорный Карабах, Южная Осетия, Абхазия и Косово) остается спорным для международного сообщества — как следствие, эти страны все еще

---

[2] К приведенному авторами списку следует добавить гражданскую войну в Таджикистане (1992–1997), в которой только по официальным данным погибли 60 тысяч человек, войну в Абхазии (1992–1993) с несколькими тысячами погибших и конфликт в Приднестровье (1990–1992), в котором погибли больше тысячи человек. — *Прим. пер.*

[3] Самопровозглашенная Республика Косово не является членом ООН. В соответствии с Конституцией Республики Сербия территория Косово имеет статус автономного края Косово и Метохия в границах Сербии. На начало 2023 года независимость Косово признали 88 стран — членов ООН, не признали Косово в качестве независимого государства 96 стран ООН (в том числе 26 стран отозвали первоначальное признание). — *Прим. пер.*

Для обоснования приведенных выше утверждений при помощи данных об экономическом росте мы использовали общедоступную новую версию базы данных Мэддисон-проекта (MPD)[14] для отбора базовых показателей уровня жизни (для 1989 года — по очевидным причинам — и для 2016 года, на который доступны самые свежие на момент написания книги данные) в 56 ныне существующих странах, которые в то или иное время считались социалистическими специалистами вне соцлагеря[15]. Мы могли выполнить много различных сопоставлений, но в этом вводном статистическом упражнении предпочли ограничиться очень простым критерием, разделив показатели *ВВП на душу населения на 2016 год* на показатели *ВВП на душу населения на 1989 год* для каждой страны (что заодно дает корректную оценку роста производительности).

Самый быстрый экономический рост среди стран, представленных в таблице 2, продемонстрировал Китай, чей ВВП на душу населения в 2016 году был в 5,2 раза выше, чем в 1989 году. Противоположная крайность — Украина: в 2016 году ее подушевой ВВП составлял лишь 60 % от показателей 1989 года. Красноречиво выглядит и еще одно сравнение между странами, находящимися на разных концах этого континуума. В 1989 году разница в подушевом ВВП между Словенией и Мозамбиком была более чем 50-кратной. В 2016 году Словения с точки зрения размера ВВП на душу населения оставалась самой развитой посткоммунистической страной, демонстрируя «всего лишь» 24-кратное превосходство над самым отсталым государством этой группы — Мозамбиком.

---

14 Основная задача проекта заключается в предоставлении исторических (то есть начиная с XIX века, а для некоторых стран и еще раньше) данных о ВВП на душу населения для анализа сравнительного уровня доходов разных стран. В источниках, посвященных страновым сравнениям, это зачастую именуется «реальным ВВП на душу населения» — понятие «реальный» в данном случае относится к рядам, основанным на общем наборе цен по разным странам (паритет покупательной способности).

15 В список посткоммунистических стран мы также могли бы включить Чили, однако социалистический режим, символом которого стало имя президента Сальвадора Альенде, просуществовал там очень короткое время (1970–1973 годы).

ждут принятия в ООН, которое может состояться спустя десятилетия[4].

Через 30 лет после падения коммунизма утверждать, что уход этого режима в прошлое носил мирный характер, можно лишь в том случае, если оценивать этот процесс в глобальном контексте (сравнивая его, например, с гражданскими войнами в Африке). Он не привел к мировой войне таких же масштабов, с которыми наша планета дважды сталкивалась в XX веке, и тем не менее в отдельных местах жертвы и другие человеческие страдания были огромны.

Что достигнуто к настоящему времени? В 1987 году 26 социалистических/коммунистических стран занимали 31 % территории четырех континентов, а их совокупное население составляло до 34 % населения планеты[5]. На начало 2019 года, за исключением Китая, представляющего особый случай, подлинно преданными доктринам марксизма-ленинизма оставались лишь четыре страны — Куба, Венесуэла, Вьетнам и Северная Корея[6].

---

4 Только в феврале 2019 года состоялось полное признание независимости Македонии, когда эта страна была наконец принята в международное сообщество под названием Республика Северная Македония.

5 См. [Корнаи 2000: 32–33, таблица 1.1]. В примечании к этой таблице Корнаи отметил, что в качестве пограничных случаев в список можно было включить по меньшей мере еще семь стран (Гвинея-Бисау, Бирма, Кабо-Верде, Гайана, Мадагаскар, Сан-Томе и Принсипи, Сейшельские острова), поскольку в них существовали однопартийные диктатуры марксистско-ленинского толка, а также эти страны получали политическую и военную поддержку Советского Союза. В серии «Марксистские режимы» под редакцией Богдана Шайковского к социалистически ориентированным странам были отнесены еще три государства: Гренада, Суринам и Танзания. Иными словами, в самом полном виде список социалистических/коммунистических стран включает 36 государств, см. [Pryor 1987].

6 Ради интереса стоит отметить, что правящая политическая партия Непала носит название коммунистической (НКП). Она была основана 17 мая 2018 года путем объединения двух партий маоистского толка. Однако большинство наблюдателей сходятся во мнении, что в своей правительственной политике НКП не предпринимает каких-либо особых действий, благодаря которым она бы напоминала «настоящую» коммунистическую партию.

Спусковым крючком этой исторической трансформации стала дезинтеграция СССР. Угроза конфронтации между Востоком и Западом, усиливавшаяся громадным ядерным потенциалом с обеих сторон, исчезла почти в одночасье. Трансформация прежде всего представляла собой почти синхронизированное *системное изменение в политической сфере* — переход от неограниченной монополии национальных коммунистических партий к той или иной из разновидностей демократии. Шесть стран Центральной и Восточной Европы, три страны Балтии и еще 11 республик бывшего СССР[7] обрели независимость от длившегося много лет российского ярма. Две разделенные страны — Восточная и Западная Германия, а также Северный и Южный Йемен — были воссоединены. Важны были и события, происходившие в геополитике и военной сфере. После того как в 1991 года прекратил свое действие Варшавский договор, 12 стран Восточной и Центральной Европы с переходной экономикой в три этапа стали полноправными членами НАТО, причем дружественные контакты с этой организацией стала выстраивать даже Россия[8].

После того как Советский Союз отбросил собственную «обязательную» версию марксистско-ленинской идеологии, лидеры двух других крупнейших стран, Китая и Индии, увидели историческую возможность поступить точно так же. Их пример послу-

---

[7] В 1992 году после распада Советского Союза эти 11 стран сформировали Содружество независимых государств (СНГ) в качестве региональной межправительственной ассоциации. В 2008 году в результате острого конфликта с Россией членство в СНГ прекратила Грузия, а Украина, являвшаяся ассоциированным членом СНГ, прекратила участие в учредительных органах этого альянса в 2018 году.

[8] Россия начала разноплановое сотрудничество с НАТО в 1991 году, и до 2008 года эти отношения становились все более прочными. После военных акций России в Грузии (2008) и Украине (2014) эта тенденция сменилась на противоположную. Стоит также отметить, что после завершения холодной войны ряд традиционно нейтральных стран также изменили свои позиции. Например, Австрия, Финляндия, Швеция и Швейцария с середины 1990-х годов сближаются с НАТО, участвуя в программе «Партнерство во имя мира».

жил сигналом для множества более мелких, полностью или частично ориентированных на марксизм развивающихся стран. В институциональном аспекте все эти государства, как правило, сближались со своими непосредственными соседями: Восточная Германия — с Западной, Центральная Европа — с Западной Европой, страны Балтии — со Скандинавией, а отдельные закавказские и некоторые среднеазиатские страны — с Турцией и Афганистаном соответственно. Тот же самый процесс разворачивался в социалистических странах Африки[9]. Вывод очевиден: в долгосрочной перспективе и зависимость от пройденного пути, и география представляются значимыми факторами [Mihályi, Banász 2016].

Доминирование государственной собственности в секторе предприятий быстро исчезло, в особенности в Центральной и Восточной Европе. В более крупных и значимых странах *доля частных компаний* в создании ВВП превысила 70 % еще во второй половине 1990-х годов (см. таблицу 1). В России доля частного сектора в ВВП достигла 70 % к 1997 году, но затем упала до 65 % в 2006 году и оставалась на этом уровне до 2009 года. Хотя у нас отсутствуют строго сопоставимые данные Европейского банка реконструкции и развития (ЕБРР) для Китая, стоит отметить, что, согласно официальным сообщениям китайского руководства, в 2017 году доля частного сектора преодолела отметку лишь в 60 %[10].

Впечатляющая степень прогресса достигнута в области внешнеэкономических отношений. Большинство рассматриваемых стран стали членами Всемирной торговой организации (ВТО), что открывает для них возможность *интеграции в мировой рынок* через торговлю и ПИИ. Все эти страны без исключения стали соответствовать требованиям МВФ и Всемирного банка для

---

[9] Из перечисленных Корнаи [Корнаи 2000: 32–33] 26 стран в Африке находились следующие восемь: Ангола, Бенин, Народная Республика Конго, Эфиопия, Мозамбик, Сомали, Южный Йемен и Зимбабве.

[10] URL: http://www.xinhuanet.com/english/2018-03/06/c_137020127.htm (дата обращения: 16.11.2022).

Таблица 1. Скорость смены собственников активов в Восточной Европе (указан год, когда доля частных компаний в создании ВВП впервые превысила 70 %)

1995	1996	1999	2000	2002	2004	2007
Чехия	Эстония, Венгрия, Словакия, Литва	Болгария	Польша	Латвия	Румыния	Словения, Хорватия

Источник: расчеты авторов на основании ежегодных докладов ЕБРР.

предоставления займов и технической помощи, десять стран стали полноправными членами Евросоюза, а еще восемь успешно вступили в зону Шенгенского соглашения, которое гарантирует гражданам участвующих в нем государств право неограниченного перемещения в пределах Евросоюза. Национальные валюты быстро стали конвертируемыми, что позволило государствам устранить экономические барьеры для перемещения капиталов (для компаний) и международных поездок (для граждан). Сегодня старую социалистическую систему множественных обменных курсов, где официальный курс существенно отличается от курса черного рынка, можно обнаружить лишь в трех местах — в Беларуси, Монголии и Узбекистане[11]. Пять стран — Эстония, Латвия, Литва, Словакия и Словения — успешно прошли систему отбора на вступление в еврозону. Еще две, пусть и небольшие, страны — Косово и Черногория — в одностороннем порядке сделали евро своей национальной денежной единицей.

Для обычных потребителей наиболее значимым преимуществом смены режима стало то, что всего за два–три года неми-

[11] В Узбекистане ограничения на операции по обмену валют, которые действовали при первом президенте страны Исламе Каримове, были отменены в 2017 году его преемником Шавкатом Мирзиёевым. К приведенному авторами списку также стоит добавить Кубу, где система двойного валютного курса существовала до конца 2020 года. — *Прим. пер.*

нуемый при социализме дефицит исчез [Kornai 1995, 2001] почти везде, а в появившейся конкурентной экономике компании действовали, руководствуясь жесткими ограничениями бюджета. Хотя рассматриваемые экономики даже сегодня не являются свободными, как того хотели первые реформаторы, а успехи компаний и материальное обогащение домохозяйств по-прежнему далеко не полностью основаны на критерии вознаграждения по достоинству, в этих странах достигнут несопоставимо более высокий уровень динамизма и справедливости, нежели три десятилетия назад[12]. С точки зрения реальной конвергенции производительности и уровня жизни, прогресс *догоняющего* по отношению к развитым рыночным экономикам развития варьируется. Еще в 1989–1990 годах существовали всеобщие — и среди экспертов из академической среды, и среди граждан в целом — ожидания более быстрого схождения производительности и уровня жизни. Считалось, что, как только руины, которые оставил после себя коммунизм, будут расчищены, экономика должна взмыть в небеса. Но в действительности даже страны, добившиеся наибольших успехов, отставали от первоначальных ожиданий. Если обратиться к перечню наименее развитых стран по версии ООН, то окажется, что к этой группе по-прежнему относятся 14 посткоммунистических государств.

Для обычных людей наиболее болезненным явлением была гиперинфляция, выступавшая источником сложностей, которые сопровождали переход от социализма. Крах рублевой зоны привел к трехзначным показателям инфляции во всех постсоветских государствах, за исключением стран Балтии. Такой же шок испытали граждане Хорватии и Македонии после того, как

---

[12] Отметим, что такие характеристики социальных явлений, как динамизм и справедливость, сложно измерить количественными методами, поэтому данные оценки авторов можно в значительной мере признать субъективными. В частности, Туркменистан, представляющий собой закрытую персоналистскую диктатуру, едва ли можно назвать примером несопоставимо более высокого уровня справедливости в сравнении с Туркменской ССР. — *Прим. ред.*

прекратил свое существование югославский динар[13]. В Польше на старте реформ в 1989–1990 годах тоже была гиперинфляция (около 600 %), продолжавшаяся в течение года, хотя ее причины были иными. Румыния переживала высокую инфляцию в 1990-х годах: в 1990 году самый большой номинал румынских банкнот составлял 100 леев, в 1998 году — 100 000 леев, а в начале 2005 года — уже 1 000 000 леев. Значительно меньшие, но все же существенные дисбалансы предложения и спроса имели место и в Китае при переходе экономики от планового к более либеральному режиму. Самые тяжелые приступы инфляции, внесшие свою лепту в протесты на площади Тяньаньмэнь в апреле-июне 1989 года, наблюдались в 1988–1989 годах, когда цены росли темпами по меньшей мере в 20 % в годовом сопоставлении. В Венгрии максимальный уровень годовой инфляции — 39 % в июне 1991 года — стал результатом умеренной «шоковой терапии».

Несмотря на все отмеченные положительные изменения, сегодня лишь единичные посткоммунистические страны можно назвать либеральными демократиями, обладающими теми же или примерно близкими характеристиками, что и эффективно функционирующие западные государства. Прочие посткоммунистические страны представляют собой иллиберальные системы — кое-кто даже называет их автократиями (например, к таковым относят Россию, Беларусь, Венгрию и республики Центральной Азии); 11 стран застряли в состоянии диктатуры или вернулись к ней (см. ниже таблицу 2 и таблицу 11 в главе 6). Учитывая уроки двух мировых войн XX века, вызывает глубокое беспокойство то обстоятельство, что ни одна страна посткоммунистического мира не оказалась неуязвимой для национализма, а в отдельных странах еще и нарастает расизм.

---

[13] В Сербии как основной преемнице Югославии необеспеченная эмиссия динара продолжалась, и в начале 1990-х годов инфляция в стране достигла одного из самых высоких исторически зафиксированных масштабов (осенью 1993 года — порядка 100 % в день). На фоне гиперинфляции Черногория, до 2006 года составлявшая конфедерацию с Сербией, сначала «явочным порядком» перешла на немецкую марку, а затем и на евро. — *Прим. пер.*

Таблица 2. Экономический рост в 56 ныне существующих постсоциалистических или социалистических странах: соотношение ВВП на душу населения 2016 и 1989 годов

Центральная и Восточная Европа (7)	**Страны Балтии (3)**	**Бывшая Югославия (7)**
Албания 2,3	Эстония 1,9	Босния и Герцеговина 1,9
Польша 2,2	Латвия 1,7	Словения 1,5
Словакия 2,1	Литва 1,7	Хорватия 1,1
Болгария 1,6		Македония 1,1
Чехия 1,6		Черногория 1,0
Румыния 1,5		Сербия 0,8
ВЕНГРИЯ 1,4		Косово н.д.

Бывший СССР (12)		**Азия (8)**
Европейская часть	*Азиатская часть*	
БЕЛАРУСЬ 1,9	ТУРКМЕНИСТАН 3,2	МЬЯНМА 5,8
Армения 1,8	УЗБЕКИСТАН 2,0	КИТАЙ 5,2
РОССИЯ 1,1	КАЗАХСТАН 1,8	ВЬЕТНАМ 4,1
Молдова 0,9	АЗЕРБАЙДЖАН 1,6	КАМБОДЖА 3,6
Грузия 0,8	КЫРГЫЗСТАН 1,1	ЛАОС 3,5
Украина 0,6	ТАДЖИКИСТАН 0,9	Монголия 2,0
		АФГАНИСТАН 0,9
		КНДР* н/д

Африка (14)	**Южная Америка (5)**	**Сравнительные данные по развитым рыночным экономикам**	
МОЗАМБИК 3,3	Никарагуа 1,5	*Быстро-растущие (8)*	*Медленно-растущие (6)*
КОНГО 2,2	Куба* 1,1	Южная Корея 3,3	Япония 1,3
Кабо-Верде 2,2	Венесуэла* 1,1	Тайвань 3,0	Германия 1,3
СЕЙШЕЛЫ 2,1	Гренада н/д	Ирландия 2,6	Франция 1,3
АНГОЛА 2,0	Суринам н/д	Чили 2,5	Греция 1,2
ЭФИОПИЯ 2,0		Мальта 2,3	Швейцария 1,2
Танзания 1,8		Гонконг 2,1	Италия 1,1
Буркина-Фасо 1,7			
Бенин 1,5			

Африка (14)	Южная Америка (5)	Сравнительные данные по развитым рыночным экономикам
С.-Томе и Принсипи 1,1		
Гвинея-Бисау 1,1		
Мадагаскар 0,9		
ЗИМБАБВЕ 0,7		
СОМАЛИ н/д		

Примечания. Страны, названия которых написаны заглавными буквами, относятся к посткоммунистическим автократиям или диктатурам. Знаком * отмечены социалистические страны, сохраняющие верность марксистско-ленинской идеологии.
Источники: расчеты авторов, основанные на базе данных Мэддисон-проекта (MPD 2018), таблица: RGDNAPC. Данные по реальному ВВП на душу населения представлены в долларах США на 2011 год и представляют собой ориентир для межстрановых сопоставлений динамики экономического роста.

В целом результаты экономического роста перечисленных в таблице 56 стран за почти три десятилетия нельзя назвать блестящими. Для всех 163 стран, данные по которым приводятся в проекте MPD, средний (невзвешенный) коэффициент роста ВВП на душу населения за рассматриваемый период составил 1,8, то есть подушевые доходы почти удвоились, однако превзойти этот ориентир смогли лишь 19 посткоммунистических стран. В сравнении с шестью самыми быстрорастущими развитыми рыночными экономиками (Южная Корея, Тайвань, Ирландия, Чили, Мальта и Гонконг) сопоставимый, то есть лучше среднемирового, результат продемонстрировали лишь пять азиатских посткоммунистических стран — Мьянма (бывшая Бирма), Китай, Вьетнам, Камбоджа и Лаос. В восьми посткоммунистических странах (Украина, Зимбабве, Грузия, Сербия, Мадагаскар, Молдова, Таджикистан и Афганистан) показатель ВВП на душу населения в 2016 году фактически оказался *меньше*, чем в 1989 году —

явный признак экономического бедствия. Три страны, которые сохранили полноценную приверженность коммунистическим доктринам (Куба, Северная Корея и Венесуэла), демонстрировали результат ниже среднего — если они вообще публиковали данные о росте своих экономик[16].

В Центральной и Восточной Европе уверенный рост показывали только Албания, Польша и Словакия, тогда как подушевой ВВП России за 27 лет едва ли увеличился. Учитывая огромный экономический вес России и ее интенсивные торговые связи с другими странами СНГ, ничтожный показатель роста российской экономики заслуживает особого внимания. Для сравнения, за весь указанный 27-летний период увеличение размеров экономики США значительно превзошло рост российской экономики. В 1989 году ее размер (рассчитанный в нынешних границах при использовании базовых данных таблицы 2) составлял 33 % экономики США, а к 2016 году снизился лишь до 20 % — относительное сокращение российской экономики было обусловлено низкими темпами роста и снижением численности населения страны.

* * *

Эта книга состоит из семи глав. В целом наш анализ в значительной степени опирается на концепции Макса Вебера, поскольку его понятия легитимности (господства) имеют особую цен-

---

[16] В связи с этой оговоркой следует также сделать уточнение по поводу Туркменистана, поскольку по формальным показателям прироста ВВП, представленным в таблице 2, он выглядит одним из наиболее эффективных посткоммунистических государств. Впечатляющий рост доходов на душу населения Туркменистана в постсоветский период связан прежде всего с освоением крупных месторождений газа, основным покупателем которого выступает Китай, помноженным на эффект низкой базы (в СССР Туркмения была одной из самых бедных республик). При этом следует учитывать, что распределение национального дохода в Туркменистане крайне неравномерно, а качество статистики чаще всего не соответствует международным стандартам. В июне 2021 года Всемирный банк исключил Туркменистан из своего отчета из-за недостоверных данных. — *Прим. пер.*

ность для понимания уникальных особенностей коммунистических и посткоммунистических обществ. Именно поэтому в главе 2 в преддверии изложения основного материала книги будет представлен обзор веберовской теории легитимации. Несмотря на простоту ее изложения, в процессе она будет дополнена тремя тезисами.

1) Мы сделаем акцент на том, что «нелегитимное» (illegitimate)[17] правление для Вебера является исключительным случаем. В долгосрочной перспективе нелегитимные системы едва ли будут устойчивы.

2) Веберовские типы господства являются «идеальными типами», а все фактически существующие системы, как правило, представляют собой комбинации различных типов власти. Например, легально-рациональная власть может обладать элементами традиционного или харизматического господства и т. д.

3) В привычной интерпретации теория Вебера предстает описанием трех типов власти — традиционного, харизматического и легально-рационального. Однако по меньшей мере в одной работе, которая будет упомянута ниже, Вебер рассматривал и четвертый тип — господство посредством *Wille der Beherrschten*, воли тех, кто подчиняется власти. Этот момент поможет нам понять сочетание иллиберализма с определенной разновидностью управляемой демократии при путинизме и других посткоммунистических режимах, сближающихся с ним.

В главе 3 этот веберовский подход применяется к различным типам коммунизма с целью получить ответ на вопрос: может ли коммунизм вообще быть «легитимным»? Наша гипотеза будет звучать так: Вебер, возможно, посчитал бы отдельные периоды коммунизма нелегитимными, или деспотическими, пользуясь

---

[17] В оригинальном тексте используется преимущественно термин illegitimate (а также, в отдельных фрагментах, его аналог non-legitimate), однако авторы не настаивают, чтобы он переводился на русский по аналогии с illiberal как «иллегитимный», указывая, в частности, на тексты Вебера, где встречается понятие *nichtlegitime* (нелегитимный). В русском языке термин «иллегитимный» используется прежде всего в ботанике для обозначения одного из видов опыления растений. — *Прим. пер.*

термином Монтескьё, однако ряд коммунистических государств приблизились к харизматической власти (с определенной традиционалистской составляющей). Но самая провокационная из наших гипотез заключается в том, что по меньшей мере некоторые версии реформированного коммунизма экспериментировали с неким уникальным типом легально-рациональной власти, основанным на «ценностной рациональности» (substantive rationality).

В главе 4 представлено переосмысление источников различных видов неравенства в капиталистических рыночных экономиках. Наша задача заключается в том, чтобы «вернуть в оборот» категорию ренты, которая в значительной степени игнорируется ортодоксальным экономиксом и социологией. В поисках теоретически релевантного объяснения неравенства в развитых рыночных экономиках мы, если можно так выразиться, обратим наш взор от Джона Локка (1632–1704), Адама Смита (1723–1790) и Карла Маркса (1818–1883) к Давиду Рикардо (1772–1823). В свое время именно Рикардо обнаружил и проанализировал ренту редкости (scarcity rent), которую мы дополняем еще одной категорией — рентой солидарности (ее разновидности также будут представлены в главе 4).

В главе 5 будет рассмотрен вопрос о том, какого рода притязания на легитимность предъявлялись при переходе от коммунизма к капитализму. Для этого нужно вернуться к выдвинутой в третьей главе гипотезе о том, что, несмотря на некоторые вариации коммунистического правления в разных местах, со временем коммунизм в целом оказался процессом конвергенции. Например, в 1949 году разрывы между Болгарией и Чехословакией в социальных или экономических показателях были больше, чем в 1989 году, — то же самое можно утверждать и о Китае и России. Вместе с крахом коммунизма различные исторические тенденции, похоже, проявились вновь, а траектории по направлению от коммунизма разошлись — по меньшей мере так происходило в первые 10–20 лет. Центральная Европа оказалась ближе к западной «либеральной» модели, хотя и здесь была своя региональная «специфика», а именно определенная доля патримониализма. Россия же после очень короткого заигрывания с либерализмом пошла по траектории, которую мы называем патримониальным путем построения капитализма, в некоторых отношениях напоминающим российские институты дореволюционного периода — институты того самого царизма. Китай пошел своим путем: одни называют его «социализмом с китайскими особенностями», другие — «капитализмом с китайскими особенностями», причем для этой траектории был характерен по меньшей мере оттенок конфуцианства.

В главе 6 основное внимание уделяется уникальным нововведениям Владимира Путина, позволившим наметить новый курс посткоммунистического капитализма в России. Путин противостоял олигархам, которые получили свое богатство от Ельцина при помощи патримониальных механизмов, подвергал их проверкам на лояльность, перераспределял собственность от тех, кто бросал вызов его, Путина, политической власти, в пользу своих старых и новых верных союзников и, согласно нашей формулировке, превратил патримониальные вотчины (fief) в пребендальные бенефиции. Легитимность Путина значительно усиливается и благодаря его традиционалистской идеологии, которая апеллирует к широким кругам российского электората. Изменения в правах собственности, которые произошли усилиями Путина (частная собственность стала менее защищенной), а также акцент на традиционалистской, почти палеоконсервативной идеологии представляют собой резкий поворот прочь от либерализма, хотя и при сохранении некоторых институтов конкурентной, но управляемой демократии.

В главе 7 мы сделаем определенные выводы. Ключевой вопрос, к которому мы обратимся, заключается в том, в какой степени «путинизм» является общей моделью для посткоммунистического капитализма. После двух десятилетий дивергенции посткоммунистических режимов (1990–2010) сегодня обнаруживаются признаки определенного схождения к модели путинизма, и вопрос о ее устойчивости также будет поставлен. В третье десятилетие посткоммунистического транзита ближе всего к путинизму подошли председатель КНР Си Цзиньпин и премьер-министр

Венгрии Орбан. Си роднит с Путиным то, что оба они являются сильными лидерами, сосредоточившими в своих руках значительную часть исполнительной власти. И тот, и другой преследуют своих политических противников не по идеологическим мотивам, а обвиняя их в коррупции и пытаясь перераспределять права собственности в пользу лиц, демонстрирующих им личную политическую лояльность. И Путин, и Си придерживаются иллиберальной идеологии, делая основной акцент на «традициях». Что же касается господина Орбана, то он добился впечатляющего успеха на выборах, тогда как товарищ Си не сталкивается с конкурентным голосованием, хотя он тоже зарекомендовал себя как «отец нации». Итак, ключевой вопрос заключительной главы звучит следующим образом: являются ли все эти особенности уникальными, или же путинизм представляет собой модель, на которую могут ориентироваться другие посткоммунистические страны, а то и большинство из них? Если ответ на этот вопрос звучит утвердительно, то является ли путинизм устойчивой конструкцией? Является ли пребендализм с присущим ему ослаблением прав собственности феноменом, враждебным капиталистическому развитию? Способен ли путинизм решить вопрос о том, кто «сменит» всемогущего лидера, если традиционалистские институты преемственности власти больше не работают?

До того, как перейти к предметному анализу, необходимо прояснить по меньшей мере два набора понятий, которые будут использованы в этой книге.

Коммунизм/социализм vs капитализм. В рамках марксистской традиции велось множество горячих споров по поводу того, что такое коммунизм и социализм, а также о том, заслуживает ли какое-либо из «реально существующих социалистических» обществ звания «коммунистического» или «социалистического». Не желая включаться в эти определенно доктринерские дискуссии, мы используем термины «коммунизм» и «социализм» (а следовательно, и «посткоммунизм») дескриптивно, следуя за подходом Яноша Корнаи в его книге 1992 года «Социалистическая система» [Корнаи 2000]. Следовательно, в нашей книге два этих понятия выступают синонимами для обозначения систем, для которых характерны:

a) правление одной партии, которая легитимирует себя при помощи марксизма-ленинизма;
b) экономика, где ликвидирована частная собственность; и
c) устранена или по меньшей мере значительно сокращена роль рыночных механизмов в качестве интегрирующего фактора экономики.

Учитывая два последних фактора, коммунистические экономики прежде всего ориентированы на *стремление к рентному доходу, а не к прибыли*, тогда как капитализм является экономической системой, стремящейся в первую очередь к прибыли. Капитализм может функционировать вместе с политическим режимом конкурентной многопартийной демократии — но может обходиться и без него.

Центральная Европа, Восточная Европа, Центрально-Восточная Европа и т. д. В советологии европейские страны, находившиеся под советским господством, традиционно отличались от СССР при помощи термина «Восточная Европа». Представление о Восточной Европе как территориально-политическом единстве, в которое по умолчанию входит и Центральная Европа, к началу 1980-х годов было оспорено диссидентами, стремившимися подчеркнуть разницу между Центральной Европой и Россией (или Российской/Советской империей, см. [Szűcs 1981]). Понятие «Центральная Европа», сформулированное в XIX веке для описания германской сферы влияния (Германия, Швейцария, Австрия и остальная часть империи Габсбургов), теперь, как правило, переосмысляется — и зачастую превращается в Центрально-Восточную Европу, — обозначая страны к западу от СССР, являющиеся буферной зоны между Западом и Россией.

Поначалу понятие «Центральная Европа» казалось нам привлекательным, а сотрудничество между странами так называемой Вышеградской четверки (Чехия, Венгрия, Польша и Словакия) исходно выглядело подтверждением представления о том, что страны, входившие в империю Габсбургов, необходимо рассматривать как отдельную группу. Однако по мере расширения Европейского Союза на восток посткоммунистические страны стали формировать европейскую полупериферию. Некоторые из этих стран все чаще выражали евроскептические взгляды, а другие (в первую очередь Венгрия) выступали за открытость в восточном направлении. За исключением Польши и стран Балтии, это подразумевало формирование более тесных связей с Россией в дополнение к членству в ЕС. Столкнувшись с миграционным кризисом 2015 года, указанные страны почти единогласно отвергли мультикультурализм и открытость для иммиграции. (По обеим этим проблемам шли жаркие споры на Западе, но в целом они оставались в рамках доминирующего либерального мировоззрения.) Так что после определенной критической переоценки понятия «Центральная Европа» мы пришли к пониманию того, что оно представляет собой приятную, но пока поставленную на паузу, а то и вовсе несостоявшуюся мечту о «присоединении к Европе».

Поэтому в дальнейшем для обозначения всех стран к западу от бывшего СССР мы будем использовать понятие «Восточная Европа», не делая различий между Южной Европой, Балканами и бывшими европейскими сателлитами СССР — все это мы называем Восточной Европой. В соответствии с этой логикой, страны, возникшие на месте бывших советских республик к востоку и югу от России, мы будем относить к Центральной Азии. Россия, в свою очередь, является чем-то вроде вещи в себе. В одной из последующих глав мы обратимся к довольно подробному рассмотрению вопроса о том, как в конце XX — начале XXI века функционировали (или функционируют) социалистические Китай и Вьетнам — этот вопрос имеет принципиальное значение прежде всего в силу размеров этих двух стран. Вне нашего рассмотрения останутся страны Азии, Африки и Латинской Америки (даже Куба), которые во многом подходят под описание социализма у Корнаи, но исторически никогда не входили в советскую и китайскую коммунистические империи.

Глава 2

Легитимность при коммунизме и посткоммунизме: теоретические основания

Использование теории легитимности Вебера поможет нам выделить идеальные типы господства, чтобы использовать их в качестве той основы, на которой мы сможем объяснить и рассмотреть различные способы собственной легитимации коммунистических и посткоммунистических режимов. Это даст нам возможность более четко увидеть, каким образом коммунистические страны вошли в кризис легитимации и в какой степени это привело к краху коммунизма. Затем, при переходе к рассмотрению посткоммунизма, мы проследим различные способы, при помощи которых стремятся к легитимности отдельные варианты капитализма.

Простое описание той или иной конкретной системы при помощи какого-либо из выделенных Вебером идеальных типов господства (или чистых типов власти) невозможно — не входило это и в намерения самого Вебера. Будучи неокантианцем, он определял идеальные типы как мыслительные конструкции, в связи с чем ни одному из них не может соответствовать какая-либо эмпирическая реальность. В этой книге мы тоже действуем в духе Вебера. Более целесообразно ставить вопросы следующим образом: какая система власти является доминирующей? Что представляют собой вспомогательные системы? Как меняется их вес с течением времени? Кроме того, это сочетание различных типов власти имеет динамичный характер: оно меняется со временем, и это изменение не является однонаправленным. После краха коммунизма многие эксперты ожидали, что посткоммунистические страны перейдут к чистой легально-рациональной власти, а пережившие коммунизм традиционные и харизматические компоненты уйдут в прошлое. В одних случаях сторонники этой точки зрения оказались правы, в других — нет. На поздних стадиях посткоммунистических режимов традиционная и харизматическая власть играют еще более важную роль, чем на ранних этапах. Поэтому наша цель заключается в том, чтобы очертить теорию легитимности Вебера в том виде, как она будет использоваться в дальнейшем изложении.

1. Когда правление (rule) является «нелегитимным»?

Отправной точкой для нас станет веберовское различие между властью (*Macht* / power) и господством/авторитетом (*Herrschaft* / domination/authority). Споры о том, как следует переводить понятие *Herrschaft* на английский язык, выдают разногласия по ряду вопросов, касающихся легитимности. Один из первых (причем на тот момент еще неполных) переводов веберовского труда «Хозяйство и общество» на английский выполнил Талкотт Парсонс. Он перевел понятие *Herrschaft* очень по-американски — как «власть» (authority)[1] (соответствующее немецкое слово *Au-*

---

[1] Поразительно, что Парсонс ни разу не переводит термин *Herrschaft* как «господство», хотя испытывает большие затруднения, когда ему приходится переводить с немецкого оригинала те фрагменты Вебера, где *Herrschaft* совершенно очевидным образом означает не просто «власть» (authority), а внушающее уважение отправление полномочий (respectable exercise of power), как, например, в таком фрагменте: [Weber 2013: 210]. Для разрешения этих затруднений Парсонс изобретает маловнятный термин «императивный контроль» [Weber 1947: 152] — это лучше передает тональность понятия *Herrschaft*, чем «власть», но идея «подчинения», заложенная в понятии господства, по-прежнему упускается из виду.

torität иногда используется и Вебером, см. [Weber 1947]), — имея в виду почтенное положение тех, кто отдает приказы, а не подчеркивая асимметрию в соотношении сил тех, кто господствует, и тех, кто подчиняется господству. Однако Ханс Хайнрих Герт и Чарльз Райт Миллс [Gerth, Mills 1946] примерно в то же время, что и Парсонс, перевели *Herrschaft* как «господство» (domination). Следует уточнить, что Парсонс был политическим консерватором, Миллс придерживался левых политических взглядов, а Герт как носитель немецкого языка, вероятно, имел более глубокое понимание того, что такое *Herrschaft*[2].

Вопрос о смысле понятия *Herrschaft* — означает ли оно власть (authority) или господство (domination), — имеет определенное значение при попытке понять работы Вебера и в особенности его теорию легитимации. У самого Вебера присутствуют колебания в терминологии. В ранних черновиках «Хозяйства и общества» он довольно часто использовал термин *Autorität*. Однако в последующих набросках для текста, который в дальнейшем был опубликован в виде глав 1–4 его книги в версии под редакцией Марианны Вебер [Weber 1978], и в главах, явно написанных позже (где-то в 1919–1920 годах, тогда как ранние версии появи-

---

2 Все цитаты из «Хозяйства и общества» в настоящей главе с одобрения авторов книги приведены по российскому изданию этой работы в переводе под редакцией Леонида Ионина [Вебер 2016–2019]. Определение господства, упомянутое выше в сноске 1, выглядит в нем следующим образом: «*Господство* — это вероятность того, что определенные люди повинуются приказу определенного содержания» [Вебер 2016–2019, I: 109]. Кроме того, в словаре понятий Макса Вебера в приложении к первому тому русского издания «Хозяйства и общества» содержится такое определение господства (*Herrschaft*), которое авторы частично цитируют ниже: «*Вероятность* того, что некоторая группа людей будет повиноваться некоему приказу (или приказам). То есть это не любая возможность реализации *власти* или влияния. Господство ("авторитет") в этом смысле выражается в подчинении, которое каждый раз может побуждаться разными мотивами — от простой *привычки* до чисто *целерациональных* соображений» [Вебер 2016–2019, I: 362]. Веберовскому термину *Macht* (этимологически это немецкое слово родственно русским «могущество» и «мощь») в переводе Ионина обычно соответствует «власть». — *Прим. пер.*

лись около 1914 года или еще раньше[3]), термин *Autorität* неожиданно почти полностью исчезает, а преобладающим становится понятие *Herrschaft*[4].

Для понимания того, почему это важно, нужно вернуться к различию между *Macht* и *Herrschaft*. В более поздних (1919–1920) главах «Хозяйства и общества» Вебер рассуждает о том, в чем может заключаться разница между двумя этими формами воздействия на других людей. В последней версии своей книги Вебер дает такое красноречивое определение: власть (*Macht*) — это «любая *вероятность* реализации своей воли в данном *социальном отношении* даже вопреки сопротивлению, на чем бы эта вероятность ни основывалась» [Вебер 2016–2019, I: 361][5]. Кроме того, теперь у Вебера появляется четкое понимание того, что такое *Herrschaft*: «Вероятность того, что некоторая группа людей будет повиноваться некоему приказу (или приказам)», — определение практически предельно ясное. Следовательно, *Macht* (власть) + легитимность = *Herrschaft* (господство). (Авторы сразу хотели бы уточнить, что это уравнение вывели они сами: насколько мы можем судить, сам Вебер никогда не сводил свои рассуждения к столь простым формулам.)

Принципиально важным моментом для теории господства Вебера является необходимость в том, чтобы господствующий субъект был способен добиться определенного уровня «веры»

---

3 Исследовательница Вебера Эдит Ханке выдвигает следующее предположение: точная датировка первой редакции «Хозяйства и общества» вряд ли возможна, однако можно с уверенностью утверждать, что она появилась до Первой мировой войны; см. [Weber 2005: 118].

4 Можно сравнить два варианта — написанный в 1914 году или ранее [Weber 2005] и написанный в 1919–1920 годах [Weber 2013], где термин *Autorität* практически не встречается. При определении *Herrschaft* в первом опубликованном издании «Хозяйства и общества» Вебер поставил после него *Autorität* в скобках и кавычках в следующем виде — *Herrschaft ("Autorität")*, см. [Вебер 2016–2019, I: 252].

5 В черновике, написанном перед Первой мировой, Вебер уже пытался сделать акцент на том, что *Herrschaft* подразумевает подчинение распоряжениям: «Мы будем считать господство тождественным авторитарной власти приказа» [Вебер 2016–2019, IV: 21].

в то, что он/она (или система, которую он/она представляет) является наиболее разумной или хотя бы лучшей из всех возможных альтернатив — по меньшей мере в данных обстоятельствах. Поэтому те, кто подчиняются распоряжениям, делают это (как минимум отчасти) «добровольно». Ни одна система господства не может поддерживать себя исключительно за счет обычаев, личной выгоды или хотя бы эмоциональной либо идеалистической привязанности к лицу, которое осуществляет власть:

> Каждому подлинному отношению господства свойствен определенный минимум *желания* подчиниться, а следовательно, внешней или внутренней *заинтересованности* в подчинении... Но обычай или наличие интересов в столь же малой степени, как чисто аффективные или чисто ценностно-рациональные мотивы, могут служить основанием господства. Как правило, к ним добавляется еще один момент — вера в *легитимность* [Вебер 2016–2019, I: 252].

Из этого определения проистекает множество важных вопросов, ключевым из которых для нас является вопрос о том, как интерпретировать понятие *веры*. Какого рода и насколько сильную веру должны иметь те, кто подчинен власти (authority), чтобы признать господство легитимным, и кто должен иметь такие «верования»?

Чтобы оценить изощренность мысли Вебера, необходимо понять его утверждение о том, что привилегированные группы не превосходят тех, кто им подчинен, — они попросту основывают свое требование о повиновении на мифе о своем превосходстве. Как указывал Вебер, «легендой каждой высокопривилегированной группы является ее превосходство по самой своей природе... В условиях стабильного разделения власти... негативно привилегированные слои принимают эту легенду» [Вебер 2016–2019, IV: 28].

Следовательно, подчиняющиеся приказам, как правило, подозревают, что господствующие обосновывают свое превосходство «легендой» (myth). Поэтому их вера, скорее всего, будет довольно «пассивной». (Вполне возможно, что мы вносим нечто новое в интерпретацию Вебера — до недавнего времени такое толкование мы не встречали ни в одной из работ.) «Массы» — этот термин вводится нами, у Вебера он отсутствует — вряд ли обладают позитивной или конструктивной верой в своих хозяев, правителей, лидеров или начальников. Они будут верить, что навязанное им господство оправдано, поскольку в данный момент времени массы не могут найти реалистичную альтернативу. Я не обязан любить своего хозяина, короля, мужа, премьер-министра, директора, декана, заведующего кафедрой или кого-либо еще — этот человек будет осуществлять власть надо мной до тех пор, пока я верю, что это лицо лучше, чем любая альтернатива ему или ей.

Ситуация определенно обстоит иначе, когда мы имеем дело с тем, что Вебер именует «штабом» (опять же, этот акцент делаем мы — в интерпретациях Вебера он не является слишком распространенным)[6]. В любом сложном обществе господство осуществляется при помощи штаба, который, в отличие от обычных людей (или масс), должен иметь позитивную и конструктивную веру в легенды, оправдывающие/легитимирующие власть. Следовательно, если этот штаб теряет позитивную веру в легенду о господстве, легитимность системы может постичь кризис. Напротив, если массы (которые, как утверждалось выше, вероятно, никогда не обладали позитивной верой в легитимность власть имущих) начинают рассматривать возможность альтернативного правителя/владыки, система сталкивается лишь с «проблемой легитимации». (Представляется, что мы первыми провели это четкое различие между проблемой легитимации и кризисом легитимации.)

Ключевой момент, требующий понимания, заключается в том, что в интерпретативной социологии Вебера цель концепции легитимности заключается в толковании различных способов функционирования господства на протяжении человеческой

---

6 В теории господства Вебера штаб (штаб управления, *Verwaltungsstab*) определяется как «группа надежных доверенных лиц, специально *действующих* в направлении реализации как общих указаний, так и конкретных приказов господствующего (или господствующих)» [Вебер 2016–2019, I: 252].

истории. Задача Вебера заключалась в том, чтобы создать некую «генеалогию» — последний термин, разумеется, принадлежит Ницше, сам Вебер его не использует. В своей теории рациональности Вебер был против того, чтобы называть некий определенный тип человеческого действия «рациональным», а другие относить к «иррациональным». Аналогичным образом Вебер с осторожностью использовал понятия «нелегитимный» и «легитимный». Совершенно ничего общего с ходом мысли Вебера не имеет интерпретация, будто «легитимной» является социальная организация, существовавшая лишь в последние 100 или 200 лет (то есть организация, «легитимированная» верховенством закона и/или мажоритарным одобрением со стороны лиц, подчиненных власти), а остальную историю человечества нужно считать «нелегитимной». Как «иррациональное» действие, так и «нелегитимный» социальный порядок для Вебера были маргинальными или исключительными случаями. Он предпочитал не задаваться вопросом о том, рационально ли данное действие или легитимен ли конкретный социальный порядок, а исследовать, в чем заключается рациональность этого действия и *каковы основания легитимности* этого порядка.

Разрабатывая концепцию легитимности, Вебер точно так же, как и в теории рациональности, проводит принципиальное различие между «иррациональными» и «нерациональными», «иллегитимными» и «нелегитимными» (illegitimate and non-legitimate) типами действий/систем. Следуя курсом интерпретативной социологии, Вебер не поддавался искушению называть определенные социальные действия «иррациональными», однако не видел никаких сложностей с определением тех или иных социальных действий как «нерациональных». (Кроме того, Вебер использовал такие термины, как «аффективное» и «традиционное», противопоставляя их «рациональному», и уточнял понятие «рационального» при помощи терминов «целерациональность» или «ценностная рациональность».) Аналогичным образом Вебер использует понятие «нелегитимная власть» при описании «западных городов», под которыми он имел в виду города Европы. Автономия западных городов подразумевает зарождающуюся «контргегемонию» (используя термин Антонио Грамши), которая заменяет идею подданного идеей гражданина. Ключевой вопрос звучит так: на какой «легенде» основывают свои притязания на послушание людей те, кто осуществляет власть? Основана ли она на отсылках к легально-рациональному порядку, к традиции или к харизме, приписываемой лидеру? Система, основанная исключительно на принуждении (*Macht*), полагал Вебер, вряд ли способна к самовоспроизводству. Любой устойчивой власти требуется создавать легенду ради собственной легитимности и способствовать вере в эту легенду масс или обычных людей.

Таким образом, «нелегитимный» социальный порядок для Вебера является чем-то исключительным, а не устойчивой системой — во многом точно так же, как, по его мнению, «нерациональное действие» не является социальным действием. Любое социальное действия имеет смысл и является либо рациональным, либо по меньшей мере «нерациональным». Вопрос, который ставил Вебер, звучит так: каковы те различные основания, исходя из которых лица, обладающие властью, в разные исторические эпохи могли требовать повиновения от тех, кто подчинялся их власти? Поэтому вопрос не в том, является ли данный порядок легитимным или нелегитимным, а в том, на каком основании эта система претендует на легитимность.

Но прежде, чем мы перейдем к рассмотрению того, что представляют собой различные системы легитимации, вернемся к различию между массами и «штабом» и к вопросу о том, какого рода убеждений должны придерживаться разные акторы, чтобы система обладала легитимностью.

Совершенно ключевое место в теоретическом осмыслении истории у Вебера занимают отношения между «штабом» и «правителем» (под последним мы просто подразумеваем лицо/должность, от которых исходят приказы, требующие подчинения). По мере разворачивания или «развития»[7] истории меня-

---

7 Гюнтер Рот и Вольфганг Шлухтер полагают, что у Вебера не было теории «эволюции» — вместо этого он представлял себе «развитие» во времени (см. [Roth, Schluchter 1979: 195–206] и [Schluchter 1981: 1–5]).

ются и отношения между «правителем» и «штабом». При самой элементарной форме социальной организации, все еще наблюдаемой в семье — а именно при патриархальной власти, — у правителя фактически нет подчиненных. В более сложных формах, которые можно назвать *пребендализмом*, штаб имеет лишь довольно ограниченные притязания на механизмы управления, а также собственность — их распределение происходит по усмотрению правителя. Напротив, при *патримониализме* по меньшей мере некоторые инструменты управления (и, предвосхищая наш основной тезис, некоторые права собственности) присваиваются «штабом», пусть и с определенными ограничениями. В той парадигме, которую Вебер называет бюрократической, или легально-рациональной, властью, ни один индивид (ни само лицо, наделенное властью, ни его/ее штаб) не имеет права применять принуждение. Монополией на использование принуждения обладает государство, хотя следует добавить, что при этом сохраняется гарантия всеобщих прав частной собственности и получения должностей. Более подробно мы обратимся к этому моменту ниже.

Различия между верой масс в легитимность правителей и аналогичной верой штаба неизбежны. Обычные люди или массы, как правило, не испытывают особо сильной «любви» к своим правителям. На протяжении большей части истории эти правители были попросту их «хозяевами», которым требовалось подчиняться, но не обязательно любить. Поэтому отношения между народом и его правителем имеют довольно негативный характер. В то же время штаб должен иметь со своим правителем более близкие, более эмоциональные отношения, ему необходима позитивная вера в притязания на легитимность.

Выше мы уже вкратце намекнули на возможность существования такого явления, как нелегитимная власть: повторим, что для Вебера основным ее примером выступал западный город. Довольно интересно, что в немецком оригинале одного текста, опубликованного посмертно, Вебер не использовал термин «нелегитимная власть» [Weber 1999: 59]. Мы допускаем, что понятие «нелегитимное господство» было добавлено в качестве подзаголовка к «Городу» — XVI главе «Хозяйства и общества» [Weber 1978: 1212][8] — Марианной Вебер, которая редактировала всю эту работу для публикации. Тем не менее термин «нелегитимная власть» (в соответствии с логикой нерационального, в отличие от иррационального) является уместным. В чем же суть рукописи, озаглавленной *Die Stadt* [город — *нем.*]? Наш краткий ответ таков: город, возникающий на Западе, имеет одну исключительную особенность — это остров в океане традиционной власти, где появляется новый принцип — принцип *jus soli* [право почвы — *лат.*], подразумевающий, что всякий, кто провел в городе определенное количество времени, получает *Bürgertum*, или «гражданство», а заодно и свободу от господина. Тем самым вводится новый принцип легитимности — территориальность, — который не признается как легитимный в окружающем город-остров океане традиционной власти, где идентичность каждого лица определяется посредством *jus sanguinis* [право крови — *лат.*], то есть по происхождению. Формулировка *Stadtluft macht frei* [городской воздух делает свободным — *нем.*] представляет собой «нелегитимный» принцип западного города, неизвестный другим городам в истории [Weber 1999: 105].

Этот принцип подразумевал, что всякий, кто провел в городе относительно короткий период времени и поклялся ему в верности, станет *Bürger*'ом, или гражданином этого города, и хозяин уже не сможет потребовать его возвращения. Таким образом, нелегитимная власть представляет собой эмбрион, который начинает расти в утробе предшествующей системы господства: она еще не легитимна, но имеет резонный шанс стать таковой. Это

---

[8] В российском издании «Хозяйства и общества» представлена несколько иная компоновка глав, и в разделе «Город» в томе IV данный подзаголовок отсутствует. Как указывает Л. Ионин в предисловии к IV тому, «он не был просто выдуман [издателем] Винкельманом. Такое название имелось в одном из составленных самим Вебером проспектов подготавливаемого труда по теме господства... Ясно, что Вебер связывает возникновение данного типа господства с развитием городов. Конкретнее — с процессами формирования городских коммун в ходе узурпации... прав возникающими общностями бюргеров независимо от желаний или даже вопреки желаниям легитимных властей» [Вебер 2016–2019, IV: 12]. — *Прим. пер.*

не подразумевает какую-либо предопределенность: нелегитимная власть не обязательно становится легитимной. В данном случае можно обратиться к относительно недавнему примеру. Участники коммун 1960-х годов, возможно, верили, что их образ жизни, который мог включать беспорядочные половые связи, в какой-то момент станет нормой, неким легитимным образом жизни. Этого не произошло — пока не произошло, — но это не значит, что такая возможность отсутствовала.

Подведем промежуточный итог: легитимными являются системы, в которых для людей, подчиненных власти, это подчинение является приемлемым, поскольку они не могут определить лучшую альтернативу, а штаб лица, отдающего приказы, обладает твердой уверенностью в обоснованности претензий повелителя (легенд о его превосходстве). Системы являются нелегитимными, если им приходится принуждать подчиненных к повиновению приказам, если они, чтобы добиться повиновения, вынуждены сажать в тюрьмы, убивать и пытать массы людей, делая это совершенно непредсказуемыми методами. Нелегитимная власть едва ли будет устойчивой в долгосрочной перспективе. Легитимный порядок всегда предполагает некоторую, пусть и слабую степень веры и добровольности. Приказам нелегитимной власти люди подчиняются только в том случае, если они боятся последствий неподчинения, то есть если они опасаются за свою жизнь и средства к существованию.

2. Три идеальных типа легитимной власти — и еще один

Вебер различает три «идеальных типа господства/власти»:
— традиционный,
— харизматический, и
— легально-рациональный.

Это различие между тремя исходными типами служит двоякой цели.

— Оно выступает одной из составляющих веберовской философии истории. Предельно упрощая, можно сказать, что история развивается из предшествующих стадий, однако перед нами не «эволюция», поскольку (i) общества могут «застрять» на более ранних фазах «развития» и (ii) у интерпретативной социологии нет возможности утверждать, что более поздние фазы качественно превосходят предшествующие им.

— Хотя представленная типология в основном имеет исторический характер, она является и «трансорганизационной». Каждое реально существующее общество может быть интерпретировано с точки зрения сочетания трех указанных типов господства. Любая реально существующая система будет иметь отдельные элементы всех трех идеальных типов (а фактически четырех, о чем пойдет речь далее). Мы можем жить в условиях легально-рационального социального порядка, однако политические лидеры порой по-прежнему способны обладать харизматической привлекательностью, а в семье (или в университетах) мы можем подчиняться патриархальной власти. Кроме того, в лекции, прочитанной в Вене осенью 1917 года, Вебер обратился к *четвертому* возможному типу власти, на котором мы вкратце остановимся. Возможно существование такого легально-рационального порядка, где исполнительная власть пребывает на своем месте не по воле подчиненных власти (так происходит, например, когда король правит в рамках конституционной монархии), *либо лица, которые осуществляют политическую власть, могут не иметь мажоритарного одобрения, но способны действовать, используя предсказуемую систему права.*

Во многом именно в этом и заключается суть веберовского подхода (см. рис. 1). Наша задача заключается в том, чтобы исследовать природу легитимности в любом обществе, ответив на следующие вопросы: в какой степени то или иное общество управляется легально-рациональной властью? Присутствуют ли в данной социальной системе отдельные элементы харизматической или традиционной власти? Такие вопросы никогда не подразумевают ответ в логике «или-или» — правильнее спрашивать

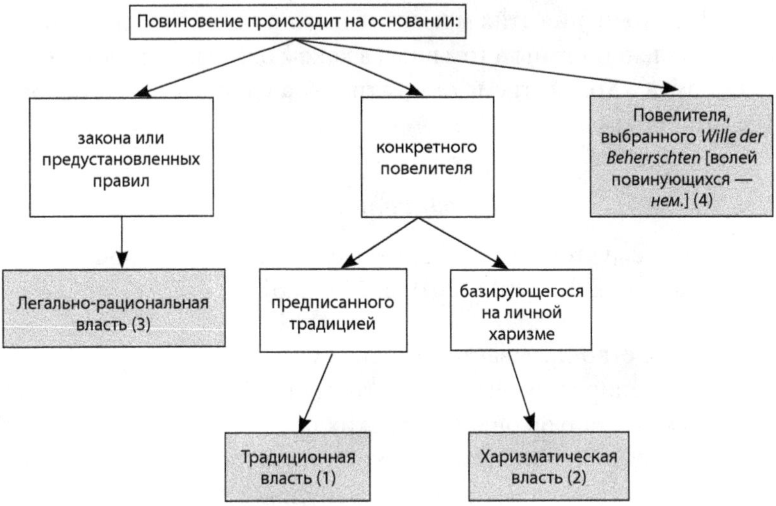

Рис. 1. Четыре типа господства по Максу Веберу
Источник: составлено авторами.

о том, каково эмпирическое сочетание указанных компонентов в любой конкретной эмпирической реальности.

Прежде всего, нам необходимо вкратце рассмотреть три идеальных типа, которые Вебер представил в «Хозяйстве и обществе», а в конце этого раздела настоящей главы они будут дополнены четвертым типом. Эта классификация основана на том, *кому* и *на каких основаниях* полагается повиноваться в различных системах господства.

Важно также отметить, что онтологический статус четырех типов власти не вполне одинаков. Если традиционная власть (1), легально-рациональная власть (3) и власть, основанная на *Wille der Beherrschten* [воле повинующихся — *нем.*] (4), являются стабильными формами, то харизматическая власть (2) представляет собой «революционную», то есть «переходную» силу. Легально-рациональная власть не обязательно предполагает четвертую форму (*Wille der Beherrschten*) и не является ее необходимой предпосылкой.

После уточнения этих моментов можно перейти к рассмотрению заявленной темы в том виде, в каком она была представлена Вебером в «Хозяйстве и обществе», начав с краткого обзора традиционной власти.

2.1. *Традиционная власть*

Начнем с «устоявшихся» определений традиционной власти у Вебера (см. [Вебер 2016–2019, I: 264–265]).

— Господство называется традиционным, если его легитимность опирается на веру в святость пришедших из прошлых времен... порядков и господских прав.
— Господин (или господа) также определяется согласно издавна существующим правилам. Подчиняются господину (или господам) по причине особого достоинства (Eigenwürde), которое ему (или им) предписывает традиция.
— Господствующий — это не начальник, а лично *господин.*
— Личная преданность слуги определяет отношение того, кто входит... к господину.
— Подчиняются не установлениям, а *персоне.*

Эти формулировки представляются достаточно ясной попыткой описания домодерных, или традиционных, обществ. Однако Вебер идет гораздо дальше, характеризуя различные типы/фазы (учитывая его приверженность «девелопментализму», мы постараемся избегать таких понятий, как «стадии») традиционной власти.

2.2. *Харизматическая власть*

О второй, переходной форме власти — харизматическом господстве — остается сказать немного. Она также обладает прямолинейным и совершенно очевидным выражением, причем в той или иной форме или степени понятие харизматической власти применимо не только к архаичным обществам, но и к миру XX или XXI века.

Вебер дает четкое определение харизмы:

> Это некое качество индивида, в силу которого он слывет одаренным сверхъестественными, сверхчеловеческими или, по крайней мере, особо исключительными, никому больше не доступными силами и достоинствами или считается посланцем богов, совершенством и поэтому *вождем* [Вебер 2016–2019, I: 279].

Люди, подчиняющиеся харизматической власти, считают лицо, которое им обладает, необыкновенным (почти сверхчеловеком или богом). Таким образом, харизма — это не врожденное свойство лидера, а то, что приписывают ему последователи. Но почему они это делают? Почему они считают другого обычного человека экстраординарной, божественной или образцовой личностью? Вебер дает хороший ответ на эти вопросы: люди «создают» харизматических лидеров во времена великих преобразований и кризисов, когда присутствует огромная потребность в вожде, способном совершать чудеса и решать, казалось бы, неразрешимые проблемы. Харизматические лидеры дают надежду отчаявшимся и обещают рай на Земле. Что же происходит, если они не могут этого сделать? Они теряют свою харизму: «Если *подтверждение* долгое время отсутствует... если ему [лидеру] изменяет успех, его харизматический авторитет может исчезнуть» [Вебер 2016–2019, I: 280]. Харизматический лидер «приобретает и сохраняет его [свой авторитет] лишь путем подтверждения своей силы в практике жизни. Если он хочет быть пророком, то должен совершать чудо, если хочет быть военным вождем — подвиги... Если этого нет, он, очевидно, не является посланным Богом господином» [Вебер 2016–2019, IV: 182].

Поэтому неудивительно, что харизма у Вебера оказывается «революционной силой»: «Харизма — это великая революционная сила в связанные традициями эпохи» [Вебер 2016–2019, I: 283]; «Бюрократическая рационализация... может быть могучей революционной силой и часто ею бывала. Однако она революционизирует с помощью технических средств, принципиально “извне”... Напротив, власть харизмы покоится на вере... Эта вера революционизирует людей "изнутри"» [Вебер 2016–2019, IV: 185–186]; «В дорационалистические эпохи традиция и харизма поделили между собой практически всю совокупность ориентаций действия» [Вебер 2016–2019, I: 283].

Харизма находится в «глазу наблюдателя», а не является характеристикой человека, который считается харизматичным. Сам этот термин заимствован из теологии[9], и образцами чистого типа харизматических лидеров действительно выступают основатели великих религиозных движений. Тем не менее существуют лидеры, которые стремятся к харизматическому статусу и обретают его даже в эпоху модерна или в условиях легально-рациональной власти. Сам Вебер определяет как харизматиков исключительно одаренных личностей в науке или искусстве. Другой вопрос, обладают ли они настоящей харизмой, являются ли они псевдохаризматическими лидерами — или же их харизма совершенно фиктивна?[10] В данном случае мы занимаем промежуточную позицию: теория харизмы Вебера описывает некий идеальный тип, а поскольку в реальности этот идеальный тип не существует в чистом виде, резонно искать признаки харизмы и в контекстах за пределами традиционного типа господства.

Следует предельно четко уяснить один момент: харизма как тип господства — это преходящее явление, располагающееся между двумя формами традиционной власти. Поэтому (возмож-

---

[9] Вполне возможно, что Вебер позаимствовал его у профессора юриспруденции Рудольфа Зома из его двухтомной работы о каноническом праве [Sohm 1892].

[10] На эту тему существует большой объем литературы. В частности, Эдвард Шилз в своей работе «Харизма, порядок и статус» [Shills 1965] пытается трансформировать идею Вебера в более масштабную концепцию, которую можно применить к эпохе модерна, причем, судя по всему, вплоть до реалий повседневности. Другие исследователи пошли в ином направлении, задавшись вопросом о том, можно ли в мире модерна злоупотреблять харизмой, демонстрировать фальшивую харизму, как Гитлер или Сталин, или же использовать ее в коммерческих целях (см. [Bensman, Givant 1975], а из более поздних работ [Costa Pinto et al. 2007]). Являются ли Путин, Си или Орбан харизматичными лидерами? Это достойный вопрос для социальных наук в начале XXI века.

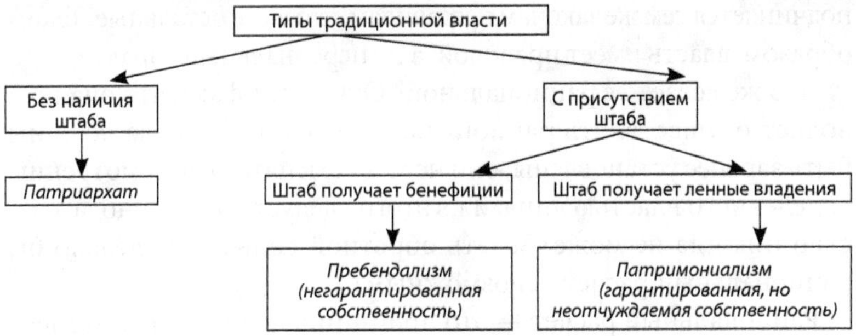

Рис. 2. Типы традиционной власти по Веберу
Источник: составлено авторами.

но, за исключением Римско-католической церкви, да и даже там с большими сложностями) трудно или невозможно передать харизму от одного лидера к другому. Как только харизматический лидер теряет свою харизму или уходит из жизни, на смену ему/ей, скорее всего, придет тот или иной вид традиционной власти (см. рис. 2), либо же в редких случаях харизматическая власть превращается в легально-рациональную.

2.3. *Легально-рациональная власть*

На первый взгляд может показаться, что определение легально-рационального господства окажется простым и понятным. Но если копнуть глубже, то все становится несколько сложнее.

Обратимся к такому вопросу: как достигается «повиновение» в рамках этой формы господства?

— «Имеет место подчинение легально установленному объективному безличному порядку».
— «“Начальник” распоряжается и отдает приказания, но, в свою очередь, сам подчиняется безличному порядку».
— «Подчиняющийся подчиняется... только закону» [Вебер 2016–2019, I: 255–256].

Очевидно, что повиноваться нужно не лично повелителю, а предустановленным законам и правилам, а человек, наделенный властью, подчиняется тем же законам и правилам, что и все остальные. Таким образом, власть имеет правовой, а не персональный характер.

Что же делает ее рациональной? Ответ: тот факт, что она позволяет осуществлять рациональный расчет. Правила должны быть заранее установлены, они не могут меняться по усмотрению наделенного властью лица, и из этого следует, что законодательство никогда не может иметь обратной силы (это сделало бы рациональный расчет невозможным).

Рациональный расчет — это принципиально важный момент для Вебера: он очень подробно объясняет, почему традиционная или харизматическая власть несовместимы с модерным рыночным капитализмом. Традиционная власть не способствует капиталистическому развитию, поскольку

> препятствует развитию рационального хозяйства... прежде всего из-за общих черт патримониального управления, к каковым относятся:
> a) сложность создания в рамках традиционализма *формально* рациональных и в силу своей стабильности надежных, просчитываемых... *регламентов*,
> b) типичное отсутствие *формально* обученного чиновничьего штаба...
> c) широта возможностей материального произвола...
> d) тенденция *материального* (то есть ориентированного на утилитаристские, социально-этические, материальные культурные идеалы) регулирования экономики [Вебер 2016–2019, I: 277–278].

Харизматическая власть не способствует капиталистическому развитию и фактически является «антиэкономической силой», поскольку

> харизматическое господство, будучи... в полном смысле *экстраординарным*, резко противостоит рациональному, особенно бюрократическому... господству... Бюрократическое господство специфически рационально в смысле связанности дискурсивно анализируемыми правилами; харизматическое специфически иррационально в смысле чуждости всяким правилам... Чистая харизма специфически чужда всякому

> хозяйствованию... [Представители харизматического типа] пренебрегают... обеспечением регулярных поступлений от систематической хозяйственной деятельности. Это типичная «нехозяйственная» власть... Она может только... прихватывать, так сказать, случайные доходы [Вебер 2016–2019, I: 281–282].

Следовательно, единственной формой господства, которая соответствует требованиям рыночного капитализма, является легально-рациональная власть — фактически ее можно назвать системой «либерализма». Но каковы отношения между либерализмом и демократией? Важным моментом является то, что в данной системе присутствует верховенство закона, то есть правил, которые одинаково применяются ко всем ее членам, включая лиц, стоящих у власти. Но откуда проистекают законы или правила? Еще в 1919–1920 годах у Вебера не было определенного ответа на этот вопрос:

> Легальное господство базируется на признании взаимосвязанных представлений о том, что
> 1) путем договора или *октроирования*[11] может быть целерационально или ценностно-рационально (либо и так, и так) формально установлено какое угодно право...;
> 2) право... есть космос абстрактных, обычно сознательно установленных правил [Вебер 2016–2019, I: 256].

Следовательно, правила или законы могут быть установлены путем «введения» или могут быть выработаны путем соглашения. Правда, Вебер не дает ответа на важнейший вопрос: между кем должно быть заключено это соглашение и как оно должно быть достигнуто, чтобы правило было легитимным? Он лишь делает акцент на «намеренности».

---

[11] В переводе под редакцией Л. Ионина предложен буквальный перенос оригинального веберовского термина *Oktroyierung*. Октроирование — способ принятия основополагающих законов волей правителя, а не при помощи, к примеру, референдума. В качестве иллюстрации можно привести манифест Николая II от 17 октября 1905 года, пожаловавший россиянам основные гражданские права и свободы. В цитируемом авторами английском переводе «Хозяйства и общества» *Oktroyierung* переводится термином imposition (введение волевым решением), курсив добавлен авторами. — *Прим. пер.*

Наконец, отметим, что легально-рациональная власть *может* представлять собой демократическую политию, но *может и не быть* таковой. Вопрос, преследующий политическую науку с XVII века, еще со времен Томаса Гоббса и Джона Локка, — кто является источником права? — в типологии господства Вебера не рассматривается. Принципиальный для него вопрос звучит так: какая политическая система наиболее подходит для капиталистического развития? Она должна быть либеральной, но — этот момент косвенно подразумевается — не обязательно демократической. Либеральные автократические режимы (например, Пиночета в Чили) или режимы авторитарные (например, монархии Персидского залива) имеют достаточный опыт в достижении капиталистических целей, пока они сохраняют легально-рациональный характер.

Можно поставить вопрос иначе: обязаны ли такие режимы в дальнейшем обратиться к демократии? Разумеется, мы можем питать сильные личные политические симпатии к такому сценарию, но социолог на этот вопрос должен дать другой ответ: неизвестно. Некоторые политологи утверждают, цитируя «Государство и революцию» Ленина (1917), что демократия, безусловно, является лучшей «оболочкой» капитализма [Ленин 1958–1965, XXXIII: 14][12], — однако другие оспаривают эту точку зрения. Подобного положения дел фактически удалось достичь благодаря антикапиталистической борьбе рабочего класса, которая вынудила капиталистов пойти на такие политические компромиссы, как государство всеобщего благосостояния и всеобщее избирательное право. Однако Вебер не выносит суждений по поводу того, нужна ли капитализму демократия, была ли демократия навязана капиталу трудом или же она является наиболее эффективным политическим инструментом для достижения

---

[12] Полная цитата из «Государства и революции» звучит так: «Демократическая республика есть наилучшая возможная политическая оболочка капитализма, и потому капитал, овладев... этой наилучшей оболочкой, обосновывает свою власть настолько надежно, настолько верно, что никакая смена ни лиц, ни учреждений, ни партий в буржуазно-демократической республике не колеблет этой власти». — *Прим. пер.*

частных выгод. Но в одном Вебер был уверен точно: капиталистическая экономика не существует без либерализма. Данная концепция либерализма подразумевает:

— верховенство закона и стабильность законов, из чего неизбежно следует
— отделение исполнительной власти от законодательной вне зависимости от того, как формируются законодательные органы,
— равенство перед законом, что требует независимой судебной системы,
— гарантированность прав частной собственности.

Вебер не сформулировал эти пункты настолько детально, но все это логически вытекает из его теории.

2.4. *Четвертый тип господства: Wille der Beherrschten* [воля повинующихся — *нем.*]

Тем не менее вопрос о том, как либерализм связан с демократией, все же занимал Вебера — именно поэтому в одной венской лекции 1917 года он рассмотрел четвертый тип господства, который редко упоминается исследователями его работ[13]. Газета «Neue Freie Press» сообщала об этой лекции следующим образом:

> Наконец, далее он [лектор, то есть Макс Вебер] объяснил, как современное развитие западной политической системы характеризовалось постепенным появлением четвертой идеи легитимации, того правила, которое (по меньшей мере официально) черпает основание собственной легитимности из воли повинующихся [aus dem Willen der Beherrschten] [Weber 2005: 755][14].

---

[13] Эдит Ханке упоминает этот тип господства в своем введении к тому XXIV-4 собрания сочинений Вебера [Weber 2005: 86–87], но не останавливается на нем подробно; см. также p. 745–746.

[14] В оригинале книги цитата приведена на немецком языке. Немецкий глагол *beherrschen* имеет значения «владеть», «править» (страной), «господствовать», «иметь власть над кем-либо», «подчинять кого-либо своему влиянию». — *Прим. пер.*

Здесь, в отличие от веберовской теории легально-рациональной власти, оказывается, что легитимность может проистекать из «воли» людей. Впрочем, Вебер как «либерал в отчаянии» (так характеризует его исследователь Вольфганг Моммзен) ничего с этим не может поделать: в конечном итоге эти люди и есть *Beherrschten* (подчиненные господству), поэтому возникающая в результате конструкция остается системой *Herrschaft*, а не царством свободы. Итак, Вебер не занимает какой-либо позиции относительно того, что именно является наилучшей «оболочкой» для капитализма: либеральная автократия (например, Сингапур), просвещенная автократия, предлагающая определенную правовую стабильность — по меньшей мере в деловых отношениях (например, ОАЭ или Китай после Мао), или либеральная демократия. Да и у нас, социологов, сказать по правде, до сих пор нет однозначного ответа на этот вопрос — как бы мы ни любили либеральную демократию.

Эта лекция Вебера 1917 года и введение идеи четвертой системы легитимации (*Wille der Beherrschten*) имеют особую значимость, поскольку, как это ни удивительно, при рассмотрении легально-рациональной власти Вебер не обращается к вопросу о том, кем является суверен или откуда проистекают законы и правила — эту многовековую теоретическую дискуссию Вебер аккуратно обходит стороной. Законы у Вебера возникают либо в результате согласия — хотя он не рассматривает в деталях вопрос о том, кто и на что должен соглашаться, — либо путем их введения (октроирования), — однако Вебер не затрагивает вопрос о том, кто должен обладать соответствующим правом. Итак, если сформулировать предельно просто, Вебер утверждает, что легально-рациональная власть является либеральным принципом (верховенства установленных законов, которые одинаково применимы ко всем, включая правителя), но не подразумевает, что эта власть наступает демократическим путем. В нашей интерпретации четвертая система легитимации у Вебера оказывается несколько ироничным определением демократической легитимности: в конечном итоге она легитимируется волей тех, кто «подчинен власти», а не волей «свободных граждан». Таким образом, перед нами своеобразный ироничный комментарий в духе Мишеля Фуко по поводу того, чем может быть «воля». Тем не менее все эти формулировки Вебер представил еще до краха немецкой монархической автократии (в целом имевшей либеральный характер) и до эксперимента Веймарской республики с либеральной демократией. Стоит также добавить, что Вебер говорил о «воле подчиненных власти» в октябре 1917 года, за несколько недель до того, как он смог удостовериться в появлении иллиберальной автократии в результате коммунистической революции в России. Возможно, он надеялся, что Россия после революции и Веймарская республика станут либеральными демократиями.

Впрочем, показательно, что, когда в 1919–1920 годах Вебер перерабатывал свою теорию легитимности, четвертый ее тип исчез. Учитывая те беспорядки, которые произвела большевистская революция в России, и хаотичный характер Веймарской республики, Вебер — вероятно, ошибочно — ожидал, что решение этих проблем придет от харизматических лидеров, а не от пресловутой *Wille der Beherrschten*. Это была трагическая ошибка: если как минимум в евроатлантическом регионе доминирующей формой господства стала «либеральная демократия», то за его пределами харизматическое лидерство вело, по сути, к катастрофе. Поэтому сочетание легально-рациональной власти (либерализма) и *Wille der Beherrschten* (демократии), по нашему мнению, действительно является, быть может, не идеальной, но все же лучшей системой управления, которую человечество изобрело до настоящего времени, как гласит известное выражение Черчилля.

3. Различные типы традиционной власти

Теперь мы можем вернуться к рассмотрению того, что Вебер называл «традиционной властью», — эта тема важна для нашей книги, в особенности для глав 5 и 6. Как уже отмечалось выше, проделанное Вебером разграничение различных типов власти преследует две цели.

— Оно направлено на выработку типологии социальных формаций в истории (в некотором смысле взамен той, которую предложил Маркс в виде истории «способов производства»).
— Но в то же время это разграничение может быть использовано и как аналитический инструмент для изучения способов функционирования господства в любых социальных формациях, включая общества модерного типа. Хотя последние представляют собой прежде всего легально-рациональные режимы, в них могут сохраняться и некоторые традиционные элементы. Предположение, что патриархальная власть существует в модерных обществах даже в условиях легально-рациональной власти, не является слишком уж спорным. Тем не менее наиболее провокационная гипотеза этой книги заключается в том, что другие формы традиционной власти, такие как пребендализм или патримониализм, тоже могут сосуществовать с (как правило, деформированной) системой легально-рациональной и демократической власти, а следовательно, и с *Wille der Beherrschten.*

Теперь мы можем рассмотреть четыре чистых типа традиционной власти: патриархат, султанизм, патримониализм и пребендализм, — и выдвинуть гипотезы относительно того, как их можно применить к анализу современных обществ.

3.1. *Патриархат*[15]

Идея патриархата в формулировке Вебера проста. Патриархат относится

> к основным типам традиционного господства при *отсутствии личного штаба управления* господина... Главное заключается в том, что власть... основана на представлениях подвластных (товарищей), что господство (пусть даже оно есть традиционное личное право господина) *материально* должно реализовываться как преобладающее право това-

---

[15] В переводе под редакцией Ионина — «патриархализм». — *Прим. пер.*

> рищей... Поэтому господин в большой степени зависим от желания товарищей подчиняться, а товарищи — еще «товарищи» (Genossen), а не «подданные» (Untertanen) [Вебер 2016–2019, I: 269][16].

Все это очень напоминает детальное описание племенных обществ, но то же самое, кстати, можно сказать и о наших семьях. В самом деле, Вебер дает дальнейшую разработку концепции патриархализма, чтобы мы могли убедиться, что эту элементарную форму можно понимать в качестве «семейной власти»: «Патриарх требует обязательного подчинения только внутри дома; в остальном же он действует примером на манер харизматичной личности, или советом, или применяет другие способы воздействия» [Вебер 2016–2019, I: 269].

Итак, патриархальное господство

> основывается... на исключительно личных отношениях пиетета... Для принадлежащей к дому женщины — это обычное превосходство мужчины... Власть отца... зиждется прежде всего не на действительной кровной связи... После... открытия связи между зачатием и рождением домашняя власть толкуется скорее как отношение собственности [Вебер 2016–2019, IV: 72–73].

В данном случае важно понять, что патриархат — это не просто какая-то архаичная форма из далекого прошлого. Это понятие — как и почти все другие термины Вебера — в равной мере применимо как к историческим исследованиям, так и к анализу современных институциональных механизмов.

Другие формы традиционной власти функционируют при наличии штаба. Вебер выделяет три соответствующих типа, хотя его терминология может несколько сбивать с толку. Особенно неясным остается значение термина «патримониализм». В раннем

---

[16] Следует уточнить, что Вебер также различает геронтократию, когда господство реализуется старейшинами, и «начальный патриархализм», когда «господствует индивид, получивший власть согласно твердым правилам наследования» [Вебер 2016–2019, I: 269]. — *Прим. пер.*

черновике «Хозяйства и общества» патримониализм — это родовое понятие, относящееся ко всем трем типам традиционализма. Например, Вебер отличает «первичный патримониализм» от «патримониального государства» и «пребендальной формы патримониализма», основанной на бенефициях, а не на ленном владении (fief). Ниже мы даем определенное упрощение сложного веберовского анализа трех форм традиционного господства, которое, будем надеяться, внесет некоторую ясность во всю концептуальную схему.

3.2. *Пребендализм и его чистейший случай — султанизм*

> С возникновением чисто личного управленческого (и военного) штаба господина каждое господство тяготеет к *патримониализму*, а при наивысшем объеме власти — к *султанизму*.... Султанистская форма патримониализма иногда по видимости бывает — и никогда в действительности не бывает — совершенно не связана традицией. Но при этом она не является безлично рациональной; в ней лишь до крайности развита сфера свободного произвола и личной милости [Вебер 2016–2019, I: 269–270][17].

В рамках такой системы штаб обладает средствами управления по милости повелителя и совершенно не располагает какими-либо гарантиями прав собственности. Собственность не наследуется, не может быть отчуждена и может быть перераспределена в любой момент, если правитель решит сделать это в одностороннем порядке.

Пребендализм, предполагающий, что вассалы получают бенефиции, имеет более узкое определение. В этой системе штаб лишь частично присваивает средства управления материальной собственностью и наделяется бенефициями — различными «формами содержания», которые «соответствуют традиционным, постоянно предоставляются заново и присваиваются индивиду-

---

[17] Современные применения этого определения см. в работе [Chehabi, Linz 1998].

ально, но не наследственно... Обеспечение штаба управления *принципиально* именно в такой форме называется *пребендализмом*» [Вебер 2016–2019, I: 273][18].

Если султанизм не дает вообще никаких гарантий, то в условиях пребендализма лицо, занимающее должность, может рассчитывать на сохранение своего поста и имущества до тех пор, пока он/она способны убедить повелителя в своей преданности и предлагать ему ценные услуги.

3.3. *Патримониализм («феодализм» — компенсации для вассала в виде лена)*

В качестве отдельной формы патримониального господства Вебер выделяет сословное господство, при котором

> определенные полномочия господина *апроприированы штабом управления*...
> Сословное господство, следовательно, означает:
> a) постоянное ограничение свободного набора господином штаба управления... а также
> b) часто... апроприируются
> (α) должности...
> (β) *вещные орудия управления*,
> (γ) право отдачи приказов [Вебер 2016–2019, I: 270–271].

Принципиальным моментом здесь является способ присвоения «вещных орудий управления». В рамках *узкого определения* патримониального правления штаб вознаграждается «леном» (Lehen / fief) — земельным владением, которое «иммобилизуется, ибо от его неотчуждаемости и неделимости, от целостности владения, как правило, зависит способность вассала исполнять необходимые службы» [Вебер 2016–2019, IV: 168]. Имущество,

---

[18] Вебер выделяет пять таких «форм содержания»: снабжение «прямо со стола господина», «выдачи (преимущественно натуральные) из запасов и казны господина», «использование служебной земли», «присвоение возможностей рент, платежей и налогов» и «лен», то есть пожалование земли (фьефов) в обмен на службу.

пожалованное в качестве лена, обычно может даже наследоваться, поэтому ленный патримониализм обеспечивает достаточно надежные права собственности (а также гарантии занимаемой должности). При патримониализме и должность, и собственность относительно надежны, однако права распоряжения имуществом все еще имеют ограниченный характер по сравнению с режимом частной собственности; имущество обычно неотчуждаемо, но его, как правило, невозможно даже заложить: оно предоставляется лишь для того, чтобы сохранялась способность вассала к службе. В этом и заключается основное различие между старыми и новыми формами патримониализма.

Султанизм исторически был формой господства, характерной для Османской империи, а идеальным типом патримониализма является западноевропейский феодализм; лучшим историческим примером выступает русское служилое дворянство (помещики).

4. Источники доходов и богатства — полный исторический обзор

Как уже отмечалось выше, авторов этой книги объединил интерес к четкому разграничению категорий ренты и прибыли. Историю концепции прибыли и ренты мы рассмотрим в главе 4, в основном сосредоточившись на капиталистических экономиках. Здесь же мы постараемся представить несколько гипотез относительно того, как менялась природа экономических систем на протяжении человеческой истории, взяв на вооружение типологию «экономической интеграции» Карла Поланьи и расширив ее. Под влиянием работы Поланьи «Экономика как институционально оформленный процесс» [Поланьи 2002b] мы добавляем к различию категорий *ренты* и *прибыли* понятие взаимности (*реципрокности*)[19].

---

[19] В этой поздней работе Поланьи утверждается, что «исследование институционального оформления реальных хозяйств должно начинаться с анализа того, как эти хозяйства обретают внутреннее единство и стабильность, то

Последняя играла решающую, а иногда и главную роль в экономиках древности. Ни одна модерная макроэкономическая система не интегрируется на основе реципрокности, однако она может сохранять значимость в экономике домохозяйств. Такие категории, как «доходы» (income) и «богатство» (wealth), здесь и далее будут относиться к частным доходам и частным состояниям. Иными словами, мы не принимаем во внимание тот факт, что на протяжении истории в каждом социуме постепенно накапливалось богатство общественное или государственное (впрочем, зачастую оно быстро уничтожалось в результате войн и/или стихийных бедствий). Так или иначе, в приведенной ниже таблице 3 мы попытаемся применить наш основанный на категории ренты подход ко всем исторически известным обществам, проводя различие между источниками доходов, с одной стороны, и богатства — с другой.

есть взаимозависимость и повторяемость их составных частей». Всего Поланьи обнаруживает три способа подобной связи на эмпирическом уровне — реципрокность, перераспределение и обмен. «Реципрокность обозначает перемещения между соответствующими точками в симметричных группах; перераспределение представляет собой акты “стягивания” товаров центром с их последующим перемещением из центра; под обменом подразумеваются встречные перемещения из рук в руки в условиях рыночной системы» [Поланьи 2002b: 68]. — *Прим. пер.*

Таблица 3. Основные источники доходов
и богатства в истории

3а. Племенные общества

Доходы		
Прибыли и заработные платы	*Ренты*	*Реципрокность*
(3) Третичный фактор	(2) Вторичный фактор	(1) Первичный фактор
В структуре племенной циркулярной торговли (например, у обитателей архипелага Тробриан в Тихом океане) владельцы лодок могут собирать рентные доходы, а моряки получать заработные платы[a].	Если племя превосходит по размерам расширенную семью, то вождь, скорее всего, собирает ренты, «замаскированные» под дары.	Действует в более мелких, симметричных, основанных на родстве обществах.
Богатство		
Наследование		

[a] См. [Малиновский 2004]. В торговле народа кула каждая обменная транзакция основана на дарении (реципрокности), поэтому экономически бессмысленна или даже иррациональна, однако после того, как полный цикл пройден, он оказывается рациональным с экономической точки зрения. Первый в цепочке остров получает необходимые ему товары, хотя во время экспедиции кажется, что все действия «иррациональны» или направляются «традицией».

3b. Классические рабовладельческие общества (Египет, Греция, Рим)

Доходы		
Прибыли и заработные платы	*Ренты*	*Реципрокность*
(3) Третичный фактор	(2) Вторичный фактор	(1) Первичный фактор
Предприятиями, ориентированными на прибыль, управляют не являющиеся рабами свободные граждане (а иногда и рабы).	Рабовладельцы присваивают все произведенное рабами.	Сети рабства могут обеспечивать взаимопомощь, поскольку сети родства нарушены.
Богатство		
Прибыли и заработные платы	*Ренты*	*Реципрокность*
(3) Третичный фактор	(2) Вторичный фактор	(1) Первичный фактор
Ориентированные на прибыль предприятия, накапливающие богатство, присутствуют, но их роль мизерна.	Правители предоставляют монопольные права аристократам, финансистам и производителям.	Свободные лица наследуют богатство и рабов без ограничений.

3c. Патримониализм (западноевропейский феодализм)

Доходы		
Прибыли и заработные платы	*Ренты*	*Реципрокность*
(3) Третичный фактор	(2) Вторичный фактор	(1) Первичный фактор
Горожане могут использовать наемный труд и получать прибыль.	Землевладельцы собирают ренты с крепостных в обмен на защиту и возможность пользоваться сельскохозяйственной землей.	Крестьянам позволено иметь собственные хозяйства и производить средства к существованию.
Богатство		
Прибыли и заработные платы	*Ренты*	*Реципрокность*
(3) Третичный фактор	(2) Вторичный фактор	(1) Первичный фактор
Ориентированные на прибыль предприятия, накапливающие прибыль, существуют, особенно в свободных городах, но играют мизерную роль.	Монархи жалуют монопольные права аристократам, финансистам и производителям.	Аристократы получают земельные пожалования от монарха в обмен на военную службу.

3d. Султанизм (Османская империя)

Доходы		
Прибыли и заработные платы	*Ренты*	*Реципрокность*
(3) Третичный фактор	(2) Вторичный фактор	(1) Первичный фактор
Ориентированных на прибыль предприятий мало, у них отсутствуют гарантии.	Конкуренция за доходы отсутствует, клиенты получают доходы от патронов.	Патроны также зависят от клиентов (откуп налогов). Патроны получают доходы до тех пор, пока клиенты собирают для них налоги.
Богатство		
Прибыли и заработные платы	*Ренты*	*Реципрокность*
(3) Третичный фактор	(2) Вторичный фактор	(1) Первичный фактор
Гарантии для частных начинаний отсутствуют, поэтому даже ориентированные на прибыль предприятия едва ли способны накапливать богатство.	Возможно накопление богатства от рентных доходов, однако отсутствует гарантия того, что это богатство удастся передать следующему поколению.	Гарантии богатства отсутствуют. Наследственную собственность можно удержать, если это позволит патрон.

3е. Феодальные автократии XXI века (государства Персидского залива, Саудовская Аравия и др.)

Доходы		
Прибыли и заработные платы	*Ренты*	*Реципрокность*
(3) Третичный фактор	(2) Вторичный фактор	(1) Первичный фактор
Гастарбайтеры (мигранты) получают заработную плату, размер которой выше, чем заработки в их родных странах, но меньше, чем работодатель эмирата способен мотивированно заплатить за их услуги. Некоторые гастарбайтеры (в особенности индийцы) могут быть совладельцами местных предприятий и получать определенную прибыль.	Добыча нефти ограничена ОПЕК с целью поддержания цен на нефть на уровне, значительно превышающем себестоимость добычи, поэтому существенная часть доходов нефтедобывающих стран относится к рентному типу. Катар и ОАЭ сегодня входят в число самых богатых стран мира по размеру доходов, получаемых «коренными жителями».	Все эмиратцы и родственники королевской семьи в Саудовской Аравии получают щедрые льготы (образование, жилье, пособия по безработице и различные «презенты»).

Богатство		
Прибыли и заработные платы	*Ренты*	*Реципрокность*
(3) Третичный фактор	(2) Вторичный фактор	(1) Первичный фактор
Гастарбайтеры могут накапливать богатство только у себя дома за счет относительно более высокой заработной платы в монархиях Персидского залива.	Гастарбайтеры, которым разрешено заниматься бизнесом, должны передать половину владения «коренным жителям», например эмиратцам, которые вносят в бизнес единственный вклад — забирают половину прибыли в качестве ренты, которая может накапливаться в виде богатства.	Слабое наследование родственных связей (в случае смерти какого-либо члена семьи наследование как экономическая транзакция обычно не влечет за собой реципрокность, поскольку завещателя уже нет в живых). Гастарбайтеры не могут наследовать состояния ни в ОАЭ, ни в Саудовской Аравии.

3f. Государственный социализм (все стадии)

Доходы		
Прибыли и заработные платы	*Ренты*	*Реципрокность*
(3) → (2) От третичного ко вторичному фактору	(1) Первичный фактор	(2) → (3) От вторичного к третичному фактору
На классическом этапе предпринимались масштабные попытки ликвидации частных предприятий, которые не увенчались полным успехом. В период реформ допускались частные организации в рамках государственных корпораций и малый бизнес за их пределами.	Всем «излишком» якобы в интересах общества распоряжаются лица, занимающиеся перераспределением (плановики).	В классическом социалистическом государстве семейные сети исправляют провалы перераспределения (например, семейное производство продуктов питания, строительство жилья); в период реформ в определенной степени разрешено производство для рынков.
Богатство		
Прибыли и заработные платы	*Ренты*	*Реципрокность*
(2) Вторичный фактор	(3) Третичный фактор	(1) Первичный фактор
Верхушка номенклатуры является относительно высокооплачиваемой.	Частная собственность запрещена: накопление рентных доходов и богатства встречается редко.	Основная часть богатства накапливается в пределах семей (прежде всего в виде жилья).

3g. Либеральный рыночный капитализм (все стадии и формы)

Доходы		
Прибыли и заработные платы	*Ренты*	*Реципрокность*
(2) → (1) От вторичного к первичному фактору	(1) → (2) От первичного к вторичному фактору	(3) Третичный фактор
Во времена колониализма богатство в странах ядра отчасти формировалось за счет предприятий, ориентированных на получение прибыли. В период глобализации основным источником доходов и богатства является стремление к прибыли.	Во времена колониализма доходы крупных частных предприятий часто поступали из колоний в виде ренты. В период глобализации способность стран ядра к извлечению ренты снижается. Олигополии и монополии также собирают рентные доходы, которые могут быть ограничены антимонопольным законодательством.	Реципрокность важна для семей (воспитание детей), но в развитых и модернизированных капиталистических странах некоторая или основная часть взаимопомощи, как правило, институционализируется и коммерциализируется.

Богатство		
Прибыли и заработные платы	*Ренты*	*Реципрокность*
(1) Первичный фактор	(2) → (3) От вторичного фактора к третичному	(2) → (3) От вторичного фактора к третичному
Успешные бизнесмены и имеющие исключительно высокие доходы руководители компаний могут накапливать большие частные состояния.	Недвижимость (в основном жилье), привилегированный доступ к хорошему высшему образованию (например, возможности выпускников престижных вузов).	Свободнорыночные экономики открыты, но семейный статус может передаваться по наследству, а с появлением ограничений для рынков воспроизводство семей становится все более важным.

3h. Постсоциалистические иллиберальные капиталистические режимы (все разновидности)

Доходы		
Прибыли и заработные платы	*Ренты*	*Реципрокность*
От первичного (1) к вторичному (2) фактору	От вторичного (2) к первичному (1) фактору	(3) Третичный фактор
На квазилиберальной стадии прибыли и заработные платы имеют большое значение. По мере продвижения системы к иллиберализму и ограничения конкуренции это значение утрачивается.	Доминирующей тенденцией иллиберализма становится распределение ренты в пользу тех, кто лоялен к исполнительной власти.	Государство всеобщего благосостояния, и без того слаборазвитое при социализме, еще больше урезается. Родственные связи (забота о детях, уход за престарелыми) снова становятся более важными.
Богатство		
Прибыли и заработные платы	*Ренты*	*Реципрокность*
(3) Третичный фактор	(1) Первичный фактор	(2) Вторичный фактор с растущей значимостью
Накопление богатства за счет прибыли, полученной на свободном рынке либо благодаря заработной плате, становится все менее возможным.	В иллиберальных режимах все основное богатство формируется за счет рент.	Сверхбогатые люди, как правило, являются представителями первого поколения, но их дети начинают наследовать богатство.

Источник: составлено авторами.

Глава 3
Разновидности коммунизма

1. Вводные замечания

1.1. Конвергенция коммунистических режимов с отдельными элементами последующего расхождения

Маркс и Энгельс были уверены, что коммунистические революции произойдут в наиболее развитых капиталистических странах. В действительности же настоящие, а не импортированные революции произошли лишь в относительно отсталых сельскохозяйственных обществах. Хотя мы можем с уверенностью утверждать, что ни одна из этих стран не относилась к передовым капиталистическим государствам, стартовые условия в каждой из этих колыбелей коммунистических систем были довольно разными. Тем не менее в течение некоторого времени между этими странами наблюдались существенные схождения, в основном обусловленные институциональным единообразием всех коммунистических систем. В таких странах, как Чехословакия, Венгрия, ГДР или Польша, которые несколько дальше продвинулись в плане промышленного и городского развития, коммунистические системы были навязаны извне, со стороны СССР. В момент коммунистической трансформации эти страны, пожалуй, понесли самые значительные потери, потому что лишь менее развитым странам революции помогли догонять развитые рыночные экономики как в собственно экономическом, так и в социальном плане.

Как уже вкратце отмечалось в главе 1, коммунистические общества представляли собой однопартийные государства, в которых партия легитимировала себя с помощью марксистско-ленинской идеологии. Во всех таких обществах была ликвидирована частная собственность на средства производства, все они имели перераспределительно-интегрированные экономики, в которых рыночные силы (если они вообще существовали) играли маргинальную роль.

В каких сферах происходила конвергенция этих стран?

a) Произошло некоторое сближение в соотношении аграрного и городского населения. Например, после 1949 года по меньшей мере до середины или конца 1960-х годов сокращался разрыв по этому показателю между Чехословакией и Болгарией, Румынией и Россией. Даже в Китае до начала бессмысленного «большого скачка» происходили определенный рост и модернизация.

b) Важные черты сходства присутствовали в социальной структуре всех коммунистических обществ. Как утверждал Мао, «политика стояла на первом месте»[1]: это означало, что стратификация в коммунистических обществах имела ранговую (rank)[2], а не классовую основу, социальное неравенство уменьшалось, а некоторые традиционные феодальные структуры, блокировавшие развитие, были сокрушены [Gray 1974].

---

1 Формулировка из обращения Мао Цзэдуна к активу Компартии Китая в ноябре 1966 года («Вы должны поставить политику на первое место, пойти в массы, быть с ними одним целым и еще активнее нести великую пролетарскую “культурную революцию”»). — *Прим. пер.*

2 Понятие rank в оригинале используется в качестве аналога веберовского термина *Stand*, которому в переводе «Хозяйства и общества» под редакцией Ионина соответствует «сословие», определяемое как «притязание на позитивную или негативную *привилегию* в социальной оценке, основанное на особом *жизненном стиле*, особом воспитании, связанном с этим жизненным стилем, а также на престиже происхождения или *профессии*» [Вебер 2016–2019, I: 387]. Ниже авторы (см. сноску 31) дают собственный комментарий о вариантах перевода немецкого *Stand* на английский. — *Прим. пер.*

c) Существовала также определенная конвергенция с точки зрения «габитуса». Люди, жившие в коммунистических обществах, обучались тому, как ориентироваться в социальной жизни в условиях институциональной гомологии — тем самым происходило создание нового «социалистического человека».

Кроме того, имели место и расхождения во времени и между разными коммунистическими странами. СССР до конца 1920-х годов в политическом и экономическом отношении отличался от той версии Советского Союза, которая возникла в дальнейшем, после насильственной коллективизации и установления сталинского деспотизма. После смерти Сталина во всех аспектах жизни советского общества произошли значительные изменения. Как будет показано в этой главе, варьировались и способы легитимации коммунистической системы (либо стоял вопрос о том, была ли она легитимной вообще). Политическая экономия и социальная структура коммунизма также разнились с течением времени и в разных странах. Наиболее яркими примерами отклонения от советской модели после первоначального сближения с ней являются Китай и Югославия.

1.2. *1949-й: создание мировой коммунистической империи*

Развивая теорию Поланьи, мы выдвигаем гипотезу, что начиная с 1949 года происходило создание «мировой социалистической империи», которая резко отделила коммунистические страны от капиталистической мировой системы. Иммануил Валлерстайн [Валлерстайн 2015] и другие «мир-системные теоретики» склонны рассматривать коммунистические страны как «капиталистические», поскольку они были интегрированы в полупериферию глобального рынка. Однако, по нашему мнению, более убедительна позиция Поланьи, который провел принципиальное различие между рыночно-интегрированными мировыми экономиками и перераспределительно-интегрированными империями. Хотя Поланьи никогда не писал о советской мировой империи, он по меньшей мере в одной работе фактически признал, что советскую систему можно рассматривать как современную версию перераспределительной экономики. Кроме того, Поланьи считал допустимым определенное взаимодействие между «мировой системой» и «империями» — по его утверждению [Поланьи 2010], такое взаимодействие происходит через «торговые порты» («торговые ворота»).

Образованный вскоре после революции 1917 года СССР стал перераспределительно-интегрированной «мини-империей». Это был «социализм в отдельно взятой стране», пусть он и взаимодействовал с остальным миром через внешнеторговые компании, выполнявшие функцию торговых ворот. Советская экономика была в основе своей автаркичной, поскольку от внешней торговли поступала лишь небольшая часть национального дохода СССР [Armstrong 1948].

Еще более важно то обстоятельство, что даже этот небольшой объем торговли с капиталистическим мировым рынком «буферизировался» заграничными предприятиями, которые принадлежали государству и управлялись им. Внешняя торговля была частью государственного бюджета, причем в этом процессе не могло быть убытков или прибылей. В подобных условиях изменения в мировой экономике практически не влияли на функционирование экономики внутри СССР[3].

«Социализм в отдельно взятой стране» кончился в 1949 году, когда Сталин создал советскую мировую империю, которая поставила под свой контроль все коммунистические страны. Для проведения внешнеторговых операций эта империя на несколько десятилетий была объединена структурой Совета экономиче-

---

[3] Это утверждение требует уточнения как минимум для позднего периода истории советской экономики (после «нефтяного шока» 1973 года), когда она все больше стала зависеть от конъюнктуры на мировом рынке энергоносителей. Егор Гайдар в книге «Гибель империи» (М.: Российская политическая энциклопедия, 2006. С. 181) упоминает, что председатель совета министров СССР Алексей Косыгин в 1970-х годах регулярно обращался к нефтяникам с просьбой увеличить добычу нефти, чтобы иметь больше валютных поступлений для закупки зерна («С хлебушком плохо — дай 3 млн тонн сверх плана»). — *Прим. пер.*

ской взаимопомощи (в западной прессе этот альянс чаще именовался аббревиатурой COMECON), созданного в том же 1949 году и официально распущенного в 1991 году. Его участниками были прежде всего европейские сателлиты СССР, хотя одни коммунистические страны Европы (например, Югославия) так в него и не вступили[4], ряд других (например, Албания) вышли из СЭВ на раннем этапе его существования, а третьи (например, Куба, Монголия или Вьетнам) присоединились к нему не сразу. В 1950 году в СЭВ в качестве «наблюдателя» вступил Китай, стремившийся пропагандировать «мечту о социалистической мировой экономике», но в 1961 году он разорвал свои связи с этой организацией, а заодно и с СССР [Kirby 2006]. Исходно центральной идеей СЭВ было создание всемирной сети экономического сотрудничества, изолированной от глобального капиталистического рынка.

2. Что такое коммунизм и чем он был? Политическая экономия «классической системы» социализма/коммунизма

В официальной идеологии Советского Союза и КНР проводилось принципиальное различие между социализмом и коммунизмом: подчеркивалось, что обе эти страны пока еще находятся в социалистической эпохе, которая со временем перерастет в коммунизм. Согласно идеологии советского марксизма, при социализме люди получают вознаграждение в соответствии со своим трудом, а при коммунизме каждый будет получать товары и услуги в соответствии со своими потребностями. (Примечательно, что Маркс в своих ранних работах проводил различие между социализмом и коммунизмом в противоположном смысле. В «Экономическо-философских рукописях 1844 года» [Маркс, Энгельс 1955–1981, XLII: 41–174] говорится о «грубом коммунизме», при котором средства производства находятся в руках госу-

---

[4] Югославия (СФРЮ) была единственной страной, имевшей статус «ассоциированного члена» СЭВ с 1964 года. — *Прим. пер.*

дарства. Социализм же Маркс определял как более передовую стадию, когда средства производства будут находиться под контролем непосредственных производителей.)

Во введении к этой книге уже говорилось, что мы не намерены вступать в подобные доктринерские дискуссии. Вслед за Яношем Корнаи [Корнаи 2000] мы просто используем понятия «социализм» и «коммунизм» как синонимы, а также в качестве взаимозаменяемых терминов. Далее мы продолжим разработку теории Корнаи, в которой представлены три основные характеристики того, что он назвал «классической системой» социализма/коммунизма. Эти три выделенные им характеристики уже упоминались ранее: (1) политическая монополия однопартийного государства, которое легитимирует себя при помощи идеологии марксизма-ленинизма, (2) средства производства находятся исключительно в общественной (государственной) собственности и (3) перераспределительно-интегрированная экономика, в которой рынки играют незначительную роль, если таковая вообще присутствует[5]. В первом приближении этого достаточно, но все же требуется уточнить кое-какие детали.

1. Начнем с разногласий по поводу каждой из трех характеристик, предложенных Корнаи. Прежде всего, непонятно, в каком случае та или иная партия может либо должна именоваться марксистско-ленинской. Является ли таковой, например, Коммунистическая партия Китая (КПК)? Даниел Белл [Bell 2008] однажды полушутливо предположил, что в нынешних реалиях ее следует называть Конфуцианской партией Китая, и в самом деле, в своей легитимации КПК апеллирует к национализму и традиционным китайским ценностям, а не к марксизму. Была ли марксистской Коммунистическая партия Советского Союза? Западные марксисты часто ставили это под сомнение, считая советский марксизм

---

[5] Корнаи использует понятие «бюрократическая координация», однако наша модификация введенного Поланьи понятия «перераспределительная интеграция» ([Поланьи 2002а], см. [Szelényi 1978]) в литературе встречается чаще, в связи с чем в этой главе будет использоваться именно термин Поланьи, хотя обе формулировки синонимичны.

деформированной версией марксистской доктрины, а себя именуя именно «западными марксистами» [Андерсон 1991].

2. Смысл термина «общественная собственность» также является спорным. В некоторых своих работах Маркс (а вслед за ним и многие марксисты) понимал общественную собственность как собственность «непосредственных производителей», а не государства. Между тем определение Корнаи относится к государственной собственности, а с точки зрения некоторых марксистов так называемый «реально существовавший социализм», основанный на государственной собственности, представлял собой «государственный капитализм» [Каутский 1919], «бюрократический коллективизм» [Rizzi 1985 (1939)] или «переходное общество» от капитализма и социализму [Троцкий 2017 (1936)], а не «настоящий социализм». Последний, согласно этой точке зрения, основан на коллективной собственности (что бы это ни значило), а не на государственной.
3. Корнаи полагал, что государственная/общественная собственность может существовать лишь в условиях «бюрократической координации». Это предположение подвергли сомнению Михал Калецки [Kalecki 1970] и Оскар Ланге [Lange 1936–1937], не говоря уже о многих современных китайских теоретиках (см. [Shi 1998; Du 2005; Yu 2005]). Все эти авторы уверены в возможности существования рыночного социализма.

Убежденный социалист Ланге, к середине 1930-х годов столкнувшийся с разнообразными проявлениями неэффективности советской экономики, попытался сформулировать реформистские меры. Оставив в неприкосновенности общественную собственность на средства производства, он предложил использовать рыночные механизмы для повышения эффективности системы[6]. Идея сочетания общественной собственности с рыночными механизмами координации преследовала политэкономию социализма довольно долго — например, в Советском Союзе анало-

---

[6] См. рассмотрение взглядов Ланге в работе [Kornai 2008: 51–53].

гичные предложения реформ были выдвинуты в 1962 году, во времена Хрущева, Евсеем Либерманом [Либерман 1962].

Реалии китайской экономики также ставят модель Корнаи под определенное сомнение. Некоторые специалисты по Китаю, такие как придерживающийся крайне левых взглядов Филип Хуан [Huang P. 2012] или приверженец либерализма Яшэн Хуан [Huang Y. 2008], рассматривают эту страну в качестве интегрированного рынка, но в то же время сомневаются, что частная собственность стала там доминирующей, а следовательно, экономика Китая *не* является капиталистической. По оценке Филипа Хуана [Huang P. 2012], к концу первого десятилетия XXI века 70 % неаграрной продукции Китая по-прежнему производилось в государственном секторе, тогда как согласно данным МВФ этот показатель составляет лишь 30 %. Тем не менее оба исследователя соглашаются, что взаимодействие между компаниями, находящимися в общественной (public) собственности, регулируется рынком. Яшэн Хуан утверждает, что приватизация предприятий в основном происходила в виде скупки различными государственными банками и корпорациями выставленных на фондовый рынок акций компаний, которые находились в общественной собственности. Частная собственность отдельных лиц в корпоративном секторе Китая существует, но все же имеет второстепенное значение. Филип Хуан [Huang P. 2012] также утверждает, что подавляющее большинство из примерно 50 китайских транснациональных корпораций, включенных в список «Forbes 500», на самом деле принадлежат государству. Если это соответствует действительности, то события в начале 1980-х годов в Китае представляли собой внедрение чего-то подобного тому, что венгерский экономист Мартон Тардош [Tardos 1975] называл «холдинговыми компаниями». И даже общая тенденция совершенно не очевидна: если с конца 1990-х годов происходила по меньшей мере частичная приватизация корпоративного сектора, то при Си Цзиньпине возрастает роль центральной власти. Поэтому вопрос о том, содержит ли понятие «рыночный социализм» противоречие в самом термине или же является реальной возможностью, по-прежнему остается предметом дискуссии.

В следующем разделе мы обратимся к природе господства в условиях различных типов коммунизма. Обладала ли легитимностью какая-либо из разновидностей коммунистической системы? И если обладала, то какие веберовские типы легитимности применимы к тем или иным версиям коммунизма?

3. Системы господства в условиях различных типов коммунизма

3.1. *Обладал ли вообще коммунизм легитимностью?*

Являлись ли коммунистические общества примерами легитимного порядка? С точки зрения либеральной демократии, коммунизм можно с легкостью охарактеризовать как «нелегитимный» (illegitimate), но Вебер вряд ли стал бы занимать такую позицию. Если нам удастся обнаружить образцы коммунистического общественного устройства, в которых присутствует достаточная степень «добровольного подчинения» со стороны *Beherrschten* [подвластных — *нем.*], то можно считать, что Вебер без колебаний счел бы данный порядок легитимным и задался бы вопросом о том, на чем эта легитимность основана. Для некоторых коммунистических режимов была характерна незначительная степень «добровольного подчинения» — порядок в них поддерживался путем систематического принуждения. Например, сталинский террор в 1930-е годы и после Второй мировой войны даже Вебер не сомневаясь назвал бы нелегитимным: применение принуждения носило системный характер. То же самое можно сказать и о Китае в последний период правления Мао. Чуть менее известными аналогичными примерами в истории являются Камбоджа при Пол Поте[7] и Эфиопия при Менгисту Хайле Мариаме в 1977–1987 годах.

[7] Пол Пот был генеральным секретарем Коммунистической партии Камбоджи с 1963 по 1981 год. Его попытка построить в стране аграрное коммунистическое общество в 1975–1979 годах привела к гибели миллионов людей. Прежде чем стать верховным лидером, Пол Пот считался многими харизматичной фигурой; см. [Chandler 1999].

3.2. *Харизма и традиционная власть*

В то же время в ходе длительных промежутков времени порядок в рамках коммунистических режимов поддерживался без принуждения — в эти периоды устанавливалось нечто вроде коммунистического *Herrschaft* [господства — *нем.*]. Но какова была его природа? На сей вопрос исследователями даются разные ответы. Некоторые коммунистические лидеры, по меньшей мере в определенные моменты времени, устанавливали харизматический порядок — наиболее ярким примером здесь выступает Фидель Кастро [Fagen 1965], а также можно вполне убедительно утверждать, что Ленин, а следуя его примеру, и Сталин[8] сумели утвердиться в качестве харизматических лидеров на протяжении целой эпохи. То же самое предположение можно сделать и относительно Мао [Teiwes 1984]. Очевидным инструментом создания харизмы лидеров был «культ личности». Появлялась ли в результате настоящая харизма, или же это была лишь псевдохаризма — вопрос дискуссионный[9]. Впрочем, есть и отдельные исследователи, которые рассматривают коммунизм как традиционную [Fehér et al. 1983] или неотрадиционную власть [Walder 1988].

Все эти теории содержат догадки о природе коммунистических обществ в отдельные моменты их истории и обеспечивают полезный инструментарий для эмпирического исследования различных образцов этих обществ. Можно утверждать, что в ранние периоды становления большинства коммунистических порядков они имели сильную харизматическую притягательность — опять же, можно упомянуть Сталина, Мао и Кастро. Очевидна также важная роль пропагандистского аппарата в производстве подобной харизмы и формировании энтузиазма (именно этот момент получил название «культа личности») и преданности в отношении лидеров, которые обещали совершать «чудеса» при помощи «революционных изменений».

---

8 О харизме Сталина до 1929 года см. работу Роберта Такера [Такер 2006].

9 См. [Bensman, Givant 1975]; а также понятие «квазисинтетическая харизма» применительно к харизме при коммунизме использует Т. Х. Ригби [Rigby 1983].

Когда лидеры либо оказывались неспособны совершить чудо, либо умирали, перед системой возникала сложная задача: или осуществить институционализацию харизмы, или передать ее другому лидеру. Некоторые коммунистические системы деградировали в нелегитимные деспотические режимы, которые задействовали массовое системное принуждение (что, как видно, и произошло в Камбодже при Пол Поте, в СССР в середине 1930-х годов и в Китае во время «культурной революции»). В некоторых случаях преемники замахивались на то, чтобы поднять на щит харизму своих предшественников. Лучшим примером этого является Сталин, который в 1920-х годах подделал «завещание» Ленина, якобы назначившего его преемником, привел в действие пропагандистскую машину и создал вокруг себя культ личности (все это в определенной степени действительно наделяло Сталина харизмой в начальный период его правления, см. [Такер 2006]). Тем не менее в типовых случаях после ухода первого харизматического лидера коммунистические общества стремились обрести легитимность иного типа. В некоторых случаях даже предпринимались попытки создать некую версию классической традиционной власти — в качестве примера можно привести появление династии Ким в Северной Корее, которая правит этой страной уже в третьем поколении [Martin 2004].

В других случаях предпринимались попытки создать некую разновидность неотрадиционной или патерналистской власти, основанную на сложных патрон-клиентских отношениях. Эта система легитимировалась претензиями на то, что партийное руководство либо конкретный лидер партии основательно — лучше, чем кто-либо другой — заботятся о *Beherrschten* [подвластных — *нем.*]. Ключевую роль здесь играла номенклатурная система[10]. Отдельно взятый чиновник в партии или государственной

---

[10] Термин «номенклатура» был заимствован русским языком из латыни и первоначально имел безоценочный характер, означая тот или иной список имен, а затем широко использовался в Советском Союзе. Во всех бывших социалистических странах (включая и Китай!) им обозначалась категория людей, занимавших различные ключевые административные должности в рамках бюрократии, управлявшей всеми сферами общества (государством, про-

бюрократии не мог продвигаться в рамках номенклатуры без помощи покровителя. В обмен на эту помощь в карьерном росте клиент проводил политику патрона. Именно институционализированные номенклатурной системой патрон-клиентские отношения помогают объяснить способность партийных лидеров генерировать масштабную поддержку своей политики.

3.3. *В поисках новой власти: легально-рациональная власть с ценностной рациональностью при реформированной версии коммунизма*

Кроме того, предпринимались попытки (причем некоторое время довольно успешные) утверждать, что коммунистические порядки, в отличие от «целерациональности» ('instrumental' rationality) или «иррациональности» рынка, обеспечивают более высокий уровень легитимности. Такая позиция была основана на рациональности целей коммунистических режимов, а не на средствах, используемых для их достижения. Иными словами, коммунизм обладает «субстанциональной» (substantive) (ценностной) рациональностью, или, используя определение из работы Томаса Ригби и Ференца Фехера [Rigby, Fehér 1992], «целевой» рациональностью ('goal rationality'), а не «формальной» или «инструментальной» рациональностью рыночного капитализма, которая, будучи лишь формальной, является низшим порядком рациональности (см. [Konrád, Szelényi 1979])[11]. Следовательно,

---

мышленностью, сельским хозяйством, наукой и т. д.), при этом назначение на посты производилось только с одобрения коммунистической партии (практически все представители номенклатуры были ее членами). Таким образом, номенклатура оказывается понятием, аналогичным «истеблишменту» на Западе, которому принадлежит как приватная, так и публичная власть (например, СМИ, финансы, торговля, промышленность, государство и институты) либо контроль над ней. Иными словами, номенклатура является более широким термином, чем «элиты».

[11] Этот фрагмент хорошо иллюстрирует расхождения в английских и русских переводах важнейших терминов Вебера *zweckrational* и *wertrational*. В русских изданиях Вебера вполне устоялась традиция их перевода как соответствен-

в любом исследовании разновидностей легитимности (или нелегитимности) в контексте коммунизма требуется эмпирический подход, учитывающий историческую специфику. Реально существовавшие социалистические общества сочетали в себе различные элементы всех веберовских идеальных типов.

В качестве заключительной ремарки по этому вопросу позволим себе сформулировать провокационный тезис. На первый взгляд, коммунизм являлся чем-то противоположным легально-рациональной власти: в конечном итоге, если исходить из собственных амбиций марксистского проекта, его суть заключалась в преодолении инструментальной или формальной рациональности рыночного капитализма, пресловутой «анархии рынка». Несмотря на это, элементы легально-рациональной власти присутствовали на всех стадиях коммунистического развития. Например, в коммунистических обществах считалось обязательным моментом создавать конституции. Любопытно, что при коммунизме зачастую предъявлялись претензии на действия в парадигме «верховенства закона». Даже в суровые годы коммунизма, когда заключенных подвергали пыткам, они должны были признаваться в деяниях, наказуемых по закону, несмотря на всеобщее понимание, что эти люди никогда не совершали

но «целерациональный» и «ценностно-рациональный», см., например, базовые определения из «Хозяйства и общества»: «Социальное действие может быть ориентировано:... (1) целерационально [zweckrational], то есть посредством расчетов на определенное поведение предметов внешнего мира и других людей, которые тем самым используются действующим индивидом в качестве “условий” или средств реализации собственных рационально поставленных и взвешенных целей; (2) ценностно-рационально [wertrational] благодаря осознанной вере в безусловную этическую, эстетическую, религиозную или как угодно еще толкуемую самоценность определенного поведения чисто как такового независимо от его результата» [Вебер 2016–2019, I: 84]. В английских переводах Вебера базовым вариантом для *zweckrational* выступает формулировка instrumentally rational, однако возможен и вариант formally rational, тогда как *wertrational* в зависимости от толкования немецкого *wert* (как «предмет» или как «ценность») может переводиться сочетаниями substantively rational или value rational и даже, как видим, goal rational. — *Прим. пер.*

подобных преступлений. В отличие от нацистов, которые обычно просто расстреливали своих врагов или отправляли их в газовые камеры, не утруждая себя сложными юридическими процедурами, при сталинизме даже в те периоды, когда он определенно имел иллегитимный характер, устраивались «показательные процессы», самым известным из которых был суд над Бухариным. В отличие от иезуитской инквизиции, которая, вероятно, по преимуществу верила, что ее обвиняемые совершали преступления, и пытала заключенных, дабы «установить истину», сталинские прокуроры, надо полагать, обычно знали о невиновности заключенных. Однако они заставляли обвиняемых под пытками признаваться в надуманных преступлениях, чтобы потом их можно было казнить в соответствии с законом, предусматривавшим высшую меру наказания за криминальное деяние, в котором совершено признание.

Скорее всего, при коммунизме, особенно в его сталинской версии, мы имеем дело с «бутафорской (fake) легально-рациональной властью». Маоизм времен «культурной революции» вообще представлял собой крайнюю версию коммунизма, где едва ли присутствовали какое-либо право или юридические процедуры. Однако все коммунистические системы были по определению принципиально «иллиберальными». Коммунистическое верховенство закона представляло собой правление посредством «субстанциального права» (‘substantive law’[12]) в том виде, как его определяла партия, — это было «классовое право», «пролетарское право», а не формальное право, применимое ко всем[13].

---

[12] В англо-американском правоведении этим понятием обозначается сфера, относящаяся к правам, обязанностям и различным видам ответственности, в отличие от процедурного права, которое регулирует технические аспекты применения гражданского или уголовного законодательства. В данном же контексте этот термин вполне можно перевести и как «право революционной необходимости». — *Прим. пер.*

[13] Георг (Дьёрдь) Лукач в статье «Легальность и нелегальность» [Лукач 2003] разрабатывал различие между формализмом «буржуазного права» и классовым характером «социалистического права».

Ни один из коммунистических режимов не был демократическим[14]. Власть имущие могли формально избираться от чьего-либо лица, но де-факто они назначались в качестве представителей номенклатуры под контролем исполнительной власти — политбюро (или первого секретаря коммунистической партии), центрального комитета партии либо какой-нибудь партийной организации более низкого уровня. Вся система формировалась по одной и той же логике — сверху вниз, путем назначения. Ни в одном из вариантов коммунизма не претворялся в жизнь один из ключевых принципов либерализма — разделение законодательной, исполнительной и судебной ветвей власти, а также принцип гарантий/неприкосновенности личных прав собственности. В то же время было бы резонно предположить, что подобная «бутафорская легально-рациональная власть» была фактором легитимации, дополнявшим харизму, традиционную власть или ценностную рациональность.

Если обратиться к СССР, то в системных настройках его легитимности происходили важные изменения. Ленин, как утверждают некоторые исследователи, после 1917 года был признан харизматическим лидером [Xin, Soboleva 2014]. Революция, а в особенности последовавшая за ней гражданская война, были событиями кровавыми и переполненными насилием. Тем не менее в ряде работ утверждается, что после того, как «яйца», необходимые для совершения революции, были разбиты[15],

---

14 Понятие «демократический» мы в данном случае используем в узком смысле для обозначения того, каким способом люди производят отбор лиц, занимающих должности в политической власти. Обычно люди имеют право голоса в качестве «граждан» или «свободных лиц», что коммунисты склонны рассматривать как принцип «буржуазной демократии». Ленин в статье 1918 года «О “демократии” и диктатуре» [Ленин 1958–1965, XXXVII: 388–393] называет буржуазную демократию диктатурой буржуазии над большинством, тогда как социалистическая демократия оказывается у него диктатурой пролетариата, диктатурой большинства над меньшинством. Следовательно, для Ленина вопрос заключается не в механизме отбора, а в классовом характере политической власти.

15 Имеются в виду слова Максимилиана Робеспьера, прозвучавшие в 1790 году спустя год после начала наводившей ужас Французской революции: «*On ne saurait faire une omelette sans casser des oeufs* [невозможно приготовить яичницу, не разбив яйца — *фр.*]», см. URL: http://fee.org/freeman/detail/where-are-the-omelets (дата обращения: 18.05.2023).

а гражданская война завершилась победой коммунистов, ленинский режим обладал определенной харизматической легитимностью.

Смерть Ленина вызвала кризис легитимности. Сталин предпринял отчаянную попытку перетащить ленинскую харизму на себя, но не мог рассчитывать даже на повиновение штаба советской власти: ключевых его фигур — от Троцкого до Бухарина, Зиновьева и Каменева — Сталину пришлось ссылать и уничтожать. Коллективизация привела к миллионам жертв [Nove 1975 (1969): 180], и к концу 1930-х годов основой власти в СССР было масштабное принуждение. Примечательно, что Сталин ликвидировал даже элиту своей военной разведки. Это кровавое столкновение между правителем и его штабом было явным признаком того, что режим скатывался к иллегитимности, превращаясь, по определению Монтескьё, в «деспотизм», держащийся на «страхе» перед властью, который испытывают подчиняющиеся. По определению Артура Кёстлера, это была «тьма в полдень» [Кёстлер 1988][16].

Тем не менее в ходе Второй мировой войны определенно состоялось второе пришествие Сталина в качестве харизматичного лидера. К началу ноября 1941 года немецкие войска стремительно продвигались к Москве, и там уже строились планы взорвать Кремль, чтобы он не попал в руки немцев. Несмотря на это, 7 ноября на Красной площади состоялся привычный военный парад, участников которого Сталин приветствовал взмахом руки с трибуны мавзолея Ленина. Это было символически значимое событие: за какой-то месяц немцы, ко 2 декабря находившиеся всего в восьми километрах от Москвы, были остановлены и по-

---

[16] Имеется в виду опубликованный в 1940 году роман английского писателя венгерско-еврейского происхождения Артура Кёстлера, который был написан под впечатлением от сталинских «показательных процессов». Одним из прототипов главного героя романа, коммуниста Николая Рубашова, выступил Николай Бухарин, с которым автор был лично знаком. В СССР книга Кёстлера, считавшаяся образцом антисоветской литературы, распространялась в самиздате и была впервые официально опубликована лишь в 1988 журналом «Нева» под названием «Слепящая тьма». — *Прим. пер.*

вернули назад — так состоялась первая победа над вермахтом войск Советского Союза и его союзников. Советские люди, а в особенности солдаты Красной армии, жаждали чуда и желали видеть харизматичного лидера, который бы его совершил. В конечном итоге харизма была приписана Сталину, однако из мемуаров маршала Георгия Жукова [Жуков 1969] становится понятно, что вождь совершил ряд серьезных ошибок в командовании Красной армией, и в результате победа была достигнута не благодаря, а вопреки Сталину.

Этот второй харизматический период в истории СССР продлился не слишком долго. Вскоре после окончания войны Сталин вернул систему террора, тем самым восстановив свое деспотическое и, используя веберовскую терминологию, нелегитимное правление, продолжавшееся до его смерти в 1953 году. В промежутке между 1945 и 1949 годами СССР постепенно навязал коммунизм всем странам Центральной Европы, три из которых перешли к коммунистической системе «по собственному почину». Первой из них была Югославия, где во время Второй мировой шла мощная партизанская война против немцев, в результате чего лидер партизан Иосип Броз Тито стал харизматичным национальным героем для многих жителей страны[17]. Во-вторых, это Чехословакия, где в 1946 году коммунистическая партия выиграла выборы, набрав 31,2 % голосов [Nohlen, Stöver 2010: 471] под руководством Клемента Готвальда, который пусть и не являлся слишком уж харизматичным лидером, но был избран демократическим путем. Наконец, Болгария, где лидер коммунистов Георгий Димитров, похоже, также обладал определенной харизматической притягательностью. Тито и Димитров пытались создать большую федерацию южных славян[18], объединив свои

---

[17] Рассмотрение запутанной истории отношений Тито и Югославии с СССР см. в работах Крейга Йовитта [Jovitt 1958] и Ласло Гуйяша [Gulyás 2014]. Оба этих автора настаивают, что Югославия была освобождена партизанами Тито, а не русскими или силами союзников, и это обстоятельство было очень важным для последующего раскола между Югославией и СССР.

[18] Имеется в виду подписанное Тито и Димитровым в 1947 году соглашение на озере Блед в Словении, см. [Stavrianos 1964].

страны, но внутренние разногласия и притязания Сталина на тотальный контроль над Восточным блоком привели к тому, что в 1948 году лидер СССР положил конец планам создания Балканской федерации. Раскол между Тито и Сталиным не оставил Димитрову особого выбора, кроме как следовать сталинистской линии. Вскоре после этого, в 1949 году, Димитров умер, и кое-кто предполагал, что его могли ликвидировать в советской больнице, где болгарский лидер лечился от заболевания сердца. Как бы то ни было, Димитров не может нести ответственность за зарождавшуюся нелегитимную систему деспотизма, зато Клемент Готвальд к 1948 году подчинился сталинскому порядку, введя в Чехословакии деспотическое правление в духе Сталина, — впрочем, он умер сразу после сталинских похорон в 1953 году.

Особый случай, как всегда, представлял собой Китай. Одержав победу над Чан Кайши, Мао стал харизматическим лидером и сумел, пусть и не без труда, сохранить свою харизматическую легитимность вплоть до смерти в 1976 году. С 1948 по 1953 год он строго следовал советской модели[19], однако после смерти Сталина отношения Китая с СССР становились все более напряженными, а в 1958 году, когда Мао затеял «большой скачок», начался явный разрыв КНР со своим старшим соседом в плане социальной и экономической политики. С 1961 года отношения с СССР стали уже откровенно враждебными, и Китай приступил к разработке собственной стратегии развития, которая имела много существенных институциональных отличий от советской модели. Один из наиболее показательных примеров — китайские коммуны, в определенном смысле основанные на национальных традициях деревенских общин и довольно сильно отличавшиеся от советских колхозов. Кроме того, в Китае никогда не происходило отделения компартии от государства, характерного для советской модели.

За этими исключениями, между 1948–1949 и 1956 годами большинство коммунистических стран копировали советскую модель.

---

[19] Об исходной реализации советской модели в Китае см. работу Уильяма Браггера [Brugger 2010 (1974)].

Сталин не доверял местным лидерам коммунистов, полагаясь на те кадры, которые в промежутке между двумя мировыми войнами находились в изгнании в Москве. С другой стороны, население коммунистических стран не слишком доверяло сталинскому выбору лидеров наподобие ставшего президентом Польши ультрасталиниста Болеслава Берута или генерального секретаря Венгерской коммунистической партии Матьяша Ракоши.

В годы сталинского деспотизма почти вся Центральная Европа управлялась с помощью принуждения, которое использовалось в громадных масштабах. Все это были явно нелегитимные режимы, где подчинение основывалось почти исключительно на страхе.

Когда в 1953 году к власти в СССР пришел Никита Хрущев, он попытался сместить некоторых сталинистских лидеров. В Венгрии, например, в рамках хрущевских реформ вскоре после смерти Сталина премьер-министром был назначен Имре Надь, хотя Матьяш Ракоши был выслан в СССР лишь летом 1956 года. Жесткий сталинист Болеслав Берут присутствовал на XX съезде КПСС и умер при загадочных обстоятельствах вскоре после секретного доклада Хрущева. В том же 1956 году антисталинист Тодор Живков сменил Вылко Червенкова, преемника и шурина Георгия Димитрова.

Период после 1953 года в СССР и в Центральной Европе был временем поиска легитимности, или, иными словами, попыткой найти способ реформировать коммунизм. Задача заключалась в том, чтобы преодолеть различные проявления неэффективности перераспределительной координированной/централизованной плановой экономики и построить «социализм с человеческим лицом», или рыночный социализм, демократическую разновидность социализма.

Милован Джилас в своей написанной в 1957 году новаторской работе «Новый класс» [Джилас 1961] предположил, что в сталинский период коммунизм был не бесклассовым обществом, а обществом, которым управлял новый класс — бюрократия. Эта точка зрения была оспорена в работе Дьёрдя Конрада и Ивана Селеньи «Интеллектуалы на пути к классовой власти» [Konrád,

Szelényi 1979][20]. В действительности при сталинизме/маоизме, причем как на харизматической, так и на деспотической стадии этих режимов, бюрократический аппарат осуществлял власть в качестве не класса, а сословия или статусной группы (rank). В «Интеллектуалах на пути к классовой власти» были выдвинуты совсем иные предложения по реформированию коммунизма, но в то же время авторы предположили, что в его притязаниях на легитимность в послесталинский период присутствовал некий общий момент. Центральная мысль этой работы заключалась в переходе социализма от бюрократического порядка к рациональной системе: социализм теперь воспринимался как более рациональный социальный и экономический порядок в сравнении с анархией рыночного капитализма. Эту идею рационального порядка авторы назвали «рациональным перераспределением», имея в виду некую социально-экономическую систему, в рамках которой решения (по меньшей мере теоретически) будут приниматься наиболее компетентными людьми, а не волюнтаристским образом. Предполагалось, что эта система будет апеллировать к профессионалам, а за рамками их узкого круга — к интеллектуалам или интеллигенции в целом: авторы интерпретировали этот момент как предложение со стороны бюрократии поделиться властью с интеллектуалами.

4. Реформирование коммунистической экономики

К середине и второй половине 1950-х годов в коммунистических государствах, за исключением азиатских социалистических стран и Албании, складывалось всеобщее понимание, что классическая модель коммунизма нуждается в реформировании и что

---

[20] После появления рукописи этой работы в 1974 году Иван Селеньи и Дьёрдь Конрад были арестованы венгерскими властями. Селеньи в дальнейшем предпочел уехать в США, в связи с чем был лишен венгерского гражданства, которое было восстановлено лишь после падения коммунистического режима. Конрад ушел во внутреннюю эмиграцию — до 1989 года публикация его работ в Венгрии была запрещена. — *Прим. пер.*

при условии проведения соответствующих реформ эти страны могут обрести эффективно функционирующие экономики и социальные системы. В дальнейшем были предприняты реформы трех основных типов, между которыми делали собственный выбор отдельные страны.

a) *Рационализация (оптимизация) перераспределения*: централистская модель. Тенденция к сдвигу в этом направлении наблюдалась в СССР во времена Брежнева, однако самым явным и, возможно, самым успешным случаем была ГДР в 1970-х годах. СССР начал отходить от этого типа реформ при Горбачеве, который начал политическую кампанию под тремя лозунгами — перестройки (реструктуризации), ускорения (акселерации) и гласности (транспарентности).
b) *Сочетание перераспределения с рыночными силами*: «либерманизм». Реформы, наиболее соответствующие этому типу, после 1963 года были проведены в Венгрии при Яноше Кадаре, который особенно успешно внедрял сочетание коллективных и мелких семейных фермерских хозяйств. Венгрия опробовала этот путь еще в 1953–1955 годах при Имре Наде, а в Польше в аналогичном направлении двигались первые реформы Вацлава Гомулки. Польша начала их в 1956 году в начале его правления, затем сместилась обратно к «рационированию» при Эдварде Гереке[21] и вновь вернулась на рыночный путь при Войцехе Ярузельском. По поводу Чехословакии при Александре Дубчеке, вероятно, можно утверждать, что она пошла курсом «рыночных реформ», но после 1968 года страна вернулась к модели ГДР. Китай после низ-

---

[21] Эдвард Герек возглавил Польскую объединенную рабочую партию в 1970 году на фоне массовых протестов, связанных с повышением цен, и первоначально проводил реформы, направленные на создание «социалистического общества потребления». Однако в совокупности с ухудшением ситуации в мировой экономике это лишь усугубило существовавшие диспропорции, и в 1976 году в Польше была восстановлена централизованная система управления промышленностью, а в сфере потребления многие категории товаров продавались по талонам. Отставка Герека в 1980 году состоялась в разгар очередной волны протестов в стране во главе с профсоюзом «Солидарность». — *Прим. пер.*

ложения «банды четырех» в 1976 году резко отвернулся от маоистской модели и по меньшей мере в первые годы реформ Дэн Сяопина следовал осторожному плану рыночных преобразований в духе Венгрии при Кадаре.

c) *Югославская версия «либерманизма»*: самоуправление. Этот вариант, начало которому было положено еще в 1950-х годах, принес впечатляющие результаты в конце этого десятилетия и в 1960-х годах, а его теоретическое обоснование дал Бранко Хорват в работе «Политическая экономия государственного социализма» [Horvat 1982].

Таким образом, отдельные коммунистические страны следовали довольно разноплановым стратегиям реформ в широких рамках возможного. В СССР основные направления реформ были определены двумя ведущими экономистами. Евсей Либерман (1897–1981) в своей докторской диссертации «Пути повышения рентабельности социалистических предприятий», защищенной в 1956 году, рекомендовал создавать опосредованные рынком отношения с участием компаний, находящихся в общественной собственности[22], а Леонид Канторович (1912–1986) предлагал более изощренные математические модели для усовершенствования системы централизованного планирования[23]. Оба

---

[22] Евсей Григорьевич Либерман жил в украинском Харькове. Его основная идея, впервые разработанная в диссертации, а затем подытоженная в статье «План, прибыль, премия», опубликованной в 1962 году в «Правде», заключалась в передаче полномочий по принятию решений от центральных органов власти в направлении руководителей и сотрудников промышленных предприятий. Предполагалось, что это произойдет в первую очередь за счет сокращения количества инструкций, навязываемых сверху, и замены административных распоряжений стимулирующими мерами.

[23] Канторович разработал математический метод, известный сегодня как линейное программирование, еще в 1939 году, за несколько лет до того, как его предложил Джордж Данциг. Он был автором нескольких книг, таких как «Математические методы организации и планирования производства» (первое издание вышло в 1939 году) и «Экономический расчет наилучшего использования ресурсов» (первое издание — 1959 год). Канторович еще в довольно молодом возрасте, в 1949 году, получил Сталинскую премию, в 1966 году вместе с Василием Немчиновым стал лауреатом Ленинской премии, а в 1975 году был удостоен Нобелевской премии.

специалиста критиковали «командный стиль» этой системы, хотя и не вполне ясно, были ли Либерман и Канторович союзниками, взаимодополняющими сторонниками реформ либо оппонентами. По мнению некоторых исследователей, Канторович, а также Василий Немчинов и Виктор Новожилов — ключевые представители математической школы экономической науки, которых ортодоксальные советские экономисты считали антимарксистами, — выдвигали Либермана на первый план просто для прикрытия собственных идей [Treml 1968]. Тем не менее можно утверждать, что Канторович и его коллеги выступили создателями более проработанной в математическом отношении научной базы для централизованного планирования, тогда как Либерман, менее искушенный в академическом и математическом плане, сосредоточился на рынках, рентабельности и децентрализации управления — от Госплана до отдельных предприятий. Эти два взаимодополняющих — или конфликтующих — подхода были объединены в рамках так называемых косыгинских реформ 1965 года[24]. Надо полагать, что в этом и заключался компромисс между рыночной и централистской стратегиями реформирования коммунистических экономик.

Суть дела заключается в том, что коммунистическая система была многообразной. В некоторых коммунистических странах, скорее всего, доминировала харизматическая власть — в качестве примеров можно привести СССР при Ленине, Китай при Мао, Кубу при Кастро, а также, возможно, Болгарию при Димитрове и короткие промежутки харизматического правления Сталина. Но после смерти харизматического лидера коммунистические страны, как правило, обретали иллегитимное правление либо в конечном итоге претерпевали определенную рационализацию власти и различные виды реформ, которые соответствовали представлению о коммунизме как ценностно-рациональной системе — в отличие от «формальной рациональности» капиталистических рыночных экономик.

---

[24] Алексей Косыгин (1904–1980) был председателем Совета министров СССР в 1964–1980 годах.

5. Управление предприятиями, находящимися в государственной собственности

5.1. *Модель трех агентов*

Теперь мы обратимся к разработанной в свое время Петером Михайи [Mihályi 1993c] модели, которая описывает «корпоративное управление» типовым государственным предприятием. В ее структуре выделяются три главных действующих лица: харизматический лидер, государственный аппарат и менеджмент предприятия. Модель имеет общий характер — она построена с целью анализа государственных компаний во всех типах социалистических систем (от Албании до Югославии), — а ряд особенностей отличает ее от других сложившихся в 1990-е годы политико-экономических конструкций. Как правило, в них делался акцент на двух игроках — органах планирования наверху и корпорациях, выполняющих распоряжения, внизу. В действительности же в социалистической системе было три игрока, чьи интересы определяли функционирование компаний (предприятий). Харизматический (тоталитарный) лидер, государственный аппарат и руководство предприятий действовали так, как будто были их собственниками, а их партнеры тоже относились к ним как к собственникам. Эти действующие лица были связаны между собой вертикальным способом: полномочия распределялись между тремя игроками, но это распределение варьировалось как в пространстве, так и во времени.

Визуализация этой модели (см. рис. 3) позволяет проводить различия между отдельными хронологическими периодами социализма и исследовать межстрановые вариации. Например, Сталин предоставлял советским руководителям мало свободы в принятии решений (сталинистская модель), но после его смерти положение менеджеров укрепилось. В Венгрии, Чехословакии, Польше и Югославии после 1949 года (венгерско-чешско-польско-югославская модель) менеджеры пользовались большей независимостью, чем их коллеги в СССР. В повседневном управлении компаниями их руководство обладало существенными полномочиями даже в сталинской модели, тогда как государ-

Рис. 3. Трехагентная модель социалистической экономики
Источник: [Mihályi 1993c].

ственный аппарат и политические лидеры принимали решения, в основном касавшиеся инвестиций.

В рыночной экономике присутствуют сильные стимулы для выравнивания норм прибыли и распространения успешных технологий, типов лидерства и организационных форм. Иначе дело обстояло в коммунистических странах, где отличительной основой экономики было то, что компании работали с очень разными показателями эффективности. Наша модель способна объяснить и этот феномен. Дело в том, что две из трех групп «собственников» (харизматический лидер и партийно-государственный аппарат) не рассматривали предприятия как отдельные друг от друга субъекты, в связи с чем различия в эффективности не имели для них значения. Две компании с разной эффективностью можно было объединить или разделить в любой момент.

В классической социалистической модели у предприятий не было рыночных проблем: спрос благодаря экономике дефицита всегда был достаточным. Внутренний рынок был защищен от импорта, а для поддержания конкурентоспособности производства использовалась политика обменных курсов. Многие экономисты поняли, насколько важны были такие протекционистские инструменты, лишь в тот момент, когда этот защищенный рынок исчез в период посткоммунистического транзита. В краткосрочной перспективе, вопреки распространенному мнению, государство было хорошим собственником: оно прилагало все усилия, чтобы гарантировать рынки сбыта для всех предприятий и защитить их от иностранной конкуренции. В то же время, разумеется, невозможно отрицать, что в перспективе долгосрочной такие действия привели к катастрофическим последствиям для экономики.

5.2. *Сравнение государственных предприятий и частных компаний в рыночной экономике*

В современной рыночной экономике для компаний (firms) — как крупных, так и мелких — свойственно шесть общих черт (см. таблицу 4). Эти характеристики неприменимы к государствен-

Таблица 4. Сравнение управления в государственных и частных компаниях

Государственные предприятия	Частные компании
(1) Разделение предприятий носит формальный характер, их активы и обязательства не зафиксированы точно. Предприятия могут быть объединены или разделены в любое время.	Компании являются независимыми юридическими лицами. Их активы и обязательства безусловно отделены друг от друга и от их владельцев.
(2) Ответственность харизматического лидера и государственного аппарата за корпорацию не определена. Менеджмент отвечает только за менее важные вопросы наподобие найма и увольнения персонала.	Собственники наделены ограниченной ответственностью в пределах суммы вложенного ими капитала. Кредиторы знают, что в случае банкротства они не смогут рассчитывать на владельцев компании.
(3) За функционирование предприятия в текущем режиме одновременно отвечают три группы собственников. Масштабы их полномочий не зафиксированы.	Компании контролируются органами, которые избираются собственниками. Последние не могут напрямую вмешиваться в повседневные вопросы деятельности компаний.

ным предприятиям до начала посткоммунистического транзита: подобные предприятия фактически не слишком отличались от бюджетных учреждений наподобие школ или больниц, поскольку на практике компании при социализме не были независимыми юридическими лицами.

Западные эксперты при анализе постсоциалистического периода часто берут за отправную точку упрощенное противопоставление, будто в социалистических странах менеджеры корпораций не являлись профессионалами — они якобы были заинтересованы только в выполнении планов, их не волновали рентабельность предприятия или потребности клиентов.

Государственные предприятия	Частные компании
(4) Единоличный руководитель компании назначается государством. Лицо, управляющее компанией, имеет неограниченные права на подписание документов и назначение подчиненных, а также присутствуют еще два важных игрока — главный инженер и главный бухгалтер.	Стратегические решения принимаются советом директоров, члены которого назначаются акционерами. Права управляющего директора на принятие решений могут быть ограничены советом директоров и наблюдательным советом.
(5) Капитал, инвестированный в предприятие, является неделимым. Инвестиции представляют собой четко определенную квоту, которую трудно уменьшить.	Вложенный капитал без ограничений перераспределяется между собственниками путем продажи акций.
(6) Названия компаний служат интересам центрального управления (например, обозначение места или продукта).	Названия компаний являются инструментами продаж и маркетинга, они часто совпадают с именем их основателей.

Источник: составлено Петером Михайи.

С другой стороны, утверждается, что в рыночной экономике руководители корпораций заинтересованы в успешной работе своего предприятия, поскольку от этого зависит их рабочее место и зарплата. Кроме того, назначать наиболее подходящих менеджеров легче благодаря конкурентному рынку труда.

На самом деле это сравнение является ошибочным и натянутым, ведь даже в плановой социалистической экономике мотивация менеджеров была существенным фактором. На практике разница между компаниями в плановых и рыночных экономиках не всегда была настолько резкой (см. таблицу 5), а навыки и мотивация менеджмента имели значение и в странах с плановой экономикой.

Таблица 5. Общие моменты в мотивации менеджеров при рыночной экономике и при социализме

Мотивация	Объяснение
Политические и моральные убеждения	Топ-менеджеры принимают превалирующий идеологический порядок.
Самоотождествление со сферой деятельности	Большинство менеджеров работают самоотверженно, они преданы своей профессии.
Власть	Лидерами становятся только те люди, для которых власть привлекательна хотя бы в минимальной степени.
Престиж	Социальный престиж зависит от позиции человека на социальной лестнице, а также от размера и значимости компании.
Финансовые выгоды	Вознаграждение пропорционально месту человека в иерархии, а также размеру и значимости компании.
Спокойствие	Менеджеры стараются избегать конфликтов с начальством, поставщиками, клиентами или властями.
Страх перед наказанием	Даже у топ-менеджеров есть собственное начальство и другие внешние контролирующие органы, которые имеют право их наказывать.

Источники: [Корнаи 2000: 145] и [Mihályi 2017].

6. Режимы стратификации в условиях различных коммунистических формаций

Отправной точкой для нашей попытки охарактеризовать режимы стратификации в различных коммунистических формациях станут работы Пьера Бурдьё [Bourdieu 1984; Бурдьё 2005], выделявшего несколько форм, которые может принимать капитал: (1) экономическую, (2) социальную, (3) политическую, (4) культурную и (5) человеческую[25].

6.1. *Распределение различных типов капитала в рамках различных типов коммунизма*

Прежде чем перейти к дальнейшему изложению материала, необходимо внести некоторые уточнения по поводу того, что означают различные формы капитала. *Экономический* и *культурный* капитал, надо полагать, не нуждаются в слишком пространных определениях. Экономический капитал просто подразумевает владение материальными активами, а культурный капитал в нашей терминологии аналогичен тому, что мы вслед за Дьёрдем Конрадом называем «трансконтекстуальным ориентирующим знанием», или «теоретическим» (а не практическим) знанием в терминологии Бурдьё. *Человеческий* капитал мы определяем как техническое ноу-хау, масштаб которого может быть измерен «приростом производительности». В свою очередь, *культурный* капитал, будучи— повторим — «трансконтекстуальным ориентирующим», или «теоретическим», знанием, тоже способен порождать такой эффект — но может и не обеспечивать прирост производительности. Различие между социальным и политическим капиталом требует более глубокого осмысления. В нашей интерпретации *социальный* капитал является родовым термином: этот феномен относится к инвестициям в межличностные отно-

---

[25] Такое сведение классификации видов «капитала» у Бурдьё только к этим формам является несколько доктринерской интерпретацией. Бурдьё с готовностью задействовал бесчисленное множество форм капитала — мы же, как правило, стремимся к несколько чуждой ему упорядоченности. Особой проблемой является интерпретация часто используемого у Бурдьё понятия «*символический* капитал». Мы не рассматриваем его в качестве отдельной формы капитала — в нашем понимании это просто способность преобразовывать одну из основных форм капитала в какую-то другую. Например, человек обладает символическим капиталом, если способен конвертировать политический капитал в экономический.

шения в расчете на последующую отдачу. *Политический* капитал представляет собой особый случай социального капитала в ситуации, когда эти межличностные отношения институциализированы и ограничены личными отношениями в политической сфере: я обладаю политическим капиталом, когда ожидаю, что мои инвестиции в межличностные отношения в рамках политических институтов (например, вступление в политическую партию) или с политическими лидерами принесут мне отдачу.

Теперь мы можем перейти к описанию природы различных обществ, располагающих различными формами капитала — соответствующая схема представлена в таблице 6. В ней мы попытались поместить различные общественные формации (начиная с классических форм социализма — сталинизма/маоизма) в «поля», определяемые распределением различных форм капитала. «Классический капитализм» добавлен в качестве некоего режима «по умолчанию».

Прокомментируем эту схему. Прежде всего, при классическом капитализме (или легально-рациональной власти) «командует экономика»: это общество, в котором доминирует формальная/инструментальная рациональность, а «человеческий капитал» (технические ноу-хау, а не телеологические знания) играет второстепенную, вспомогательную роль. Как верно отметил Марк Грановеттер [Грановеттер 2002], даже в условиях капитализма *laissez-faire* [свободного от государственного регулирования — *фр.*] экономика «укоренена» посредством перехода от феодализма к капитализму — но лишь в некоторой степени[26]. Этот момент

[26] В своей статье Грановеттер исходит из представления многих исследователей о том, что экономическое поведение «было прочно укоренено в социальных отношениях дорыночных обществ, однако с наступлением периода модернизации оно стало гораздо более автономным. Согласно этой позиции, экономика представляет собой все более независимую, обособленную сферу современного общества». Грановеттер занимает промежуточную точку зрения: он утверждает, что в нерыночных обществах степень социальной укорененности экономического поведения слабее, нежели считают сторонники «субстантивистской» школы и теории развития, но с приходом «модернизации» уменьшается не так сильно, как они считают (см. [Грановеттер 2002: 45]). — *Прим. пер.*

Таблица 6. Сравнение режимов стратификации в формациях сталинизма/маоизма и классического капитализма

Социальные формации	Режим стратификации	
	Ранговый	*Классовый*
Классический капитализм (легально-рациональная власть)	+	+++
Классический социализм (харизматическая власть; сталинизм)	+++	+ человеческий капитал
Классические китайские системы (харизматическая власть; маоизм)	+++	– экономический капитал

Источник: составлено авторами.

четко продемонстрировал Поланьи, представив его как процесс «высвобождения»[27]. Значимость личных отношений и персональной лояльности существенно снижается. Социальные связи действительно имеют значение, но наиболее важны, как правило, связи «слабые» и «неинституциализированные». В этих условиях чрезмерная зависимость от личных контактов рассматривается как коррупция или по меньшей мере как отживший свое патернализм [Грановеттер 2009]. Предполагается, что родственные связи или участие в какой-либо политической организации не имеют большого значения. Знать нужных людей в нужных местах может быть важно, но это знание, скорее всего, окажется менее значимым, чем тот капитал, которым вы владеете, будь то его материальная/денежная или культурная/человеческая разновидности (см. рис. 4).

Далее обратимся к резко контрастирующей с капитализмом классической системе социализма (в ленинской/сталинской или маоистской версиях), где доминирующей формой капитала является социальная или политическая. Обладание экономическим

[27] Имеется в виду самая известная работа Карла Поланьи «Великая трансформация» (1944), где утверждается, что возникновение рыночного общества разрушило традиционный социальный порядок, при котором на протяжении большей части истории человечества экономическая деятельность не выделялась из социальных отношений. — *Прим. пер.*

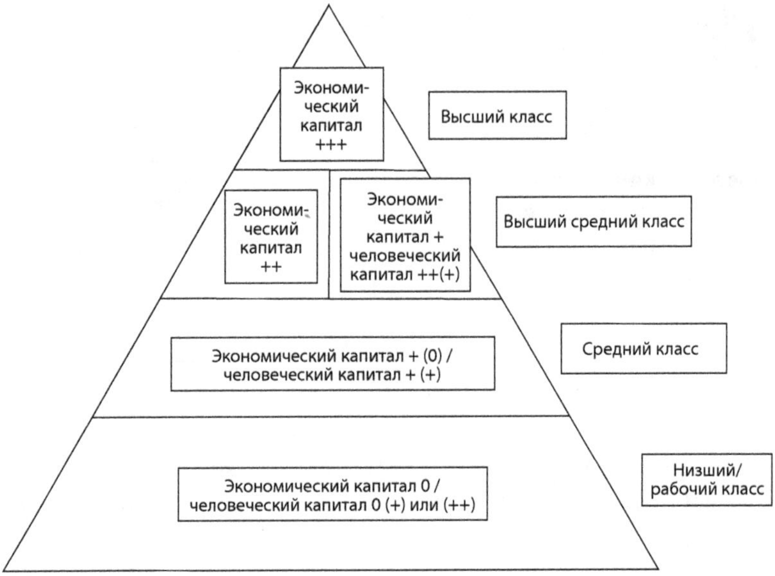

Рис. 4. Режим стратификации при классическом капитализме
Источник: составлено авторами.

капиталом в данной системе, если это вообще возможно, создает затруднения и является не источником могущества, а его следствием. Кроме того, необходимо сделать акцент на важности социального, а не политического капитала. Поскольку эта система ближе к харизматической, а не к традиционной власти, наиболее важным моментом в ней оказывается лояльность лидеру (верховному вождю или его локальным эквивалентам), а не политической организации. Следовательно, в отличие от классического капитализма, где силой обладают слабые связи (личные отношения), в условиях харизматической власти человек достигает благоприятного социального положения через сильные личные отношения (связи). И ленинско-сталинская, и маоистская версии коммунизма в определенной степени были антиинтеллектуальными, а в еще большей мере антимеритократическими (это особенно верно для маоистского Китая, прежде всего во времена «культурной революции»).

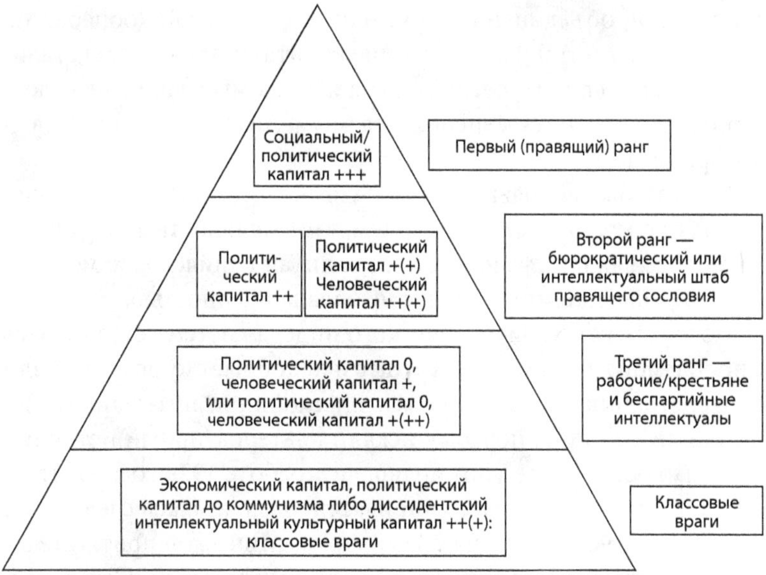

Рис. 5. Режим стратификации при классической (советской/маоистской) социалистической системе
Источник: составлено авторами.

В сталинской версии классической коммунистической системы все-таки сохранялись некоторые технократические тенденции: даже на пике сталинизма присутствовали определенные элементы научно-технологических революций (см. рис. 5). Хотя сталинский режим довольно жестоко расправлялся с инженерами (в качестве примера можно привести состоявшийся в 1930 году печально известный суд по «делу Промпартии»), даже в наиболее зрелой форме он подчеркивал «научную» природу социализма. СССР действительно добился ряда впечатляющих достижений в области науки и техники, например в авиации, хотя эти достижения в конечном итоге завершились «делом инженеров» (см. [Bailes 1980]).

Высшую партийную бюрократию мы рассматриваем в качестве «правящего ранга», а ее «штаб» — множество партийно-государственных бюрократов и большая группа лояльных партийных интеллектуалов — формирует «второй ранг». Интеллектуалы без партийной принадлежности вместе с большинством рабочих и крестьян, объединенных той или иной формой кооперации, составляют третий ранг, а бывшие капиталисты или представители прежней политической элиты и инакомыслящие интеллектуалы причисляются к «неприкасаемым», оказываясь «классовыми врагами».

Маоизм был довольно похож на классическую социалистическую систему, за тем исключением, что лояльность лидеру была еще более важной, человеческий капитал ценился еще меньше, а культурный капитал вообще не обладал ценностью.

После смерти харизматического лидера система столкнулась с проблемой легитимации. Хрущев и подобные ему деятели были не в состоянии достичь харизматической притягательности Ленина или Сталина, поэтому искали альтернативный источник легитимности. В уже упоминавшейся работе 1979 года «Интеллектуалы на пути к классовой власти» выдвигалась следующая гипотеза: в 1960-е годы на смену харизматической притягательности пришла концепция «научного социализма». Советский стиль реформированного коммунизма все больше стремился к легитимности посредством научности: социализм превосходил «анархию рынка» при помощи научного планирования, которое мы назвали «рациональным перераспределением».

Маоизм, с другой стороны, характеризовался, насколько можно судить, глубоко въевшимся антиинтеллектуализмом. «Красные» в Китае имели при Мао даже большее преимущество, чем в сталинской России [Baum 1964]. Для первых реформ после смерти Мао в конце 1970-х и начале 1980-х годов также были характерны признаки тройственного союза бюрократов с технократами и непосредственными производителями (крестьянами), однако в ранней версии китайских реформ приоритет делался в пользу уступок последней группе, нежели технократам.

6.2. *От рангов к классообразованию*

Теперь мы обратимся к теории социальной стратификации Макса Вебера, объединив ее с теорией распределения форм капитала Бурдьё. В преобладающей интерпретации концепции

Вебера утверждается, что он выделял три источника социального неравенства: первый основан на экономике, второй — на престиже, третий — на могуществе (power). Мы же рассматриваем теорию Вебера, скорее, как историко-социологическую концепцию, где проводится различие между обществами, имеющими ранговую (нем. Stand / англ. rank)[28] и классовую (нем. Klasse / англ. class) основы. Изучая переход к модерному обществу, Вебер был не так уж далек от Маркса, поскольку он рассматривал этот транзит как процесс превращения общества, основанного на рангах, к обществу с классовой основой.

Кроме того, Вебер совершенно отчетливо понимал, что классовая стратификация основана преимущественно или исключительно на экономических критериях, в то время как ранговая стратификация обусловлена «честью» или «престижем», преданностью персоне правителя, а не обезличенному правлению, как в случае классовой стратификации. Общества, где доминирует экономическая форма капитала, стратифицированы по классовому принципу. Общества, где преобладает социальный или политический капитал, стратифицируются по рангам. Это чрезвычайно практичный способ рассмотрения систем стратификации в историческом и межстрановом сопоставлении. Классический социализм — как сталинского, так и маоистского типа, — где «командует политика», породил общества, стратифицированные на основе рангов. При переходе от классического социализма к реформистскому коммунизму монополия на власть доминирующего ранга начинает ослабевать, стартует процесс классообразования, и то, какие именно классы формируются, будет зависеть от того, какая разновидность капитала становится более значимой.

Можно добавить, что в веберовской традиции чистые типы существуют редко. Даже в классическом капитализме часто, а то и всегда существует дополнительная система стратификации, основанная на ранговом принципе (см. таблицу 6). Вебер называл

---

[28] В научной литературе на английском языке веберовский термин *Stand* обычно переводится как rank (ранг, статус) или estate (сословие).

этот процесс возникновением «социального класса», в отличие от «чистых», или «коммерческих», классовых отношений, основанных исключительно на условиях рынка [Вебер 2016–2019, I: 336–337]. Если классы в чистом виде («классы дохода») можно рассматривать как группы, которые просто обладают положительными или отрицательными привилегиями в рыночных ситуациях, то социальные классы обычно определяются паттернами социальной мобильности и образа жизни, напоминая ранги[29]. Таким образом, социальные классы не являются чисто экономическими категориями, и Вебер усматривал ряд напоминающих ранги групп даже в классическом капитализме. В этом состоит по меньшей мере одна из причин того, почему Вебер оспаривал марксистское утверждение об усилении классового конфликта: по его мнению, социальные классы как возникающий новый «порядок рангов» ослабляли, а не усиливали классовые конфликты, и тем самым классовая революция становилась все менее вероятной.

Сравним классические типы социализма советского или восточноевропейского образца, а также маоистский социализм с различными типами реформированного коммунизма, которые появились позже (см. таблицу 7). Классическая система, как уже отмечалось выше, была наиболее близка к харизматической власти, учитывая важность фигуры верховного лидера (Ленина, Сталина, Мао, Кастро или Ким Ир Сена). Однако, в отличие от чистых харизматических типов, харизматические властные лидеры классического социализма были склонны работать со штабом, с бюрократией.

---

[29] К «классам дохода» Вебер относил предпринимателей как «типичный позитивно привилегированный класс», рабочих («типичный негативно привилегированный класс») и располагающиеся между ними средние классы (самодеятельные крестьяне и ремесленники, чиновники, лица свободных профессий и рабочие с исключительной квалификацией). В списке социальных классов в «Хозяйстве и обществе» перечислено четыре группы: рабочие в целом; мелкая буржуазия; неимущая интеллигенция и обученные специалисты; классы, занимающие привилегированную позицию благодаря собственности и образованию. — *Прим. пер.*

Таблица 7. Режимы стратификации в реформированных социалистических формациях и при классическом капитализме

Общественные формации	Режим стратификации	
	Ранговый	*Классовый*
Классический капитализм (легально-рациональная власть)	+	+++
Реформированные социалистические системы (технократическая реформа + вторая экономика)	+++	++ (культурный + политический капитал)
Реформированный китайский социализм (1978–1980)	+++	+ (экономический капитал)

Источник: составлено авторами.

Если в условиях легально-рациональной власти инструменты управления (модерная бюрократия) присваиваются государством современного типа, то при классическом социализме существовало определенное разделение полномочий между харизматическим лидером и бюрократическим штабом. Зачастую это приводило к борьбе между лидером и штабом или по меньшей мере его определенными фракциями. Наглядными примерами такой борьбы выступают «культурная революция» в Китае, сталинские чистки партийного аппарата или репрессии Сталина в отношении военной разведки. Учитывая это обстоятельство, относительная автономия штаба — нетипичный для харизматической власти момент — делала социальное положение сталинской/маоистской бюрократии амбивалентным.

Как уже отмечалось, Милован Джилас называл сталинскую бюрократию «новым классом», что, вероятно, в большей степени отражало реалии режима Тито после его разрыва со сталинизмом, нежели описывало сталинскую систему в рафинированном виде. Возможно, более точное определение дал Лев Троцкий, который в работе «Преданная революция» 1936 года писал о подъеме бюрократической касты. По мнению Троцкого, вместе с революцией появилось «рабочее государство» (поскольку частная собственность была изъята), однако с восхождением сталинизма оно «деформировалось» в связи с утверждением бюрократии в качестве привилегированной касты. Упор Троцкого на упразднение частной собственности, а значит, и его сомнения в существовании классов были резонны, а использование термина «каста» для описания привилегированного положения бюрократии не является таким уж неточным. Разумеется, если следовать веберовской теории, то сталинскую бюрократию вряд ли можно рассматривать как класс: ее могущество имело прежде всего политическую, а не экономическую основу; бюрократия могла иметь экономические привилегии, но они были следствием ее политической власти, а не наоборот. Тем не менее термин «каста» у Вебера закреплен за особой разновидностью *Stand* [рангов, сословий — нем.], появляющейся, когда границы между группами закрепляются религиозными (или хотя бы квазирелигиозными) санкциями, такими как запреты на сексуальные отношения или подразумеваемая «нечистота» (отличие этнического характера) низшей касты — отсюда и проистекает представление о том, что люди из низших каст являются неприкасаемыми[30]. Между сталинской/маоистской бюрократией и обществом таких границ не существовало, поэтому данную бюрократию правильнее рассматривать как «статусную группу» или ранг (см. рис. 6).

Наиболее уместными примерами для понимания социальной стратификации в реформированных коммунистических режимах Восточной Европы являются Венгрия при Яноше Кадаре (с 1963 по конец 1980-х годов) и Польша (сначала при Гомулке, а затем

---

[30] Вебер проводит четкое различие между «классами», «рангами» («сословиями», или *Stand*) и «кастами». Если классы структурированы в соответствии с их отношением к производству и обладанию материальными благами, а ранги можно выделять с точки зрения потребления и образа жизни их представителей, то касты отделены друг от друга явно выраженными ритуалами и акцентом на «чистоте» (см. [Weber 2010: 268–269]). В дальнейшем Вебер более подробно разработал понятие «чистоты»: касты основаны на межэтническом ритуальном разделении (Fremdheit), другие этнические группы не являются «чистыми», физический контакт с другой кастой запрещен [Weber 2013: 325].

Рис. 6. Режимы стратификации в реформированных коммунистических режимах (с некоторыми вариациями для Китая и советской империи).
Источник: составлено авторами.

после введения военного положения Ярузельским), а также в той или иной степени Югославия. Последний случай сложен, учитывая существовавшую в этой стране идеологию самоуправления, и все же даже в Югославии присутствовали в том или ином виде «научное планирование» или «научный социализм». Подобные тенденции имели место и в СССР, особенно при Хрущеве и Горбачеве, и даже есть некоторые признаки того, что они проявлялись в брежневский период в СССР и в «технократические» 1970-е годы в ГДР, что так нравилось молодому Рудольфу Баро до того, как он стал диссидентом[31].

[31] Немецкий философ и общественный деятель Рудольф Баро (1935–1997) в 1970-х годах работал в ГДР администратором на заводе по производству резины. В свободное от работы время он пять лет писал книгу под названием «Альтернатива. К критике реально существующего социализма», которая вышла в ФРГ в 1977 году, после чего Баро был приговорен к восьми годам тюрьмы, но вскоре был амнистирован и смог выехать в Западную Германию, где примкнул к «зеленым». — *Прим. пер.*

После смерти харизматического лидера бюрократия советского образца в поисках новой легитимности стала сближаться с интеллектуалами технократического толка (и даже с интеллигенцией в целом), а в 1960-е годы и вовсе была готова разделить с ними власть — по меньшей мере такая гипотеза была выдвинута в уже упоминавшейся работе Конрада и Селеньи. Реформированная коммунистическая система пыталась создать нечто вроде тройственного союза: в ней существенно повысилась значимость человеческого/культурного капитала (система в особенности шла навстречу технократии) и при этом, в отличие от классического сталинизма, отводилась определенная роль частному экономическому капиталу — последний момент в большей степени был характерен для Венгрии и Польши, нежели для СССР или других стран Восточной Европы.

В наиболее чистой разновидности реформированного коммунизма советского типа бюрократический ранг сохранял свое могущество, а с учетом прекращения власти «харизматического лидера» оно даже усиливалось. Второй доминирующей формой капитала теперь явно становилась его культурная разновидность, за которой в качестве третьего «поля» следовал экономический капитал. Иными словами, в процессе реформирования системы советского типа возник трехсторонний альянс, в котором господствующее правящее политическое сословие открылось сначала для технократической (а также гуманистической) интеллигенции, а затем для ориентированного на предпринимательство крестьянства, сельских или городских работников.

Именно такое концептуальное осмысление потенциальный подъем «нового класса» интеллектуалов получил в работе «Интеллектуалы на пути к классовой власти». Однако ретроспективный анализ показывает, что в этой гипотезе присутствовали как минимум две важные проблемы.

1. Еще в книге Ивана Селеньи «Социалистические предприниматели», написанной в 1986 году, признавалось, что данная гипотеза была опровергнута историей: интеллектуалы к власти так и не пришли. Поэтому на смену ей было

разработано альтернативное предположение: возникающий новый класс — это не интеллигенция, а новая мелкая буржуазия. Но и эта гипотеза оказалась сфальсифицирована, поскольку после 1989 года в Центральной Европе эта самая «новая мелкая буржуазия» обычно оказывалась в числе наиболее проигравших групп, а после краха коммунизма последовал короткий период политического доминирования культурной интеллигенции (вспомним такие фигуры, как Вацлав Гавел, Арпад Гёнц, Йожеф Анталл, Адам Михник и т. д.), за которым вскоре произошло появление новой «крупной буржуазии» [Szelényi 2002]. Нам, конечно, несколько неловко, что оба прогноза оказались ошибочны, ведь, как выяснилось — воспользуемся формулировкой Э. П. Томпсона [Thompson 1991 (1963)], — классы представляют собой «события»: реальность классов заключается в процессах их формирования и распада. Окончательно сформированных классов, вероятно, не существует вовсе — напротив, классы являются «потенциальностями». В этом смысле визионерская концепция «классовой власти интеллектуалов» (или поздней социалистической формации, где господствующее сословие остается таковым, но при этом опирается на укрепляющуюся новую социалистическую мелкую буржуазию) была лишь такой возможностью.

2. Кроме того, в гипотезе о новом классе, могущество которого основано на культурном капитале, присутствовала еще более серьезная проблема. Может ли классовое могущество вообще быть основанным на культурном капитале? Вебер на этот вопрос, скорее всего, не дал бы однозначного ответа. В его теории формирование классов должно быть основано на «рыночных ситуациях», то есть на экономическом капитале, а социальный/политический капитал является основой для рангового порядка. А что же культурный (человеческий) капитал? В терминах стратификации режим культурного/человеческого капитала представляется находящимся на полпути между экономическим и политическим капиталом

> с точки зрения «классовой принадлежности» (classness)[32] тех, кто им владеет. Экономический капитал является основой классообразования, поскольку он основан на достижениях, а не на личной преданности повелителю; культурный или человеческий капитал может напоминать экономический капитал в той же или даже в большей степени, чем политический. Следовательно, нет ничего немыслимого в том, чтобы допустить возможность формирования классов на основе человеческого (или даже культурного) капитала — ведь человеческий капитал в конечном итоге проистекает из достижений его обладателя, а не приписывается ему.

Авторы книги «Построение капитализма без капиталистов» [Селеньи и др. 2008] были уверены, что нашли правильное решение. Человеческий капитал по определению подразумевает некое техническое ноу-хау (следовательно, его ценность может быть проверена фактическим ростом производительности), поэтому в информационном обществе он действительно может стать ядром классовой власти. Культурный же капитал основан на «телеологическом знании» и не может быть протестирован ростом производительности, а следовательно, он едва ли может быть основой прочной классовой власти. Тем не менее культурный капитал играет важную роль в процессе социального изменения. Революционные трансформации, фундаментальные перемены в мировоззрениях часто, если не всегда, осуществляются именно обладателями культурного капитала. У Вебера теория социального изменения была «слабой»: революционной силой для него выступала харизма, что близко к нерациональному объяснению изменений. Тем не менее история свидетельствует о том, что революционные изменения действительно исходят от интеллектуалов, обладающих культурным капиталом — от Вольтера до

---

[32] Понятие «классовость» согласуется с представлением о классе как «событии». Классы никогда не существуют в чистом виде, но одни коллективные акторы склонны действовать в большей степени в качестве класса, тогда как другие будут действовать, скорее, как участники некоего сообщества (следовательно, их «классовость» будет находиться на более низком уровне на шкале от ранга к классу).

Льва Троцкого, Вацлава Гавела или Дьёрдя Конрада, — которые могут иметь классовые устремления к власти, хотя могут ими и не обладать. Но даже если у них есть такие амбиции, они оказываются не в состоянии удерживать классовую власть после свержения старого порядка.

Возможно, здесь будет уместно сослаться на различие между немецкими понятиями *Bildungsbürgertum* [«культурная» буржуазия, интеллигенция] и *Besitzbürgertum* [буржуазия, обладающая собственностью]. Немецкие историографы (см. [Conze, Kocka 1985], а также работы многих социальных историков начиная с 1920-х годов) заметили, что особенностью «немецкого *Sonderweg* [особого пути]», в особенности к востоку от Эльбы, была относительная слабость *Besitzbürgertum* и относительная сила *Bildungsbürgertum* — революционную трансформацию в направлении модерна возглавили обладатели культурного капитала.

Таким образом, в период развала коммунистической системы революционной силой была не харизма, а культурный капитал. Тем не менее у культурного капитала есть проблема, схожая с проблемой харизмы, — его долговечность. Обладатели культурного капитала, похоже, лучше приспособлены для ликвидации старого порядка, нежели для удержания власти в новом порядке, который они помогают создать. Поэтому по мере установления нового порядка «философы идут на выход», а на смену им приходят «деятели» (*Machers*) — обладатели экономического капитала или попросту те, кто имеет некое политическое ноу-хау. Причин тому множество. Настоящим интеллектуалам надоедает политика, так что они стремятся вернуться к своим компьютерам, архивам и лабораториям. Кроме того, им обычно не хватает агрессивности профессиональных представителей политического класса, в особенности если те происходят из новой крупной буржуазии или кадровых политиков, использующих свой политический капитал для превращения в нуворишей (чем «настоящие» интеллектуалы занимаются редко, если такое вообще случается).

Реформы сверху и снизу. Первые реформы в Китае (1978–1985) довольно сильно отличались от советских и восточноевропейских. В КНР на ранней стадии реформ была предпринята попытка достичь описанного выше трехстороннего компромисса, хотя на первом шаге Дэн Сяопин был в большей степени озабочен успокоением крестьянства, нежели привлечением к альянсу интеллигенции. Поэтому наиболее точным описанием процесса китайских реформ стала вышедшая в 1989 году статья Виктора Ни [Nee 1989] о «теории перехода к рынку». Выигравшей от первых реформ в Китае группой, несомненно, были обычные крестьяне. Номенклатура на местах, а также интеллектуалы приобрели не так много (по меньшей мере в относительном смысле), а возможно, даже утратили позиции в сравнении с теми, кого Ни называет «непосредственными производителями». Именно здесь его анализ попадает в самую суть: существуют надежные доказательства того, что в первые годы китайских реформ весьма существенное в эпоху маоизма неравенство между городом и деревней, а также между руководящими работниками и всеми остальными уменьшалось. Крестьяне чувствовали себя прекрасно, чего не скажешь о начальстве.

Известный афоризм Гегеля из его работы «Философия права» (1820) [Гегель 1990] гласит, что сова Минервы расправляет крылья только с наступлением сумерек. К тому времени, когда работа Ни была опубликована, условия на местах начали меняться. С появлением так называемых поселково-волостных предприятий (ПВП) и приватизацией государственных компаний собственную долю в китайской трансформации к концу 1990-х годов получила местная номенклатура, а затем и «принцы» (дети высокопоставленных руководящих кадров). Критики концепции Ни (см. [Walder 1996; Xie, Hannum 1996]) верно отмечали, что дела у кадровых работников в самом деле шли неплохо. Всплеск неравенства, снижавшегося в течение первых нескольких лет реформ, начался позже, и поэтому вопрос надо ставить не в логике «или/или» — он заключается в том, кто и когда выиграл и проиграл и при каких обстоятельствах (см. [Gerber, Hout 1998; Brainerd 1998; Titma et al. 1998; Lau et al. 2000; Naughton 1999]).

Невозможно обнаружить более отчетливый контраст между ранним этапом реформ в режимах советского типа и в Китае после смерти Мао — различия между ними повлекли за собой серьезные последствия. В советских и восточноевропейских режимах изменения шли сверху и после 1989–1991 годов, по окончании небольшой интерлюдии, имевшей место в нескольких странах в 1980-х годах, продолжали направляться сверху. Китай же в первые годы реформ радикально отличался — там происходила трансформация «снизу». В России транзит начался с приватизации государственных предприятий, этот процесс в значительной степени находился под управлением центральных властей. В Китае переход к рынку стартовал с дерегулирования крестьянской экономики. Центральная власть, конечно же, сыграла решающую роль в том, что «дозволила» это сделать, однако новые «капиталисты» все же были скорее мелкими фермерами, нежели владельцами крупных корпораций. Поэтому к тому времени, когда в 1990-х годах Китай перешел к изменениям «сверху», там уже произошло значительное накопление капитала, и номенклатурной буржуазии пришлось конкурировать с буржуазией, которая сформировалась собственными усилиями[33].

---

[33] В первый период реформ в Китае, особенно с 1978 по 1996 год, бывшие коммуны и бригадные предприятия превратились в ПВП — ориентированные на рынок государственные предприятия, находившиеся под присмотром местных властей и располагавшиеся в небольших городах и селах. Эти предприятия, сформировавшие отдельный сектор экономики, поглощали избыточную сельскую рабочую силу, которая высвобождалась в аграрном секторе, и (вероятно, непредвиденно) стимулировали конкуренцию с государственными предприятиями, ориентированными на рынок, способствуя процессу вовлечения в рынок всей экономики. См. URL: http://www.oxfordbibliographies.com/view/document/obo-9780199920082/obo-9780199920082-0128.xml (дата обращения: 18.05.2023).

Глава 4

Новая интерпретация неравенства и рентоориентированного поведения в развитых рыночных экономиках

В этой главе перед нами стоит задача возобновить дискуссию о категории ренты — сначала в целом, а затем в контексте развитых рыночных экономик[1]. В поисках теоретически обоснованного объяснения феномена неравенства и «аномальных» прибылей, или «сверхприбылей» — именно такие термины нередко и, на наш взгляд, неточно используются в сегодняшних научных дискуссиях, — мы обратились от Адама Смита и Карла Маркса к Давиду Рикардо.

Проблема неравенства занимала центральное место в экономической теории XIX века, однако в следующем столетии экономисты, как правило, пренебрегали вопросами неравенства доходов и богатства. Когда эта тема в какой-то момент вновь оказалась в фокусе внимания, например в работе Саймона Кузнеца «Экономический рост и неравенство доходов» [Kuznets 1955], предполагалось, что о решении проблемы неравенства автоматически позаботится экономический рост: цитируя более позднее выска-

[1] Эта глава, по сути, представляет собой сжатое изложение предшествующей совместной работы авторов «Получатели ренты» [Михайи, Селеньи 2020].

зывание президента Кеннеди, «набегающая волна поднимает все лодки». В последние несколько лет проблеме различных видов неравенства уделяется все больше внимания, особенно после выхода непривычно объемной для подобных работ, но при этом имевшей огромный успех книги Томаса Пикетти «Капитал в XXI веке» [Пикетти 2015], впервые опубликованной на французском в августе 2013 года.

По мнению Пикетти, начиная с 1970-х годов не только увеличивались различные виды неравенства, но и сам капитализм начал сталкиваться с неравенством иного рода: все больше богатства теперь передается по наследству[2]. Капитализм стал *патримониальным*: в некотором смысле на наших глазах происходит рефеодализация системы. По сути Пикетти прав, но причины описанных им процессов изложены неверно. Можно согласиться с утверждением, прозвучавшим и в его книге, и во многих других работах, что неравенство растет уже почти полвека, и мы разделяем мнение Пикетти, что это является серьезной угрозой легитимности либерального порядка как на уровне отдельных стран, так и в международном масштабе[3]. Однако мы глубоко скептически относимся к главному аргументу Пикетти, согласно которому фундаментальной причиной нынешнего неравенства является чрезмерный рост прибылей, который в тече-

---

[2] Необходимо уточнить, что «Капитале в XXI веке» Пикетти отмечает, что наследство было основным механизмом перемещения в группу наиболее состоятельных индивидов до рубежа XIX и XX веков. Во второй половине XX века таким каналом стали высокие зарплаты и бонусы топ-менеджмента компаний — эти средства в дальнейшем вкладывались в активы, доходность по которым превышала темпы экономического роста, что в конечном итоге и определило нарастание социального неравенства. Однако ряд современных экономистов, включая Петера Михайи, рассматривают высокие заработки топ-менеджеров как одну из новых форм рентных доходов, тогда как Пикетти обходится без этой категории. — *Прим. ред.*

[3] Это еще одна, причем отнюдь не малозначимая, причина того, что промежуток 1910–1970 годов, когда измеряемые виды неравенства снижались, был временем, далеким от идеала. Именно на этот период пришлись, *inter alia* [помимо прочего — *лат.*], такие события, как Великая депрессия, две мировые войны и времена «железного занавеса».

ние значительного промежутка времени замедлял экономическую динамику и вызывал недовольство людей[4].

Единственным из классических теоретиков капитализма, кто рассматривал его в качестве набора разнообразных институциональных форм, постепенно разворачивающихся в ходе исторического процесса, фактически был Вебер — в этом отношении он является предтечей парадигмы «разновидностей капитализма». Несмотря на то что, по мнению Вебера, экономические организации, характеризуемые как «капиталистические», можно обнаружить на протяжении практически всей истории человечества, модерный капитализм он выделял в качестве некой уникальной формы. Вебер не предложил четкого определения того, что именно представляют собой эти капиталистические экономические организации, но с помощью определенной реконструкции его мысли можно прийти к следующей дефиниции: капиталистическая экономическая организация есть организация, стремящаяся к получению прибыли в процессе рыночного обмена[5].

Растяжимое определение Вебера тем не менее позволяет выделить по меньшей мере три типа капиталистических систем. В *модерном* капитализме прибыль образуется посредством производства. Природу того явления, которое Вебер считал модерным капитализмом, прекрасно отражает утверждение Ричарда Сведберга о наличии «обратной связи между прибылью и производством». Кроме того, Вебер выделял систему *политического*

---

4 В одной из предшествующих работ [Mihályi, Szelényi 2017] мы обращаемся к детальной интерпретации определения «чрезмерный» применительно к прибыли. Вся аргументация Пикетти основана на его предполагаемом открытии, выражаемом формулой $r > g$, где r — это средний рост прибылей, а g — средний рост ВВП на душу населения. Мы демонстрируем, что модель $r > g$ представляет собой статистическую аномалию, возникающую из-за смешения категорий прибыли и ренты, с одной стороны, и капитала и богатства — с другой.

5 См. аналогичное, но несколько более узкое определение в работе [Swedberg 2005: xxxv]; см. также [Вебер 2016–2019, I: 138–147].

капитализма, которая является «политической по своей ориентации»: здесь источником прибыли в той или иной степени выступает политическая должность. Помимо этого, существует *коммерческий* капитализм, когда прибыль возникает просто в результате рыночного обмена, а производство не играет особой роли.

К этой тройственной классификации различных капиталистических систем близко подошел Маркс, однако для него ключевым институтом капитализма была частная собственность, а не рынок, регулирующий цены. Частная собственность, основанная на производстве прибыли, является ключом к (модерному) капитализму в нашем понимании этого термина, но Маркс в то же время видел возможность существования двух других форм капитализма, одна из которых оказывается тупиковой. Первая из них — *купеческий* капитализм, где прибыль генерируется просто посредством рыночного обмена. Вторая — *финансовый* капитализм, где «нормальная» схема Д — Т — Д' (деньги — товар — больше денег) сводится к формуле Д — Д' (деньги — больше денег). Последняя форма не всегда устойчива в долгосрочной перспективе, с чем весь мир столкнулся во время глобального финансового кризиса 2008–2009 годов[6]. С точки зрения марксистской теории, финансовая или купеческая разновидности капитализма неустойчивы потому, что прибавочная стоимость может создаваться только в момент производства, когда капитал приобретает рабочую силу, уровень потребления которой таков, что она создает более значительную ценность, чем ее собственная. Майкл Буравой и Павел Кротов [Буравой, Кротов 1992] в свое время назвали именно «торговым капитализмом» посткоммунистическую экономику России, которая ничего не производила, но при этом генерировала доходы для торговцев-спекулянтов — такая система, по мнению Маркса, была обречена на провал.

---

[6] Недавние ретроспективные оценки международного финансового кризиса 2008 года см. в подборке прекрасных работ в [Mihályi 2018].

1. Прибыли против рент

Как хорошо известно, в опубликованном в 1867 году первом томе «Капитала» Маркс сосредоточился на различиях между прибылью и заработной платой. Пытаясь прояснить понятие эксплуатации, он предложил модель, где владельцы капитала составляли постоянно сокращающееся меньшинство, а все большее число наемных рабочих получали вознаграждение, которое компенсировало только затраты на воспроизводство их рабочей силы. Маркс хотел показать, что собственность не является «кражей», как выразился Пьер Прудон в своей работе 1840 года «Что такое собственность?» [Прудон 1998]. Маркс настаивал, что любой рыночный обмен представляет собой обмен эквивалентными вещами. Институтами эксплуатации и процессом расширенного капиталистического воспроизводства движет не личная жадность капиталистов. Последние действительно оплачивают полную стоимость рабочей силы своих работников (а следовательно, и затраты на воспроизводство своей рабочей силы), но одновременно заставляют наемных работников трудиться сверх времени, необходимого для покрытия этих затрат, и за счет этого присваивают излишек, созданный за это прибавочное рабочее время. В закрытой экономике — в условиях совершенной конкуренции — у отдельно взятого капиталиста нет выбора. Ему приходится поддерживать заработную плату на уровне, обеспечивающем воспроизводство рабочей силы, а излишек (прибыль) ему нужны для реинвестирования, чтобы оставаться конкурентоспособным по отношению к другим капиталистам. Иными словами, низкая заработная плата рабочего класса и прибыль капиталистов вписываются в равновесную модель. Как однажды сказал Кейнс, класс капиталистов конца XIX века «мог считать своею собственностью лучшую часть этого [экономического] пирога и теоретически располагать ею для своего потребления лишь при молчаливом условии, что в действительности он может потреблять только незначительную его долю» [Кейнс 2007: 473]. По мнению Кейнса, «в самом деле, именно *неравенство* распределения богатств (wealth) давало возможность бесконечного накопления капитала (fixed wealth)» [Кейнс 2007: 472, курсив в оригинале]. Таким образом, в этих условиях процесс расширявшегося воспроизводства был *игрой с положительной суммой*.

Маркс мыслил в этой же системе координат, хотя очевидно, что он не использовал теорию игр. Если вся прибыль должна быть реинвестирована, то увеличение прибыли может означать увеличение количества рабочих мест (Маркс в середине XIX века *не* рассматривал этот сценарий) и/или повышение заработных плат для работников, выступающее способом создания достаточного совокупного спроса. Хотя Пикетти открыто отвергает *трудовую теорию стоимости/ценности* в версии Маркса и вытекающую из нее *теорию эксплуатации*, он склонен соглашаться с предположением последователей Маркса XX века, что, за исключением отдельных нетипичных промежутков времени, когда государственные власти осуществляют перераспределительную интервенционистскую политику или когда накопленное частное богатство уничтожается войнами, заработная плата все время остается относительно низкой, в то время как прибыли и накопленное богатство продолжают расти.

Но почему тенденция к неограниченному накоплению капитала и растущему неравенству сохраняет значимость, если капиталисты продолжают реинвестировать прибыль в производственный процесс и тем самым создают больше рабочих мест? Что не так с капиталистическим способом производства, если в техническом прогрессе не заложено внутренних барьеров? Как указывал Маркс в знаменитом фрагменте первого тома «Капитала»,

> производительные силы, возникающие из кооперации и разделения труда, ничего не стоят капиталу. Они суть естественные силы общественного труда. Естественные силы, как пар, вода и т. д., применяемые к производительным процессам, тоже ничего не стоят... Раз закон отклонения магнитной стрелки в сфере действия электрического тока или закон намагничивания железа проходящим вокруг него электрическим током открыты, они уже не стоят ни гроша [Маркс, Энгельс 2020, XXIII: 398].

Таким образом, если расширенное воспроизводство является игрой с положительной суммой для экономики в целом, в чем же заключается проблема?

Разработанный во втором томе «Капитала» оригинальный ответ Маркса на этот вопрос в виде *теории снижения нормы прибыли* звучал убедительно для своего времени, но с тех пор было доказано, что он ошибочен (впрочем, адепты этой доктрины еще не перевелись, хотя большинство экономистов ее отвергают). Справедливости ради следует отметить, что Маркс рассматривал снижение нормы прибыли только как «тенденцию», наряду с различными «контртенденциями», и лишь Энгельс, решивший опубликовать второй том «Капитала», возвел ее в ранг «закона». Как только мы выходим за рамки модели Маркса, основанной на трудовой теории стоимости/ценности, становится невозможным оспаривать тот факт, что дешевые технологии наподобие компьютерных способны вести к масштабному росту производительности труда, что, как следствие, ведет к увеличению национального дохода. Это и объясняет, почему прибыли не снижались, мировая революция не состоялась, а реальные доходы трудящихся со времен Маркса не упали, а, наоборот, чрезвычайно выросли[7].

Давид Рикардо, живший за два поколения до Маркса, был убежден, что искомым объяснением наблюдаемых им проявлений неравенства является понятие ренты. Как хорошо известно, в определении ренты у Рикардо подчеркивается момент *редкости*:

---

[7] Впрочем, стоило бы сделать одно уточнение. Поведение, направленное на максимизацию прибыли, может привести к снижению богатства на национальном уровне, если отбросить предположение о закрытом характере экономики. Классическим примером этого является аутсорсинг (особенно в том случае, когда прибыль на капитал инвестируется в иной юрисдикции), который может приводить к сокращению заработной платы и появлению внутренней безработицы, хотя во всемирном масштабе эта схема продолжает создавать богатство и способствовать снижению глобального неравенства. [Стоит также отметить, что определенную роль, помимо технологического прогресса, в сдерживании влияния СССР сыграло и развитие в западных странах системы распределения, включавшей профсоюзное движение, высокое налогообложение богатых, механизмы социального обеспечения и т. д. — *Прим. ред.*]

рента представляет собой доход, получаемый от монопольного владения сельскохозяйственными землями и рудниками[8]. При этом Рикардо считал, что стремление к рентному доходу — это игра с отрицательной суммой: ренты не создают никакого нового богатства — напротив, они снижают экономический рост и перераспределяют доходы от низов к верхам. Как утверждал Рикардо в работе «Начала политической экономии и налогового обложения» (1817), «повышение ренты всегда является результатом роста богатства страны и трудности снабжения пищей ее возросшего населения. *Это симптом, но отнюдь не причина богатства*» [Рикардо 1955: 72, курсив добавлен]. Это противопоставление прибылей и рент вовсе не тривиально — уже сам Рикардо отмечал отсутствие ясности в данном различии, указывая, что ренту «часто смешивают с процентом и прибылью на капитал» [Рикардо 1955: 65].

Пикетти ставит под сомнение этические основания наблюдаемого неравенства доходов и богатства, однако сохраняет базовую конструкцию ортодоксальной неоклассической теории распределения доходов, первоначально разработанную Джоном Бейтсом Кларком в работе 1899 года [Кларк 1934]. Этот экономист считал, что заработные платы и прибыли являются выражением предельной (маржинальной) продуктивности труда и капитала соответственно. Доход отдельного лица определяется его вкладом в производство, или, точнее, предельной (маржинальной) продуктивностью того «фактора производства», в который он вносит свой вклад. В данном случае перед нами действительно игра с нулевой суммой, из чего следуют два важных вывода: (1) либо в этой модели нет «места» для ренты, либо (2) необходимо предположить, что ренты выплачиваются из чистых прибылей[9].

Пикетти принимает оба эти предположения, хотя нигде и не говорит об этом. По его мнению, неоклассическая модель принципиально верна. Когда весь годовой национальный доход пол-

---

8 В учебниках по экономике эта «рента редкости» часто именуется «экономической рентой».

9 Маркс приблизился к такому пониманию в третьем томе «Капитала», который он также не считал готовым к публикации.

ностью делится между наемными работниками и капиталистами, не существует никакой несправедливости или эксплуатации — оба класса получают то, что заслуживают[10]. Линия аргументации Пикетти допускает только одно исключение — вознаграждение самых высокооплачиваемых руководителей корпораций с многомиллиардными оборотами. Пикетти действительно считает, что влияние и могущество этих «суперменеджеров» в компаниях, которые их нанимают, позволяют им получать больше, чем они заслуживают. Однако для Пикетти данный момент является всего лишь небольшим, нежелательным или ненужным искажением рыночной экономики.

2. Меняющиеся и новые формы ренты

Рикардо был уверен, что сельскохозяйственных земель удручающе не хватает: их предложение в принципе неэластично, в то время как спрос на продукты питания постоянно растет. В этих условиях землевладельцы получают ренту редкости, не производя продовольствие в большем объеме или лучшего качества, то есть не создавая никакой новой ценности. Такие рентные доходы отвлекают ресурсы от «производительных» инвестиций и сокращают реальные доходы наемных работников. Оказалось, что Рикардо был прав лишь отчасти. Во-первых, он не учел значительные возможности повышения плодородия земли. А во-вторых, что еще важнее, цена/ценность сельскохозяйственных земель снижалась по мере включения в формирующуюся капиталистическую мировую экономику Американского континента и Австралии. В действительности даже в XXI веке по всему миру существует избыток необрабатываемых сельскохозяйственных земель[11].

---

[10] Возможно, в этом и заключалась одна из причин, почему книга Пикетти была так хорошо принята многими ортодоксальными макроэкономическими ведомствами.

[11] По данным Всемирной продовольственной организации ООН, на сельскохозяйственные земли приходится лишь 33 % поверхности планеты.

Концепцию ренты, предложенную Рикардо, расширил Вильфредо Парето, включив в нее любые виды недвижимости и всевозможные монополии. В опубликованной в 1916 году книге «Разум и общество» («Компендиум по общей социологии») [Парето 2008] он провел интересное различие между «лисами» («спекулянтами») и «львами» («рантье»), то есть между теми, кто стремится к прибыли, и теми, кто стремится к рентным доходам. По мнению Парето, сбалансированная рыночная экономика нуждается как в «лисах», так и во «львах» — динамизм и инновации должны уравновешиваться стабильностью. Позже Джозеф Стиглиц в работе «Цена неравенства» [Стиглиц 2015] отмечал, что рента редкости больше не актуальна для сельскохозяйственных земель, однако она определенно применима к жилой и прочей недвижимости. На некоторых урбанизированных территориях планеты, от Лондона и Москвы до Шанхая и Сингапура, одна лишь нехватка чрезвычайно востребованных локаций приводит к появлению невероятных состояний. Сегодня спрос на жилье формируют уже не только люди, живущие в том или ином городе постоянно, но и транснациональная прослойка богачей, которые хотят иметь недвижимость в местах наподобие упомянутых городов, обладающих глобальной привлекательностью. Такое принадлежащее частным лицам богатство, ориентированное на потребление, становится собственностью новой городской «аристократии», которая передает эти активы из поколения в поколение. В США общая стоимость жилого фонда в 2015 году оценивалась в 26 триллионов долларов, что превышает стоимость всех акций, торгующихся на американском фондовом рынке («The Economist», 20 августа 2016 года). Такая структура владения недвижимостью, в которой собственность сосредоточена в руках богатых, напоминает контроль привилегированных сословий над ресурсами в эпоху феодализма. Эта концентрация действительно обладает особой интенсивностью в пределах верхнего 1 % или даже 0,1 % социальной иерархии.

Однако стоит сразу же добавить, что существует и относительно многочисленный патримониальный верхний средний класс, составляющий порядка 10–20 % социума, который также получает выгоду от всех описанных тенденций, если его представителям случается унаследовать собственность в упомянутых выше городах. Более того, необходимо отметить, что здесь действует некий самоподдерживающий механизм. В свете нашумевшего «Панамского досье» примером того, как приток сверхбогатых иностранцев может способствовать росту цен на недвижимость, служит Лондон, а благодаря высокому уровню цен, в свою очередь, значительно повышается краткосрочная доходность подобных инвестиций.

Но проистекает ли такая рента только из земельной или прочей недвижимой собственности? В нашем анализе поведения, направленного на получение ренты (в отличие от инвестиций в бизнес, направленных на максимизацию прибыли), используется более широкое определение ренты, чем то, что стало привычным в последние полвека (см., например, работы [Tullock 1967; Krueger 1974; Buchanan, Brennan 1980; Bhagwati 1982]). Для более масштабного осмысления категории ренты может пригодиться понятие закрытых социальных отношений у Макса Вебера, различавшего «открытые» отношения, к участию в которых допускаются все желающие к ним присоединиться, и отношения «закрытые», где участие определенных лиц запрещено, ограничено или обставлено теми или иными условиями. По мнению Вебера, закрытым группам удается монополизировать преимущества, занимая редкие и востребованные позиции либо создавая дефицит востребованных товаров и услуг при помощи практик клиентелизма, таких как создание картелей или монополий [Вебер 2016–2019, I: 100–103]. В сегодняшних условиях рента редкости является одним из факторов очень высоких вознаграждений, предлагаемых лучшим специалистам. Компании, наряду с университетами, клиниками, спортивными клубами и т. д., конкурируют между собой за «звезд», они не хотят, чтобы легендарные руководители[12], профессора или спортсмены переходили к конкурентам, поскольку это может нанести удар

[12] Роберт Солоу [Solow 2014] называет ренту суперменеджеров некой «разновидностью прибавки к капиталу».

по их престижу, а возможно, и прибыли. Поэтому редким специалистам платят все больше и больше, в особенности в тех странах, где подобные стимулы не уравновешиваются подоходными налогами с высокой прогрессией. Закрытость сама по себе не гарантирует успеха ни на уровне компании, ни для отдельных менеджеров, но является большим преимуществом по отношению к тем, кто не допущен к конкуренции[13].

Наш собственный вклад в дискуссию о рентах заключается во введении понятия *ренты солидарности*, которое, на наш взгляд, является совершенно обоснованным. Например, членство в профсоюзе уменьшает различия в ставках заработной платы. Если общенациональные профсоюзы обычно борются за максимальный уровень занятости, то отраслевые профсоюзы требуют максимально возможной заработной платы для *всех* работников своего сектора. В частности, отраслевые профсоюзы могут добиваться повышения заработной платы в своих секторах до уровня, превосходящего средний по рынку, и тем самым обеспечивать рентный доход для своих членов. При помощи очень замысловато устроенного института коллективных переговоров профсоюзы предотвращают использование зарплатных стимулов, которые позволяют платить больше лучшим работникам, учителям или врачам, что идет на пользу тем, кто работает недостаточно эффективно. Вполне можно утверждать, что доходы тех лиц, чьи рабочие места защищены профсоюзами или профессиональны-

---

[13] На первый взгляд, веберовская концепция «закрытых» и «открытых» отношений совпадает с идеями Дарона Аджемоглу и Джеймса Робинсона [Аджемоглу, Робинсон 2020], которые ввели понятия «эксклюзивных» и «инклюзивных» обществ. Однако они не тождественны. Американские авторы, как подчеркивает название их книги «Почему одни страны богатые, а другие бедные. Происхождение власти, процветания и нищеты», анализируют процесс роста на уровне отдельных стран. Вебер же рассуждает о «закрытых» и «открытых» отношениях в рамках отдельно взятой экономики, и это правильный подход, если мы анализируем неравенство в рамках конкретной страны. То же самое можно сказать и о двойном понятии «порядков открытого и ограниченного доступа», представленном в работе Дугласа Норта и его соавторов [Норт и др. 2011]. Тем не менее мы полностью согласны с другим их утверждением о повсеместном распространении ренты в любом обществе, включая самые развитые страны.

ми ассоциациями, состоят из двух элементов: заработной платы, или жалованья — и рентного компонента. В развитых демократических обществах одной из основных функций таких ассоциаций было именно создание условий для получения рентного дохода. Когда могущество профсоюзов росло, рента солидарности помогала сокращать неравенство. Однако в условиях глобализированной мировой экономики значение профсоюзов снизилось[14], что, в свою очередь, скорее всего, способствовало стагнации реальных заработных плат низкоквалифицированных рабочих в обрабатывающей промышленности многих развитых стран, в особенности США.

Кроме того, рента солидарности достается лицам, получающим пенсию в рамках солидарной системы, тем, кто находится на социальном обеспечении, а также тем, чье медицинское страхование оплачивается за счет взносов налогоплательщиков (в отличие от лиц, участвующих в накопительных частных пенсионных планах, или тех, чьи медицинские расходы оплачиваются за счет частных страховых полисов). Налоговые трансферты в идеале также всегда функционируют как механизмы ренты солидарности, представляя собой перераспределение средств от богатых к бедным. Более того, учитывая логику спроса, ренты солидарности могут быть экономически выгодными, поскольку они способны поддерживать или даже стимулировать потребление. Этот момент является сильным доводом в пользу выплаты пособий по безработице, однако даже демонстративное потребление способно повышать спрос, формировать более высокие прибыли и зарплаты, а следовательно, косвенно способствовать созданию благосостояния.

Широкое толкование ренты также предложил американский социолог Аге Б. Сёренсен, отмечавший, что «ренты представляют собой платежи за активы, которые превышают конкурентную

---

[14] В период с 1980 по 2013 год средняя плотность охвата профсоюзами трудящихся в странах ОЭСР сократилась с 33 до 17 %. Снижение этой доли было равномерным во всех странах, за исключением скандинавских государств и Исландии. См. URL: https://stats.oecd.org/Index.aspx?DataSetCode=UN_DEN#, последний доступ авторов — 10.07.2015.

цену или цену, достаточную для покрытия издержек, и, следовательно, превосходящую ту, которая достаточна для того, чтобы обеспечить задействование актива. Существование ренты зависит от способности владельца актива контролировать предложение» [Sørensen 2000: 1536]. Связь рент с землей не является обязательной: «Рента будет возникать применительно к любым производственным активам, которые имеют фиксированное предложение и необходимы агентам для максимизации их богатства» [Sørensen 2000: 1537]. Если взять эту схему на вооружение, то можно сделать вывод, что владение потенциально рентообразующими активами, такими как лицензии, дипломы и доступ к кредитам для открытия собственного бизнеса, не ограничивается капиталистами. Те, кто не владеет капиталом, порождающим прибыль, все равно имеют возможность накапливать богатство в других формах, например в виде пенсий, о чем уже говорилось выше[15].

Таким образом, мы определяем ренту как разницу между тем, каким был бы доход при «открытых отношениях», и тем, каким он оказывается после «закрытия» этих отношений для определенных лиц или их категорий. Можно представить эту дефиницию в простой алгебраической форме:

Доход при закрытых отношениях – доход при открытых отношениях = рента.

Задача эмпирической оценки всех типов ренты может оказаться сложной, но само их существование можно продемонстрировать с помощью контрфактических рассуждений. Например, можно поставить вопрос так: каким был бы доход закрытой группы, если бы ее участники конкурировали в открытых отношениях?

---

15 Примечательно, что в базе The World Top Income Database, которая является одним из источников для книги Пикетти, не учитываются потребительские товары длительного пользования и распределительные пенсионные планы с фиксированными выплатами.

В рамках отчетливо выделяемой историко-политической эпохи продолжительностью, например, 20–30 лет (в течение этого времени обычные люди могут сопоставлять свое социальное положение с положением других людей), ренты могут иметь временный или постоянный характер. Предприниматель, изобретающий новую технологию, может какое-то время получать рентный доход, но в конце концов его конкуренты инвестируют в ту же самую (или аналогичную) технологию, и эта рента исчезнет — размер доходов конкурирующих предпринимателей будет устанавливаться механизмом спроса и предложения. Наглядных примеров тому множество: успех операционной системы Windows от Microsoft; рост рынка мобильной связи, которая потеснила с привилегированных позиций телефонные компании, использующие проводное соединение; сланцевая революция последнего десятилетия, которая полностью трансформировала традиционную нефтяную индустрию, контролируемую ОПЕК. Следуя формулировкам Сёренсена, а также Альфреда Маршалла [Маршалл 1993], мы выделяем три устойчивых источника рентных доходов.

Во-первых, некоторые из монопольных рент, которыми пользуются предприниматели, возникают *естественным образом*, поскольку возрастающая отдача от масштаба зачастую делает издержки на начало производства в той или иной стране непомерно высокими (в качестве примера можно привести инфраструктурные (сетевые) отрасли)[16]. Ренты могут создаваться государственными властями, предоставляющими концессии на открытие горнодобывающих предприятий или лицензии на торговлю табаком и алкоголем. Во-вторых, существуют *личные* ренты, относящиеся к биологическим ресурсам наподобие генетической предрасположенности отдельных людей к чему-либо (например, особые таланты в популярных видах спорта или искусстве). Третья разновидность ренты — это обеспеченность ресурсами компаний и стран, эксплуатирующих минеральные

---

[16] Однако в условиях глобализации количество компаний растет во всех отраслях мировой экономики, а значит, конкуренция на международном уровне фактически усиливается.

богатства[17], а также другие виды географических преимуществ, такие как доступ к открытому морю, солнечным пляжам или заснеженным горам и т. д.

Можно провести дальнейшее обобщение этой основанной на категории ренты интерпретации важности сектора природных ресурсов. Как убедительно продемонстрировал венгерский экономист Янош Корнаи [Kornai 2013], в других секторах, таких как обрабатывающие производства или услуги, наиболее важные рынки являются олигополистическими, причем, возможно, даже в большей степени, чем в секторе природных ресурсов. Наиболее эффективные компании прибирают к рукам прибыли выше среднего уровня за счет произвольно установленных больших наценок, то есть, используя нашу терминологию, они эксплуатируют ренту редкости. Это не просто некая теоретическая возможность. В одном недавнем исследовании на материале США [Furman, Orszag 2015] показано, что 10 % самых прибыльных компаний действительно резко оторвались от остальных. Если в 1990-х годах их доходность на вложенный капитал более чем в три раза превышала показатели среднестатистической компании, то в дальнейшем этот разрыв стал восьмикратным, что, как следует из цитируемого исследования, намного больше любой вменяемой стоимости капитала, поэтому перед нами, скорее всего, рентный доход в чистом виде.

Такое все более перекошенное распределение фиксируемых в отчетности прибылей (содержащих рентную составляющую) может объяснить и отдельные виды неравенства в оплате труда. Когда в отдельно взятой отрасли функционирует всего несколько крупных компаний, им не приходится слишком жестко конкурировать друг с другом, чтобы привлечь работников, поэтому в итоге они могут платить своему персоналу *меньше*, чем в случае

---

[17] На протяжении многих лет Всемирный банк регулярно публикует временны́е ряды по отдельным странам под заголовком «Совокупная рента от природных ресурсов в % от ВВП», где рента определяется как сумма рентных доходов от нефти, природного газа, угля, прочих полезных ископаемых и лесных ресурсов. См. URL: http://data.worldbank.org/indicator/NY.GDP.TOTL.RT.ZS (дата обращения: 18.05.2023).

реальной конкуренции — так выглядит монопсония на рынке труда. Однако может работать и обратный механизм. Благодаря рентной составляющей, скрытой в прибыли указанных компаний, они могут позволить себе платить *всем* или *некоторым* своим работникам *больше*, чем в среднем по отрасли. За этим обычно стоят два взаимосвязанных фактора: новаторские технологии[18] и экономия на масштабе, возникающая в результате концентрации компаний в пределах отдельно взятой страны. В действительности оба эти фактора играют решающую роль в возникновении революционных инноваций, которые описывал Йозеф Шумпетер. Хотя для многих экономистов, которых учили неоклассическим моделям равновесия, это обобщение может показаться нетривиальным, в литературе по научному менеджменту принято считать, что во многих важных отраслях никогда не бывает более трех значимых конкурентов[19]. В рамках этого подхода также утверждается, что доли трех ведущих компаний на многих рынках складываются в соотношении примерно 4:2:1. Таким образом, даже среди ведущих компаний существует значительная разница в доле рынка. Это утверждение подтверждают и данные Бюро переписи населения США. В 2012 году средняя доля четырех ведущих американских корпораций в совокупных доходах по отдельным отраслям была близка к 50 % в секторе ИТ, телекоммуникаций и медиа, составляла 40 % в розничной торговле и почти 40 % в секторе финансов и страхования («The Economist», 26 марта 2016 года).

Важно подчеркнуть, что создаваемые государством монополии или олигополии не обязательно являются злом, поскольку их существование зачастую оправдывается не социальной справед-

---

[18] Это преимущество, как объяснялось выше, является врéменным.

[19] Этот тезис был впервые представлен основателем Boston Consulting Group Брюсом Хендерсоном [Henderson 1976], а затем заново подтвержден эмпирически в работе [Reeves et al. 2012] с использованием гораздо большего массива данных. С тех пор успешные компании, такие как General Electric и другие, действуют в соответствии именно с этой максимой. Если они не могут быть первым или вторым игроком в той или иной отрасли, они уходят с этого рынка и реинвестируют свои ресурсы в другом месте.

ливостью, а иными задачами общества. Например, имеются веские и получившие широкое признание соображения, на основании которых права интеллектуальной собственности фармацевтических компаний, отдельных лиц, разрабатывающих инновации, и художников защищаются патентами и авторскими правами. По сути, это тоже *закрытые отношения* в веберовском смысле. Неудивительно, что Филипп Агион и его коллеги [Aghion et al. 2015] обнаружили в США существенные положительные корреляции между инновационностью и долей доходов верхнего 1 %. Аналогичным образом весьма резонно требовать выдачи государственных разрешений для компаний, занимающихся строительством атомных электростанций или хотя бы простых двухэтажных домов. Общим интересам отвечает и требование, что врачи должны получить специальную профессиональную лицензию (например, университетский диплом), прежде чем начинать лечить больных. Другие виды регуляторики (например, подзаконные акты о землепользовании в городах) могут оцениваться лишь в каждом конкретном случае, если такая оценка вообще возможна.

3. Институциональные последствия

Из представленного анализа категории ренты проистекают по меньшей мере три вывода институционального характера. Во-первых, в определенных разновидностях и в некоторых масштабах ренты необходимы для социальной сплоченности и инноваций в обществе. Такие ренты могут рассматриваться как «заслуженные», хотя на каком-то уровне они все равно представляют собой «незаработанные» доходы. Основным притязанием рыночного капитализма на легитимность является меритократия, так что в какой-то момент общественность сочтет рентные доходы (вне зависимости от способа их получения) «чрезмерными», если те, кто их получает, «не работают ради них». Большинство людей согласны с тем, что фармацевтическим компаниям и создателям инноваций полагается определенный рентный доход, однако может существовать некий предел сумм, считающихся «разумными», выше которого любой последующий рентный доход будет восприниматься как «эксплуататорский». То же самое справедливо и для социальных льгот. В цивилизованных обществах большинство людей признают, что бедные или инвалиды должны иметь определенную социальную поддержку (даже если она является «незаработанной»), но после прохождения определенной точки она все равно может быть признана «слишком значительной».

Во-вторых, если богатство отдельных людей все больше формируется рентными доходами, а не заработной платой или прибылью, регулярно получаемыми от капиталистических начинаний, то для реинвестирования этих рентных доходов практически отсутствуют институциональные стимулы. У нуворишей и наследников состояний возникает соблазн растратить полученную ренту: легко пришло — легко ушло. Предприниматели, нацеленные на максимизацию прибыли, склонны инвестировать ее оптимальными способами, чтобы тем самым справляться со своими прямыми конкурентами. Напротив, получатели рентных доходов не сталкиваются с конкуренцией, а стало быть, могут тратить их на «демонстративное потребление». Предприниматели-нувориши склонны нанимать «мерседесы» с водителем или частные самолеты задолго до того, как это будет им по карману либо данные атрибуты понадобятся им для деловых целей. Наследники второго, а в особенности третьего поколения в лучшем случае потратят доставшееся им состояние на благотворительность, в худшем — на показное потребление. Отсутствие институциональных механизмов, мотивирующих владельцев богатства использовать его эффективным образом, может иметь разрушительные социальные и экономические последствия, например, привести к появлению несостоявшихся государств, стагнации или даже краху экономик.

Третий и последний момент: вопреки основной линии аргументации Пикетти, мы утверждаем, что избирателей и политических активистов в первую очередь волнует наблюдаемое ими *личное неравенство* доходов. Именно поэтому они гораздо меньше обеспокоены концентрацией экономического богатства и могущества в виде акций, обращающихся на бирже, или семейных компаний, то есть концентрацией относительного богатства капиталистов в рамках модели, основанной на классах. В то же время стоит признать, что сенсационные формулировки наподобие «48 % мирового богатства принадлежит 1 % населения планеты»[20] действительно могут быстро привлечь внимание СМИ и благодаря им закрепиться в памяти специалистов по социальным наукам (включая Пикетти, который часто цитирует такие данные).

Однако подобные «факты», как правило, не мобилизуют обычных людей — особенно если они верят, что подобное невероятное богатство или доходы являются компенсацией за исключительные индивидуальные достижения или таланты, а значит, не унаследованы от предыдущих поколений или не получены в результате вытеснения конкурентов с рынка. Людей обычно расстраивает не разрыв между бизнесменами и теми, кто живет на зарплату, а значительные различия в богатстве или доходах, которые можно объяснить наследованием состояний либо монопольным исключением конкурентов.

4. Воспроизводство классов при помощи накопления человеческого и культурного капитала

Важной сферой закрытых социальных отношений в веберовском смысле является система образования. Учитывая высокую стоимость получения образования, в особенности элитного, наиболее ценные его виды зачастую оказываются недоступны для молодых людей, чьи родители не могут позволить себе нередко непомерные расходы на обучение детей.

---

[20] Известная благотворительная организация Oxfam приурочила публикацию одного из своих недавних исследований [Oxfam 2015] к открытию экономического форума в Давосе, что позволило ей умело завладеть заголовками многих новостных изданий. Еще одна сенсационная формулировка этого доклада гласила, что «85 богатейших людей планеты обладают таким же богатством, как и беднейшие 50 % населения планеты (3,5 миллиарда человек)».

Эта проблема особенно распространена в США. Несмотря на усилия по поддержке детей из менее привилегированных семей, в университетах Лиги плюща преобладает молодежь из белых семей высшего среднего и высшего классов. Одним из очевидных механизмов возникновения такой ситуации являются вступительные экзамены, основанные на строгом учете достижений: дети из более обеспеченных семей на таких испытаниях попросту показывают лучшие результаты, чем дети из обычных семей. Не столь очевидно, что в том же направлении работают и недавние усилия американских вузов по приему студентов на основе не только замеров уровня интеллекта, но и «всестороннего развития» (то есть посещения танцевальных классов, участия в художественной самодеятельности, создания клубов по интересам, добровольной помощи детям-инвалидам и т. д.). Если в распределении интеллектуальных способностей присутствует элемент случайности, то перечисленные разновидности внеклассной деятельности, как правило, являются прерогативой детей из высшего среднего класса, получавших образование в частных школах[21].

Рыночным институтом, создающим рентные доходы для потомков, является наследование — как богатства (включая ценную недвижимость), так и социального статуса, привязанного к образованию в элитных университетах, о чем только что было сказано. Именно это Бурдьё [Bourdieu, Passeron 1977 (1970)] называл термином «культурный капитал», в отличие от капитала «человеческого». Культурный капитал в большей степени способствует воспроизводству «патримониального среднего класса» или «патримониального высшего класса», чем повышению эффективности выпускников. Устроить ребенка на программу бакалавриата наук или искусств в один из университетов Лиги плюща родителям может обойтись в 300–400 тысяч долларов, но соответствующий диплом Лиги плюща, скорее всего, обеспечит потомкам своего рода «благородный» статус. Работодатели ищут выпускников университетов Лиги плюща не только потому, что

---

[21] Авторы признательны Дэниелу Трейсману, который поделился этим наблюдением.

их технические навыки лучше, но и потому, что наем таких людей может повысить престиж их организаций.

Опыт США, во многом прокладывающих путь для капиталистической экономической системы, демонстрирует, что эти тенденции усиливаются формированием семей путем *ассортативного спаривания*[22] [Greenwood et al. 2014]. Поскольку образованные мужчины обычно чаще, чем два поколения назад, женятся на образованных женщинах, это неизбежно приводит к концентрации доходов и богатства, что, в свою очередь, помогает этим «привилегированным» родителям инвестировать время и деньги в будущее своих детей буквально со дня их рождения. Дети, родившиеся в семьях, где оба родителя (а возможно, даже бабушки и дедушки) имеют высшее образование, превосходят своих менее привилегированных сверстников, когда речь идет о вертикальной мобильности на образовательной лестнице, а затем и на рынке труда. Основным институциональным каналом, посредством которого воспроизводится социальное неравенство, является чрезмерная родительская опека (helicopter parenting). Тем самым патримониальный капитализм захватывает все больше и больше территорий — не только верхний 1 %, как предполагает Пикетти, но и весь верхний средний класс. Три последовательных когортных исследования 70 тысяч детей, родившихся в Великобритании в 1946, 1958 и 1970 годах, также продемонстрировали, что обстоятельства детства, определяемые социальным статусом родителей, оказывают глубокое влияние на продолжительность жизни и неравенство до конца жизни, несмотря на все меры по обеспечению благосостояния, которые вводились чередой британских правительств начиная с 1946 года[23].

---

[22] В генетике ассортативностью (ассортативным спариванием/скрещиванием) именуется неслучайный подбор пар, в которых индивиды выбирают схожих (положительная ассортативность) или несхожих (отрицательная ассортативность) по фенотипу партнеров. — *Прим. пер.*

[23] Например, скрупулезно собранные данные по когорте 1946 года рождения свидетельствуют о том, что у женщин, родившихся в социально благополучных семьях, коэффициент смертности был примерно в два раза ниже, чем у всех остальных родившихся в 1946 году. См. [Pearson 2016: 301–302].

Таблица 8. Различные виды рент в странах с развитой экономикой

A	Ренты редкости	Примеры
1	«Рикардианские» ренты	Сельскохозяйственные земли и рудники
	Естественные монополии, основанные на...	
2	— возрастающей отдаче и/или сетевых эффектах	Авиакомпании, интернет, мобильная связь и т. д.
3	— монополии на определенные локации	Жилая недвижимость, офисные здания, гостиницы и т. д.
4	Инновации в бизнесе	Facebook, Google и т. д.
5	Индивидуальная (генетическая) одаренность	Спорт и искусство
6	Соревнования и тренировки	Спорт
7	Социальный капитал, унаследованный от родителей	Поступление в университеты Лиги плюща
	Различные рыночные ограничения:	
8	— ограничение входа на рынок со стороны действующих компаний	Лицензирование профессиональной деятельности, картели, лоббирование и коррупционные практики
9	— монополии, стимулируемые государством	Инновации и новые продукты (например, лекарства), защищенные правами интеллектуальной собственности
B	**Ренты солидарности, формируемые...**	
10	— национальными государствами	Протекционистские меры в торговле, иммиграционный контроль и позитивная дискриминация
11	— коллективными переговорами	Локальные и национальные профсоюзы
12	— установленными государством пособиями по социальному обеспечению	Медицинское обслуживание и пенсии, предоставляемые системой социального обеспечения

В	Ренты солидарности, формируемые...	
13	— благотворительными учреждениями	Помощь и другие формы поддержки, предоставляемые внутри страны или на международном уровне

Источник: [Михайи, Селеньи 2020: 74].

В системе образования существует дополнительный механизм формирования закрытых отношений — *наделение регалиями* (credentialing). Образование часто понимается как разновидность инвестиций в человеческий капитал: обычно предполагается, что человеческий капитал, вложенный в образование, приведет к росту производительности труда, а это, в свою очередь, позволит получать более высокие доходы. Тем не менее влиятельные профессиональные объединения, такие как Американская медицинская ассоциация или Американская ассоциация адвокатов, могут манипулировать предложением в рамках профессий, относящихся к их юрисдикции, добиваясь введения экзаменов на получение разрешений на соответствующую деятельность, что увеличивает доходы представителей этих профессий, добавляя компонент ренты к рыночно-эквивалентным поступлениям от их труда.

Прежде чем подвести итоги, отметим отсутствие необходимости в списке примеров, демонстрирующих, что понятие «рента» используется в разных смыслах не только в обыденной речи, но и в научной литературе. Вслед за Рикардо, Вебером и Сёренсеном мы считаем рентными любые доходы, если они проистекают из владения какими-либо активами, доступ к которым закрыт для других экономических субъектов. Список, приведенный в таблице 8, включает 13 форм ренты, но и он не является исчерпывающим: в зависимости от институционального устройства той или иной страны, в него легко могут быть включены дополнительные категории.

5. Контрреволюция национальных государств во имя большего равенства

В 2008 году Виктор Орбан, на тот момент представитель политической оппозиции в посткоммунистической Венгрии, утверждал, что причиной разразившегося глобального финансового кризиса является жадность отдельных лиц. Уже тогда Орбан занимал антиглобалистскую позицию, отстаивая приоритет национального суверенитета над глобальными рыночными силами и национальных интересов над интересами индивидуальными.

> Это рукотворный кризис. Попросту говоря, кое-кто воровал, вводил других людей в заблуждение, лгал, фальсифицировал или скрывал реальные факты, чтобы урвать побольше денег. Поэтому самые глубокие корни нынешнего финансового кризиса можно обнаружить в жадности, в чрезмерной жажде наживы[24].

В то время мало кто из либералов и сторонников открытого общества западного образца воспринимал подобные заявления всерьез.

Но спустя всего два года Орбан уже занимал пост премьер-министра Венгрии, а Греция оказалась на грани финансового краха, едва не обрушив вслед за собой всю еврозону. Польша в годы правления Ярослава Качиньского заняла позицию, направленную против Евросоюза, Великобритания в 2016 году начала Брекзит — процедуру выхода из Евросоюза, в Чехии в 2017/18 году на выборах победила правопопулистская партия «Акция недовольных граждан» (ANO), а президент этой страны, выдающий себя за левого политика, но исповедующий такие же антиевропейские взгляды, был переизбран. В ноябре 2016 года Дональд Трамп победил на президентских выборах в США под лозунгом «Америка прежде всего», а выборы в Австрии и Италии

---

[24] URL: http://2010–2015.miniszterelnok.hu/beszed/kapzsisag_mertektelenseg_all_a_valsag_hattereben (дата обращения: 18.05.2023).

выиграли националистические партии, выступающие против глобализма. Следует ли весь мир за Виктором Орбаном или «венгерской моделью» в том виде, в каком он хотел бы ее видеть?

Пока это не совсем так, но господин Орбан, несомненно, почуял новое направление, в котором может двинуться мировая политика, и сформулировал некоторые его параметры, весьма проницательно назвав его термином «иллиберализм». В этой главе мы интерпретируем данный иллиберальный проект в качестве контрреволюции национального государства против глобализации и меняющихся моделей неравенства.

Любопытно, что Маркс и Энгельс в «Манифесте Коммунистической партии» (1848) понимали возникновение модерного капитализма как явление, пребывающее в силовом поле между глобализацией и подъемом нации-государства. «Крупная промышленность создала всемирный рынок», но в то же время капитализм создал и национальное государство:

> Независимые, связанные почти только союзными отношениями области с различными интересами, законами, правительствами и таможенными пошлинами, оказались сплоченными в одну нацию, с одним правительством, с одним законодательством, с одним национальным классовым интересом, с одной таможенной границей [Маркс, Энгельс 1955–1981, IV: 425, 428].

Как уже отмечалось в предыдущей главе, еще одним исследователем, который рассматривал возникновение модерного капитализма как результат появления интегрированного мирового рынка и распада великих перераспределительных империй, был Карл Поланьи. Он считал расширение рыночной интеграции неизбежным — и в конечном итоге прогрессивным — процессом, но в работе «Великая трансформация» обнаружил необходимость в «защитных контрмерах» [Поланьи 2002а: 90]. Национальным государствам необходимо корректировать чрезмерные, а в конечном итоге и разрушительные силы мирового рынка при помощи создания (национальных) государств всеобщего благосостояния. Таким образом, история капитализма представляет собой череду смягчающих разрушительные силы глобализации усилий национальных государств или последовательность их контрреволюционных шовинистических практик по блокированию принципиально направленных на рационализацию и эмансипацию воздействий глобализации. Именно эти воздействия выступали (по меньшей мере на наш взгляд) доминирующей тенденцией последних лет и десятилетий.

Для нынешней эпохи в истории капитализма, последовавшей за распадом советской империи, характерно дальнейшее расширение сил глобализации, которая, несмотря на присущие ей отрицательные стороны, в первую очередь служит социальному прогрессу во всем мире. Эта новая волна глобализации ослабляет национальные государства и национальный суверенитет, поэтому неудивительно, что одновременно наша эпоха переживает контрреволюцию национальных государств, движимых партикуляристскими, а порой шовинистическими или даже расистскими настроениями. Приведенное выше высказывание господина Орбана 2008 года является одной из первых формулировок этого контрреволюционного проекта. Однако для всемирной истории гораздо важнее лозунг Трампа «Америка прежде всего», неоимперские мечтания Путина о России, инициатива Си Цзиньпина «Один пояс, один путь» и, наконец, электоральные успехи ультраправых в Польше, Австрии и Италии под лозунгами защиты христианской культуры против исламизации, защиты национального суверенитета и этнической однородности, а также уверенные выступления аналогичных сил во Франции, Германии, Чехии и Словении. Все эти силы мы относим к «радикальным националистам». Каковы их основные аргументы против глобализации, а в Европе против Европейского Союза? Вот пять основных тезисов.

1) На сегодняшний день не только в США и Западной Европе, но отчасти и в посткоммунистических странах Центральной Европы существуют социальные страты, относящиеся к нижней части низших децилей в квинтилях распределения доходов, чьи реальные доходы за последние несколько десятилетий не росли или даже снизились. Это действительно

было вызвано тем, что рыночные силы оказались отпущенными на волю в глобальном масштабе, в результате чего рабочий класс ядра мировой системы стал испытывать конкуренцию со стороны трудящихся периферии. В нашей недавней небольшой монографии [Михайи, Селеньи 2020] была выдвинута гипотеза, что глобализация действительно уничтожает рентные доходы и осуществляет эмансипацию — как, впрочем, и иные, не столь благие функции. Глобализация в самом деле сокращает отдельные виды неравенства во всемирном масштабе, хотя способна увеличивать другие. Таможенные пошлины и другие протекционистские меры не только защищают капиталистов ядра, но и повышают доходы и масштабы занятости рабочего класса. Свободная торговля в глобальном масштабе привела к снижению уровня реальной заработной платы некоторых категорий трудящихся в странах ядра и значительному росту отдельных категорий зарплат и уровня жизни во многих странах периферии. В таких странах, как Китай и Индия, уровень жизни сотен миллионов людей вырос.

2) Однако верно и то, что на фоне более свободного движения капитала по всей планете политика сохраняет локальный характер. Даже в Евросоюзе свободное движение капитала не сопровождается появлением общеевропейской системы социального обеспечения и налогообложения.
3) В Евросоюзе присутствует «дефицит демократии» и отсутствует эффективный демократический контроль над движением капитала в масштабах всего континента.
4) Участие в демократическом процессе становится все более «профессиональным». Чтобы иметь возможность выносить обоснованные политические суждения, вам действительно необходимо иметь высшее образование и ежедневно тратить немалое время на отслеживание последних событий в политике. Это обстоятельство разочаровывает «простых» граждан, поэтому их привлекают настроения, направленные против элит и политических партий в поддержку прямой демократии. Кроме того, эти граждане испытывают чувство

отчуждения от «брюссельской бюрократии», и в результате популистские партии и лидеры как с правого, так и с левого фланга добиваются успехов на выборах.

5) Очевидным фактом за последние два-три десятилетия стало и свободное перемещение рабочей силы в глобальном масштабе, включая беспрецедентную миграцию по всему миру высокообразованной молодежи. *События, которые разворачиваются на наших глазах, являются величайшим достижением по освобождению человечества со времен эпохи Просвещения.* Десятки миллионов людей пускаются в путь, спасаясь от войн, стихийных бедствий и нищеты. Некоторые из них являются экономическими эмигрантами, чья единственная цель — создать человеческие условия жизни для себя и своих семей. Является ли это преступлением? Разве невероятный подъем таких стран, как США и Канада, не был обусловлен «экономическими мигрантами» из Ирландии, Италии и Восточной Европы?

Феномен, названный нами контрреволюцией национальных государств, представляет собой совокупность (невыполнимых) обещаний «излечить» пять перечисленных недугов. А поскольку выполнить четыре из пяти обещаний *невозможно*, у политиков не остается иного выбора, кроме как лгать. Брекзит не может состояться в обещанном виде: у Великобритании нет альтернатив, кроме как попытаться удержаться в общеевропейском рынке, — а большинство греков в решающий момент предпочли остаться в еврозоне, а не вернуться к драхме.

Трамп угрожает развязыванием торговых войн, но в конечном итоге ему придется пойти на уступки Китаю, Мексике, Канаде и Евросоюзу. Венгрия и Польша никогда не выйдут из ЕС (впрочем, и ЕС не исключит их из своего состава), вне зависимости от того, сколько побед на выборах одержат господин Орбан или господин Качиньский. Однако национальные правительства *могут* закрыть свои границы заборами или стенами и железной рукой ограничить внутреннюю и внешнюю миграцию.

Но не будем забывать, что самые процветающие государства в истории современного капитализма являются «мигрантскими» странами — так развивались не только США, Канада или Австралия, но и, кстати сказать, большинство стран Центральной Европы, такие как Польша, Венгрия или Чехия. Все эти страны стали успешными не вопреки миграции, а благодаря ей. Взгляните на происхождение нобелевских лауреатов или выдающихся деятелей искусства этих стран, и вы получите убедительные сведения о том, насколько полезной была и остается миграция. Успех в этом деле, разумеется, подразумевает такую миграционную политику, которая регулирует приток населения из других стран (причем без этнических или религиозных предрассудков) в зависимости от демографических потребностей и нужд рынка труда принимающей страны. При этом необходимо избегать или по меньшей мере предвидеть нерегулируемые притоки населения наподобие того, что произошел в Европе в 2015 году, и того, с которым сталкивается сейчас Бангладеш. Рациональным, а заодно и человечным решением является не строительство заборов или стен на государственных границах — вместо этого нам нужны мосты между границами этносов и религий, а также общая политика, принятая и, конечно же, финансируемая Евросоюзом и ООН. Нам требуется гармонизированная на международном уровне с привлечением экспертов с адекватным опытом оценка статуса беженцев для мигрантов. Кроме того, необходимы финансируемые на международном уровне хорошо содержащиеся лагеря беженцев, где они могли бы размещаться до тех пор, пока их не распределят по странам, в которых они хотели бы жить, и странам, готовым их принять.

Свободный поток рабочей силы представляет собой огромную благоприятную возможность для глобализации и главную силу дефеодализации. Основная часть человечества сегодня больше страдает от феодализма — этических, религиозных, сексуальных предрассудков и дискриминации, — нежели от конкурентного капитализма, сколько бы возможных проблем он ни создавал. В Индии, Японии или Казахстане люди до сих пор зачастую делятся на касты, и даже рабство в сегодняшнем мире полностью не искоренено: по некоторым оценкам, в рабстве по-прежнему находятся не менее 40 миллионов человек, работающих без вознаграждения со стороны своих хозяев, чтобы «вернуть» долги, которые накопили их семьи. И это не считая миллионов секс-рабынь, которые были либо украдены из своих семей, либо куплены у обнищавших родителей[25]. В Центральной и Восточной Европе, в особенности в Болгарии, Румынии, Венгрии, Словакии, Македонии и Сербии, существует хорошо задокументированная дискриминация рома, многие из которых живут в крайней нищете[26]. В Китае к людям, которые родились в сельской местности, а теперь живут в Пекине и других крупных городах, относятся как к гражданам второго сорта. Несколько сотен миллионов сельских жителей Китая, ставших городскими гастарбайтерами, не могут получить даже базовых государственных пособий для обеспечения средств к существованию из-за того, что система прописки (*хукоу*) привязана к месту их постоянного жительства. Подобные механизмы существуют и в других странах Восточной Азии[27].

Приведем еще одну цитату из «Манифеста Коммунистической партии»:

> Буржуазия быстрым усовершенствованием всех орудий производства и бесконечным облегчением средств сообщения вовлекает в цивилизацию все, даже самые варварские, нации. Дешевые цены ее товаров — вот та тяжелая артиллерия, с помощью которой она разрушает все китайские стены и принуждает к капитуляции самую упорную ненависть варваров к иностранцам [Маркс, Энгельс 1955–1981, II: 428].

---

[25] URL: https://www.antislavery.org/slavery-today/modern-slavery/ (дата обращения: 03.04.2019).

[26] По оценкам Совета Европы, доля рома в населении этих шести стран составляет около 7,5–9,9 %, хотя эти оценки весьма ненадежны, поскольку вопрос о том, кого следует называть или обозначать как рома, является спорным.

[27] Хотя система *хукоу* берет свое начало в Китае с древних времен, в нынешнем виде она появилась в 1958 году. Аналогичная система регистрации действовала в СССР начиная с 1932 года и до падения коммунизма. В настоящее время такая же система регистрации домохозяйств существует в структурах государственного управления Японии (*косеки*), Вьетнама (*хо кхау*) и Северной Кореи (*ходжу*). В Южной Корее собственная система *ходжу* была упразднена 1 января 2008 года.

Маркс и Энгельс явно не предсказывали то, чему предстояло произойти в последующие примерно полтора века, когда десятки миллионов людей были убиты из-за религиозно-этнической ненависти. Маркс был слишком захвачен техническими инновациями своего времени и не видел опасных социальных последствий глобализации. Теперь же можно с большей уверенностью прогнозировать, что к концу XXI века наша планета будет населена представителями вида homo sapiens без определенных этнорелигиозных признаков или определенного цвета кожи. В момент, когда миллиард человек смотрели трансляцию свадьбы принца Гарри и Меган Маркл, которая по американским стандартам считалась бы «афроамериканкой», можно было наблюдать не только «расовую» трансформацию королевской семьи Великобритании, но и этнорасовые изменения на уровне микрокосма, которые предвещают трансформации для всего человечества.

Наконец, скажем пару слов о «дефиците демократии» в нашем глобализированном мире, в особенности в Евросоюзе. Без дальнейшей федерализации этого блока проблема управления демократией, по сути, не может быть решена, однако даже в сегодняшнем состоянии ЕС является основным защитным механизмом против антидемократических тенденций во многих европейских странах, таких как Польша или Венгрия.

Глава 5
Расходящиеся траектории выхода из коммунизма

1. Вводные замечания: различие между тремя путями к капитализму

Основной темой этой главы станут первоначальные этапы посткоммунистической трансформации. В главе 3 мы сделали акцент на том, что среди различных стран, прежде входивших в число коммунистических, наблюдалась по меньшей мере частичная конвергенция. А в этой главе мы, напротив, обратимся к первым расхождениям, которые имели место по мере того, как коммунистические страны вступали в капиталистическую трансформацию. В следующей главе будет представлена еще одна гипотеза: после первоначального расхождения начиная с первого десятилетия XXI века мы наблюдали (за некоторыми заметными исключениями) повторную конвергенцию большинства посткоммунистических стран — отход от либеральной демократии по образцу Североатлантического региона и формирование новой, «иллиберальной», или «автократической», посткоммунистической версии капитализма.

Переход от социалистической перераспределительной экономики к капиталистическим рынкам оказался более сложным и долгим, чем предполагалось. Степень и характер трудностей, с которыми различные страны столкнулись во время этого транзита, зависели от специфики выбранного пути. В этой главе будет представлен ряд наводящих на дальнейшие размышления гипотез о первоначальных стадиях выхода из коммунизма.

1) Хотя и в постсоветских странах, и в Восточной Европе доминирующим видом капитала является *экономический* (как и в капиталистических формациях), больший упор в бывших советских республиках — России, Украине, государствах Центральной Азии — делается на капитал *политический*, а в Восточной Европе *человеческий* капитал ценится не настолько высоко, как это свойственно капиталистическим формациям.
2) В Китае политический капитал вообще остается доминирующей формой, по-прежнему играя ведущую роль, что ставит под сомнение «капиталистическую» природу китайской формации.

В этой главе будут выделены три основные траектории, по которым двигались различные страны в процессе выработки новых разновидностей капитализма:

— восточноевропейский либерализм;
— постсоветские патримониальные режимы; и
— восточноазиатская (китайская и вьетнамская) трансформация снизу.

Спустя несколько десятилетий как минимум относительной конвергенции выяснилось, что после падения коммунизма отдельные страны стали двигаться по разным траекториям. Казалось, что здесь может играть свою роль такой фактор, как краткосрочная и долгосрочная «зависимость от пройденного пути». Долгосрочная зависимость такого рода подразумевала возрождение докоммунистического прошлого — отсюда и расхождение между постсоветскими режимами (Россия, Украина, Белоруссия, новые республики Центральной Азии — общества, принадлежащие к восточному христианству или исламу) и Восточной Европой (все остальные бывшие коммунистические страны Европы — общества, где в основном преобладает западная ветвь христианства или ислам), а также, разумеется, Китаем, который, по мнению ряда наблюдателей, постепенно заново открывает для себя собственное конфуцианское прошлое.

Когда Дэвид Старк впервые представил теорию зависимости от пройденного пути применительно к посткоммунистической трансформации [Stark 1996], он подразумевал зависимость, которую можно назвать краткосрочной. Существовавшие на момент краха коммунизма стартовые условия — экономические, социальные и политические — оказали значительное влияние на то, какой дальнейший путь выбирали различные страны. Принципиальный вопрос заключался в том, была ли коммунистическая партия отстранена от власти, а коммунистические спецслужбы ликвидированы (как произошло в Польше, Чехии, Венгрии и странах Балтии) — или же коммунистическая партия сохранила политическую власть под новым названием и с несколько новой идеологией, но в основном с теми же кадрами, а заодно удалось сохранить большое влияние и спецслужбам (так случилось в России, Украине, Белоруссии, Румынии, Болгарии и Сербии). Наконец, «китайский путь» предполагал сохранение однопартийного государства, управляемого коммунистической партией.

В этой главе нашей первоочередной задачей является не провести различия между «правильными» и «неправильными» путями, а выяснить, какими издержками и выгодами сопровождались различные траектории на разных этапах посткоммунистической трансформации. Приступая к этому анализу, мы не можем — и не хотим — оставить без внимания один очевидный источник количественной информации, а именно данные, которые систематически собирает и публикует такая некоммерческая исследовательская организация, как Freedom House, действующая с 1941 года. Ее ежегодный доклад «Свобода в мире», в котором на сегодняшний день оценивается уровень политических свобод (ПС) и гражданских свобод (ГС) более чем в 200 странах, часто цитируется политологами, журналистами и политиками. Подобный подход отличается выраженным нормативным характером: больший уровень политической свободы признается желательным, меньший уровень свободы или сдвиг в сторону ослабления ПС квалифицируется как негативная тенденция. В частности, согласно оценкам Freedom House, рейтинг Китая не изменился *ни на йоту* с 1991 года (что отражает ровная линия в верхней части рис. 7), а уровень ПС является худшим из воз-

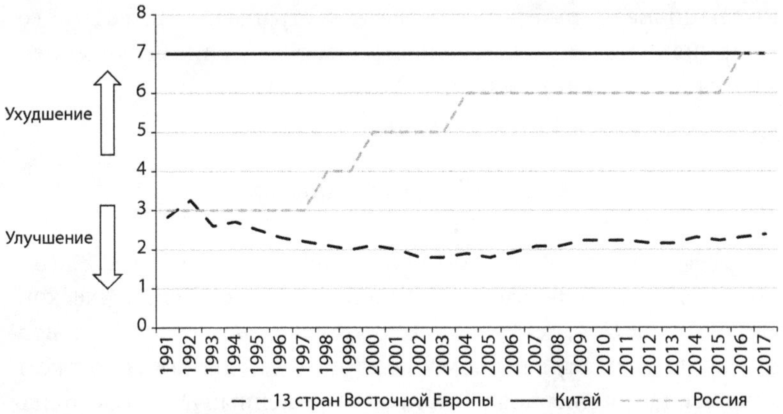

Рис. 7. Рейтинги политической свободы Freedom House, 1991–2017
Источник: Freedom House (2019).

можных (7,0)[1]. Для России интересным, но неудивительным в свете нашего анализа периода после правления Ельцина обстоятельством является то, что динамика рейтинга страны приняла негативное направление, все больше сближаясь с Китаем[2]. Напротив, средний невзвешенный индекс для 13 стран Восточной Европы демонстрирует движение в положительном направлении (вниз), хотя следует отметить, что после 2002 года дальнейшего улучшения не происходило (ПС = 1,8). Рейтинги отдельных стран Восточной Европы демонстрируют, что начиная с 2014 года ситуация ухудшилась на две ступени в Венгрии (изменение рейтинга 1 → 3) и на одну ступень в Сербии (2 → 3). Удивительно, но эксперты Freedom House пока не усмотрели оснований для изменения рейтинга Польши (он остается на уровне 1 с 1995 года), хотя, как уже отмечалось выше, радикаль-

[1] Точное такую же оценку (7) на протяжении всего рассматриваемого периода имеет Вьетнам.

[2] В версии рейтинга по состоянию на декабрь 2022 года Россия имела 19 баллов, Китай — 9 баллов, обе страны относились к «несвободным» (следующая группа стран — «частично свободные» — начинается с 34 баллов), см. URL: https://freedomhouse.org/countries/freedom-world/scores. — *Прим. пер.*

ные националистические лидеры этой страны начиная с 2015 года приняли ряд мер, направленных на ослабление верховенства закона и стабильности прав собственности.

2. Либеральная модель

Траектория развития Восточной Европы начиная с 1989 года впечатляюще отличалась от остального посткоммунистического мира. Кроме того, история этого региона разворачивалась совершенно по-разному в первом и во втором десятилетиях посткоммунистического периода. Выбирая собственный путь, Восточная Европа в чем-то «подражала» западной части континента, а где-то опиралась на собственную историю. Была предпринята попытка осуществить невозможное — восстановить прошлое — или вообразить то, как из этого «резервуара» истории можно изобрести новый восточноевропейский модерн, который, как предполагалось изначально, должен был сблизиться с западноевропейской моделью под лозунгом «Мы заново вступаем в Европу».

Подражание другим странам действительно было ключевым моментом. Вскоре после 1989 года примером для подражания снова стала Германия. Во времена коммунизма первым иностранным языком для жителей Восточной Европы был английский, но на фоне политических изменений они стали быстро изучать немецкий, хотя позже выяснилось, что германские бизнесмены, вообще-то, хорошо говорят по-английски. В результате энтузиазм поляков, венгров и других наций к изучению немецкого быстро снизился. Вступление в НАТО, а в особенности в Евросоюз (внутри этих организаций используется английский язык) должно было привести к чрезвычайно значимым последствиям для социальных и экономических институтов восточноевропейских стран.

Впрочем, есть и определенная ирония в том, что «новые страны ЕС» из Восточной Европы не последовали социальной модели Евросоюза. Они не стали внедрять у себя «социальную рыночную экономику» (хотя эта цель была закреплена, например, в новой конституции Венгрии, принятой после 1989 года, и сохранялась в ней до 2012 года), зато тщательно следовали рецептам Чикагской школы, подчиняясь Вашингтонскому консенсусу и внедряя неолиберальную модель в довольно чистом виде, что одобрили бы Рональд Рейган или Маргарет Тэтчер. Возможно, это произошло под влиянием американских советников, занимавшихся разработкой планов переходного периода для стран Восточной Европы, даже несмотря на то, что эти консультанты, видимо, не так уж много о них знали. Например, экономист Джеффри Сакс откровенно рассказывал, что набросал 15-страничный всеобъемлющий план посткоммунистического перехода Польши всего за одну короткую ночь — буквально между полуночью и рассветом — в Варшаве в мае 1989 года (см. [Sachs 1990; Сакс 2011: 138]). Насколько мы можем судить, для него это был лишь третий короткий визит в Польшу — и каждая такая поездка длилась всего пару дней. Еще одной крупной посткоммунистической страной, которой Сакс также давал «благие» советы по решению проблем, была Россия. Удивительно, но в итоге Сакс, несмотря на столь поверхностное знание местной специфики, похоже, не совершил ошибок в Польше, а если они и были, то их исправил Лешек Бальцерович, который одновременно занимал должности вице-премьера и министра финансов, получив мандат на реализацию политики «шоковой терапии». В ретроспективе можно утверждать, что тандем Сакс — Бальцерович проделал внушительную работу: в 1989–1991 годах Польша пережила лишь кратковременную, хотя и сильную рецессию, после чего переместилась на впечатляющую и устойчивую траекторию роста. Безусловно, по меньшей мере до 2015 года Польша была своего рода «чудом», хотя Россия оказалась совершенно иным случаем — либо советы Сакса были не так уж хороши для этой страны, либо россияне не следовали его рекомендациям.

Поскольку Советский Союз был самой большой и самой важной страной коммунистической Евразии, а Россия занимает соответствующую позицию в посткоммунистический период, необходимо подробно остановиться на том, что именно могло быть сделано неправильно. Как отмечал Андерс Ослунд[3], после па-

---

[3] Цит. в [Mihályi 2014a].

дения Горбачева пятью самыми большими неудачами российских реформаторов были: (1) неспособность получить контроль над центральным банком, а следовательно, над денежно-кредитной политикой, (2) невозможность достаточно быстро ликвидировать рублевую зону, (3) недостаточно быстрое дерегулирование внутренних цен и экспорта энергоносителей, (4) отсутствие незамедлительной международной финансовой помощи, своего рода плана Маршалла[4], и (5) сохранение старой советской конституции и парламента. С самого начала было известно, что стартовые условия в России чрезвычайно сложны — еще более сложны, чем в Восточной Европе. Ценовые искажения в российской экономике были более значительны, а внутренние механизмы всеобъемлющего стремления к рентным доходам со стороны руководителей государственных предприятий сформировались задолго до конца социализма. По мнению Ослунда, эти обстоятельства сами по себе требовали не менее, а более радикальных и всеобъемлющих реформ, чем в Восточной Европе, и с этой точкой зрения можно согласиться. К сожалению, история никогда не дает возможности повторить масштабный социальный эксперимент с заново выверенными параметрами и измененной расстановкой приоритетов в отраслевой политике.

Одной из важных особенностей восточноевропейской либеральной модели были способы приватизации госпредприятий, которые отличались в отдельных странах. Где-то значительная доля крупных предприятий (а то и все они) была продана на достаточно конкурентных торгах (в большей степени это касалось Венгрии, в меньшей — Польши или Чехии), в результате чего движущей силой развития, в основном ориентированного на экспорт, стали прямые иностранные инвестиции (ПИИ). В Чехии и Польше поначалу была проведена ваучерная приватизация (нечто подобное имело место и в Венгрии), но основными сюже-

---

[4] По утверждению Ослунда, главной проблемой была неготовность на это администрации Буша-старшего, где не было уверенности в том, что помощь, соизмеримая с потребностями российской экономики, отвечает интересам Америки. Попросту говоря, в 1991–1992 годах США не были уверены, что «это действительно конец коммунизма».

тами оказались продажа предприятий общественного сектора иностранным инвесторам, проведенное на раннем этапе реформ дерегулирование цен, усилия, направленные на обеспечение конвертируемости национальных валют, а также снижение или отмена импортных пошлин и экспортных субсидий[5].

2.1. *Политическая экономия посткоммунистического либерализма*

Либеральная модель предполагала быструю либерализацию экономики, стремительную и последовательно рыночную приватизацию госпредприятий, значительную или доминирующую роль в приватизации ПИИ. Основным внутренним бенефициаром приватизации и ядром новой доморощенной крупной буржуазии выступала управленческо-технократическая элита. Возникала конкурентная многопартийная демократическая система с конкурирующими и при этом в принципе свободными СМИ и механизмами защиты прав человека.

Каждая из перечисленных выше траекторий представляет собой идеальный тип. В пределах каждой траектории существуют значительные временны́е и межстрановые различия, а также присутствуют различия исторические и географические. Внутри восточноевропейского либерализма тоже имеется множество оттенков и стадий: Польша отличается от Венгрии, Чехия — от Словакии. Самым необычным примером либеральной траектории является Словения, которая придерживалась (по меньшей мере вначале) более постепенного подхода к посткоммунистическому транзиту, в особенности в отношении приватизации (см. [Peternelj 2005; Šušteršič 2004]). Эта страна гораздо медленнее открывалась для международного капитала, чем другие государства Восточной Европы, и хотя сектор государственных предприятий был сокращен, что привело к резкому снижению занятости, многие компа-

---

[5] Современный сравнительный анализ венгерской приватизационной политики 1990-х годов, когда Венгрию многие считали первопроходцем посткоммунистического транзита, см. в [Mihályi 1994, 1996a, 1996b, 1997a, 1997b, 1997c].

нии остались в руках их руководства и работников. Тем не менее на сегодняшний день сходство трансформационных траекторий стран Восточной Европы является более выраженным, нежели различия между ними. Что касается стран Балтии (Эстонии, Латвии и Литвы), то их также можно отнести к либеральным, однако в силу исторических причин — длительное вхождение в состав СССР и короткая история независимости — их история отличается от других государств Восточной Европы, в связи с чем в этой книге они остаются за пределами рассмотрения. Кроме того, за рамками нашего анализа во многом остались сильно пострадавшие от различных конфликтов страны Западных Балкан (Хорватия, Сербия, Босния, Черногория, Македония и Албания), которые, судя по всему, колеблются между патримониальным и либеральным порядками.

В течение первого десятилетия переходного периода страны, находившиеся на либеральной траектории, столкнулись с вызовами, которые были спровоцированы двумя социально-экономическими кризисами.

a) Из-за потрясений, вызванных быстрым дерегулированием и приватизацией, во время первого переходного кризиса их ВВП упал примерно на 20 %, и для его восстановления потребовалось несколько лет (1995–2000 годы)[6].
b) Массовая приватизация в сочетании с деиндустриализацией и свободным притоком западного импорта быстро привела к резкому снижению включенности населения в рынок труда, сократившийся до 50–60 % от исходного объема. И даже после того, как во второй половине 1990-х годов экономика начала расти, включенность в рынок труда не восстановилась.

Для начала мы попытаемся выявить общие тенденции для всего региона, а затем кратко прокомментируем различия между отдельными странами. В целом картина достаточно ясна. Хотя

---

[6] Исключением здесь, опять же, выступает Словения: она находилась на траектории роста уже к 1993 году и столкнулась с самой незначительной трансформационной рецессией.

эксперты предполагали, что переход от перераспределительной к рыночной экономике будет иметь свои издержки, в реальной жизни они оказались намного больше, чем предсказывала теория. Падение экономики в Восточной Европе началось в 1990 году, в 1994 году она достигла дна, а к 2000 году вернулась к уровням 1989 года. Масштабы этого резкого спада напоминали Великую депрессию 1929–1933 годов[7].

Как указывал Корнаи, социалистическая перераспределительная экономика являлась экономикой дефицита [Корнаи 1990а]. В Восточной Европе это касалось и рабочей силы: в условиях мягких бюджетных ограничений потребности государственных предприятий в рабочей силе были неутолимы (иной в силу географической изоляции и перенаселенности была ситуация в некоторых регионах России и Китая). Однако переход к рынку, приватизация предприятий и ужесточение бюджетных ограничений снижали спрос на рабочую силу, причем особенно впечатляющим это сокращение было в сельскохозяйственном секторе. По мере того как коллективные хозяйства преобразовывались в частные (или по меньшей мере управляемые частными лицами) предприятия, бывшие участники сельхозкооперативов теряли работу и возможности получения доходов. Появлявшиеся новые хозяйства — обычно довольно крупные — использовали лишь часть рабочей силы в сравнении с той, что присутствовала в социалистических кооперативах.

Спрос на рабочую силу также сокращался из-за трансформации отраслевой структуры экономики. Социализм советского типа представлял собой стратегию ускоренной индустриализации, которая часто следовала образцам экономики XIX века. До 1960-х годов в качестве цели социализма заявлялось строительство «держав стали и угля». В последние десятилетия существования социализма прежний чрезмерный акцент на тяжелой промышленности был ослаблен, но по-прежнему играл значительную роль.

---

[7] В странах Балтии падение ВВП в первое десятилетие трансформации было еще более значительным — например, в Латвии оно превышало 40 % [Dragutinovic-Mitrovic, Ivancev 2010].

Поэтому деиндустриализация, столь сильно ударившая по экономике стран Запада, в особенности США, в 1950–1960-х годах, оказалась еще более суровой в Восточной Европе и странах постсоветского пространства, — однако в Китае ситуация была совершенно *иной*, о чем еще будет сказано ниже.

В итоге в процессе либерального перехода к рыночной экономике исчезло 20–30 % *рабочих мест*. Однако статистика, демонстрировавшая уровень безработицы, плохо отражала масштаб проблемы. На пике в 1994 году безработица в рассматриваемых странах составляла 4–19 %, однако на самом деле доля людей, которые имели занятость до падения коммунизма, а затем остались или были вынуждены остаться без работы, была значительно выше. Некоторые оставляли рабочие места «добровольно». Например, представительницам социальных верхов при социализме требовалось работать, чтобы добывать дополнительные средства к доходам своих супругов, — если бы их мужья получали более высокую зарплату, эти женщины могли бы и не искать работу. «Чрезмерная» занятость в социалистической экономике была действительно вызвана низким уровнем заработков и необходимостью иметь «второй» доход, и это становилось все более насущной необходимостью по мере дальнейшего распространения модели семьи с двумя кормильцами. Если семья ваших соседей жила на два дохода, то и вы чувствовали необходимость иметь вторую зарплату в семейном бюджете.

Многие из тех, кто не по собственной воле потерял работу во время перехода к капитализму, досрочно ушли на пенсию, получали пособия по инвалидности или выживали за счет теневой экономики, в связи с чем эти люди не учитывались в статистике безработицы. В нескольких странах избыточная рабочая сила в посткоммунистический период была включена в периметр пенсионной системы[8], которая и при социализме была организо-

---

[8] Это в особенности верно применительно к Венгрии, в меньшей степени — по отношению к Чехии и Польше, см. [Herbertsson, Orszag 2003: 11]. Накапливающиеся издержки столь щедрых пенсионных систем в среднем составляли порядка 9 % национального ВВП, а в Венгрии они приближались к 20 %.

вана дурно — это была не накопительная, а солидарная система. В условиях быстрого старения населения и низкой рождаемости социалистическая пенсионная система была неустойчивой, а посткоммунистическая схема «перевода избыточных трудовых ресурсов на пенсию» лишь усугубила уже разворачивавшийся пенсионный кризис [Elster et al. 1998: 212–214]. Такая перегрузка пенсионной системы создавала впечатление, что посткоммунистические экономики унаследовали разросшееся и преждевременно родившееся социалистическое государство всеобщего благосостояния [Kornai 2008]. Казалось, что задача государственной власти заключается в сокращении «чрезмерных» расходов на социальное обеспечение, хотя обществу требовалось противоположное — их расширение.

Поэтому более точным индикатором состояния рынка труда является уровень участия населения в рабочей силе. Далее мы будем использовать соответствующий показатель Всемирного банка, отображающий долю экономически активных лиц в совокупном населении в возрасте от 15 лет. ОЭСР использует несколько иной параметр — долю экономически активного населения в возрасте 15–64 лет. В четырех из семи рассматриваемых стран Восточной Европы (Болгария, Венгрия, Польша и Словакия) показатель участия населения в рабочей силе снизился на 5–7 % всего за десять лет, с 1989 по 1998 год. Исключением и здесь была Словения, где данный показатель резко упал в первые годы переходного периода до 53 %, но к 1994 году стабилизировался на достойном уровне 58–60 %. Нам не удалось найти систематические сравнительные данные об уровне участия в рабочей силе населения рассматриваемых стран в социалистическую эпоху, но соответствующие показатели, вероятно, были на 20–30 % выше даже еще в 1980 году[9].

Столь резкое снижение уровня участия в рабочей силе было в определенной степени связано с исчезновением рабочих мест

---

[9] Для Венгрии такие оценки были выполнены Марией Аугустинович [Augusztinovics 2005: 435]. Они соответствуют данным, представленным в работе [Kolosi, Róbert 2004: 49], и показателям Центрального статистического бюро Венгрии.

в промышленности (например, в сталелитейной и строительной индустрии, а также в горнодобывающей отрасли). Люди, в особенности мужчины в возрасте под 50 лет и старше, не только потеряли прежде хорошо оплачиваемую работу, но и превратились в хронически безработных, поскольку не могли передать или трансформировать свои прежние навыки, заменив их компетенциями, которые можно использовать в постиндустриальной капиталистической экономике.

Этот двойной кризис — перехода к рынку / приватизации и деиндустриализации — за счет механизма уничтожения рабочих мест имел негативные последствия и для *состояния здоровья* людей. За исключением Чехии, продолжительность жизни в посткоммунистических странах за первые годы переходного периода сократилась, а смертность, особенно среди мужчин среднего возраста, увеличилась. Но, в отличие от постсоветских патримониальных режимов, где эти тенденции оказались одним из самых тяжелых и продолжительных бедствий в их демографической истории [Стаклер и др. 2017], в либеральных режимах происходили лишь умеренные изменения уровня смертности, и тренды в этой сфере были так или иначе обращены вспять уже ко второй половине 1990-х годов.

Первое десятилетие переходного периода в рассматриваемых странах также сопровождалось скачком уровня *бедности*. По оценкам Европейского банка реконструкции и развития (ЕБРР), доля населения, живущего за чертой бедности, увеличилась с 1989 по 1998 год почти в 10 раз (с 1,4 до 12 %) [EBRD 2000: 16]. К аналогичным показателям пришел Иван Селеньи [Szelényi 2013], в 2000 году собравший серию данных, где были представлены исключительно ретроспективные сведения о бедности на 1988 год. Например, лишь 1,8 % респондентов из Болгарии, которым в 1988 году уже было не менее 14 лет, вспомнили, что на тот момент жили в крайней бедности, тогда как к 2000 году этот показатель подскочил до 16,3 %. Аналогичные показатели по другим странам выглядели так: Венгрия — 2,5 и 6,8 %; Польша — 3,1 и 6,2 %; Румыния — 5,1 и 16,3 %; Словакия — 1,1 и 5,0 %.

Либеральный переход к капитализму также привел к значительному росту социального *неравенства*: в показателях коэффициента Джини оно увеличилось со значений чуть ниже или чуть выше 0,20 до значений в середине или конце диапазона 0,20–0,30[10]. Однако в сравнении с другими траекториями выхода из коммунизма этот рост неравенства был в целом скромным — страны Восточной Европы оставались в числе более эгалитарных режимов.

Социальные и экономические издержки перехода оказались гораздо хуже, чем предсказывали даже самые пессимистичные экономисты, и этому есть простое объяснение. Недостатки и умопомрачительные противоречия централизованного планирования советского образца были настолько масштабны, что никто из специалистов в области экономики не ожидал чего-то иного, кроме существенного повышения эффективности от их устранения. При этом не предполагалось, что ждать наступления ожидаемых улучшений придется долго, а разрушительные силы (особенно в сфере занятости, рассмотренные выше) тем временем начнут работать с безотлагательным эффектом. Тем не менее, по сравнению с постсоветскими патримониальными режимами, первое десятилетие постсоциалистического либерализма было бесспорным успехом. Падение экономик рассматриваемых стран оказалось менее резким, а восстановление — более быстрым: в течение десятилетия они вернулись к уровню, который существовал до начала транзита. Бедность не была столь широкомасштабной и глубокой, как в некоторых патримониальных режимах, при этом в большинстве стран при переходном режиме сохранялся достаточный уровень социального равенства.

С другой стороны, либерализм функционировал не лучшим образом по сравнению с «трансформацией снизу» в Китае. Единственное преимущество восточноевропейского либерализма перед китайской траекторией — преимущество, которое, впрочем, невозможно назвать тривиальным, — имело политический

---

[10] Особняком стояла Польша, где значение коэффициента Джини превысило 0,30.

характер: к концу первого десятилетия транзита все восточноевропейские страны были либеральными демократиями. Возможно, сложившаяся в них система не была столь либеральной, демократической и стабильной, как она представлялась в мечтаниях славных месяцев 1989 года, но все же она была ближе к демократическим идеалам, чем политическая система патримониальных режимов и Китая.

Межстрановые различия в пределах региона, где происходила постсоциалистическая либеральная трансформация, были незаурядными, но по большому счету в чем-то предсказуемыми и во многом связанными с разными стартовыми условиями отдельно взятых стран. Болгария и Румыния были значительно беднее других государств рассматриваемого региона, а в Румынии при социализме к тому же существовала наиболее репрессивная политическая система. В результате в первые годы трансформации Болгария и Румыния в социальном, экономическом и политическом плане больше напоминали Россию, чем Словения, Чехия или Польша. Словения и Чехия были, безусловно, самыми благополучными из этих стран. У Словении, например, было тройное преимущество: она была достаточно зажиточной территорией еще во времена социализма, у нее имелся большой опыт реформ, а затем страна придерживалась стратегии постепенного транзита. У Чехии не было таких традиций реформ, как у Словении, Венгрии и Польши, но присутствовал более эффективный опыт демократического управления в докоммунистический период, поэтому более высокие показатели Чехии не стали неожиданностью.

Различия между Венгрией и Польшей заслуживают более существенного внимания. Исходно можно было ожидать, что лидером транзита станет Венгрия — страна, наиболее последовательно двигавшаяся по траектории реформ еще с 1960-х годов. Этот «самый веселый барак в социалистическом лагере» воплощал в жизнь стратегию «гуляш-социализма», а еще более важным было то, что Венгрия раньше всех остальных стран региона вступила в Генеральное соглашение по тарифам и торговле (ГАТТ) и МВФ, проведя реформы финансовой системы и создав правовую базу для рыночной экономики. В Польше 1980-х годов Ярузельский с ограниченным успехом пытался подражать реформам Яноша Кадара[11], и в ряде аспектов Венгрия сохраняла лидерство и в первые посткоммунистические годы. Если исходить из критериев ЕБРР, то Венгрия была одной из тех стран, где либерализм внедрялся наиболее решительно: когда дело дошло до приватизации государственных предприятий, страна строго следовала рецептам экономистов Чикагской школы. За это образцовое поведение Венгрия получила вознаграждение, став самой привлекательной постсоциалистической страной для иностранных инвесторов. В результате в 1989–1999 годах совокупный приток ПИИ на душу населения в Венгрии был на 45 % выше, чем в Чехии, и в 3,5 раза выше, чем в Польше [EBRD 2000: 74][12].

С другой стороны, в Польше рецессия продолжалась всего три года, тогда как в Венгрии она затянулась на год дольше. Восстановление польской экономики также было гораздо более уверенным, чем венгерской. Начиная с 1993 года в течение четырех лет подряд рост польского ВВП превышал 5 % — Венгрия же за весь рассматриваемый период ни разу не достигла темпов роста более 5 %. Согласно разрозненным данным из других имеющихся надежных источников, неравенство и бедность в Польше росли быстрее, чем в Венгрии, но остается большая загадка: произошло ли это, несмотря на более здоровое состояние экономики, или же рост неравенства было причиной того, что польская экономика функционировала лучше? Скорее всего, существовало множество факторов — не только экономических, но и социальных, демографических и политических, — объясняющих, почему, несмотря на многие сходства, две страны стали двигаться по расходящимся траекториям.

---

11 Янош Кадар был венгерским лидером 32 года (1956–1988). Именно он реализовал наиболее радикальные и последовательные экономические реформы в рамках социализма, если не брать реформы, осуществленные в Китае после 1978 года.

12 Более подробно о венгерской политике привлечения ПИИ см. в [Mihályi 2001a, 2001b].

Чтобы объяснить различия между Польшей и Венгрией, попробуем почти наугад выбрать одну «независимую переменную». Польский министр финансов Бальцерович в 1989–1991 годах ввел довольно жесткую стратегию финансовой либерализации: он почти мгновенно снял ограничения с банковского сектора, установил новую налоговую систему и провел валютную реформу. В результате польская экономика оказалась в состоянии свободного падения, безработица резко возросла, но уже через год спад достиг дна. С другой стороны, приватизация польских предприятий проводилась гораздо осторожнее. В Венгрии последовательность реформ была иной: правительство более осмотрительно подходило к финансовым реформам, но при этом форсировало приватизацию предприятий, открывая страну для транснационального капитала. Поскольку Венгрия, в отличие от Польши, не просила о пересмотре сроков погашения внешнего долга, основным способом поддержания платежеспособности страны стала приватизация наиболее ценных компаний. Таким образом, «успех» Венгрии можно также объяснить значительным притоком прямых иностранных инвестиций и рано начавшейся приватизацией, однако эта же политика могла быть и причиной ее последующих «неудач», медленного восстановления и низкого уровня участия населения в рабочей силе.

Второе непредвиденное различие между странами, избравшими либеральную траекторию трансформации, заключалось в том, что Словакия показывала лучшие результаты, чем Чехия. В момент распада Чехословакии наблюдатели ожидали, что Чехия окажется в большом выигрыше, а Словакия присоединится к «Востоку». В первом десятилетии транзита это мнение оказалось верным: экономический спад в Словакии был более сильным, чем в Чехии, так как ситуация с безработицей в первой стране была намного хуже, чем во второй. Однако во второй половине этого десятилетия, когда Чехия погрузилась во вторую постсоциалистическую рецессию, словацкая экономика пережила взлет. Примечательно, что произошло это в период премьерства Владимира Мечьяра (1994–1998), которое по своей идеологии было, скорее, патримониальным, напоминая аналогичный российский режим. В 1989 году уровень ВВП на душу населения Словакии составлял 66 % от сопоставимого показателя Чехии, а к 2016 году — уже 88 %. Суть дела в том, что простых ответов на вопрос об источниках успехов или неудач не существует. Словацкое «чудо» экономического роста, которое началось в 1994 году и продолжается до сих пор, несомненно, является одним из самых загадочных явлений, подтверждающих эту мысль.

2.2. *Система легитимации в посткоммунистическом либерализме*

С 1989 по 1999 год в большинстве бывших социалистических стран Центральной и Восточной Европы предпринимались отчаянные усилия по превращению в либеральные демократии — в качестве исключений, пожалуй, можно назвать разрушенную войной Югославию, а также Албанию, Болгарию, Румынию и Молдову, где этот процесс носил частичный характер, если вообще имел место. То же самое происходило в некоторых постсоветских странах — государствах Балтии, даже в России, а возможно, и в Украине. (Впрочем, попыток создания либеральной демократии совершенно не наблюдалось в Белоруссии, в бывших советских республиках Центральной Азии[13] или в бывших социалистических либо оставшихся социалистическими странах

[13] Пожалуй, единственным своеобразным исключением для этого региона можно назвать Кыргызстан, где при первом президенте Аскаре Акаеве состоялись вполне реальные либеральные экономические реформы, страна уже в 1998 году одной из первых на постсоветском пространстве вступила в ВТО. Однако в силу ряда факторов — от пресловутой зависимости от пройденного пути до невыгодного географического положения — Кыргызстан так и не стал относительно успешной либеральной демократией. В экономическом отношении страна движется по типично периферийной траектории, а бурная политическая история Кыргызстана (за три постсоветских десятилетия в стране сменилось, главным образом досрочно, шесть президентов) представляет собой череду государственных распадов и революций. Подробнее о специфической природе демократии в Кыргызстане см. работу Дмитрия Фурмана и Санобар Шерматовой «Киргизские циклы. Как рушатся режимы» (М.: Публичная библиотека Александра Погорельского, 2013). — *Прим. пер.*

Азии, таких как Китай и Вьетнам, а в кавказских республиках этот процесс был лишь частичным.) Доминирующей формой легитимации выступала легально-рациональная власть (либерализм) наряду с той или иной формой демократической политии. Был утвержден принцип верховенства закона, а законодательная, исполнительная и судебная ветви власти (а также СМИ) были в значительной степени отделены друг от друга. Законом были признаны гарантии частной собственности, а для формирования законодательных органов власти были проведены вполне свободные многопартийные выборы.

Но уже в самые первые годы трансформации наиболее принципиальным вызовом, с которым столкнулись все рассматриваемые нами общества, стала конвертация общественной собственности в частное богатство. Согласно неолиберальной доктрине, все проблемы перехода от перераспределительной экономики к рыночной будут решены, как только для общественных активов найдутся опознаваемые частные владельцы.

Цель заключалась в том, чтобы провести нечто вроде «огораживания общественной собственности» за 500 дней, как это планировалось сделать в России, или за несколько (пять-десять) лет, что попытались предпринять страны Восточной Европы. Легально-рациональными и демократическими средствами добиться этого было трудно или невозможно. Демократические выборы в законодательные органы были свободными и проходили в условиях многопартийной конкуренции, но обладали несколько сомнительной демократической легитимностью из-за низкого интереса избирателей к предвыборным кампаниям, в ходе которых чаще обсуждались идеологические различия, нежели важнейший вопрос о том, кто станет частным владельцем бывшей общественной собственности[14]. Поэтому даже в странах, наиболее близких к «идеальному типу» либеральной демократии, таких как Чехия и Венгрия в начале 1990-х годов, в системе господства неизбежно присутствовал некий патримониальный компонент. Приватизационное законодательство предоставляло

---

14 См. [Szelényi, Szelényi 1991; Szelényi et al. 1996].

огромную свободу действий исполнительной власти, в особенности в том случае, когда оно в значительной степени опиралось на ваучерные схемы. В странах, наиболее близких к правовой демократической модели, лицам, которые пытались использовать ваучеры по праву гражданства, как это было в Чехии или России, или компенсационные ваучеры, как в Венгрии, все равно требовались масштабные субсидированные государственные кредиты (и/или сильно заниженные цены на активы), чтобы получить в собственность крупные корпорации при отсутствии у этих лиц подтвержденной рынком кредитоспособности[15]. Поэтому решения о том, кто именно заслуживает доверия, принимали те или иные чиновники правительственных и околоправительственных учреждений либо банки, однако в любом конкретном случае все это происходило через «личные связи». И даже когда госпредприятия выставлялись на аукционы, а участниками торгов были международные субъекты (зачастую — мультинациональные корпорации), покупателям требовалась инсайдерская информация о «реальной стоимости» актива, назначенного к продаже. Ее, опять же, могли получить государственные приватизационные агентства либо менеджеры приватизируемых предприятий, но сделать это чисто рыночным путем было невозможно. Именно это отклонение от легально-рациональной власти мы предлагаем считать вторичным «патримониальным принципом» легитимации.

В большинстве посткоммунистических либерально-демократических режимов эта легитимация происходила путем предоставления особых привилегий руководству или бывшим официальным лицам правительственных партий, которые обладали компетентностью и доверием. Когда речь шла об иностранных инвесторах, им также приходилось полагаться на инсайдерскую информацию либо от менеджмента предприятий, либо от правительственных/приватизационных агентств (нам известно, что так на самом деле и было). В некоторой степени то, какой должна быть цена приватизируемых предприятий, определял не только

[15] Об этих противоречивых аспектах ваучерной приватизации см. в [Mihályi 1997a].

рынок — соответствующие решения принимали или оказывали на них огромное влияние представители различных органов власти, что добавляло передаче общественной собственности в частные руки патримониальную составляющую.

Этот своеобразный патримониальный компонент был наиболее слаб в Восточной Европе — появлявшиеся в этом регионе посткоммунистические капиталистические системы в основе своей можно рассматривать в качестве примеров легально-рациональной власти, действующей в рамках вполне демократических институтов. В этом смысле они сочетали в себе легально-рациональную власть с «четвертым типом власти», рассмотренным в главе 2, и приблизились к «либеральной демократии» настолько, насколько этого можно было ожидать в обществах, переживавших быстрый переход от коммунизма к либеральному капитализму. Тем не менее многие эксперты были склонны слишком идеализировать период после 1990 года в Восточной Европе. Разумеется, по сравнению с коммунизмом там произошел большой рывок вперед, сопровождавшийся разделением властей, свободой СМИ (которые также можно рассматривать в качестве «четвертой ветви власти»), признанием легитимности частной собственности, а во многих странах и проведением достаточно свободных многопартийных выборов. Наиболее уязвимым компонентом такого рода либеральной демократии была легитимность частной собственности — а также проблему составляла явка избирателей на выборы, которая обычно была удручающе низкой. По описанным выше причинам лица, занимавшие должности во власти при коммунистическом правлении, имели лучший доступ к приватизационным процессам, чем обычные люди (хотя в неоклассической доктрине, конечно же, утверждается, что не имеет значения, кто именно станет частным владельцем — с этим, мол, разберется рынок, а если новые собственники окажутся неподобающими, их ликвидирует конкуренция). С появлением новой частной собственности номенклатурной буржуазии с самого начала прочно ассоциировались такие понятия, как воровство и коррупция — иными словами, частная собственность оказалась не столь легитимной, как на это надеялись. Венгерский социолог Балинт Мадьяр сформулировал понятие «мафиозное государство» гораздо позже (см. [Magyar 2013; Мадьяр 2016]), но многие обычные граждане Восточной Европы в любом случае почитали своих нуворишей за мафиози с первых же дней переходного периода. Разделение властей, в особенности независимость общественных СМИ от государства, также изначально было поставлено под сомнение. Но эта определенно скептическая нота не мешает нам признать, что большинство стран Центральной Европы, функционирующих в основном в демократических рамках, принципиально обладают легально-рациональной властью — по меньшей мере так было примерно до 2010 года.

3. Патримониальная модель

Россия после некоторых колебаний двинулась по радикально иной траектории. В первые год-два трансформации она пыталась следовать примеру Восточной Европы, взяв на вооружение рецепты Чикагской школы и применяя шоковую терапию. Исполнявший обязанности премьер-министра во второй половине 1992 года Егор Гайдар, которому были вверены бразды правления в экономике, обещал построить капитализм за 500 дней[16]. Его действия оказались больше шоком, нежели терапией [Gerber, Hout 1998], и российская экономика ушла в свободное падение. Борис Ельцин, занимавший пост президента в 1991–1999 годах, решил отказаться от этой имитационной стратегии и вместо нее обратился к историческому наследию, апеллируя к православию,

---

[16] Не вполне точная формулировка, поскольку программа Станислава Шаталина и Григория Явлинского «500 дней» разрабатывалась еще для руководства СССР, но была отвергнута Горбачевым. Явлинский после августовских событий 1991 года возглавил Комитет по оперативному управлению народным хозяйством СССР, однако подал в отставку в знак несогласия с политикой Ельцина и упразднением СССР. В 1992 году Явлинский и специалисты Центра экономических и политических исследований (ЭПИцентра) готовили новую программу реформ, уже для правительства Гайдара, но никаких прикладных последствий эта работа не имела. — *Прим. пер.*

традициям и уважению к власти. Вместо того чтобы строить либеральную демократию, Ельцин решил кооптировать местное политическое и экономическое начальство, результатом чего стало создание нового класса номенклатурных буржуа. Если допустима такая историческая аналогия, то Ельцин воссоздал класс бояр[17], которых стали называть олигархами[18]. Это было нечто вроде патримониального порядка: ваучерную приватизацию Ельцин использовал для обогащения своих сторонников. К началу XXI века, спустя всего десятилетие после краха государственного социализма, в Москве проживало больше долларовых миллиардеров, чем в Лондоне. Природа российского капитализма в 1991–1999 годах представляла собой смесь патримониализма (предоставление вотчин (fiefs) верным последователям) и политического — а заодно и купеческого — капитализма. Должностные лица экспроприировали общественную собственность, и эти активы затем часто вкладывались не в производство, а в оборот (например, в импорт роскошных автомобилей или компьютеров с Запада с последующей их продажей с дополнительной прибылью), либо эта прибыль просто переводилась на счета в швейцарских банках.

---

[17] Боярами именовались представители высшего сословия феодальной системы в нескольких странах Восточной Европы и России X–XVII веков. Петр Великий, пришедший к власти в 1689 году, взял на себя ответственность за вестернизацию и модернизацию России. Помимо прочих мер, он создал Сенат, члены которого назначались им лично, заменив Боярскую думу, прежний совещательный орган при царе. Кроме того, Петр изгнал консервативную и религиозную часть бояр из судебных органов, наполнив административную систему иностранными и русскими чиновниками. Социальный статус бояр в России напоминал положение высших слоев аристократии в Западной Европе. Их имущественные права были надежно защищены, а титулы наследовались из поколения в поколение. Превратив бояр в «служилое дворянство», Иван Грозный и Петр Великий привели Россию от западного феодализма (или патримониализма) к пребендализму (см. рис. 2).

[18] Под олигархами мы подразумеваем нуворишей, которые в дальнейшем попытаются захватить политическую власть, как это делал Борис Березовский (см. ниже пример 3). В иллиберальных пребендальных режимах политические боссы стремятся лишить нуворишей политической власти и заменить олигархов «служилым дворянством».

3.1. *Политическая экономия патримониальной модели: патримониальный путь к капитализму в ельцинской России*

Практики приватизации в России 1990-х годов были жестко предопределены стремлением «построить капитализм» за 500 дней[19]. Сторонники ваучерной приватизации считали, что она является демократическим механизмом, который позволит провести эту процедуру быстро и справедливо. Предполагалось, что каждый приватизационный чек (их разослали по почте всем гражданам России) олицетворяет определенную долю общественного богатства. Объявляя эту программу, Ельцин провозгласил: «Нам нужны миллионы собственников, а не горстка миллионеров»[20]. Возможно, он и верил в это, но в действительности все обстояло совершенно иначе. За первоначальную стадию приватизации отвечал будущий вице-премьер Анатолий Чубайс, а Ельцин «управлял» процессом из Кремля. На практике оказалось, что большинство россиян не знали, что делать со своими ваучерами — точно так же, как большинство венгров не представляли, куда деть полученные ими «компенсационные расписки»; аналогичная история была и с различными типами ваучеров, выданных в Чехии и Польше. В результате россияне, получившие ваучеры, продавали их значительно ниже номинальной стоимости различным инвесторам/спекулянтам. Эти инвесторы впоследствии объявились на приватизационных аукционах, решения о победителях которых должен был принять Кремль. Когда теория получила практическое воплощение, Ельцин фактически «назначил» горстку миллиардеров: по утверждению Пола Хлебникова [Хлебников 2001], в этом деле президент в основном полагался на помощь своей любимой дочери Татьяны. Государственная

---

[19] Изначально программу «500 дней» предложил в 1990 году Григорий Явлинский, который в дальнейшем трижды участвовал в президентских выборах: в 1996 году — против Ельцина, а в 2000 и 2018 годах — против Путина.

[20] Фраза из обращения Ельцина к гражданам России, опубликованного в «Российской газете» 21 августа 1992 года. Это высказывание приводит Андерс Ослунд в своей книге «Россия: рождение рыночной экономики» [Ослунд 1996].

собственность часто была сильно недооценена, а также существовали другие разнообразные механизмы, с помощью которых можно было манипулировать процессом приватизации[21]. Например, Роман Абрамович, один из самых молодых бенефициаров этого процесса, который в конце концов переехал жить в Кремль поближе к «семье», как называли окружение Ельцина (см. пример 8), развлекал Татьяну по выходным на своей даче. Похожая траектория была у Олега Дерипаски (пример 10): он вошел в «семью» в прямом смысле, женившись на приемной дочери Татьяны, красавице Полине Юмашевой (ее отец, журналист Валентин Юмашев, ставший влиятельным советником Ельцина, был вторым мужем Татьяны, а Полина была его дочерью от предыдущего брака).

Было ли российское государство 1990-х годов «мафиозным» (mafia-state)? Не вполне. Хлебников использовал терминологию, непохожую на ту, к которой прибегает Балинт Мадьяр [Мадьяр 2016]: Ельцина он называл «крестным отцом», а круг его протеже — «семьей». В некотором смысле это был организованный «высший свет». Ельцин назначал новую крупную буржуазию — эту группу, получившую название «олигархов», можно было бы назвать классом «бояр», — но, вопреки предложенной Мадьяром модели мафиозного государства, делал это не для максимизации личного богатства, а для консолидации своей политической власти. В рамках ельцинской патримониальной системы олигархи действительно вели себя как бояре. Они не только осознавали, что их права собственности защищены, но и имели политические амбиции, приобретая контроль над СМИ и занимая государственные должности (Борис Березовский, например, одно время был советником Ельцина по национальной безопасности[22]).

---

[21] У Хлебникова подробно описано, как Кремль манипулировал приватизационными аукционами, а также приводится интересный пример недооценки активов: по его утверждению, «Газпром» в момент приватизации в 1994 году был оценен в 250 миллионов долларов, а в 1997 году его стоимость оценивалась в 40 миллиардов долларов [Хлебников 2001: 67].

[22] В октябре 1996-го — ноябре 1997 года Березовский занимал пост заместителя секретаря Совета безопасности РФ. — *Прим. пер.*

Сложно сказать, в какой степени Ельцин извлекал из этой системы финансовые выгоды. После его отречения от власти Татьяна перебралась в Лондон и явно живет безбедно. Однако эти финансовые выгоды, по всей вероятности, были вполне заурядны по сравнению с огромным богатством олигархов, которых назначил Ельцин.

Ельцинская Россия очень рано начала отходить от либеральной модели. В стране действительно сохранялась «демократическая система» — если понимать под «демократией» лишь то, что лидеры избирались на достаточно свободных, хотя и не обязательно честных[23] выборах, как Ельцин в 1996 году и Путин в 2000 году и еще три раза после этого. Правда, в 1996 году системой «управляли» контролировавшие СМИ олигархи — именно они стояли за Ельциным, а некоторые поддерживали и Путина в 2000 году. При Ельцине система становилась «иллиберальной» не только в силу патерналистского или патримониального подхода к распределению собственности, который приходил на смену прежней процедурной логики, но и за счет ограничений, наложенных на полномочия законодательной власти. В 1993 году Верховный совет России собирался устроить Ельцину импичмент[24], но тот предпринял контрнаступление — здание парламента было захвачено военной силой. Ельцин утвердил новую

---

23 Выборы обычно считаются честными при наличии свободной конкуренции. Честность выборов нарушается в тот момент, когда, к примеру, государственные СМИ и государственные финансы используются правящим режимом для распространения своей пропаганды. Поэтому эксперты, сомневающиеся в том, возможна ли «иллиберальная демократия» в принципе, указывают на «нечестность» таких выборов (контроль исполнительной власти над СМИ и т. д.).

24 Государственная Дума, сокращенно именуемая Госдумой или Думой, является нижней палатой Федерального Собрания Российской Федерации. Изначально Государственная Дума был учреждена еще до установления коммунистического режима, во время насильственных потрясений русской революции 1905 года, став первым выборным парламентом России. В современной России Госдума пришла на смену Верховному Совету в результате принятия новой конституции, утвержденной Борисом Ельциным после политического кризиса 1993 года и одобренной российским обществом на референдуме.

конституцию, наделившую его значительными полномочиями, распустил Верховный совет и назначил новые парламентские выборы. Однако в декабре 1993 года эти выборы прошли не по его сценарию и привели к формированию парламента, выступавшего против многих политических решений президента — ироничное напоминание о важности «демократии» даже в ельцинской России. Выборы все еще были конкурентными, но затем Ельцин распустил Конституционный суд, а когда он был восстановлен, его полномочия были значительно сокращены [Hausmaninger 1995][25]. Ключевой момент заключается в том, что Ельцин не только использовал иллиберальные, нерыночные способы для распределения собственности, но и двигался прочь от либерализма, сократив разделение прерогатив исполнительной, законодательной и судебной властей, что значительно увеличивало полномочия исполнительной власти. Режим Ельцина, а затем и Путина отходил от либерализма, но сохранял важнейшие элементы власти условного большинства (а следовательно, и демократии в том смысле, как она понимается в этой книге), такие как механизмы отбора должностных лиц. Таким образом, власть большинства сохранялась в качестве наиболее важного или по меньшей мере одного из важнейших легитимирующих принципов системы. Бывшие коммунистические политические деятели в основном сохранили власть, преимущественно благодаря процессу приватизации. Это привело к появлению олигархов, которые являлись либо бывшими коммунистическими кадрами, либо сотрудниками спецслужб, либо клиентами политических лидеров.

Последняя характеристика была особенно свойственна для ельцинской России, где приватизацией руководил Кремль, а оли-

[25] В ходе конфликта между Ельциным и Верховным Советом Конституционный суд во главе с Валерием Зорькиным встал на сторону парламента. После столкновений в Москве в октябре 1993 года и разгона Верховного Совета Ельцин приостановил деятельность Конституционного суда, после чего в 1994 году был принят закон, урезавший ряд его ключевых полномочий. Также состав суда был расширен с 13 до 19 человек, чтобы ввести в его структуру лояльных Ельцину лиц. — *Прим. пер.*

гархи, по сути, «назначались» «царем». Признаки перехода к демократии имели место, но зачастую этим процессом управляли бывшие коммунисты, обосновавшиеся на самых высоких должностях, и нувориши. Как уже отмечалось, олигархам были обеспечены достаточно надежные права собственности — по мнению некоторых наблюдателей, настолько надежные по меньшей мере для России, что к концу 1990-х годов они попытались «захватить» государство, а значит, заодно и контролировать политическую систему. Кроме того, олигархи нередко вели между собой частные войны.

В целом рассмотренная траектория отличалась следующими основными особенностями.

a) Возникшая политическая система представляла собой «управляемую демократию», обычно именуемую «президентской республикой» [Blondel 2015: 212–220]. Политической властью, как правило, обладали люди, тесно связанные с бывшим коммунистическим режимом, и хотя они получали свои посты в результате избрания, их успех на выборах был «управляемым». Чтобы снизить риски нестабильности, старый режим был органично преобразован, а не радикально разрушен.

b) Посткоммунистические правители и само их правление отличались патерналистскими чертами. Процесс приватизации шел так же быстро, как и при либеральной модели (а то и еще быстрее), но не был подвластен «слепым силам» рынка. Приватизация была ограждена от вмешательства транснационального капитала, а вознаграждение в виде собственности получали клиенты, обещавшие быть компетентными и лояльными.

c) Эта патерналистская логика распространялась и на отношения между руководством и работниками предприятий. Вместо того чтобы увольнять работников, работодатели предпочитали не платить им зарплату, предлагая взамен обеспечение в натуральной форме (бартер — по меньшей мере на начальном этапе транзита — нередко получал широкое распространение). Вопрос о том, насколько хорошо или плохо функционируют патримониальные режимы, до сих пор остается спорным. Возможно, первоначальный шок от транзита они перенесли лучше, чем либеральные режимы, однако последующая дезинтеграция экономики и социального порядка была глубже и длилась дольше. Тем не менее наблюдатели, которые к 2000 году были готовы вынести патримониальным режимам приговор, поторопились.

* * *

СССР распался в декабре 1991 года, но то, что он рушится, было понятно и раньше. Еще в 1989–1990 годах некоторые советские республики заблаговременно объявили о суверенитете, а экономическая ситуация стремительно ухудшалась. Следующее десятилетие для России оказалось ничем не сдерживаемой катастрофой, поскольку ВВП упал примерно на 50 %, а продолжительность жизни значительно сократилась — особенно резко выросла смертность среди мужчин среднего возраста. Нам не удалось найти систематических официальных данных по изменениям уровня бедности / уровня жизни, но, судя по всему, соответствующие показатели были запредельны. В исследовании Ивана Селеньи [Szelényi 2013a], которое уже упоминалось в предыдущем разделе о Восточной Европе, большой группе случайно отобранных в 2000 году респондентов было предложено рассказать о бедности и вспомнить, сталкивались ли они с аналогичным ее уровнем в 1988 году. Если в Венгрии в 2000 году расходы ниже 2,15 доллара в сутки (по паритету покупательной способности) имели 1,8 % респондентов, а в Польше — 1,7 %, то для России аналогичный показатель составлял 17 %. *К концу социализма Россия уже была более бедной страной, чем ее восточноевропейские сателлиты, а после десяти лет переходного периода стала намного беднее.* Поскольку в других патримониальных постсоветских государствах присутствовали аналогичные тенденции к снижению ВВП и продолжительности жизни, есть все основания полагать, что скорость и масштаб их обнищания были сопоставимы с российскими[26]. Более того, в патримониальных режимах спад был не только более глубоким, что позволяет применять к нему термин «депрессия» (а не «рецессия»), но и продлился дольше. Если либеральные страны к 2000 году в целом восстановились и находились по показателям ВВП и продолжительности жизни на уровне 1988 года или близком к нему, то государства, вставшие на патримониальную траекторию, в 1998 году по-прежнему находились в свободном падении.

Однако по другим показателям патримониальные режимы показывали не такие уж плохие результаты. Несмотря на резкое падение ВВП, в этих странах удалось добиться относительно небольшой безработицы и довольно значительного уровня участия населения в рабочей силе. В качестве примера можно привести Россию, где в 1992 году третий год подряд наблюдался экономический спад, причем только за один этот год страна потеряла 15 % своего ВВП. Несмотря на это, безработица составляла всего 5 %, а участие граждан в рабочей силе оставалось на достойном уровне — 66 %. Другой пример — Украина, где в 1995 году ВВП сократился примерно на 50 %, но безработица не достигла и 6 %!

По-прежнему идут определенные споры о том, что именно стало причиной катастрофы первого десятилетия переходного периода, и для убедительного ответа на этот вопрос предстоит еще немало исследований. Некоторые авторы, склонные подчеркивать относительный успех переходного периода (см. [Сакс 2011; Ослунд 1996; Ослунд 2011; Гуриев и др. 2011]), пеняют на начальные условия и отсутствие последовательности в проведении реформ. Другие исследователи винили саму стратегию реформ, так называемую «шоковую терапию», а в особенности массовую или ваучерную приватизацию, причем российский переход к рыночному капитализму был в этом отношении наиболее катастрофическим (см. [Стиглиц 2003; King 2003]).

---

[26] Существуют определенные сомнения относительно достоверности данных по республикам Центральной Азии.

Патримониальные порядки в России и Украине представляются родственными с точки зрения как резкого спада в экономике, так и относительно умеренных показателей безработицы и вовлеченности населения в экономическую активность. Эти режимы имели свои «преимущества» и «недостатки» даже в течение первого десятилетия транзита. Уникальной особенностью приватизации при патримониальном порядке была ускоренная передача общественной собственности в руки новой небольшой «внутренней» элиты, почти вручную отобранной патримониальными правителями. Вполне резонно допустить, что замысел ваучерной приватизации заключался в достижении целей, близких к пониманию социализма в духе Прудона [Прудон 1998]: в самом деле, почему бы не сделать собственником каждого, распределив общее богатство среди всех граждан или по меньшей мере среди всех работников конкретного предприятия? Сбережения граждан из-за гиперинфляции 1990-х годов исчезли в одночасье — так почему бы не раздать им доли в компаниях бесплатно?

Олигархи патримониального посткоммунизма во многом напоминали американских «баронов-разбойников» XIX века. Как указывали некоторые специалисты, включая Ослунда, на старте процесса в появлении такого класса нет ничего априори дурного, если это решает проблему собственности (помогает создать ее конкретных владельцев). Но между олигархами посткоммунистического патримониального порядка и баронами-разбойниками американского капитализма Дикого Запада есть и некоторые существенные различия. Бароны-разбойники де-факто не были клиентами американского политического класса — вне зависимости от того, к хорошим или плохим последствиям это привело. Уже в конце XIX века решающим фактором в Америке были деньги, а не политика. В условиях же патримониального порядка нувориши в определенной степени «назначались» политическими правителями. Еще более важно то, что почти все американские бароны-разбойники заработали свои миллионы, занимаясь *производством* каких-либо благ: Эндрю Карнеги производил сталь, Джон Рокфеллер бурил нефтяные скважины и перерабатывал нефть, а Джей Гулд строил железные дороги — иными словами, они создавали богатство. Олигархи при патримониальных режимах представляли собой резкий контраст: они делали миллиарды на спекуляциях — по меньшей мере в первое десятилетие перехода к рынку. Например, Борис Березовский покупал автомобили у государственных компаний по субсидированным ценам, обещая им валютную выручку после продажи товара на Западе (пример 3). На деле Березовский никогда не продавал эти «экспортные» автомобили за границей, а «реэкспортировал» их в Россию и сбывал со сверхприбылью. Из его автосалонов люди могли просто уехать на своей машине, заплатив за нее договорную цену, в то время как в государственной системе сбыта им приходилось ждать годами, чтобы стать обладателем нового автомобиля.

Олигархи определенно выполнили существенную задачу, создав опознаваемые права собственности. Тем не менее обществу пришлось заплатить за это высокую цену: Россия потеряла половину своего ВВП, а множество людей — возможно, до 3 миллионов человек только в России, как утверждают некоторые всемирно известные специалисты по экономике здравоохранения, — умерли значительно раньше положенного им срока [Стаклер и др. 2017]. Мы не намерены предаваться морализаторству по этому поводу и обвинять олигархов во всех смертных грехах — такая постановка вопроса совершенно выходит за рамки наших задач. Многие олигархи были яркими, молодыми, умными предпринимателями, которые использовали возможности, неизбежно возникавшие в системе в условиях, когда за каких-то 500 дней состоялся переход значительной части экономики, находившейся в общественном владении, в режим частной собственности. Олигархам удалось сделать это под пристальным взглядом благосклонного патримониального правителя: для эффективного управления новообретенной собственностью Ельцин искал самых способных молодых людей, почти исключительно мужчин.

Отношения между этими новоявленными «баронами-разбойниками» и их подчиненными в первые годы транзита также носили патримониальный характер. Поскольку олигархи богатели по милости правителя, они «заботились» и о своих подданных. Как уже отмечалось, работники могли не получать зарплату в конце каждого месяца[27], но вероятность того, что их уволят, была ниже, чем в случае с трудящимися при либеральном режиме. Вместо зарплаты работникам могли дать участок земли, на котором можно было выращивать продовольствие. Промышленные предприятия обменивали продукты питания для своих работников на товары, которые они производили для компаний аграрного сектора. В свою очередь, в сфере АПК работники вместо зарплаты получали по бартеру одежду. Эта система была работоспособной, хотя и все менее приемлемой даже в рамках патримониальной модели.

Представленное описание патримониального строя достаточно хорошо подходит для России и Украины, но для таких стран, как Белоруссия, Казахстан и Туркменистан, это в лучшем случае приблизительная оценка реальных социально-экономических процессов и структур. В частности, Белоруссия подошла вплотную к строю, который можно назвать неосталинским государством. В стране была проведена частичная приватизация, но на 2019 год государственный сектор экономики по-прежнему оставался доминирующим. Несмотря на то, что постсоветская рецессия в Белоруссии оказалась несколько мягче, чем в России или Украине, уровень безработицы был значительно выше, а снижение продолжительности жизни стало почти таким же существенным, как в России. Медленные или недостаточные реформы не защищали страну от кризиса, хотя после 1997 года она демонстрировала достойные экономические показатели. Белорусская экономика достигла дна раньше (1996 год), тогда как Россия, Казахстан и Туркменистан, более обеспеченные природными ресурсами, в тот момент все еще находились в состоянии

---

[27] Такие случаи были и в годы советского планирования в СССР (фактически не только зарплаты, а иногда и пенсии не выплачивались вовремя). Поэтому люди были «привычны» к подобному развитию событий: поскольку всем в конце концов платили, никто особенно не расстраивался. В Центральной Европе, насколько нам известно, за 40 лет коммунизма таких задержек не было никогда.

свободного падения. Приватизация в Белоруссии проходила по иной траектории, нежели в России, но ее социально-политическая система была схожа с другими патримониальными режимами. Каждый из этих режимов управлялся (и до сих пор управляется) пожилыми людьми, которые прежде занимали высокие или как минимум средние посты в советских политических, экономических или военных/разведывательных структурах. Первый президент Казахстана Нурсултан Назарбаев (родился в 1940 году) в советское время был председателем Совета министров Казахской ССР. Александр Лукашенко (родился в 1954 году) был офицером Советской Армии, а в 1980-е годы — руководителем среднего звена. Эксцентричный первый постсоветский президент Туркменистана Сапармурат Ниязов (1940–2006) был первым секретарем Коммунистической партии Туркменской ССР. Последний советский руководитель Украины Леонид Кравчук (1934–2022) в 1991 году был избран первым президентом новой независимой страны. Виктор Янукович (родился в 1950 году) продвинулся на руководящие должности в 1980-х годах, несмотря на то что ранее был осужден по ряду уголовных (причем именно *криминальных*, а не *политических*) статей. Владимир Путин (родился в 1952 году) был офицером КГБ — ключевого органа государственной безопасности СССР в 1954–1991 годах.

Все эти правители оперируют сложной сетью клиентов, и хотя в России и Украине существует отчасти конкурентная многопартийная система, демократия в этих странах в значительной степени «управляема». В Белоруссии и Казахстане, а в особенности в Туркменистане практически нет даже какого-то подобия демократии. Все пять рассмотренных стран являются «президентскими республиками» с сильным институтом президентства, причем их лидеры не проходят проверку на выборах с высоким уровнем конкуренции. Некоторые выборы, особенно в Казахстане и Туркменистане, вообще не являются конкурентными: 80–95 % голосов получает «кандидат номер один» — в этом отношении они напоминают выборы в советские времена. Казахстан и Туркменистан являются государствами тюркского мира, до вхождения в состав СССР их народы вели совершенно кочевой образ жизни. Большинство населения этих стран составляют мусульмане, поэтому оба режима все чаще, хотя и с неизменной осторожностью разыгрывают «исламскую карту».

Несмотря на эти различия в экономической политике и историко-культурных предпосылках, все перечисленные страны двигались по схожей траектории, которая заметно отличалась и от восточноевропейского либерализма, и восточноазиатского «капитализма снизу».

3.2. *Система легитимности посткоммунистического патернализма*

В опубликованной в 1998 году книге «Построение капитализма без капиталистов» [Селеньи и др. 2008] Россия уже получила определение «капитализма сверху», то есть своеобразного патримониального порядка. Для складывания такого режима могло быть множество причин, включая продолжительный исторический опыт самодержавного правления и рекрутирование новых посткоммунистических элит из советской номенклатурной буржуазии. Однако Ельцин рано вступил в конфликт с идеями, заложенными в формуле «легально-рациональная власть + демократическая политика». Как отмечалось в предыдущем разделе, ваучерная приватизация прошла не так, как планировалось, а последующее развитие событий представляло собой классический случай патримониализма: новый «царь» Ельцин назначал новую крупную буржуазию. Именно поэтому первое десятилетие перехода России от коммунизма, по нашему мнению, носило патримониальный характер (с некоторыми легально-рациональными компонентами). Поскольку собственность распределялась по «милости» правителя, исполнительная власть обладала значительной автономией в принятии решений о том, кому именно теперь будут принадлежать активы — для сравнения, в Восточной Европе подобная свобода действий тоже имела место, но оказалась гораздо более ограниченной. В ряде случаев Ельцин пытался бросать вызов могуществу новой крупной буржуазии — например, у него был напряженный конфликт с Владимиром Гусинским (об этом также см. работу [Хлебников 2001]), — но в конечном итоге он отступал.

Подведем итог: Россия при Ельцине представляла собой патримониальный порядок (политический правитель распределял собственность, но при этом права собственности были относительно гарантированными) с определенными элементами легально-рациональной власти. Однако это была не вполне либеральная система. Частная собственность защищалась законом, но Ельцин, действовавший в рамках тем или иным способом управляемой демократии, в ситуации, когда законодательная власть пошла против его воли, направил на нее танки. Проводились конкурентные выборы, но СМИ контролировались дружественными Ельцину частными владельцами, поэтому едва ли приходится говорить о «свободной прессе». Напротив, в большинстве стран Восточной Европы существовали либеральные, рационально-правовые власти с существенным разделением полномочий, собственность распределялась при помощи рыночных механизмов, хотя определенное патримониальное управление присутствовало и там. Несмотря на это, борьба за СМИ — а именно за то, чтобы поставить их под контроль исполнительной власти, — началась очень рано и в Восточной Европе. Но в целом управление там было вполне демократичным, выборы были свободными и в определенной степени довольно честными благодаря запутанному законодательству о финансировании избирательных кампаний. Однако демократия не была «консолидированной»: потребовалось немало времени, чтобы сформировались партии, способные приходить к власти, сменяя друг друга, и этот процесс до сих пор не завершен.

4. Рыночный социализм или капитализм снизу?

4.1. *Дискуссия о природе капитализма в Китае*

В период с 1978 года по середину 1980-х годов китайский лидер Дэн Сяо Пэн, более известный как Дэн Сяопин, проводил умеренные реформы в духе идей Евсея Либермана, которые почти исключительно ограничивались аграрным сектором. Коллективные хозяйства какое-то время сохранялись, но переводились на «систему семейной ответственности», позволявшей крестьянам все больше контролировать свой труд и его результаты. Во многом это напоминало аграрные реформы в Венгрии, начавшиеся с середины 1960-х годов: цены на сельскохозяйственную продукцию постепенно дерегулировались, а производственные задания сокращались и отменялись. В результате сокращался разрыв между доходами в городе и на селе, и крестьяне оказались в большом выигрыше. Аграрная реформа была дополнена значительной децентрализацией власти: Пекин делегировал полномочия провинциям и даже более мелким административным единицам [Huang Y. 2008: 50–108]. Для понимания ситуации стоит отметить, что в момент, когда Дэн начал играть решающую роль в процессе реформ, ему было уже 74 года, он был образованным интеллектуалом и профессиональным революционером, но почти не имел личного опыта работы в сельском хозяйстве. С 1976 по 1989 год он был фактическим правителем страны, но никогда не занимал формальных постов главы государства, главы правительства или генерального секретаря Коммунистической партии[28]. В 1989 году Дэн сложил свои полномочия, а в 1997 году скончался.

Поскольку после 1989 года и коммунистические кадры, и городское население испытывали все большее недовольство [Nee 1989], реформы были попыткой успокоить местное руководство при помощи создания поселково-волостных индустрий, а акценты в политике реформ постепенно — а после «южного турне» Дэна в 1992 году все более решительно — смещались в направле-

---

[28] Основной должностью Дэн Сяопина на пике его реформ (1981–1989) был пост председателя Военного совета ЦК КПК, а также он имел ряд формальных позиций в верхушке партийной и государственной иерархии КНР. После событий на площади Тяньаньмэнь в июне 1989 года Дэн сложил полномочия и некоторое время держался в тени, однако в 1992 году совершил большую поездку по южным регионам КНР (так называемое «южное турне», см. ниже), призвав к новому этапу реформ, которые были реализованы под руководством Цзян Цзэминя. — *Прим. пер.*

нии городов и промышленности. К концу 1990-х годов китайское руководство приступило к приватизации предприятий, а также заново централизовало государственную власть и налоговую систему. Учитывая все эти довольно радикальные изменения, и в Китае, и за его пределами возникли вопросы о том, остается ли он социалистической страной, не превратился ли он в страну капиталистическую и следует ли вообще использовать эти термины применительно к КНР.

Многие китайские ученые и эксперты за пределами Китая подчеркивали уникальность этой гигантской страны с очень долгой историей и выступали против попыток втиснуть ее в узкие рамки западных концепций. Эту дилемму очень точно сформулировал Перри Андерсон:

> [Чтобы вообразить альтернативные версии модерна, существует два особых вида интеллектуальных ресурсов.] С одной стороны, это исторический ресурс мыслей, опыта и борьбы, связанных с прошлым соответствующей страны, с ее, если угодно, культурным наследием. С другой стороны, присутствует целый ряд примеров зарубежного опыта, которые могут быть изучены, импортированы или усвоены в любой момент времени... Успешные попытки построения «альтернативного модерна» почти всегда основывались на творческом балансе между этими двумя видами ресурсов, то есть на избирательном присвоении национального прошлого и избирательном усвоении заимствований из внешней межгосударственной системы [Anderson 2005: 16].

4.2. *Является ли Китай «запоздалым реформатором»?*

Китай часто рассматривают как социалистическую страну, которая рано вступила на траекторию рыночных реформ. Правильность такого восприятия зависит от того, что именно понимается под реформами и какая оценка дается тому, насколько далеко Китай отошел от классической системы социализма (см. работу [Корнаи 2000], кратко рассмотренную в вводной главе).

В Восточной Европе некоторые страны рано столкнулись с различными проявлениями неэффективности классической системы социализма и уже к 1960-м годам провели довольно смелые реформы. К первым реформаторам относились Югославия с ее системой самоуправления трудящихся[29] и Венгрия с ее «второй экономикой»[30]. Даже СССР пытался перестроить классические отношения между социалистическими предприятиями во времена Хрущева, в связи с чем некоторые маоистские теоретики обвиняли его в «восстановлении капитализма» [Bettelheim 1976]. В Китае же реформы начались в 1978 году — учитывая это обстоятельство, можно утверждать, что страна подошла к ним с большим опозданием.

Однако это не так уж удивительно. Классическая система социализма имела определенный первоначальный успех в Китае, в СССР и даже в менее развитых странах Восточной Европы. Как отмечал Мартин Уайт [Whyte 2007], «начиная с 1949 года в КНР наблюдался экономический подъем, большинство последующих лет были отмечены значительным экономическим ростом» (в среднем увеличение ВВП составляло 4–5 % в год). Кроме того, Уайт указывал, что «Китай уже в эпоху Мао был признан страной, добившейся в "социальном развитии" [еще] больших результатов, чем в "экономическом развитии"» [Whyte 2007: 11–13]. С подобной оценкой согласен такой исследователь, как Ю. Ю. Куэ: поставив вопрос о том, действительно ли существовала необходимость

---

29 Когда в 1948 году югославские коммунисты поссорились с Москвой, уникальной особенностью этой страны стало провозглашение идеологии «самоуправления трудящихся». В ретроспективе понятно, что югославская система корпоративного управления мало чем отличалась от других реформированных социалистических систем Центральной Европы. Контроль был разделен между тремя игроками: харизматичным диктатором Иосипом Брозом Тито, партийно-государственной бюрократией и руководством предприятий (см. выше рис. 3). Главным творцом югославской системы самоуправления трудящихся считается Эдвард Кардель (1910–1979), экономист по образованию.

30 После осторожной либерализации частного сельского хозяйства за рамками кооперативного сектора и государственных аграрных предприятий венгерские власти с 1982 года открыли новые институциональные возможности, позволявшие создавать небольшие партнерства в промышленности и сфере услуг. Это оказалось прелюдией к радикальным экономическим реформам, начавшимся в 1989 году.

в Мао, он отвечает на него утвердительно, но с оговоркой: «Да — с экономической точки зрения» [Kueh 2008: 32]. Экономически более передовые социалистические страны начали отставать от развитых стран Запада и стран Восточной Азии, поздно начавших индустриализацию, лишь с середины 1960-х годов. Поскольку Китай вступил на социалистическую траекторию, будучи в экономическом отношении довольно отсталой аграрной страной, он не сталкивался с проблемами экономического отставания настолько же рано, как некоторые социалистические страны Европы.

Но реформы в конце концов должны были произойти. Корнаи в своей содержавшей угрожающие предупреждения работе «Дефицит» 1980 года [Корнаи 1990а] выявил внутренние противоречия классической системы социализма на ранней стадии и с учетом этих проблем утверждал, что классическая система была преходящим явлением. Она и оказалась относительно недолговечной по сравнению с социально-экономическими формациями, которым удалось пережить несколько столетий [Kornai 2008: 22]. Неэффективность, неотъемлемо присущая классической системе социализма, порождала хронический дефицит, а потенциальный динамизм социалистической экономики ограничивался экстенсивным характером роста. В этом отношении Китай не был запоздалым реформатором: изменения в систему управления экономикой там стали вноситься задолго до того, как потенциал экстенсивного роста был исчерпан. Когда Китай начал реформы в 1978 году, он все еще оставался преимущественно сельской, аграрной страной, и в некоторой степени беспрецедентный взрыв китайского экономического роста можно объяснить большим предложением рабочей силы [Сакс 2011: 199].

Первоначально реформы 1978 года, возможно, были не более чем попыткой исправить крайности «культурной революции», а в особенности решить проблему нехватки продовольствия, доставлявшую ненужные хлопоты. Это было сделано при помощи относительно незначительных изменений, а именно за счет перехода от аграрных коммун к системе ответственности домохозяйств. Используя приведенную выше формулировку Перри Андерсона, эти скромные новые альтернативы было не так уж трудно «вообразить». Как уже отмечалось, в других социалистических странах проводилось немало экспериментов, причем довольно успешных. Яркими примерами были так называемый «новый экономический механизм»[31] в Венгрии, а в особенности венгерские аграрные реформы [Szelényi 1988]. Венгерские коммунисты всего-то и сделали, что разрешили крестьянам обрабатывать один акр собственной земли и распоряжаться произведенной продукцией — потреблять ее самостоятельно или продавать на рынках по любой цене, которую они могли выручить: вскоре после этого дефицит продовольствия на фермерских рынках прекратился.

При этом в Китае существовал и достаточный «исторический резервуар» сельского предпринимательства. Действительно, как неоднократно отмечал Хуан Яшэн, предпринимательство в этой стране имеет глубокие деревенские корни, причем не только в сельском хозяйстве [Huang Y. 2008: 57–62]. Уайт [Whyte 2009] также подчеркивал, что Китай пережил несколько столетий экстенсивного развития коммерции и интенсивного сельского хозяйства, а простые селяне обладали непосредственным знакомством с рынками (см. также [Rawski 2007: 103]).

Конечно, нужно проявлять осторожность, приписывая успех предпринимательства подобному историческому резервуару, а именно культурному наследию Китая. В конце концов, со времен Макса Вебера считается, что китайская культура, в частности конфуцианство, препятствует модернизации и предприниматель-

[31] В мае 1966 года Центральный комитет Венгерской коммунистической партии обнародовал планы Кадара по реформированию экономики, известные как «новый экономический механизм» (НЭМ). Эта модифицированная система корпоративного управления, получившая официальный статус с 1 января 1968 года, представляла собой серьезный сдвиг в сторону децентрализации в попытке преодолеть неэффективность централизованного планирования. НЭМ представлял собой отход от обязательных плановых показателей в направлении политики, где главной целью государственных предприятий провозглашалась прибыль. НЭМ сформировал рыночные отношения между предприятиями, используя цены в качестве распределительных функций: компании реагировали на цены, чтобы максимизировать прибыль, и использовали прибыль для составления бюджета новых инвестиций.

ству [Weber 1951 (1915): 86, 100]. Однако подъем капитализма в Восточной Азии и органический рост в Китае в течение последних трех десятилетий не обязательно опровергают веберовский тезис. Так или иначе, Вебера интересовали истоки капитализма и то, почему он возник на Западе, а не на Востоке. Теперь же вопрос стоит следующим образом: можно ли пересобрать элементы традиционной культуры так, чтобы они соответствовали требованиям модерна [Peng 2005: 345]? Многие ученые отвечали на этот вопрос утвердительно (см. [Vogel 1991: 92–101; Peng 2005; Whyte 2009]).

4.3. *Социалистическая рыночная экономика или капитализм с китайскими особенностями?*

В китайской официальной риторике по-прежнему делался акцент на «реформировании социализма», но в Восточной Европе и России экономисты-реформаторы к концу 1980-х годов заговорили о переходе к капитализму [Yu 2005: 28]. Действительно, к 1989 году европейские социалистические страны уже не реформировали социалистическую экономику, а находились в процессе перехода к рыночному капитализму. Еще в 1990-х годах Дэвид Старк и Ласло Бруст [Stark, Bruszt 1998] указывали на телеологические последствия использования термина «переход» («транзит») и рекомендовали описывать изменения как «трансформацию»: соответствующие страны не строят капитализм *на* руинах социализма, а создают некую новую систему *из* этих руин.

В Китае реорганизация экономических институтов не называлась ни переходным периодом, ни трансформацией, а слово «приватизация» не использовалось в официальных документах — просто медленно и постепенно менялось содержание понятия «реформа». В 1978 году под этим термином подразумевалась просто модернизация, а точнее, программа «четырех модернизаций» Дэн Сяопина [Shi 1998: 5][32]. Юй Гуанъюань считает, что Дэн

---

[32] 30 марта 1979 года Дэн Сяопин выступил от имени ЦК КПК на совещании по вопросам теоретической работы с докладом «Придерживаться четырех базовых принципов», к которым были отнесены такие тезисы: следовать по

мог использовать понятие «рыночная экономика» уже в 1979 году, однако оно было адресовано лишь иностранной аудитории, когда Дэн употребил этот термин в интервью редактору «Британники» [Yu 2005: 37]. В научных публикациях он стал появляться к середине 1980-х годов, хотя более осторожные авторы предпочитали писать просто о «товарной экономике». Еще в 1984 году официальная линия партии гласила: «Мы не практикуем рыночную экономику, которая полностью регулируется рынком», — формулировка достаточно двусмысленная, чтобы ее могли использовать как сторонники, так и противники рыночной экономики в качестве доказательства, что именно их позиция поддерживается партией [Yu 2005: 37]. Только после «южного турне» Дэна в 1992 году реформы стали отождествлять с превращением Китая в «социалистическую рыночную экономику» [Shi 1998: 6] — такая официальная характеристика китайской экономики сохраняется по сей день и используется в научных кругах почти без исключения. Как отмечал Ду Жуньшэн,

> мы хотим построить социализм с китайскими особенностями, а не капитализм с китайскими особенностями... Внедрение рыночной экономики — это одна из существенных деталей «социализма с китайскими особенностями»... Мы доказали... что рыночная система может быть совместима с социализмом [Du 2005: 10–11].

В свою очередь, Юй Гуанъюань утверждал о «неверности вывода, что плановая экономика имеет социалистическую природу, а рыночная — капиталистическую» [Yu 2005: 37].

Как уже отмечалось выше, предложения по рыночному реформированию социалистической экономики были выдвинуты в Советском Союзе в 1962 году, во времена Хрущева, Евсеем

пути социализма, придерживаться диктатуры пролетариата (в дальнейшем — «народно-демократической диктатуры»), сохранять руководство коммунистической партии, придерживаться марксизма-ленинизма и идей Мао Цзэдуна. Предполагалось, что эти принципы послужат предпосылкой для «четырех модернизаций» — промышленности, сельского хозяйства, национальной обороны, науки и техники. — *Прим. пер.*

Либерманом. Его идеи повлияли на китайских либералов, таких как Сунь Ефан, но в то время были решительно отвергнуты Мао Цзэдуном и Коммунистической партией [Kueh 2008: 10–22].

Янош Корнаи в своей новаторской статье 1984 года «Бюрократическая и рыночная координация» и во многих других последующих работах подверг большим сомнениям осуществимость рыночного социализма. Он доказывал существование «избирательного сродства» между формами экономической интеграции и формами собственности: централизованное планирование, как правило, сочетается с государственной собственностью, в то время как рынки обычно предполагают частную собственность. К 1989 году Корнаи занял еще более решительную позицию, утверждая, что реформирование экономики является «пакетным соглашением», поскольку рыночная траектория предполагает необходимость в признании частной собственности [Корнаи 1990b: 26]. Неудивительно, что из идеи о «пакетном соглашении» напрашивается вывод: Китай не следует считать социалистической рыночной экономикой, и сам этот термин уже к 1989 году, полагал Корнаи, оказался внутренне противоречивым. По его словам, «Китай... нельзя рассматривать как [историческую реализацию] теоретической конструкции “рыночного социализма” Оскара Ланге». Кроме того, Корнаи приложил большие интеллектуальные усилия для доказательства того, что рынок может выполнять координирующую роль и в отсутствие частной собственности:

> В китайских реалиях... рынок стал главным координатором... Структура собственности претерпела фундаментальные изменения, в ходе которых государственный сектор отказался от своей ведущей роли... Результат далек от классической социалистической системы и довольно близок к типичной капиталистической системе [Kornai 2008: 58].

С такой аргументацией согласны не все. Как сообщил Кристоферу А. Макнолли один китайский коллега, «Китай одновременно далек и от социализма, и от капитализма» [McNally 2008: 231]. Или, если переформулировать эту мысль в более утвердительном ключе, Китай часто рассматривается как гибридная система, сочетающая в себе элементы капитализма и социализма.

Имеется по меньшей мере три причины, в силу которых доводы в пользу того, что Китай является социалистической формацией, следует рассматривать всерьез.

a) Китай медленно признает права частной собственности, поэтому зачастую возникают сомнения в том, что нечто, именуемое там частной собственностью, является таковой на самом деле.
b) Государство в Китае настолько плотно вовлечено в экономические процессы, что оно явно выходит за рамки привычной роли «государства развития» даже в его восточноазиатском варианте.
c) Самая очевидная причина: Китай — однопартийное государство, где партию легитимирует коммунистическая идеология.

Рассмотрим каждый из этих аргументов по отдельности.

Как отмечают Мартин Уайт [Whyte 2009] и Хуан Яшэн [Huang Y. 2008: 31], надежные права собственности обычно рассматриваются как основное условие капитализма и динамичного экономического развития, однако Китай в этом отношении оказался исключением[33]. Национальный закон о собственности («О вещных правах») был принят только в 2007 году (до этого существовали различные ограничения по количеству работников, которых могли нанимать китайские компании), и даже он был довольно ограниченным по сфере своего действия. В этом плане Китай радикально отличается от европейских посткоммунистических стран, которые в области прав собственности довольно строго следовали рецептам Вашингтонского консенсуса: большинство из них провели раннюю и быструю приватизацию, а приоритет в этом процессе отдавался появлению опознаваемого круга собственников, даже если это означало передачу общественной собственности в руки бывшей коммунистической номенклатуры (что в особенности было характерно для России). Китай придер-

---

[33] О проблемах прав собственности см. также [Oi, Walder 1999].

живался двухвекторного подхода: до конца 1990-х годов там отказывались от приватизации предприятий, но при этом в страну допускался иностранный капитал и с некоторыми ограничениями разрешалась деятельность отечественных частных компаний.

Аналогичным образом в Китае по-прежнему ограничена частная собственность на сельскохозяйственные земли. Даже несмотря на восстановление семейного фермерства в начале 1980-х годов, крестьяне не получили права собственности на землю, которую они обрабатывают. Они арендовали землю у деревень, и срок этой аренды постепенно увеличивался (до 30 лет в 1984 году). Хотя к октябрю 2008 года этот период стал практически бессрочным, право собственности на землю для частных лиц предоставлено по-прежнему не было. Некоторые наблюдатели считают «знаковым событием» [Li 2009b] принятое в октябре 2008 года постановление Центрального комитета Коммунистической партии, которое предоставило крестьянам полное право заключать договоры субподряда, сдавать в аренду свои права землепользования, обменивать их на другие и совершать взаимные обмены в этой сфере[34]. Оптимисты ожидали, что это решение позволит уходящим на покой крестьянам приобретать жилье в городах, усилит приток капитала в сельские территории и, что было особенно важно во время мирового финансового кризиса 2008 года, когда экспорт Китая резко упал, увеличит внутреннее производство и поможет Китаю изменить курс от индустриализации, ориентированной на экспорт, к экономическому росту, движимому внутренним потреблением. Ли Чэн рассматривал новую земельную реформу как шаг к ликвидации системы *хукоу*, из-за которой люди с сельской пропиской (в особенности рабочие-мигранты, проживавшие в городах с сельской регистрацией) превратились в граждан второго или третьего сорта. На земельную реформу возлагались надежды, что она позволит повысить доходы и потребление

[34] Впрочем, в одном из недавних эмпирических исследований продемонстрировано, что подтверждение прав на сельские земли оказало существенное положительное влияние на вероятность и объем передачи земель при уровне значимости в 5 %, но его влияние на ввод сельскохозяйственных земель в эксплуатацию было незначительным, см. [Xu et al. 2017].

бывших обладателей сельского *хукоу*. Согласно данным на 2007 год, которые приводит Ли, «общий объем розничных продаж потребительских товаров в Китае составил 8,9 триллиона юаней, тогда как объем розничных продаж в сельской местности... составлял лишь 1,4 триллиона юаней» [Li 2009b]. Только 200 миллионов человек из населения страны в 1,3 миллиарда жителей могли позволить себе уровень потребления среднего класса, поэтому считалось, что земельная реформа в сочетании с отменой системы *хукоу* способна максимально использовать этот потенциал внутреннего рынка, что легко компенсирует потерю экспортных рынков. Кроме того, вопрос о правах собственности чрезвычайно неоднозначен, что затрудняет оценку реальных отношений собственности. На ранних этапах реформ, когда частный сектор по-прежнему подвергался дискриминации, даже частные компании считались коллективными.

Большинство западных экспертов, а также несколько китайских исследователей (например, упоминавшийся выше коллега Кристофера А. Макнолли, который пожелал сохранить анонимность) разделяли сомнения Корнаи в том, можно ли считать нынешнюю социально-экономическую систему Китая хоть в каком-то существенном смысле «социалистической рыночной экономикой». В предыдущем разделе этой главы мы попытались привести как можно более убедительные аргументы в пользу того, почему Китай можно назвать социалистической системой или по меньшей мере почему в китайской социально-экономической структуре все еще можно обнаружить некоторые социалистические характеристики. Но даже эти убедительные, на первый взгляд, доводы оказываются не столь уж убедительными.

Прежде всего, хотя отношения собственности в Китае действительно являются комбинированными или, скорее, двусмысленными, в стране, несомненно, присутствуют определенные «гибридные» характеристики [Nee, Opper 2007: 93][35]. Несмотря на

---

[35] Более общий вопрос о природе капитализма в материковом Китае рассматривается в работе [Yeung 2004], о «нечетких правах собственности» см. [Ho 2001] и [Huang Y. 2008: 128].

это, не может быть ни малейших сомнений в векторе изменений в правах собственности за последние три десятилетия. Китай не только лишь постепенно легализовывал частную собственность — можно еще и с уверенностью утверждать, что динамизм его экономики все это время определялся частным сектором, доля которого в экономике, несмотря на проблемы в области статистического учета, несомненно, росла. По меньшей мере до самого последнего времени Китай уходил от монополии государственной собственности на средства производства к (последующей) гегемонии частной собственности.

В то же время можно почти не сомневаться и в том, что государственная власть и Коммунистическая партия Китая вмешиваются в функционирование рынков более активно в сравнении с государственными интервенциями в странах с так называемой координируемой рыночной экономикой [Hall, Soskice 2001] или даже в странах Восточной Азии как прежде, так и теперь [Huang Y. 2008: 276]. Тем не менее историческая тенденция неоспорима: «Переход к рынку представляет собой динамичный трансформационный процесс, характеризующийся снижением роли центрального планирования и повышением значимости рыночных институтов в экономической жизни» [Nee, Opper 2007: 94] (см. также [Nee 1989]).

Наконец, мы подошли к самому сложному вопросу: возможно ли хоть какое-нибудь сомнение в социалистическом характере китайской системы в условиях, когда страной правит Коммунистическая партия? Портрет председателя Мао до сих пор висит на площади Тяньаньмэнь («площади Вечного мира»), однако стоит повторить, что, несмотря на название партии и ее настойчивые заявления о приверженности делу социализма, совершенно ясно, что это уже не та партия, которая существовала во времена Мао Цзэдуна. Выше мы упоминали полушутливое предположение Дэниела А. Белла [Bell 2008], что КПК — Коммунистическую партию Китая — можно переименовать в Конфуцианскую партию Китая, и в этом, безусловно, есть свой смысл. Исторической тенденцией для КПК является уход от акцентированного марксизма-ленинизма-маоизма и в особенности от упора на классовую борьбу. Дэн Сяопин сделал значительный упор на меритократию — одну из центральных ценностей конфуцианства[36], а в эпоху Ху Цзиньтао и Вэнь Цзябао довольно часто привлекалась другая конфуцианская идея — «социальная гармония». Для нас, сторонних наблюдателей, КПК в 2019 году больше напоминает Гоминьдан 1950-х годов[37], нежели саму себя образца 1968 года.

Но так ли это важно, является ли Китай социалистическим, капиталистическим или же находится на пути к капитализму? Для КПК и ее теоретиков этот момент, конечно же, имеет значение, однако для нас он играет, скорее, второстепенную роль — это своего рода таксономический вопрос, к тому же мы не хотели бы оснащать ценностными суждениями понятия «капитализм» или «социализм». Для нас указанный вопрос интересен лишь постольку, поскольку он помогает определить тип экономической системы, существующей (или разворачивающейся) в Китае, и провести ее сравнение с экономическими системами в других частях мира или на других этапах истории.

Практичный и всеобъемлющий обзор различных определений капитализма дает Кристофер А. Макнолли [McNally 2008: 17–32] — мы же ставим задачу попроще: нам будет достаточно лишь сформулировать сжатую и универсальную концепцию капита-

---

[36] «Что же касается руководства и кадровой системы нашей партии и государства, то основными проблемами являются бюрократия, чрезмерная концентрация власти, патриархальные методы, пожизненное пребывание на руководящих постах и различного рода привилегии» (из выступления Дэн Сяопина 18 августа 1980 года, цит. по: [Huang Y. 2008: 30]).

[37] Гоминьдан (Китайская Национальная партия) представлял собой массовое движение за свержение династии Цин, которое привело к созданию Китайской Республики. Позднее Гоминьдан под руководством Чан Кайши (1887–1975) сформировал Национально-революционную армию, которая совершила успешный Северный поход, что привело к объединению большей части материкового Китая в 1928 году. При военной поддержке Советского Союза Гоминьдан был правящей партией в материковом Китае до 1949 года, пока не проиграл гражданскую войну своему сопернику — Коммунистической партии Китая. После этого Гоминьдан отступил на Тайвань, который в течение десятилетий оставался под его управлением как авторитарное однопартийное государство.

лизма, способную вмещать разнообразные институциональные формы, которые могут возникать и фактически возникали в виде экономических систем, когда бывшие социалистические режимы начинали отходить от «классической модели социализма». Это определение должно заложить концептуальную основу для последнего раздела книги, в котором будут рассмотрены разновидности посткоммунистического капитализма в процессе перехода от одной формы (типа) к другой в разных поколениях реформ или транзита.

Вернемся к высказыванию Перри Андерсона, приведенному в начале этой главы, где ставится вопрос о том, какие альтернативные варианты модерна мы можем себе представить. Андерсон усматривает четыре возможных сценария будущего:

a) рыночный социализм, за который выступают официальные китайские теоретики, однако, по мнению Андерсона, до недавнего времени он нигде не существовал (хотя это не означает, что он не может возникнуть в Китае);
b) реально существующий социализм, или тот социализм, о котором мы знаем из советского эксперимента, — после распада СССР он, должно быть, уже не так привлекателен, как прежде;
c) «капитализм, очищенный от эксцессов»: эта траектория чем-то напоминает первый сценарий, выступая, по сути, некой идеализированной версией капитализма, в которой возможно воплощение идеалов гражданского общества;
d) реально существующий капитализм, который, как и второй сценарий, представляет собой *prix fixe* [здесь: комплексный обед — *фр.*], а не *à la carte* [заказ по меню — *фр.*]: «Вам придется проглотить его целиком или не притрагиваться к нему вовсе» [Anderson 2005: 18].

Насколько можно судить, Китай ближе всего подходит к системе *prix fixe*, хотя и с некоторыми (немногочисленными) вариациями в «меню».

В настоящий момент существуют три конкурирующие интерпретации природы китайского капитализма. В заключительном разделе этой главы мы попытаемся доказать, что подлинный вопрос не заключается в том, какая из них является правильной. Природа китайского капитализма меняется с течением времени, и характер ее изменений в значительной степени определяется социальной борьбой.

Во-первых, в книге «Построение капитализма без капиталистов» [Селеньи и др. 2008] было выдвинуто предположение, что Китай может находиться на пути к построению «капитализма снизу». Эта идея соответствовала «теории рыночного транзита» Виктора Ни и концепции «предпринимательского капитала» Хуан Яшэна, а также отражала концепцию книги Ивана Селеньи «Социалистические предприниматели» [Szelényi 1988]. Ключевое допущение заключалось в том, что Китай приступил к строительству капитализма «снизу вверх», начав с малого бизнеса в сельском хозяйстве и постепенно открываясь для более крупных, первоначально принадлежащих отечественным инвесторам предприятий, а затем охватывая и транснациональные корпорации, и крупные частные компании. Этот анализ во многом напоминал «Мелкобуржуазный манифест» Цуй Чжиюаня [Cui Zhiyuan 2005][38]. Несколько похожей интерпретацией является определение китайского или в целом восточноазиатского капитализма как «синокапитализма», или «*гуаньси*-капитализма»[39] (см. [Hamilton 1999; Redding 1990; Lever-Tracy 2002]) — системы, основанной на мелких, часто семейных предприятиях [McNally 2005: 108].

Вторая из упомянутых интерпретаций обнаруживается в концепции политизированного, или гибридного, капитализма Виктора Ни, в понятии «командных высот» экономики в работах Хуан

[38] Экономист Цуй Чжиюань (родился в 1963 году) вскоре после возвращения в КНР из США, где он к тому времени уже сделал успешную академическую карьеру, опубликовал текст под названием «Социализм *сяокан*: Мелкобуржуазный манифест», в котором использовал восходящий к классической китайской философии концепт «сяокан», или «среднезажиточное общество», один из важнейших для реформ Дэн Сяопина. В период правления Ху Цзиньтао и Вэнь Цзябао это понятие стало ключевым для экономической политики КНР — предполагалось, что китайское общество достигнет состояния «сяокан» в 2020 году. — *Прим. пер.*

[39] Китайское понятие «гуаньси» имеет много вариантов перевода — от «кумовства» и «блата» до «связей в обществе» и «социального капитала». — *Прим. пер.*

Яшэна и в формулировке «капитализм под руководством государства». Интерпретация Ни является «более мягкой», поскольку подразумевает «транзит»: Китай, по мнению Ни, провел «частичные реформы», но находится на пути перехода к рынку. Поэтому Ни не домысливает свою концепцию в веберовском духе: он не называет китайскую систему политическим капитализмом, каковой может оказаться и, скорее всего, окажется тупиковым маршрутом. По мнению Ни, политическое вмешательство в китайскую экономику, возможно, осуществляется более сильно, чем хотелось бы, но это временное явление, которое, скорее всего, со временем уйдет в прошлое. Хуан занимает более критическую позицию: там, где Ни предполагает постепенное продвижение к свободной рыночной экономике, Хуан видит регресс, так что 1990-е годы, по его мнению, были явным шагом назад, хотя и не обязательно фатальным. После 2003 года Хуан усматривает признаки надежды на то, что траектория может измениться к лучшему.

Наконец, в-третьих, есть и более мрачное видение будущего Китая — кумовской или политический капитализм. Последнее понятие обычно относится к способности политических акторов использовать свои должности для накопления частного богатства. Вебер для иллюстрации того, что такое политический капитализм, использовал архаичные примеры, однако подлинного успеха этот феномен достиг с переходом от коммунизма к капитализму. Еще в 1988 году польские и венгерские эксперты предупреждали общественность, что благодаря так называемой спонтанной приватизации, которая происходила в то время, номенклатура сможет превратиться в новую крупную буржуазию (см. [Hankiss 1990; Staniszkis 1991]). В Восточной Европе этого не произошло в сколько-нибудь значимом масштабе (наверняка потому, что критически настроенные интеллектуалы достаточно рано предупредили об этой опасности, а страны этого региона были достаточно демократичны и обладали сильным гражданским обществом)[40], однако в России политический капитализм

[40] Подробный анализ спонтанной приватизации в Венгрии см. в работе [Voszka 1993].

устроил настоящий реванш. В какой степени это явление имело место в Китае, мы до сих пор не знаем. «Принцы» (дети высокопоставленных чиновников) определенно преуспевают в политике (в 2000-х годах к этой группе относилось 28 % членов Политбюро, см. [Li 2009a]), но аналогичных данных о составе новой крупной буржуазии нет.

Впрочем, такой сценарий не является невообразимым для Китая. По мнению Макнолли, китайский кумовской капитализм предполагает, что частные предприниматели, особенно те, кто контролирует крупные корпорации, будут и дальше стремиться к тесным личным связям с государственными и партийными чиновниками. Кроме того, продолжится тенденция к подавлению государством интересов независимых инвесторов и усилению контроля над иностранным капиталом.

> Эта система будет поддерживать те коррупционные практики, которые сейчас наполняют Китай, и укреплять монопольные позиции многих компаний на местном и национальном уровне. Таким образом, китайский кумовской капитализм подразумевает, что политические императивы КПК «замораживают» капиталистический транзит страны... порождая альянс слабого капитала с сильным государством-партией [McNally 2008: 241].

4.4. *Несколько поколений китайских реформ*

При рассмотрении опыта Китая следует учитывать, что если Восточная Европа и Россия к настоящему времени преодолели лишь два поколения реформ, то Китай, похоже, находится уже на третьей стадии. В каждый из этих периодов капитализм в Китае имел несколько иное выражение лица, хотя на всех этапах неизменно проявлялись определенные китайские черты с опорой на собственный исторический «резервуар» в сочетании с подражанием другим странам, таким как Япония, Тайвань, Сингапур или, реже, США.

Хуан Яшэн проницательно называет первую эпоху китайских реформ «предпринимательским капитализмом» — в нашей терминологии это «капитализм снизу». 1980-е годы, в особенности первые пять-шесть лет этого десятилетия, были для Китая впечатляющим успехом. Реформы дали свободу семейному фермерству, опиравшемуся на традиции семейного производства и опыт китайских династий в сфере рыночного обмена, ускорили экономический рост и сократили разрыв в доходах между городом и деревней без ущерба для здравоохранения и образования в сельской местности. Эти улучшения не ограничивались сельским хозяйством. К 1985 году функционировали около 12 миллионов поселково-волостных предприятий (ПВП), большинство из которых на деле представляли собой частные компании. Эти предприятия создавали значительное количество рабочих мест в промышленности и сфере услуг на сельских территориях и улучшали снабжение городов потребительскими товарами.

Неясно, утратило ли энергию это поколение реформ к 1989 году, а также то, в какой степени пренебрежение реформами в городах стало причиной состоявшихся в том же году массовых волнений, в особенности трагедии на площади Тяньаньмэнь. Куэ [Kueh 2008: 47–60] выдвигает довольно консервативное, но привлекательное объяснение, утверждая, что выгоды от реформ Дэна получали крестьяне и даже городской рабочий класс, в то время как на площади Тяньаньмэнь проявило себя движение разочарованных студентов и интеллектуалов. Однако после короткого периода контрреформ, последовавших в ответ на события мая–июня 1989 года, и «южного турне» Дэна Китай под руководством «элитиста» Цзян Цзэминя[41], занимавшего пост генерального секретаря КПК с 1989 по 2002 год, прекратил аграрные реформы, сосредоточив экономическое развитие на юго-восточном побережье и сделав особый акцент на крупных городах, таких как Шанхай, откуда происходил тогдашний лидер страны.

[41] Цзян Цзэминь (1926–2022) происходил из семьи потомственной интеллигенции, вступил в КПК за несколько лет до прихода к власти коммунистов, будучи студентом Шанхайского университета транспорта и связи. В период реформ Дэн Сяопина Цзян в качестве министра электронной промышленности занимался вопросами трансфера передовых технологий, а также активно изучал опыт создания особых экономических зон. — *Прим. пер.*

Этот период вслед за Виктором Ни вполне корректно назвать «политизированным капитализмом», или, используя формулировку Хуан Яшэна, «капиталистическим развитием под руководством государства», где акцент делался на индустриализации с опорой на экспорт и масштабные инвестиции. На стадии «предпринимательского капитализма» государственное перераспределение и его функционеры в полном соответствии с тем, что описывал Ни в своей статье 1989 года, уступили некоторые позиции «непосредственным производителям» — крестьянам и работникам ПВП. Однако на этапе «политизированного капитализма», в годы правления Цзяна, государство вновь взяло на себя лидирующую роль. Объем инвестиций в Китае достиг уровня 50 % ВВП, гораздо более высокого, чем в Японии и Корее на аналогичном этапе развития [Huang Y. 2008: 279]. В то же время на второй стадии реформ Китай демонстрировал довольно высокую зависимость от инвестиций, а совокупная производительность факторов производства (СПФ) в 1995–2000 годы весьма существенно снизилась [Hu 2007: 60–66]. Одной из важных причин этого снижения было демонстративное потребление, то есть затратные и при этом не очень продуктивные инвестиции в города восточного побережья, и пренебрежение частным сектором национальной экономики.

На стадии политизированного капитализма Китай по-прежнему демонстрировал впечатляющий рост ВВП, который был лишь ненамного ниже, чем в предшествующем и последующем десятилетиях [Huang Y. 2008: 254]. В то же время Хуан демонстрирует многочисленные недостатки этой стратегии.

a) Несмотря на рост ВВП, доля труда в ВВП снижалась, а доходы домохозяйств, в особенности сельских, росли гораздо скромнее.
b) Сильно увеличилось неравенство между городом и деревней, что привело к нарастанию протестных движений в сельской местности.
c) Программы социального обеспечения также были реструктурированы, при этом существенно возросла роль рынка в сферах здравоохранения и образования. Работодатели

больше не отвечали за предоставление социальных услуг своим работникам, в результате чего десятки миллионов (возможно, даже около 200 миллионов) рабочих-мигрантов оказались вне системы социального страхования. Например, если в 1991 году примерно половина расходов на здравоохранение была частной, а другая половина — государственной, то к 2000 году уже 60 % расходов на здравоохранение оплачивались частным образом и только 25 % компенсировались из государственных источников [Hu 2007: 149].

В 1990-х годах Цзян Цзэминь и его шанхайская клика проводили довольно одностороннюю политику, близкую к принципам Вашингтонского консенсуса [Wang 2003]. В этот период Китай наиболее приблизился к имитации опыта развития США и минимально опирался на собственное культурное наследие. Однако в 2002–2003 годах существенно изменились как методы управления страной, так и направления ее политики. В 2002 году впервые в истории коммунистического Китая произошла мирная смена руководства — событие особенно удивительное, поскольку «элитист» Цзян Цзэминь передал власть Ху Цзиньтао и Вэнь Цзябао, новым лидерам, не только принадлежавшим к очередному поколению, но и предлагавшим существенно иную политику, которую часто называли «популизмом»[42] (см. [Li 2009a; Wong, Lai 2006]). Согласно тогдашнему определению Ли Чэна, Китай был страной, возглавляемой «одной партией и двумя фракциями». В действительности приход к власти Ху и Вэня был не заменой элитистов на популистов, а сложной системой договоренностей о разделении полномочий: все значимые посты были поровну поделены между популистами и элитистами (многие из последних относились к «принцам», то есть были детьми высокопоставленных кадровых работников). Однако в 2013 году пост Ху Цзиньтао

---

[42] Ху Цзиньтао (родился в 1942 году) принадлежал к группе китайской элиты, обычно именуемой «комсомольцами» («туаньпай»): в 1984–1985 годах он занимал пост первого секретаря ЦК Коммунистического союза молодежи Китая, который стал для него трамплином к должности члена ЦК КПК. — *Прим. пер.*

(председатель КНР) занял элитист Си Цзиньпин[43], а Вэнь Цзябао на посту премьер-министра сменил популист Ли Кэцян. Этот сложный набор сдержек и противовесов выражал очень разные интересы, но функционировал слаженно.

С одной стороны, элитисты выступали за быстрый рост, ориентированную на экспорт индустриализацию и развитие юго-восточного побережья Китая. Популисты, со своей стороны, были сторонниками социальной гармонии, для них были значимы вопросы социальной справедливости и неравенства, они пытались улучшить условия жизни в сельской местности и положение рабочих-мигрантов в городах, а также стремились внедрять государственные системы социального обеспечения. В результате нынешняя система приобрела уникальные китайские корпоративистские характеристики[44]. Она чем-то напоминает японский корпоративизм, или «корпоративизм без труда», по определению Т. Дж. Пемпела [Pempel 1999], но при этом обладает совершенно китайскими особенностями, поскольку функционирует в рамках однопартийного государства.

Насколько долговечным и успешным будет этот китайский корпоративистский (популистский) патримониализм[45], еще предстоит выяснить. Как отмечалось выше, земельная реформа Ху Цзиньтао и Вэнь Цзябао и пакет стимулирующих мер, ориентированных в основном на сельскую местность, могут существенно повысить внутреннее потребление и уровень жизни в деревне. Если Китаю удастся сохранить высокие темпы роста еще в течение десяти лет, он справится с последствиями международного

---

43 Отец Си Цзинпиня (родился в 1953 году) Си Чжунсюнь (1913–2002) еще в 1930-е годы вошел в число ближайших соратников Мао Цзэдуна, затем участвовал в организации Народно-освободительной армии Китая, а в 1959–1962 годах занимал пост вице-премьера Госсовета КНР. Связи отца с военными позволили Си Цзиньпину установить доверительные отношения с армией и другими силовыми структурами. — *Прим. пер.*

44 Рассмотрение локальной сети корпоративизма см. в [Madden 1998: 188, рис. 9.4].

45 Рассмотрение китайского патримониализма (преимущественно среди китайцев, живущих за пределами КНР) см. в [Redding 1990: 83].

финансового кризиса 2008 года лучше, чем любая другая страна. Более того, учитывая то, насколько важны для легитимности режима экономический динамизм и дальнейшее повышение уровня жизни, эта легитимность может сохраниться, несмотря на весьма ограниченные реформы политической системы. Судя по ситуации на начало 2019 года, подобная логика, похоже, работает на практике.

Филип Хуан [Huang P. 2012], наоборот, возражает против прямолинейного противопоставления государственного и частного, капитализма и социализма, подчеркивая ключевую роль местных (а также центральных) органов власти и государственного сектора в стимулировании социального и экономического развития. Как отмечает Хуан Яшэн [Huang Y. 2008: 31], еще в середине 1980-х годов 10 из 12 миллионов ПВП фактически являлись частными компаниями, однако юридически классифицировались как коллективные предприятия. С тех пор, как приватизация госпредприятий была возведена в ранг государственной политики, данные искажались уже в противоположном направлении. Согласно расчетам Хуана, доля по-настоящему частных предприятий составляет всего лишь около половины от тех, что зарегистрированы на бумаге в качестве китайского частного бизнеса [Huang Y. 2008: 13–19]. Причина заключается в наличии существенной доли перекрестного владения между госпредприятиями. Большинство «частных» китайских владельцев относятся к «юридическим лицам» — обычно за этой формулировкой скрываются государственные корпорации или банки. Поэтому Хуан считает, что оценка ОЭСР, согласно которой «на китайский частный сектор, охватывающий как сельское хозяйство, так и промышленность, по состоянию на 2003 год приходилось 70 % ВВП», является значительным «преувеличением» [Huang Y. 2008: 277].

Еще более радикальный вывод Хуана, дополняющий его утверждение, что начиная с 1990-х годов доля государственной собственности в экономике Китая обычно недооценивалась, заключается в том, что во второе десятилетие реформ (1990-е годы) в отношениях собственности произошел «монументальный разворот» [Huang Y. 2008]. Согласно данным, которые приводит

Хуан, если «в 1981–1989 годах доля частного сектора в инвестициях в основной капитал составляла 21,4 %, то в 1990–1992 годах она снизилась до 19,8 %, а затем и до 13,3 % в промежутке с 1993 по 2001 год» [Huang Y. 2008]. Хуан также утверждает, что, несмотря на широко распространенное мнение о приватизации ПВП в 1990-е годы (см. [Brandt et al. 2005; Oi 1999]), в действительности произошло «возрождение коллективных ПВП» [Huang Y. 2008].

Помимо неоднозначности прав частной собственности, китайская экономика также характеризуется огромной ролью государства (Хуан Яшэн) и «политизированной» природой (Виктор Ни). «Несмотря на экономические преобразования, которые многие считали революционными, масштаб и сфера влияния китайского государства не уменьшились. На деле, судя по некоторым показателям, масштаб китайского государства с начала 1990-х годов сильно увеличился» [Huang Y. 2008].

Начиная с 1989 года экономическое развитие Китая в очень значительной степени шло сверху вниз, причем, в отличие от ряда стран Восточной Азии, где даже авторитарные государства демонстрировали «доброжелательность» и предлагали «руку помощи» частному бизнесу, у китайского государства были «загребущие руки» [Huang Y. 2008]. Виктор Ни и Соня Оппер в своей работе о «политизированном капитализме» [Nee, Opper 2007] утверждают, что китайское государство не только устанавливает нормативно-правовую базу (именно этого обычно и ожидают от «капиталистического государства»), но и «продолжает принимать непосредственное участие в руководстве сделками на уровне компаний». Кроме того, Ни и Оппер обнаруживают свидетельства «прямого участия государства в корпоративном управлении компаниями» [Nee, Opper 2007: 106] и в качестве примера «загребущих рук» приводят «хищническое поведение государственных чиновников» [Nee, Opper 2007: 98]. Они также указывают, что

> в жестко регулируемых государством промышленных секторах и регионах предприниматели должны формировать личные связи с влиятельными правительственными бюро-

> кратами, чтобы получить надежный доступ к ресурсам и защитить свой бизнес от хищнического вмешательства [Nee, Opper 2007: 107–108].

Все это подводит нас к вопросу об устойчивой роли Коммунистической партии в китайской экономике. Закон «О компаниях» 1993 года, окончательно разрешивший приватизацию госпредприятий, «по-прежнему предусматривает контроль над предприятиями со стороны правительства и широкой общественности... [и] сохранение влияния внутри компании "трех прежних политических комитетов" — партийного, трудового и профсоюзного» [Nee, Opper 2007: 119]. «Деятельность партии на уровне предприятия» была описана в руководящих указаниях тогдашнего председателя КНР Цзян Цзэминя, согласно которым партия должна сосредоточиться на четырех функциях: (1) реализация партийного курса, (2) выполнение имеющих отношение к партии задач с особым вниманием к производству и управлению, (3) участие в принятии наиболее важных деловых решений и (4) поддержка совета директоров, наблюдательного комитета и менеджмента предприятия [Nee, Opper 2007: 119–120].

В одном из ключевых выступлений Цзян Цзэминя, состоявшемся в 2001 году, частным предпринимателям были открыты возможности для членства в партии [Huang Y. 2008: 164–165]. По данным

> опроса о качестве инвестиционного климата, проведенного среди 2400 компаний... более 40 % их руководителей одновременно занимали партийные должности... Занимающиеся политической деятельностью руководители... наиболее характерны для государственных предприятий... [однако] участие в политической жизни управленческого персонала широко распространено и в негосударственных компаниях... 17 % руководителей официально зарегистрированных частных фирм занимают партийные должности [Nee, Opper 2007: 120–121].

Поэтому утверждения китайских партийных и государственных чиновников (с которыми соглашаются и многие исследователи) о том, что Китай является социалистической рыночной экономикой, не могут быть с легкостью отвергнуты. Отнюдь не очевидно, что частная собственность в полноценном смысле этого слова в Китае является доминирующей, как это нередко допускают западные эксперты. Государственная власть регулирует рыночные процессы и достаточно масштабно управляет правами собственности. Несмотря на это, перераспределение в значительной степени может осуществляться в скрытых (через перекрестное владение в принадлежащих государству структурах) или децентрализованных (органами власти провинций и муниципалитетов с помощью различных типов «локального государственного корпоративизма» [Oi 1999]) формах. И хотя политика больше не «командует», как это было при Мао, Коммунистическая партия, зачастую руководствуясь идеологическими соображениями, остается основной силой в формировании политического курса на национальном, местном и корпоративном уровнях, а также через номенклатурную систему контролирует назначения на ключевые должности даже в мире бизнеса.

Филип Хуан [Huang P. 2012] отталкивается от работ Джин Ой и ее теории «локального государственного корпоративизма» [Oi 1992, 1999], где подчеркивается, что успех сельского Китая нельзя связывать только с подъемом частного сектора. Местным властям еще и удается использовать доходы от ПВП для удовлетворения локальных социальных потребностей (финансирование образования, здравоохранения и т. д.), когда центральное государство уже не может брать на себя такие задачи. Какая из гипотез лучше соответствует имеющимся данным — «государство-центричная» (изменения сверху) у Ой или «обществоцентричная» (изменения снизу) у Ни?

Не раз упоминавшаяся выше концепция «капитализма снизу» (см. [Селеньи и др. 2008; King, Szelényi 2005]), характеризующая специфику китайской траектории, возникла под большим влиянием ранних работ Виктора Ни [Nee 1989]. Эта гипотеза была не столь радикальной, как последующие построения Ни, однако в ней были сделаны следующие предположения.

а) В отличие от либеральной и патримониальной траекторий шоковой терапии при построении капитализма, в Китае (а после середины 1980-х годов и во Вьетнаме) переход от перераспределения к рынкам был постепенным, хотя остаются вопросы по поводу темпов этой постепенности. Джеффри Сакс, например, утверждает, что деколлективизация в Китае сама по себе была достаточным «шоком» [Сакс 2011]. Тем не менее «трансформация снизу» никогда не сопровождалась быстрой массовой приватизацией: дерегулирование государственного контроля над экономикой растянулось на годы или десятилетия, в то время как в либеральных и патримониальных режимах оно произошло практически в одночасье при помощи введения конвертируемости валюты, устранения тарифных барьеров и т. д.

b) Китайская трансформация началась в аграрном секторе: сначала производство, а затем сбыт/распределение продукции были переданы от коллективных сельскохозяйственных предприятий индивидуальным крестьянским хозяйствам. Еще одним двигателем изначального экономического взлета Китая в период реформ стал успех ПВП. В 1980-х годах вокруг их прав собственности велись горячие дискуссии. Официально эти предприятия имели статус коллективных и действовали под контролем местных властей, поэтому многие специалисты рассматривали успех ПВП как доказательство ключевой роли именно коллективных, а не частных компаний (см. [Huang P. 2012; Oi 1999] и другие работы). Другие же исследователи утверждали, что большинство таких предприятий представляют собой как раз частные компании. Например, Хуан Яшэн отмечал, что в середине 1980-х годов из 12 миллионов ПВП только 1,5 миллиона находились в общественной собственности [Huang Y. 2008: 79]. К сопутствующим результатам этого «перехода к рынку» относились повышение уровня жизни сельских масс, сокращение неравенства между сельским и городским населением, а также между кадровыми специалистами и остальной частью общества, в особенности крестьянством. Эти результаты не предвидело большинство западных наблюдателей как на левом, так и на правом фланге политического спектра, хотя Ни указывал на них еще в 1989 году.

В 1990-х годах и первом десятилетии XXI века в Китае наблюдалось некоторое сближение с либеральной/патримониальной моделью. По определению Хуан Яшэна, это был «великий разворот» — переход от предпринимательской траектории к государственной [Huang Y. 2008: 109–174]. При этом Хуан далеко не является сторонником социализма — напротив, он критиковал смещение Китая в 1990-х годах от предпринимательского капитализма к большему присутствию государства (к той формации, которую Филип Хуан, гораздо более симпатизирующий делу социализма, склонен называть «государственным капитализмом»). Тем не менее трудно поспорить с тем, что в 1990-х годах в Китае происходила значительная рецентрализация. Наиболее важной соответствующей мерой определенно было изменение налоговой системы, благодаря которому Пекин вернул себе значительную часть налоговых полномочий, а баланс сил сместился от провинций и муниципалитетов, достаточно зажиточных во времена местного «государственного корпоративизма», обратно к центру, который внезапно оказался наводнен ресурсами.

Центральный аппарат на тот момент был слаб, а местные власти достаточно обеспеченными. Но к 2010 году ситуация, похоже, полностью изменилась — Пекин был переполнен избыточными ресурсами. Можно спорить о том, насколько велик был частный сектор по сравнению с государственным, а также неясно, что именно привело к экономическому росту Китая — государство или частный сектор. Однако все стороны подобных дискуссий сходятся на том, что в 1990-е годы социальное неравенство в Китае значительно увеличилось. На 1978 и 1985 годы значение коэффициента Джини для КНР был умеренным (к большому удивлению западных левых, оно было довольно высоким в конце эпохи Мао, но именно во время рыночных реформ снизилось). Однако после 1985 года и особенно в 1990-е годы неравенство (а что особенно тревожно, неравенство между городом и деревней) резко возросло. Хотя сегодня значение коэффициента Джини в Китае не сильно отличается от американского, большинство специалистов согласны (в этом отношении

Хуан Яшэн и Филип Хуан стоят на одной стороне), что оно является непозволительно высоким, а второе и третье десятилетия реформ, в отличие от первого, повлекли за собой ряд серьезных негативных социальных последствий, которые в конечном итоге придется устранять.

По мнению Хуан Яшэна, во второй половине первого десятилетия XXI века (при режиме Ху Цзиньтао и Вэнь Цзябао) Китай начал решать эти проблемы, уделяя больше внимания развитию сельских территорий и социальному неравенству. Доминирующей идеологией первого десятилетия XXI века была «социальная гармония» — идея, заимствованная в большей степени из конфуцианства, нежели из марксизма. Если в марксизме-маоизме акцент делается на равенстве, то концепция социальной гармонии может уживаться с неравенством до тех пор, пока последнее не вступает в противоречие с идеей гармонии: одни могут быть более привилегированными, чем другие, но при этом они должны нести ответственность за тех, кто находится ниже. Такое представление подразумевает понятия солидарности и ответственности, а не равенства.

Таким образом, развитие Китая в период реформ (после 1978 года) можно разделить на три разных этапа или периода.

a) В 1978–1985 годах или даже до конца 1980-х годов это был «капитализм снизу». После 1985 года китайское руководство начало реагировать на недовольство городского населения, но не настолько эффективно, чтобы предотвратить революционные потрясения 1989 года.
b) В 1992–2002 годах произошел «великий разворот», или появился китайский эквивалент «капитализма сверху». В 1990–1992 годах имел место короткий промежуток контрреформ (например, в этот период доля частного сектора в основных фондах снизилась с 21,4 до 19,8 %, см. [Huang Y. 2008: 113]). Далее в годы руководства Цзян Цзэминя (1993–2003) последовала политика капиталистического развития «сверху вниз», в значительной степени ориентированная на города. Цзян ввел понятие «рыночный социализм», но при этом начал приватизацию крупных госпредприятий и открыл

рынок для ПИИ. Некоторые наблюдатели видят в эпохе Цзяна своеобразный «политический капитализм».

c) В 2003–2012 годах, при правлении Ху Цзиньтао и Вэнь Цзябао, акцент был сделан на «социальной гармонии» и развитии сельских территорий, произошел возврат (по меньшей мере в теории) к стратегии «снизу вверх». Хуан Яшэн рассматривает этот период как явный возврат к политике Дэна, однако другие исследователи (например, Филип Хуан) настроены более скептически.

d) А что же председатель Си? Несомненно, это наименее либеральный китайский политик за весь период после смерти Мао. В социальной и экономической политике он очень активно выступает за «планирование на высшем уровне». Ему уже удалось добиться избрания пожизненным председателем КНР (неслыханное со времен Мао дело) и в значительной степени ликвидировать принцип реального или хотя бы показного коллективного руководства в верхушке Коммунистической партии. Пока непонятно, что все это означает для экономической политики, но, скорее всего, действия Си повлекут за собой усиление централизованного и партийного контроля.

Самый интригующий вопрос (его мы обсудим достаточно подробно в заключительной главе) заключается в том, вступил ли Китай при председателе Си в некую новую эпоху, и если да, то что это за эпоха? Си обладает большей личной властью, чем кто-либо со времен Мао (или, быть может, Дэн Сяопина). Его стиль управления страной чем-то напоминает Путина — а стало быть, обоснован вопрос: не перенимает ли Китай «путинистскую» модель?

Неизменным фактором в китайском случае (в этом состоит разительное отличие от постсоветских стран и бывших европейских сателлитов СССР) является то, что КПК сохранила монополию на власть. Несмотря на то что идеология марксизма-ленинизма-маоизма теряет авторитет, а конфуцианство набирает силу, во втором десятилетии XXI века для Китая остается верным принцип «политика на первом месте» — в политическом отношении Китай по-прежнему является «коммунистической страной».

Китайский путь перехода от перераспределительной экономики к рыночной имел, пожалуй, меньшие социальные издержки и бóльшую социальную и экономическую отдачу, чем либеральная и патримониальная траектории. В течение первых трех десятилетий трансформации Китай демонстрировал двузначный (или близкий к нему) ежегодный рост экономики, и хотя после первого десятилетия реформ неравенство существенно возросло, число китайцев, живущих за чертой бедности, сократилось на сотни миллионов человек. Кроме того, Китай вышел из мирового финансового кризиса почти невредимым. Страна вошла в этот кризис не только без суверенных долгов, но и с огромными резервами, а затем в экономику была стремительно введена внушительная инъекция стандартных кейнсианских стимулов [Bradsher 2009]. Способы расходования китайского «стимулирующего» пакета в размере 600 миллиардов долларов также свидетельствуют о том, в какой степени страна в настоящий момент управляется «сверху». Почти все эти стимулы были направлены в государственный сектор и местным органам власти, тогда как в США основными бенефициарами стимулирующих пакетов Буша-младшего и Обамы оказались частные предприятия, в особенности банки и другие финансовые институты.

При проверке на эмпирических данных теория Хуан Яшэна хорошо подходит для начала 1980-х годов, однако его гипотезы по поводу периода «социальной гармонии» не слишком подкрепляются фактами. Действительно, в 1978–1985 годах в Китае наблюдался впечатляющий рост в сочетании с умеренным социальным неравенством — это обстоятельство можно считать убедительным аргументом в пользу «теории перехода к рынку», представленной в 1989 году Виктором Ни. Но с учетом сдвигов от «низов» к «верхам» эта концепция, похоже, уже не столь актуальна. Кроме того, данные не подтверждают оптимистические ожидания Хуан Яшэна, связанные с новой политикой социальной гармонии, социал-демократической фазой китайского капитализма или рыночным социализмом — в данном случае уместны любые подобные формулировки. Экономический рост в Китае остается примерно на том же уровне, что и в 1990-е годы, но какие-либо свидетельства «социальной гармонии», похоже, отсутствуют, а социальное неравенство в конце соответствующего периода достигло пика.

4.5. *Похож ли Вьетнам на Китай?*

Наконец, в завершение этого раздела представим несколько замечаний по поводу сюжета, с которым мы сами наименее знакомы и который к тому же меньше всего освещен в научной литературе. Речь идет о Вьетнаме, следующем, по мнению большинства экспертов, с чьими работами мы ознакомились, китайской стратегии трансформации (см. [Guo 2004: 393; Yamaoka 2007: 13]).

Реформы во Вьетнаме начались значительно позже. После продолжительной серии войн (1955–1974) коммунистическое руководство северной части страны навязало югу максимально доктринерскую политику, что во второй половине 1970-х годов привело к масштабному экономическому кризису и нехватке продовольствия [Yamaoka 2007: 12]. Ортодоксальное вьетнамское руководство сопротивлялось необходимости проведения реформ, даже когда на него пытался воздействовать его вернейший союзник, Советский Союз, включая лично Горбачева. Возможности для реформ открылись только в 1986 году, когда в возрасте 79 лет скончался ультраконсервативный лидер Ле Зуан, а на смену ему пришел Чьюнг Тинь, еще один консерватор, хотя и не лишенный реформаторских наклонностей [Bunck 1996]. Проведенные им реформы получили название «Дой Мой» («обновление») и в чем-то напоминали советскую перестройку, хотя на практике они были ближе к китайской, а не к позднесоветской и тем более ранней постсоветской российской модели. Вьетнам, во многом как и Китай примерно семью годами ранее, ликвидировал сельскохозяйственные кооперативы и передал аграрное производство обратно крестьянам, чего никогда не делалось в России и восточноевропейских социалистических странах[46]. Тем самым во

---

[46] В России процесс ликвидации колхозов в 1990-х годах также сопровождался передачей активов в частные руки в виде земельных паев. Однако в силу ряда причин (в частности, в России, в отличие от Китая и Вьетнама, уже

Вьетнаме в переходный период была стремительно ликвидирована нехватка продовольствия и, насколько можно судить, резко сокращена бедность, тогда как в бывших республиках СССР и его европейских странах-сателлитах бедность, как мы видели, значительно увеличилась. Вьетнам также последовал за Китаем в том, что перестройка *не* сочеталась с гласностью, и это позволило сохранить политическую монополию коммунистической партии. Именно этот момент определенно и выступал необходимым условием постепенной трансформации, хотя многие сочли бы такую цену непозволительной (и это, опять же, отличает Вьетнам и Китай от европейских посткоммунистических режимов, см. [Yamaoka 2007: 9]).

Несмотря на это, реформы во Вьетнаме не только начались позже, чем в Китае, но и содержали больше элементов «шоковой терапии». Хотя Вьетнам не рвался к массовой приватизации, он более агрессивно продвигался к рыночной либерализации, рано закрыл государственные предприятия, быстрее создал возможности для частного сектора и открыл границы для ПИИ [Bunck 1996: 236]. Поэтому можно утверждать, что вьетнамская версия «капитализма снизу» воплощалась с «неолиберальным» душком.

Вьетнаму удалось избежать переходного спада / депрессии — главным образом потому, что на первых этапах реформ основную часть издержек поглотил быстро развивающийся сектор домашних хозяйств (а рабочая сила была снята с госпредприятий, см. [McCarty 2000]). До недавнего времени Вьетнам (как, впрочем, и Китай) представлял собой «историю успеха»: стране удалось осуществить транзит без пугающих экономических издержек, которых не получилось избежать в рамках других траекторий посткоммунистической трансформации.

значительно преобладало городское население, а правительства реформаторов не рассматривали дотирование сельского хозяйства как стратегический приоритет экономической политики) массового развития фермерства не последовало, и земля в ключевых аграрных регионах была довольно быстро сконцентрирована в руках агрохолдингов-латифундистов, зачастую с использованием криминальных методов. — *Прим. пер.*

* * *

Однако *большим* вопросом и для Китая, и для Вьетнама (во многом как и для патримониальных государств, хотя и по другой причине) является устойчивость. Восточноазиатская трансформация снизу уязвима, и тому есть две основные причины.

a) Смогут ли страны этого региона сохранить свою индустриализацию с опорой на экспорт после того, как стоимость их рабочей силы сравняется со значениями остального мира?
b) Можно ли сохранить политическую монополию коммунистической партии в условиях рыночного капитализма, и если нет, то возможна ли «постепенная» трансформация политической системы? Если ответ на последний вопрос окажется отрицательным, то каковы будут экономические последствия подобной политической дезинтеграции в условиях, когда данные политические системы либо сохранятся, либо рухнут?

Наиболее оптимистичный сценарий предлагает Виктор Ни в книге «Капитализм снизу» [Nee, Opper 2012]. Основной метатеоретический вывод этой внушительной работы заключается в том, что естественный, или нормальный, путь развития капитализма — это именно развитие «снизу». В конечном итоге в Англии, Соединенных Штатах или Нидерландах капитализм также пришел «снизу». Примеры XIX века из области финансов, которые приводил Александр Гершенкрон [Гершенкрон 2015], — германский капитализм, стимулируемый финансовым капиталом, или капитализм под управлением государства в царской России, — являлись точно такими же аберрациями, как, возможно, и капитализм, созданный «по проекту» — либеральному или патримониальному. Добавим, что и пришествие демократии не было быстрым и бесплатным. Ранний капитализм подразумевал труд в поте лица, в этой системе не было всеобщего избирательного права, а сопротивление рабочих подавлялось силой. Демократия появилась поздно и лишь в результате напряженной борьбы за свободу и равенство. Следовательно, Джеффри Сакс

[Сакс 2011], возможно, прав: демократия в Китай придет — но, стоит добавить, это произойдет в положенное ей время.

И последнее предупреждение: сравнение различных траекторий выхода из государственного социализма — задача непростая: с тем же успехом можно сравнивать яблоки и апельсины. Восточноазиатские социалистические формации в начале реформ столкнулись с совершенно иными вызовами, нежели другие страны коммунистического лагеря. Китай в конце 1970-х годов оставался преимущественно аграрным обществом, в то время как СССР и его европейские сателлиты завершили индустриализацию до падения коммунизма. Китай мог — и способен до сих пор — экстенсивно развиваться и наводнять мировой рынок недорогими промышленными товарами. Внутренний рынок Китая обладает необычайным потенциалом: в обществе массового потребления, возможно, живут лишь около 400 миллионов из 1,3 миллиарда китайцев. На глобальный финансовый кризис и сокращение мировых рынков сбыта своей продукции Китай ответил расширением внутреннего потребления. У России и Восточной Европы, с другой стороны, не было особого выбора. Их политические режимы в 1989–1991 годах развалились, и в этих условиях не оставалось места для «постепенности», для построения капитализма «снизу» — хотели они того или нет, но им пришлось интегрироваться в мировую систему без каких-либо оговорок или особых привилегий, и последовавшие кризисы были логическими последствиями этой поспешной интеграции.

5. Структура посткоммунистических обществ в ходе первых этапов трансформации

5.1. *Продолжение перехода от рангового общества к классообразованию*

Приведенный выше анализ указывает на мощные процессы *классообразования* в посткоммунистической Восточной Европе, хотя им постоянно и, вероятно, все в большей степени бросает вызов сохраняющийся, а то и заново возникающий в досоциалистическом виде *ранговый порядок*. В постсоветских обществах новая классовая стратификация так и не смогла преодолеть мощь рангового порядка, хотя обе эти системы находились в постоянной и напряженной борьбе друг с другом. В целом до недавнего времени ранговый порядок одерживал верх (сравним данные таблицы 9 и таблицы 10).

Например, в России, если максимально упростить ситуацию, период президентства Дмитрия Медведева (2008–2012) можно рассматривать как момент, когда классовый порядок выходил на первый план, тогда как Владимир Путин, предшествовавший Медведеву и сменивший его на посту президента, работал над созданием системы рангового порядка. То же самое можно продемонстрировать на примере Венгрии: при первом посткоммунистическом режиме премьер-министра Йожефа Анталла (1990–1993) были восстановлены некоторые из досоциалистических ранговых порядков, но в то же время стимулировалось формирование классов, а первое социалистическое правительство премьер-министра Дьюлы Хорна (1994–1998) открыло потенциал трансформации коммунистического рангового порядка в капиталистическую классовую стратификацию.

Что касается природы социальной формации постсоветских обществ, то здесь наблюдается интенсивная борьба между ранговым порядком и классовой стратификацией. В посткоммунистической России классы, очевидно, имеют большее значение, чем когда-либо прежде, но стратификация по рангам сохраняет силу. После некоторого ослабления рангового порядка в правление Ельцина и невнятных попыток Медведева способствовать классовой стратификации ранговый порядок снова стал главным во время третьего президентского срока Путина.

В Восточной Европе классовая стратификация, казалось, взяла верх, но и ранговый порядок оставался крепким. Кстати, в некоторых случаях это означало исключительно высокую роль представителей гуманитарной интеллигенции, таких как Вацлав Гавел в Чехии или либеральная интеллигенция в Венгрии, а в других случаях, как в Болгарии и Румынии или при правлении партий, наследовавших первым посткоммунистическим режимам

Таблица 9. Распределение различных форм капитала в отдельных позднекапиталистических и переходных/трансформационных формациях

Общественные формации	**Распределение форм капитала**		
	Экономический	*Социальный/политический*	*Человеческий/культурный*
Поздний капитализм (информационное общество)	+++	+	++ (человеческий)
Постсоветские общества	+++	++(+)	+ (культурный)
Восточноевропейские посткоммунистические общества	+++	+(+)	+ (человеческий) + (культурный)
Китайское общество в процессе трансформации	++	+++	+ (человеческий)

Примечание. Определение различных форм капитала см. в главе 3.
Источник: составлено авторами.

Таблица 10. Новая стратификация после посткоммунистического транзита

Общественные формации	**Режим стратификации**	
	Ранговый	*Классовый*
Поздний капитализм (высокоразвитые рыночные экономики)	+	+++
Постсоветские общества	++(+)	++(+)
Восточноевропейские посткоммунистические общества	++	+++
Китайское общество в процессе трансформации	+++	++(+)

Примечание. О различии между рангом и классом см. главу 3.
Источник: составлено авторами.

в Венгрии или Польше, имело место могущественное влияние бывших коммунистических кадров и их детей. Главное заключается в том, что социальный капитал, имеющий определенное значение в классическом капитализме, даже в либеральной версии перехода от коммунизма играл еще более значимую роль.

В китайской системе по-прежнему доминирует политическое сословие, но в середине 1990-х годов период «капитализма снизу» закончился. По мере того, как Китай движется к приватизации корпоративного сектора, могут происходить два процесса.

a) В той мере, насколько эта приватизация была «реальной» и действительно привела к появлению уверенно идентифицируемых собственников, она, вероятно, обогащает бывших топ-менеджеров, представителей высокопоставленной номенклатуры и/или их семьи и детей. Это предположение хорошо иллюстрирует история семьи премьер-министра Вэнь Цзябао, которая, как утверждалось, владеет состоянием в миллиарды долларов[47].

b) Однако отчасти эта приватизация, как утверждал Хуан Яшэн [Huang Y. 2008], может представлять собой квазиприватизацию. При сохранении собственности в руках банков, принадлежащих государству, между госпредприятиями попросту развивается перекрестное владение. В этом случае

---

[47] О богатстве семьи Вэнь см. URL: http://www.nytimes.com/2012/10/26/business/global/family-of-wen-jiabao-holds-a-hidden-fortune-in-china.html (дата обращения: 18.05.2023). Вот несколько цитат из этой статьи: «Распутывание этой сети финансовых активов позволяет увидеть в необычайных подробностях, как люди с политическими связями наживались на том, что находились на пересечении между властью и бизнесом, поскольку в быстрорастущей экономике Китая влиятельность на государственном уровне и частное богатство сходятся воедино. Как обнаружила *The Times*, родственники Вэня консолидировали акции банков, ювелирных компаний, туристических курортов, телекоммуникационных корпораций и инфраструктурных проектов, иногда используя офшорные структуры. Например, младший брат премьер-министра владеет компанией, которая получила более 30 миллионов долларов в виде государственных контрактов и субсидий, и контролирует активы на сумму 200 миллионов долларов. У жены Вэня имелся бизнес по продаже бриллиантов и других драгоценных камней, однажды она купила пару нефритовых серег стоимостью около 275 тысяч долларов».

возникает не что иное, как новый класс технократов, которые не обладают полноценными правами собственности, но имеют право распоряжаться «приватизированной» собственностью. Культурный капитал в пореформенном Китае остается относительно малозначимым, но человеческий капитал, похоже, набирает силу. В иллиберальных посткоммунистических режимах наподобие путинской России и орбановской Венгрии даже происходит определенная «ренационализация» ранее приватизированных компаний, хотя некоторые наблюдатели подозревают, что это не более чем изощренный способ пребендального перераспределения богатства от нелояльных нуворишей к новым клиентам, позволяющий быстро осуществлять новую приватизацию компаний, до этого подвергнутых ренационализации.

По мере дезинтеграции коммунистического порядка казалось, что бывшие социалистические общества расходятся в разных направлениях. Восточная Европа вступала в Евросоюз и, как казалось, становилась частью глобального капитализма, где ее ожидал жесткий контроль со стороны считающего прибыль экономического капитала. Тем временем социальная структура восточноевропейских стран двигалась в направлении отчетливой классовой стратификации. В России и большинстве стран бывшего СССР сохранялась гораздо более сильная политическая власть. Трансформация двигалась в капиталистическом направлении, но проводилась централизованным образом, даже если власть, которая ее осуществляла, больше не легитимировала себя при помощи идеологии социализма. Эта центральная власть была более склонна апеллировать к националистическим чувствам, о чем еще пойдет речь ниже (см. главу 6). Китай после 1978 года строил «капитализм снизу», начав реформы с высвобождения рыночных сил сначала в рамках экономического уклада, основанного на семейном фермерстве, а затем при помощи мелких сельских промышленных компаний — поселково-волостных предприятий. Кроме того, были созданы довольно изолированные от остальной экономики зоны свободной торговли, привлекавшие в основном мелкий китайский капитал из

Гонконга или Тайваня. Однако вопрос о правах собственности в государственном секторе Китая оставался неприкосновенным до конца 1990-х годов.

Во втором десятилетии XXI века, похоже, происходит удивительное сближение трех траекторий. В Китае по-прежнему всем командует политика, а в России политика утвердила себя заново, и тот же самый процесс возвращения политики происходит по меньшей мере в некоторых странах Восточной Европы. Сложно утверждать, выступает ли это обстоятельство показателем устойчивости социалистического наследия: является ли Путин в конечном итоге офицером КГБ, действует ли Орбан как продолжатель Кадара, восстанавливает ли председатель Си некую версию маоизма? — или же, наоборот, эти посткоммунистические режимы можно рассматривать как возрождающие консервативные и авторитарные тенденции, которые существовали до социализма? Является ли Путин православным христианином, восстанавливает ли Орбан режим Хорти, следует ли переименовать КПК в пресловутую Конфуцианскую партию Китая? Наблюдаемая ситуация может представлять собой смешение обеих тенденций, однако необходимо сделать важное предупреждение: переход к либеральной демократии — это не свободная улица с односторонним движением. Сказать с определенностью, где окажутся рассматриваемые страны через 20–30 лет, пока невозможно.

Тем не менее остается мало сомнений, что в плане механизмов рекрутирования элиты Китай представляет собой радикально иной случай, чем Россия и Восточная Европа. Китайская политическая система не рухнула, а следовательно, в стране вообще не происходило какой-либо циркуляции политической элиты. Кроме того, представляется, что пополнение рядов экономической элиты в Китае происходило по совершенно иной траектории. Насколько можно судить по рейтингу китайских миллиардеров Hurun, на 2000 год в нем присутствовал всего один представитель номенклатурной буржуазии — Жун Чжицзянь (см. пример 8), но даже его случай не дает надежного подтверждения для теории «конвертации политического капитала в экономический». Отец этого бизнесмена Жун Ижэнь стал вице-председателем КНР, поскольку происходил из «красной буржуазии» — семей, разбогатевших еще в докоммунистический период. Китайскому руководству этот человек был нужен на высоком посту благодаря своему предпринимательскому опыту. Что же касается всех остальных фигур из первой десятки списка Hurun, то они, похоже, были выходцами из скромных семей — по крайней мере, так происходило до 2000 или даже до 2011 года. Как правило, все эти лица начинали свою карьеру как крестьяне или рабочие и были «людьми, сделавшими себя сами». Конечно, нужно учитывать и неясность относительно того, насколько надежны данные рейтингов Hurun[48] или Forbes[49]. Составитель Hurun Руперт Хугеверф признавал, что его список может не включать добрую половину самых богатых китайцев. В России и Восточной Европе большинство нуворишей хотят произвести впечатление на публику, поэтому возмущаются, если не попадают в подобные «хит-парады». Однако в Китае богатство все еще вызывает подозрения, поэтому люди с деньгами, возможно, не хотят «светиться». Например, когда глава гигантской сталелитейной компании Rizhao Ду Шуанхуа узнал, что Hurun намерен поставить его на второе место в списке самых богатых китайцев 2008 года, он попытался убедить составителей рейтинга этого не делать — правда, безуспешно. Однако в последующие годы этот бизнесмен исчез из рейтинга — явно у него были веские причины для беспокойства по поводу присутствия его имени в списке.

Аналогичные причины для беспокойства могут в особенности возникать в том случае, если экономический капитал был получен

---

[48] Рейтинг Hurun Report, публикуемый начиная с 1999 года, сегодня является наиболее авторитетным источником, отслеживающим стремительные изменения среди самых богатых китайцев, доступным в печатном виде и в электронном формате. [Основателем рейтинга выступил бизнесмен люксембургского происхождения Руперт Хугеверф, взявший китайский псевдоним Ху Жунь (Hu Run). — *Прим. пер.*]

[49] Рейтинг, впервые опубликованный в американском деловом журнале Forbes в 1982 году, включал 400 богатейших резидентов США. В 1987 году рейтинг стал международным, охватив 500 богатейших людей планеты.

путем конвертации капитала политического. Личное состояние бывшего главы парткома Чунциня Бо Силая (его история будет изложена далее в несколько ином контексте, см. пример 13) или упомянутые выше значительные активы семьи Вэнь действительно поражают воображение. Размеры личных состояний в Китае могут поддаваться оценке с большим трудом. Некоторые персонажи наподобие Бо Силая могут его скрывать, а другие, например, «принцы» (в особенности члены семьи председателя Си), могут возглавлять крупные компании, которые формально являются государственными предприятиями, но фактически они оказываются частным бизнесом их менеджеров-«принцев». В 2018 году список китайских миллиардеров возглавил Джек Ма, он же Ма Юнь (родился в 1964 году), состояние которого составляет 34,6 миллиарда долларов. Ма, выходец из семьи исполнителей традиционной музыки, то есть людей со статусом ниже среднего класса, также называл себя сделавшим себя самостоятельно миллиардером.

В не раз упоминавшейся выше работе 1998 года «Построение капитализма без капиталистов» мы назвали Китай «капитализмом снизу» по контрасту с бывшим СССР и Восточной Европой, которые были примерами «капитализма сверху». Сейчас мы больше не используем этот термин (хотя не стоит забывать, что еще в 2012 году Виктор Ни опубликовал книгу под названием «Капитализм снизу»), но по-прежнему настаиваем на том, что это не худший способ для осмысления различий между СССР и Китаем. Даже если некоторые представители крупной буржуазии в Китае могут скрывать подробности своего пути от скромного происхождения к значительному богатству, эта траектория, несомненно, является уникальной особенностью Китая, не имеющей аналогов в бывшем СССР или его бывших европейских сателлитах.

Как уже отмечалось выше, механизмы складывания капитализма в Китае менялись по мере перехода от первых лет реформ к более позднему периоду. Согласно нашей гипотезе, в течение примерно десятилетия после 1978 года в Китае действительно происходило «построение капитализма снизу». Первыми бенефициарами перехода к рынку, если воспользоваться терминологией Виктора Ни [Nee 1989], зачастую были обычные люди, например, крестьяне из коллективных хозяйств — в этом состоял резкий контраст с ситуацией в Восточной Европе и России. Социальное происхождение богатейших китайцев рассматривается в недавно опубликованных статьях Лу Пэна и Фань Сяогуана [Lu 2017; Fan et al. 2019], которые провели различие между «пионерами», начинавшими свое дело в 1978–1989 годах, и «новичками», пришедшими в мир частного бизнеса после 1992 года. Авторы также собрали данные о примерно 200 китайских «супербогачах». Полученные ими результаты согласуются с нашими гипотезами: если среди «пионеров» 19,4 % были выходцами из сельхозкооперативов, то среди «новичков» соответствующая доля составляет всего 6,6 %. Среди первопроходцев китайского капитализма 31,3 % изначально были самозанятыми, тогда как в следующем поколении этот показатель составляет лишь 8,2 %. Те, кто ушел с выгодной государственной или партийной работы в частный бизнес, как говорят в Китае, «нырнули в море», и доля людей, сделавших подобный шаг в неизвестность, резко возросла после 1992 года (с 39,6 до 57,4 %, см. [Lu 2017: 3]). Очень значительная часть тех, кто на это решился, были членами партии и имели высшее образование [Fan et al. 2019: 54].

5.2. *Сотворение олигархов: новая крупная буржуазия в России*

В России после 1991 года принципиальным шагом для формирования капитализма была необходимость в преобразовании общественной собственности в индивидуальную частную. В 1990 году Егор Гайдар, будущий премьер-министр страны, обещал президенту Ельцину, что это произойдет за 500 дней. На деле потребовалось немного больше времени, но, в отличие от классического капитализма, все действительно случилось относительно быстро. Еще одной уникальной особенностью нового российского капитализма была исключительная роль в этом процессе социального/политического капитала (см. [Rose 2000;

Kagarlitsky 2002; Sharafutdinova 2011]). Стоит сделать оговорку, что мы не относим к постсоветским обществам страны Балтии. Эти государства могут иметь с данным типом социума некоторые общие характеристики, однако они были частью СССР лишь в течение 50 лет и обладают давними связями с Восточной (а заодно и с Западной или Северной) Европой. Долгое время страны Балтии находились под польским или немецким владычеством, у них сформировалась сильная скандинавская идентичность, и сразу после падения СССР они были приняты в сообщество скандинавского региона[50].

Взаимодействие между социальным и экономическим капиталом является сложным и многообразным процессом. Мы выделяем два типа российского посткоммунистического капитализма. Первый можно назвать политическим капитализмом: к нему относятся случаи, когда люди, занимающие высокие политические посты, конвертируют свое политическое могущество в частные состояния. Вторую систему, адаптируя терминологию Вебера к посткоммунистическим условиям (о чем уже говорилось в главе 3), мы именуем патримониальной[51]. В последнем случае решение, кто именно станет богатым, принимает политический правитель (либо политический истеблишмент при отсутствии конкретной фигуры правителя), который назначает нуворишей, но при этом и предоставляет им относительно надежные права собственности.

а) Политический капитализм. Пожалуй, наиболее очевидными, но и наиболее спорными случаями данного типа выступают Виктор Черномырдин (пример 1) и Юрий Лужков (пример 2).

---

[50] Бывшие советские республики Балтии имеют давние исторические и языковые связи с другими странами этого региона, такими как Финляндия и Швеция. В частности, эстонский язык довольно близок к финскому. После распада СССР скандинавские страны приветствовали вхождение республик Балтии в североевропейское сообщество, и вскоре они присоединились к НАТО и ЕС.

[51] Ласло Чаба в данном случае говорит о клановом капитализме [Csaba 2018: 107].

Пример 1. Виктор Черномырдин

Состояние Виктора Черномырдина (1938–2010) — одна из величайших загадок посткоммунистической России. В середине 1990-х годов оно однажды было оценено в 5 миллиардов долларов, но затем Черномырдин довольно быстро исчез из списка миллиардеров.

Отец Черномырдина работал водителем грузовика, а Виктор был одним из пяти детей в семье. Его карьера началась в 1957 году с должности механика на нефтеперерабатывающем заводе в городе Орске. В 1961 году Черномырдин вступил в партию, затем (1962–1966) учился на инженера-экономиста в Куйбышевском политехническом институте, а после его окончания несколько лет был партийным деятелем в Орске. Далее Черномырдин стал директором газоперерабатывающего завода в Оренбурге, однако уже в 1978 году перешел на работу в Центральный Комитет КПСС, а затем перемещался с одного высокого правительственного поста (заместитель министра, министр газовой промышленности) на другой и занимал заметные руководящие должности (директор всесоюзного объединения «Тюменгазпром», председатель правления «Газпрома»). Наконец, с 1992 по 1998 год он был премьер-министром России.

На посту главы правительства Черномырдин был объектом шуток журналистов — в интернете можно найти целую коллекцию примеров его косноязычия: некорректно употребленных слов, грамматических ошибок и незаконченных предложений. Что же касается его послужного списка как политика, то он вызывает споры. Ельцин поставил Черномырдина во главе правительства после того, как на Гайдара обрушился вал критики, и Черномырдин — невзрачный, но опытный бюрократ советского образца — руководил относительной стабилизацией ситуации в российской экономике. Однако вскоре после его отставки экономика рухнула, и ответственным за финансовый кризис 1998 года ряд наблюдателей считают именно Черномырдина. Кроме того, он вел переговоры с чеченцами об освобождении заложников, захваченных в Буденновске: одни считают этот факт свидетельством его дипломатических способностей, другие же винят Черномырдина в том, что избежать последующего насилия не удалось. Тем не менее все согласны с тем, что как бизнесмен Черномырдин был проницателен и безжалостен. В момент акционирования «Газпрома» он был председателем правления этой компании. В своей налоговой декларации Черномырдин указывал, что владел акциями «Газпрома» на сумму 50 тысяч долларов, однако ЦРУ оценивало его состояние в 5 миллиардов долларов. Эту сумму однажды упомянула газета «Известия» со ссылкой на французскую «Le Monde», но Черномырдин опровергал данную информацию. Он был верным сторонником Ельцина, однако Путин назначил Черномырдина послом в Украине, где он проработал с переменным успехом с 2001 по 2009 год, пока президент Медведев не освободил его от этой должности, сделав своим «специальным советником»[52].

Пример 2. Юрий Лужков

Лужков (1936–2019) с 1992 по 2010 год был мэром Москвы, а также являлся заместителем председателя и одним из основателей правящей партии «Единая Россия». Какое-то время утверждалось, что он собирается побороться за пост президента, но этого так и не произошло. Тем не менее уже к 1999 году Лужков считался одним из самых богатых россиян — его состояние оценивалось в полмиллиарда долларов. Но впоследствии его имя исчезло из соответствующих списков — и на то были свои причины. В 2010 году Луж-

---

[52] Сюжеты, связанные с двумя сыновьями Черномырдина, заставляют задуматься о том, какое состояние они могли унаследовать от отца и на что оно было потрачено. Старший сын, бизнесмен Виталий Черномырдин, в 2019 году был объявлен банкротом после того, как объем его долгов перед компанией «Северсталь» достиг порядка 18 миллиардов рублей. В ходе судебных разбирательств выяснилось, что Виталий Черномырдин выступил поручителем по крупному кредиту в Газпромбанке, взятому одной из его компаний, но не смог его обслуживать, а стоимость его имущества была оценена лишь в 305 миллионов рублей. Также в СМИ сообщалось, что Виталий Черномырдин коллекционировал дорогие автомобили — типичная для наследников крупных состояний модель поведения. Младший сын Черномырдина Андрей тоже занимался бизнесом (в нефтегазовой сфере), но больше известен как меценат; в частности, в 2011 году он возглавил Международный Шолоховский комитет, которым до этого руководил его отец. — *Прим пер.*

кова отправил в отставку президент Дмитрий Медведев на фоне недоказанных подозрений в коррупции и бесхозяйственности, прозвучавших по государственному телевидению.

После смерти его первой жены Марины Башиловой в 1988 году Лужков познакомился с Еленой Батуриной, младше его на 27 лет (родилась в 1963 году), с которой они поженились в 1991 году. Батурина происходила из пролетарской семьи: ее родители были рабочими на заводе, и сама она тоже начала трудовую биографию в качестве разнорабочего. Одновременно Батурина училась на вечернем отделении в Московском институте управления и уже в 1980-х годах открыла несколько кооперативных предприятий, хотя в частный бизнес она всерьез вошла только после брака с Лужковым. «Интеко», крупная компания Батуриной, была основана в 1991 году и сначала производила различные изделия из пластмассы наподобие одноразовой посуды, но уже на старте своей работы получала заказы для муниципальных сетей быстрого питания. Одним из первых крупных успехов бизнеса Батуриной стал муниципальный контракт на изготовление 85 тысяч пластиковых сидений для главного спортивного сооружения Москвы — стадиона «Лужники». Постепенно «Интеко» стала активно работать в строительной отрасли: по существующим оценкам, к середине 1990-х годов, как раз в то время, когда в Москве начинался бум на рынке недвижимости, компания Батуриной контролировала около 20 % всех строительных работ в столице. Кроме того, «Интеко» приобретала цементные заводы и начала скупать сельскохозяйственные земли в Белгородской области, но там компании пришлось столкнуться с противодействием на местах. Примерно в 2005 году Батурина сократила свое присутствие в строительной отрасли, продала цементные заводы более чем за миллиард долларов, ушла с московского рынка панельного жилья и вложила средства в «Газпром» и финансовый сектор, в частности в Сбербанк.

Батурину часто называли самой богатой россиянкой, единственной в России женщиной — долларовым миллиардером. В 2007 году «Forbes» оценил ее состояние в 3,1 миллиарда долларов, поставив супругу Лужкова на 279-е место в списке самых богатых людей мира. Вполне вероятно, что в первых попытках составить рейтинги российских богачей фигурировал и сам Лужков, поскольку состояние Батуриной считалось принадлежащим ему. Трудно отрицать и то, что успех бизнеса Батуриной, по меньшей мере на первых порах, был обусловлен контрактами с московским правительством, которое находилось под контролем ее супруга. Именно поэтому империю Батуриной — Лужкова можно рассматривать как пример политического капитализма. Однако есть и один интригующий момент: со временем стало важно, чтобы эта бизнес-империя персонально числилась за Батуриной, и столь же любопытно, что Лужков, несмотря на довольно специфические успехи в бизнесе его супруги, не становился объектом нападок прессы, как это, вероятно, произошло бы на Западе. Лужкову удавалось со значительным перевесом переизбираться на свой пост по итогам вполне свободных и честных выборов. Однако в 2010 году он оказался в политической опале, а вскоре кануло в Лету и его состояние — Лужкова больше не включали в список самых богатых россиян[53].

Существуют и такие российские олигархи, которые вообще не пытались скрыть связь между своими высокими государственными постами и необыкновенным богатством. Самый яркий пример подобного рода — Владимир Потанин, занимавший пост вице-премьера российского правительства[54] и считаю-

---

[53] В рейтинге российских миллиардеров по версии «Forbes» Елена Батурина в 2022 году занимала 61-е место с состоянием в 1,4 миллиарда долларов. В 2011 году, сразу после отставки Лужкова, ее состояние оценивалось в 1,1 миллиарда долларов. После продажи «Интеко» в 2011 году Батурина занималась преимущественно девелоперскими проектами за пределами России. — *Прим. пер.*

[54] Нахождение на посту заместителя председателя правительства РФ было весьма кратковременным эпизодом в биографии Потанина (август 1996 — март 1997 года). Для понимания природы российской специфики посткоммунистического капитализма представляется более важным моментом другая деталь его биографии: в 1980-х годах Потанин работал в системе внешней торговли СССР, а именно в структурах объединения «Союзпромэкспорт», которые вывозили за границу продукцию предприятий («Норильский никель» и др.), вскоре оказавшихся под контролем Потанина и его партнеров. Как именно принималось исходное решение о «назначении»

щийся изобретателем такой приватизационной схемы, как залоговые аукционы, которую он умело использовал, чтобы войти в десятку самых богатых людей России. В 2018 году он по-прежнему занимал в рейтинге российских богачей шестое место с состоянием в 15,9 миллиарда долларов — для сравнения, в 1999 году Потанин находился на третьем месте с состоянием всего в 500 миллионов долларов.

b) Патримониализм. Вторая из указанных выше систем основана на трансформации социального и человеческого капитала в экономическое богатство. При определенном везении, таланте и связях люди становились бенефициарами этой системы в ходе стремительной приватизации, даже если до падения коммунизма у них не было ни политических постов, ни экономического капитала. У некоторых представителей этого «класса» крупной буржуазии рано проявились политические амбиции, что привело их к конфликту с Путиным после отставки Ельцина, после чего они оказались либо в изгнании, либо в тюрьме.

В 1996 году кандидат в президенты от коммунистов Геннадий Зюганов представлял реальную угрозу для переизбрания Ельцина. Тогда не кто иной, как Борис Березовский (пример 3), в знак признательности за вклад Ельцина в его восхождение в бизнесе не только поддержал кампанию президента, но и убедил подключиться к его переизбранию еще шестерых «олигархов» — вместе эти богатейшие на тот момент люди России составляли так называемую «семибанкирщину»[55].

Потанина на роль ключевого олигарха в российской цветной металлургии, судить сложно, однако стоит привести еще один примечательный факт: когда в конце 2000-х годов между акционерами «Норильского никеля» возник конфликт, для его урегулирования в качестве стороннего гендиректора компании был привлечен выходец из Управления КГБ по Ленинградской области Владимир Стржалковский. — *Прим. пер.*

[55] См.: The Big Seven — Russia's Financial Empires. URL: http://www.worldbank.org/html/prddr/trans/feb98/bigseven.htm (дата обращения: 18.05.2023).

Пример 3. Борис Березовский

Березовский (1946–2013) был первым и самым заметным из новых «бояр», своего рода учредителем «клуба» олигархов. В 1983 году он получил степень кандидата математических наук и стал директором одной из лабораторий Института управления при Академии наук СССР. Однако вскоре он стал проявлять больший интерес не к науке, а к налаживанию различных связей и занятию бизнесом. Как представителю научной элиты Березовскому не требовалось начинать свое дело с маленьких магазинов — он изначально мог пристроиться к уже существующим крупным государственным компаниям. Именно так он и поступил: еще в 1989 году Березовский обратился к руководству советской автомобильной компании «АвтоВАЗ» с предложением создать частную фирму по разработке компьютерных программ для ее нужд. Эта идея заинтересовала менеджмент автозавода, и в мае 1989 года Березовский создал компанию «ЛогоВАЗ», став ее генеральным директором. Правда, предоставление компьютерных услуг не являлось для Березовского достаточно инновационным бизнесом, поэтому «ЛогоВАЗ» почти сразу стал продавать автомобили «АвтоВАЗа». Вполне можно допустить, что свои первые несколько тысяч долларов Березовский заработал на том, что купил подержанный «Мерседес» в Германии и перепродал его в России, а также доходы ему приносили ввоз компьютеров и программного обеспечения для них. Однако самым прибыльным начинанием Березовского оказался реэкспорт легковых машин. Ему удалось получить лицензию на экспорт автомобилей, а поскольку предполагалось, что за рубеж будет отправляться совершенно неликвидная на мировом рынке российская «Лада», Березовский мог покупать такие автомобили по себестоимости, причем даже эту низкую цену он в конечном итоге выплачивал не «живыми» деньгами, а векселями. На деле же Березовский вообще не экспортировал автомобили — он продавал их на российском рынке по цене, значительно превышавшей официальную. Эта схема оказалась удачной потому, что желающие приобрести автомобили «АвтоВАЗа» порой были вынуждены ждать своей очереди годами, тогда как в автосалонах Березовского покупатель мог просто сесть в машину и уехать на ней.

Насколько можно судить, какие-либо признаки того, что Березовский имел близкие связи с высокопоставленными функционерами КПСС, отсутствуют. У него были хорошие отношения с «молодыми реформаторами» Егором Гайдаром и в особенности Анатолием Чубайсом, а также с журналистом Валентином Юмашевым, который в конечном итоге стал руководителем аппарата Ельцина и вторым мужем его дочери Тани (Татьяны), о чем уже говорилось выше. Однако в начале 1990-х годов Юмашев был попросту «литературным негром» Ельцина, которому он помогал писать вышедшую в 1989 году книгу «Исповедь на заданную тему», а затем участвовал в работе над «Записками президента», опубликованными в 1994 году. Именно Валентин познакомил Березовского с Татьяной, которая в то время была женой Алексея Дьяченко (сырьевого трейдера, в определенный момент ставшего деловым партнером Березовского в «Сибнефти»), но уже находилась в близких дружеских отношениях с Юмашевым.

Валерий Стрелецкий, занимавший должность начальника антикоррупционного отдела Службы безопасности президента, говорил в интервью Хлебникову:

> Важным фактором на данном этапе процесса приватизации было отношение Татьяны Дьяченко к тому или иному банкиру/олигарху. Она шла к президенту и говорила: этот — хороший, а тот — плохой; этого надо поддержать, а того не надо... Дьяченко — единственный человек, к кому президент прислушивается [Хлебников 2001: 100–101].

Вхождение Березовского в «семью» произошло благодаря книге «Записки президента». Через Юмашева и Дьяченко он предложил взять на себя процесс издания книги, напечатать ее в Финляндии и найти деньги для покрытия расходов на публикацию. Березовский действительно нашел деньги и предложил перевести гонорары на счет Ельцина (хотя по-прежнему неясно, оставил ли он себе какую-то часть этих средств, перечислил все причитающееся или даже суммы сверх гонораров, заработанных президентом). Вероятно, Березовский впервые встретился с Ельциным лично, когда книга вышла в свет, но Ельцин в любом случае произнес тост в его честь и публично поблагодарил.

Благодаря приобретенным связям Березовский сумел занять значительные руководящие должности и в итоге стал владельцем автомобилестроительной компании «АвтоВАЗ», российского национального авиаперевозчика «Аэрофлот» и крупной нефтяной компании «Сибнефть». Его бизнес-империя также включала алюминиевую промышленность и некоторые ключевые СМИ. В 1995 году Березовский приобрел Первый канал — наиболее массовое телевидение страны, которое оказывало гигантское влияние на российское общественное мнение.

На тот момент «семибанкирщина» контролировала примерно половину российской экономики — хотя и не вполне понятно, владела ли соответствующими активами. Вот остальные шестеро участников этой группы:

— Михаил Фридман (на 1 января 2019 года размер его состояния, согласно рейтингу миллиардеров Forbes, составлял 15 миллиардов долларов, что ставило его на 74-е место среди самых богатых людей мира);
— Владимир Виноградов (обанкротился в 1998 году);
— Михаил Ходорковский (несколько лет находился в тюрьме, в 2014 году получил разрешение на эмиграцию);
— Владимир Гусинский (помимо российского паспорта, у него на всякий случай имелись испанский и израильский);
— Владимир Потанин (на 1 января 2019 года располагал, согласно рейтингу Forbes, состоянием в 16 миллиардов долларов, находясь на 65-м месте в глобальном списке миллиардеров);
— Александр Смоленский (его банк рухнул во время российского финансового кризиса 1998 года).

В 2000 году Березовский и еще несколько сохранивших свои позиции участников «семибанкирщины» (а именно Ходорковский и Фридман) поддержали избрание Путина. Выражаясь языком мафии, они в некотором смысле привели Путина «в семью». Но Путин не был Ельциным — он желал стать Петром

Великим и не хотел, чтобы им командовали «бояре» — олигархи. В итоге Березовский, несмотря на то что в 1999 году он был избран в Госдуму и занимал различные важные политические посты при Ельцине, вскоре вступил в конфликт с Путиным и бежал из России в Англию. Позже он был заочно приговорен к тюремному заключению и обвинен в нескольких убийствах, хотя ни одно подобное обвинение не было доказано справедливым судом. В частности, Березовского подозревали в причастности к убийству самого успешного российского телепродюсера Влада Листьева, который поддерживал приватизацию Первого канала в пользу Березовского, но выступал за честную конкуренцию за рекламное время, что противоречило интересам олигарха. Листьев был убит в 1995 году, хотя Березовский категорически отрицал свою причастность к этому. Наводит на размышления и тот факт, что Пол Хлебников, родившийся в США редактор русского издания журнала «Forbes», который заработал себе репутацию как журналист-расследователь (его книгу мы часто упоминаем), также был убит в 2004 году одним молодым чеченцем после того, как назвал Березовского боссом мафии. Власти так и не смогли найти убедительного объяснения ни одному из этих убийств.

Позже Березовский стал для путинской России «врагом номер один». Ходили слухи, что российские агенты несколько раз пытались убить его в Лондоне. В 2013 году он скончался в своей лондонской резиденции при подозрительных обстоятельствах — Березовский мог совершить самоубийство (что наиболее вероятно), но не исключено, что был убит конкурентами или одной из российских спецслужб. Березовский и Ходорковский (пример 4) напоминали тех самых «бояр» — богатых людей с гарантированными правами собственности, которые претендовали на политическое влияние или даже на саму власть. Эта ситуация коренным образом изменилась при Путине, поскольку он заново утвердил примат политической власти. Тем представителям новой крупной буржуазии, которые имели политические устремления, напомнили, что политическая власть остается монополией президента. Многие были вынуждены эмигрировать, некоторые отправились в тюрьму, а их богатства были конфискованы или ренационализированы, чтобы затем их можно было заново приватизировать в пользу новых, лояльных клиентов. Идея «патримонии» предполагает существенную гарантию прав собственности. Хотя при патримониальном правлении собственность не может быть отчуждена, то есть не является полноценно сложившейся частной собственностью, предполагается, что она будет пожизненно принадлежать лицам, удостоенным такой награды, и обычно даже передается по наследству.

Олигархи, выжившие в период президентства Путина, усвоили этот урок. В недавнем интервью журналу «The Economist» Михаил Фридман процитировал русскую пословицу: «От сумы и тюрьмы не зарекайся», фактически признавшись, что никогда не встречался с Путиным один на один. В своем комментарии, посвященном Фридману, Андерс Ослунд, видный специалист по России, которого мы неоднократно цитируем в этой книге, констатировал, что этот бизнесмен сейчас действительно «максимально далек от Путина и при этом остается российским мультимиллиардером» («The Economist», 8 декабря 2018 года).

Пример 4. Михаил Ходорковский

Ходорковский (родился в 1963 году) начинал карьеру в комсомоле, советской коммунистической молодежной организации, и эффективно использовал свои политические связи. Наглядное описание его траектории приводится в книге Хлебникова:

> За плечами у него была классическая карьера крупного предпринимателя ельцинской эпохи. В 1987 году, занимая высокий пост в московском комсомоле, Ходорковский основал торговый кооператив на партийные деньги; год спустя создал банк. В 1990–1993 годах Ходорковский работал в правительстве России, сначала на посту экономического советника российского премьер-министра, затем заместителем министра топлива и энергетики [Хлебников 2001: 101].

Первым бизнесом Ходорковского было кафе, а затем он открыл собственный банк «Менатеп». В 1995 году в результате «залогового аукциона» он приобрел право собственности на ЮКОС, одну из крупнейших российских нефтяных компаний. Еще одну заявку на этот аукцион подал Альфа-Банк Михаила Фридмана в консорциуме с другими инвесторами, предложив за ЮКОС 350 миллионов долларов. Однако правительство попросило «Менатеп» зарегистрировать свою заявку и не допустило к участию Альфа-Банк, после чего подставная компания «Менатепа» приобрела ЮКОС всего за 150 миллионов долларов. По утверждению Хлебникова, это был довольно типичный прием на аукционах. Полковник Стрелецкий в интервью Хлебникову рассуждал:

> Почему государство продавало свою собственность так дешево? Потому что продавали сами себе. Произошло сращивание государственного аппарата, части чиновников с этими генераторами идей. Березовский, Гусинский, Бойко, Потанин и остальные. Эти люди знали, как нужно украсть. Для того чтобы украсть, им требовался союз с государственными чиновниками. Госчиновникам тоже были нужны деньги. И союз состоялся [Хлебников 2001: 105].

К концу ельцинской эпохи Ходорковский считался самым богатым человеком в России. Однако для Путина Ходорковский, во многом как и Березовский, был слишком амбициозен в политическом плане. Вероятно, предчувствуя неприятности с новым политическим начальником, в начале 2003 года Ходорковский предложил объединить ЮКОС с другой крупной российской нефтяной компанией «Сибнефть».

5.3. *Восхождение новой крупной буржуазии при посткоммунистическом либерализме*

Разительное отличие Восточной Европы (Польша, Чехия или Венгрия) от китайской или российской траектории заключалось в том, что здесь доминировал технократический способ накопления корпоративного богатства: свою роль играли опыт работы в мире крупных компаний, связи и знания о деятельности в новой рыночной среде. А как только накопление капитала состоялось, он оказался под прочным контролем: права собственности были надежно защищены, и бизнес выступал первым номером. Все это иллюстрирует пример 5 — биография самого богатого человека Венгрии Шандора Чаньи.

Пример 5. Шандор Чаньи

Венгерский банкир Шандор Чаньи (родился в 1953 году) является выходцем из крайне бедной крестьянской семьи. Его отец работал кем-то вроде ночного сторожа в сельскохозяйственном кооперативе и растил трех сыновей, зарабатывая на жизнь продуктами, которые он выращивал на своем семейном участке и продавал на фермерских рынках. Когда Шандора приняли в экономический вуз в Будапеште, он, как говорят, сообщил матери: «Не волнуйся, мама, рано или поздно я буду зарабатывать хотя бы пять тысяч форинтов в месяц». На тот момент эта сумма была эквивалентна примерно 200 долларам, а теперь состояние Чаньи оценивается в 300 миллиардов форинтов, или более 1 миллиарда долларов — сумма сама по себе немаленькая, хотя и не такая уж большая по сравнению с богатством российских олигархов.

После окончания средней школы Чаньи учился в Институте финансов и бухгалтерского учета, который окончил в 1974 году, а затем получил диплом более престижного Экономического университета имени Карла Маркса, где посещал вечерние курсы. С 1974 по 1983 год он работал в Министерстве финансов, которое стало важной кадровой школой для будущих политиков и предпринимателей. Среди тогдашних коллег Чаньи был, к примеру, Петер Медьеши, который в 2002–2005 годах станет премьером Венгрии от социалистов, и хотя Чаньи известен симпатиями к правым политикам, они хорошо ладили и, как утверждается, вместе ходили на охоту. Кроме того, в период работы в Министерстве финансов Чаньи был секретным агентом венгерских спецслужб: по его собственному утверждению, он предоставлял разведывательную информацию о своих советских коллегах, чтобы сближение Венгрии с Западом могло состояться без вмешательства СССР. В министерстве финансов Чаньи работал в отделе регулирования банковской деятельности, где его близким товарищем был Тамаш Эрдеи. Впоследствии Чаньи стал главой, а затем и основным владельцем банка OTP, крупнейшего в Венгрии. Эрдеи также стал руководителем (хотя и не собственником) венгерского внешнеторгового банка МКВ, в дальнейшем проданного немецкому Bayerische Landesbank, который оставил Эрдеи на посту главного исполнительного директора.

Из Министерства финансов Чаньи перешел в Министерство сельского хозяйства — считается, что он принял это решение ради более высокой зарплаты, несмотря на то что должность в Минфине была более престижной, — однако вскоре стал работать в первом вновь созданном коммерческом финансовом учреждении страны — Венгерском кредитном банке (MHB). До его основания вся финансовая система Венгрии, как, впрочем, и других социалистических стран, находилась под управлением Центробанка, а также Национального кредитного союза (OTP), который, по сути, был не банком, а лишь специализированным подразделением ЦБ. В 1989 году был создан другой коммерческий банк — Országos Kereskedelmi és Hitelbank (Национальный коммерческий и кредитный банк), и Чаньи переместился в эту новую структуру. Уже в 1991 году ему предложили возглавить Budapest Bank — еще одно кредитное учреждение, которое создавало новое посткоммунистическое правительство. Чаньи поддался этому искушению, но, пока рассматривал предложение занять должность, выяснил, что еще одним кандидатом на нее является Лайош Бокрош, глава Агентства государственного имущества. Поэтому Чаньи отказался от участия в конкурсе, что стало примечательным событием, поскольку Бокрош был, а в некотором смысле и остается[56] ведущей фигурой венгер-

---

[56] Бокрош был известен как твердый приверженец либеральных реформ. В 1995–1996 годах он занимал пост министра финансов в правительстве социалистов, позже работал во Всемирном банке и был вице-президентом Центрально-Европейского университета, основанного Джорджем Соросом. В 2008 году после вступления в партию «Венгерский демократический форум» Бокрош был избран ее представителем в Европарламенте, а затем стал ее кандидатом в премьер-министры на парламентских выборах 2010 года. «Венгерский демократический форум», бывший правящей партией в 1990–1994 годах, первоначально находился в правоцентристском и консервативном сегменте политического спектра, поэтому Бокрош, казалось, был совершенно чужд этой партии. Но ее новая программа, принятая в 2010 году, была наце-

ской политики; он начинал на левом фланге, но в последнее время позиционирует себя как «консерватор».

В 1992 году Чаньи был назначен президентом и главным исполнительным директором на тот момент государственного банка OTP, который только что был преобразован в банк *proprement dit* [в подлинном смысле слова — *фр.*] правительством консерваторов-правоцентристов. Вскоре после этого назначения Чаньи начал активные действия по реструктуризации и модернизации вверенного ему учреждения. Для начала он уволил 250 человек из руководящих органов банка, назначив заново лишь 150 из них, а затем наступило решающее испытание — приватизация. Какой путь должен был избрать Чаньи? В 1994 году правительство Венгрии решило приватизировать OTP, после чего предложение о покупке 25 % акций банка поступило от Джорджа Сороса[57]. Все остальные венгерские банки, включая Венгерский банк внешней торговли (MKB), который в итоге возглавил товарищ Чаньи Тамаш Эрдеи, были проданы иностранным инвесторам. Очевидно, что пойти по пути Эрдеи для Чаньи было привлекательной альтернативой: в его банк хлынул бы иностранный капитал, а сам он смог бы получать солидное менеджерское жалованье, почти сопоставимое с возна-

---

лена на радикальные либеральные реформы, поэтому «переобулся» именно «Демократический форум», а не Бокрош. Впрочем, он тоже, кажется, не стоит на прежних позициях: в 2013 году Бокрош инициировал создание новой «консервативной партии» — шаг довольно неожиданный для бывшего «социалиста». На начало 2019 года у него по-прежнему была собственная политическая партия, хотя избраться в парламент Бокрошу не удалось.

[57] Джордж Сорос, проживший первые 17 лет в Будапеште (1930–1947), открыл свой первый фонд «открытого общества» в Восточной Европе именно в Венгрии еще в середине 1980-х годов с внушительным по тем временам бюджетом в 3 миллиона долларов. С деятельностью Сороса в Венгрии в последние годы социализма был связан старт карьеры нынешнего премьер-министра страны Виктора Орбана, который в 1989 году получил от Фонда Сороса стипендию на изучение политологии в Оксфорде. С идеологией Сороса первоначально была связана и партия Орбана «Фидес», или Альянс молодых демократов (Fiatal Demokraták Szövetsége). Однако с приходом Орбана к власти Сорос был объявлен в Венгрии персоной нон-грата, а основанный при его поддержке Центрально-Европейский университет был вынужден переместиться из Будапешта в Вену. — *Прим. пер.*

граждением на аналогичных должностях в западных странах, причем без особых рисков. Однако Чаньи выбрал другой вариант: он отверг предложение Сороса, что стало первым раундом в их затяжном конфликте — и о таланте Чаньи многое говорит то, что все эти столкновения завершились его победой[58]. Вместо того чтобы продать ОТР Соросу, Чаньи вывел банк на фондовый рынок, обеспечив для себя и ряда участников своей команды менеджеров опционы на акции. В отличие от Эрдеи, который предпочел гарантировать себе безбедное существование, Чаньи пошел на риск и получил масштабное вознаграждение.

Далее состоялся второй раунд конфликта между Чаньи и Бокрошем, который в 1995–1996 годах был министром финансов в правительстве социалистов. Ни кабинету в целом, ни лично Бокрошу не нравилась та автономия, которую выкроил для себя Чаньи (что касается Бокроша, то противостояние Чаньи интересам Сороса не соответствовало его экономической доктрине, более ориентированной на Запад), поэтому было принято решение разделить должности председателя совета директоров и главы ОТР и назначить руководителем банка человека, который более строго следовал бы политике Минфина. На общем годовом собрании ОТР в 1995 году Бокрош постановил, что Министерство финансов предложит разделить две указанные должности. Учитывая то, что после приватизации министерство сохранило в ОТР 25 % плюс один голос, он был уверен, что сможет провести это предложение. Бокрош понимал, что еще 25 % акций банка принадлежали Венгерской конфедерации профсоюзов, которую в то время возглавлял его заклятый враг в Социалистической партии Шандор Надь, но не сомневался, что эти 25 % плюс один голос позволят победить на общем годовом собрании. А затем произошел довольно любопытный поворот событий: когда представитель Минфина явился на собрание и его попросили предъявить акции, принадлежащие министерству (владельцы акций действительно должны были их продемонстрировать, если хотели

[58] Впрочем, важно отметить, что предложение господина Сороса было неприемлемо и для тогдашнего премьера-социалиста Дьюлы Хорна, который еще и опасался потенциальной критики со стороны венгерских антисемитов.

голосовать), оказалось, что он не принес их с собой, а в сейфах банка их тоже не обнаружилось. Поэтому министерство не смогло воспользоваться своим правом голоса, и предложение о разделении постов председателя совета директоров и главного исполнительного директора не было принято.

После 2000 года Чаньи активно расширял свою бизнес-империю — как банк OTP, так и личные активы. К концу 2018 года OTP стал успешной транснациональной компанией, работавшей в восьми посткоммунистических странах Европы, включая Россию. Используя свои управленческие навыки, сети контактов и частный капитал, Чаньи также вошел в капитал крупной венгерской нефтяной компании MOL. Доподлинно неизвестно, каким количеством акций OTP и MOL на самом деле владеет Чаньи, но есть подозрение, что он не просто один из обычных собственников, к тому же он входит в совет директоров MOL. Хотя формально группы OTP-MOL не существует, благодаря участию Чаньи в этих двух корпорациях они взаимодействуют между собой. Поскольку MOL ведет деятельность и за пределами Венгрии, у конгломерата OTP и MOL есть все шансы стать первой, а то и единственной венгерской транснациональной компанией.

В дальнейшем Чаньи диверсифицировал личный портфель активов. В частности, он вложил значительные средства в сельское хозяйство и пищевую промышленность. Вместе с Иштваном Кочишем, одним из бывших высокопоставленных чиновников, курировавших приватизацию, он является владельцем крупных виноградников в Виллани, одном из лучших винодельческих регионов Венгрии. Кроме того, на данный момент Чаньи владеет обоими крупнейшими венгерскими предприятиями по производству салями (Herz и Pick), а также имеет интересы в других отраслях пищевой промышленности. В рейтинге венгерских миллиардеров 2019 года он занял первое место с большим отрывом — состояние Чаньи оценивается в 360 миллиардов форинтов (порядка 1,3 миллиарда долларов).

Что же касается поединка Чаньи и Сороса, то он не завершился в 1995 году. В октябре 2008 года фонд «Soros Management» предпринял попытку «зашортить» акции OTP. Структура Сороса взяла в долг около 390 тысяч акций банка и начала их распродавать до наступления срока погашения, в результате чего стоимость бумаг упала на

14 % за один день. OTP удалось выжить, и хотя на бумаге Чаньи выглядел одним из самых крупных, если не главным неудачником мирового финансового кризиса (в 2008 году он занимал второе место в рейтинге самых богатых людей Венгрии, а в 2010 году опустился на шестое место), можно предположить, что он сам скупал акции OTP, когда цены на них падали, а поскольку банк в целом восстановился после кризиса, к 2010 году Чаньи мог быть еще богаче, чем когда-либо прежде. Именно поэтому Чаньи мог получить выгоду от коротких продаж акций OTP фондом «Soros Management», однако Наблюдательный совет Венгерской фондовой биржи (PSZAF) оштрафовал на 1,6 миллиона евро за неэтичное ведение бизнеса именно структуру Сороса. Последний решительно отрицал любую личную ответственность, заявив, что не участвовал в текущем управлении «Soros Management» и не знал о коротких продажах акций OTP[59].

Чаньи далеко не сразу стал самым богатым венгром — это произошло лишь в 2005 году, и сегодня он во многом по-прежнему является самой впечатляющей и влиятельной фигурой новой крупной буржуазии страны. Среди ведущих венгерских бизнесменов бытует мнение, что в момент, когда новый премьер-министр вступает в должность, не Чаньи звонит главе правительства, а тот наносит визит Чаньи. В 2008–2009 годах произошел любопытный конфликт между высокопоставленными политиками в правительстве партии «Фидес»[60] и Чаньи, который вышел победителем из очередного столкновения.

Осенью 2008 года лидеру «Венгерского демократического форума» (ВДФ) Иболии Давид в борьбе за пост руководителя партии

---

[59] На 1 января 2019 года состояние Джорджа Сороса оценивалось в 8,3 миллиарда долларов, в глобальном рейтинге самых богатых людей он занимал 164-е место.

[60] Партия «Фидес» — Венгерский гражданский союз (так звучит полное официальное название этой организации) была основана в 1988 году в качестве либеральной молодежной партии, выступавшей против правящего коммунистического режима. После убедительной победы на парламентских выборах 2010 года «Фидес» стала доминировать в венгерской политике на национальном и местном уровне. На протяжении большей части истории партии ее лидером был Виктор Орбан.

бросил вызов молодой политик Корнел Алмаши. Давид занимала пост министра юстиции в правительстве «Фидес» в 1998–2002 годах, но в итоге вступила в конфликт с лидером этой партии Виктором Орбаном и считалась в «Фидес» фактором угрозы. В то же время существовало общее мнение, что Алмаши изменит политику ВДФ и займет более дружественную позицию по отношению к «Фидес». Давид же считала — и заявляла об этом в прессе, — что за кандидатурой Алмаши стоят определенные круги крупного венгерского капитала, симпатизирующие «Фидес». От неких неизвестных источников Давид получила компакт-диск с записью телефонного разговора между Чаньи и Яношем Тотом, директором частного детективного агентства UD. Предположительно, эту запись сделали венгерские спецслужбы. В конечном итоге вся эта история контролировалась правительством социалистов, также заинтересованным в предотвращении сотрудничества между основной оппозиционной партией «Фидес» и ВДФ, а также в сохранении Давид во главе ВДФ. В ходе записанного разговора Тот сообщил Чаньи, что его фирме поручено собрать информацию о Давид, чтобы дискредитировать ее, и спросил у Чаньи, нужно ли этим заниматься (UD функционировала в качестве службы безопасности ОТР, поэтому было логично, что Тот, получив столь деликатное предложение, поинтересовался у Чаньи, стоит ли его принять). Чаньи, по всей вероятности, предполагал, что его телефонные разговоры прослушиваются, поэтому не дал четкого ответа на вопрос, однако из записи становится понятно, что он знал о конкуренции между Давид и Алмаши. После этого Давид совершила ужасающую политическую ошибку, продемонстрировав, как мало она осознавала могущество бизнеса в Венгрии. Объявившись в офисе Чаньи, она сообщила ему, что знает о существовании диска, и попросила Чаньи оказать давление на Алмаши, чтобы тот прекратил борьбу за лидерство в партии. Когда Чаньи отказался это сделать, Давид пригрозила ему обнародованием записи. Чаньи в ответ заявил, что беседа с Тотом имела конфиденциальный характер и он не позволит предать ее огласке. Несмотря на это, Давид передала диск прессе и инициировала уголовное расследование в отношении неизвестных лиц, которые незаконно собирали информацию о ней. Спецслужбы, приступив к расследованию, провели обыски в офисах UD, конфисковали компьютеры и обратились в прокуратуру с ходатайством выдвинуть против этой компании обвинения в различных преступлениях. Но затем произошел неожиданный поворот: прокурор не нашел никаких доказательств противоправных действий со стороны UD и обвинил Давид в нарушении неприкосновенности частной жизни Чаньи. От правоохранительного преследования Давид защищал парламентский иммунитет, а поскольку парламент, где большинство на тот момент принадлежало социалистам, отказался снять с нее неприкосновенность, в течение некоторого времени ей не грозило предстать перед судом. Однако в 2010–2012 годах правительство «Фидес» предъявило Давид серию обвинений в уголовных преступлениях, и она проиграла суды в первой инстанции. Лишь в 2012 году Давид была оправдана Верховным судом, но одной этой истории должно быть достаточно, чтобы продемонстрировать, как выглядит баланс сил между деньгами и политикой в Восточной Европе: он постоянно меняется, и политика не всегда одерживает первенство над независимыми судами. В Китае или России такое было бы невообразимо.

* * *

Выше мы уже отмечали, что тенденции посткоммунизма не развивались в едином направлении. Восточная Европа на ранних стадиях переходного периода, как правило, придерживалась «либеральной» традиции, достаточно близкой к классическому типу капитализма, где политический капитал «решает все» в наименьшей степени. С другой стороны, для таких стран, как Болгария, Румыния, Хорватия и Сербия, были характерны существенные элементы патримониализма или пребендализма. Тем не менее ни в одной из стран Восточной Европы не произошло полного освобождения от примата экономического капитала (когда командуют деньги, а не политика).

Кроме того, мы уже упоминали концепцию Балинта Мадьяра [Мадьяр 2016], который писал о посткоммунистическом «мафиозном капитализме», подчеркивая роль личных (а иногда и семейных) связей политических элит, используемых для приобретения экономического богатства. Хотя в убедительном анализе Мадьяра в основном делался акцент на специфике венгерского строя после 2010 года, его утверждения можно применить и к посткоммунистической трансформации в целом. Если и когда задачей является быстрая приватизация коллективной собственности (или, говоря еще более общо, в случае «первоначального накопления капитала»), «близкие» или хотя бы «спорадические» отношения между теми, кто контролирует трансформацию прав собственности, и новыми владельцами почти неизбежны. Именно поэтому мы неохотно прибегаем к термину «мафия», который во многом используется для ценностных суждений. Быстрая приватизация и первоначальное накопление капитала требуют несколько менее четко определенных отношений собственности и правового вакуума, в котором такое накопление может происходить. Приватизацию в посткоммунистических обществах в конце XX века во многом можно сравнивать с огораживаниями в Англии в XVI столетии.

5.4. *Китайские нувориши*

Хотя в китайском обществе по-прежнему доминирует политический капитал, экономический капитал, пусть он и никогда не был полностью «автономным», постепенно приобретает все большее значение. Однако, учитывая решающую роль приватизации предприятий в рамках постсоветских, а в некоторой степени и восточноевропейских посткоммунистических режимов, экономический капитал приобретается только по милости или по доброй воле носителей политического/социального капитала. В Китае по меньшей мере в течение первого десятилетия трансформации первоначальное накопление капитала происходило «классическим путем». Хуан Яшэн [Huang Y. 2008] назвал это явление «предпринимательским капитализмом», и действительно, в 1980-х годах отдельные представители низших слоев населения — фермеры, выращивавшие рис, и строительные рабочие — открывали частные предприятия и накапливали капитал.

Некоторые из первых китайских миллиардеров были выходцами именно из таких групп общества.

Ниже будут приведены два подобных случая — истории братьев Лю (пример 6) и династии Ян (пример 7). Согласно информации, которую нам удалось найти, обе эти семьи стали довольно богатыми без какой-либо политической протекции. Таким образом, перед нами конкурентный капитализм, где политическая защита необходима *после* того, как вы стали достаточно богаты. Китайские богачи оказываются за решеткой, когда лица, оказывающие им политическое покровительство, попадают в опалу, а в постсоветских или (в некоторой степени) посткоммунистических странах Восточной Европы богачей постигает такая же участь, если они начинают демонстрировать нелояльность политическому боссу, который помогал им на пути к богатству. Кроме того, в Китае большое внимание уделяется человеческому капиталу и технологическим ноу-хау.

Пример 6. Лю Юнсин

Лю Юнсин (родился в 1948 году) и три его младших брата, Юнхан, Юсинь и Юнхао, выросли в городе Чэнду в провинции Сычуань на юго-западе Китая. По утверждению Дэвида Барбосы [Barboza 2009], семья Лю имела репутацию «контрреволюционной», поскольку считалось, что ее предками были богатые помещики. В 1950-е годы семья была настолько бедна, что одного из братьев, Юсиня, пришлось отдать на воспитание в другую семью, и он взял себе ее фамилию Чэнь. Во время «культурной революции» отец Лю Юнсина был направлен в лагерь перевоспитания, а мать также была официально осуждена. До конца 1970-х годов все четыре брата трудились на сельхозпредприятиях или государственных фабриках. Изменения в их судьбе начались в 1978 году, когда трое из четырех братьев (кроме Юсиня, который продолжал заниматься сельским хозяйством в деревне Гуцзя провинции Сычуань) поступили в колледжи, где получили научно-техническое образование. После его окончания они работали на различных должностях среднего уровня: Юнсин устроился в отдел образования в одном уезде, а его братья получили такие позиции, как специалист по компьютерам, сельскохозяйственный техник и учитель средней школы. В 1982 году, когда китайское правительство стало инициировать и поощрять развитие новых технологий в сельском хозяйстве, братья Лю решили уйти с государственной службы и попытать счастья — после трех дней напряженных споров они открыли собственный бизнес.

В 1982 году братья продали свои ценные вещи — часы и велосипеды, — выручив за них 1000 юаней, и начали торговать цыплятами и яйцами. Но из-за транспортных проблем и пожара бо́льшая часть их первой партии цыплят погибла. Братья понесли большие убытки, но не сдавались и в итоге за первый год заработали 100 тысяч юаней. В то время пользовались спросом перепелиные яйца, которые стоили вдвое дороже куриных, поэтому у братьев Лю возникла блестящая идея использовать новую технологию для снижения себестоимости перепелиных яиц — на этом они заработали значительный капитал. В 1982–1984 годах братья начали еще один крупный бизнес, на сей раз в области свиноводства, когда поняли, что традиционный метод выращивания свиней был слишком устаревшим. В Сычуани тогда появились новые импортные корма для свиней, за которыми образовались длинные очереди: братья увидели здесь еще одну возможность и сами начали производить корма. В 1988 году они купили десять гектаров земли, открыли лабораторию и стали экспериментировать с различными ингредиентами кормов для свиней. Удачная формула была получена в 1989 году: продукт оказался намного дешевле, чем существующие корма из Таиланда. Компания братьев Лю, теперь называвшаяся «Hope» [«Надежда»], мгновенно заняла доминирующее положение на китайском рынке кормов для свиней. Чистые активы семьи росли в геометрической прогрессии: 1000 юаней в 1982 году, 10 миллионов в 1988 году, 100 миллионов в 1993 году и 1 миллиард в 1999 году[61].

В 1991 году братья основали в Чэнду холдинг «Hope Group» с диверсифицированным портфелем проектов, который включал, помимо производства кормов, высокие технологии, финансирование недвижимости, биохимическую индустрию и даже производ-

---

[61] Данные о состоянии Лю Юнсина см. в [Forbes 2010–2015].

ство алюминия. За несколько лет «Hope» превратилась в крупнейшую частную корпорацию Китая, различные филиалы которой находились во владении и под управлением отдельных братьев. Лю Юнсин является председателем совета директоров «Hope Oriental Corporation» — одной из четырех корпораций группы.

В глобальном рейтинге Forbes семья Лю появилась в 1995 году, всего через семь лет после начала бизнеса под брендом «Hope», и это был первый случай, когда китайские предприниматели попали в список богатейших людей планеты. В середине 1990-х годов в семье произошел раскол, но в 2000 году братья еще входили в список Forbes вместе, занимая второе место среди самых богатых китайских бизнесменов. По данным рейтинга Hurun, в 2014 году Лю Юнхан и его семья находились на 20-м месте среди богатейших китайцев с состоянием в 6,3 миллиарда долларов, а по совокупному состоянию четверо братьев и их семьи вполне могли входить в первую десятку. Это беспрецедентный сюжет в истории новой крупной буржуазии Китая, поднявшейся из низов.

На 1 января 2019 года чистые активы семьи Лю оценивались «Forbes» в 5 миллиардов долларов, однако этого уже было недостаточно для попадания в топ-10 китайских богачей.

Пример 7. Династия Ян

Ян Квок Кеунг (родился в 1955 году) происходит из Шунтака, одного из районов города Фушань в провинции Гуандун. Он вырос в очень бедной семье, где было еще две сестры и три брата (Ян был младшим из шести детей), затем работал рисоводом и рабочим на стройке и женился на каменщице, которая работала в той же бригаде. Все это очень напоминает типичные китайские сюжеты времен председателя Мао и первых лет реформ.

Восхождение Яна по карьерной лестнице началось после того, как в 1978 году он начал работать в одном ПВП городского подчинения, которое занималось строительством: к 1984 году он стал прорабом, а в 1989 году его назначили генеральным директором. В 1990-х годах Ян вместе с несколькими друзьями из своего родного Шунтака купил эту строительную компанию, когда в ней проводилась «корпоративная реформа», предполагавшая передачу предприятия из городской собственности в частные руки и частичное внутреннее перераспределение активов. В результате Ян стал ее крупнейшим акционером.

В начале 1990-х годов Ян купил большой пустовавший участок земли в Шунтаке, дал этому месту название Бигуйюань и занялся бизнесом в сфере недвижимости. Но, к разочарованию Яна, примерно в это же время в Китае лопнул пузырь жилой недвижимости, и из четырех тысяч построенных квартир было продано только три. Когда Ян оказался в затруднительном финансовом положении, один из друзей посоветовал ему построить элитную международную школу, чтобы привлечь богатых родителей к покупке недвижимости по соседству. Ян последовал этому совету, и его ждал огромный успех. Один из рекламных слоганов проекта гласил: «Сюда ходит даже внук Дэн Сяопина». Непомерно высокий «образовательный взнос» (300 тысяч юаней за одного ученика), который должны были сделать родители, возвращался после окончания школы их ребенком: это позволяло семьям покупать дорогое жилье, а проекту Бигуйюань приносило огромную прибыль. Когда к концу 1990-х годов власти разрешили бизнесу приобретать общественные земли и продавать участки покупателям жилья, Ян быстро включился в этот процесс и в 1997 году основал компанию под английским названием «Country Garden» («Сельский сад»). В итоге она стала одной из крупнейших в Китае девелоперских корпораций, специализируясь в основном на массовом жилье. Наконец, Ян купил главную телевещательную компанию Гонконга TVB. При этом сам он является очень скромным и незаметным человеком, который редко посещает публичные мероприятия и не любит давать интервью.

Ян проработал детальный план передачи своего бизнеса детям. Выбрав своей наследницей вторую дочь Ян Хуэйянь, он приводил ее на заседания совета директоров, еще когда она училась в средней школе (которая, конечно же, находилась в районе, построенном отцом), а для подготовки к работе главой корпорации отправил ее в Америку, где она получила степень бакалавра по маркетингу и логистике в Университете штата Огайо. Ян Хуэйянь пришла в проект Бигуйюань в 2005 году на должность менеджера по продажам, в том же году отец передал ей 70 % акций «Country Garden», после чего она возглавила компанию, однако управляет бизнесом по-прежнему Ян-старший. Четверо из девяти членов совета директоров, имеющих право голоса, принадлежат к семье Ян: это сам Ян Квок Кеунг, его дочь Ян Хуэйянь и два его племянника. В 2006 году Ян Хуэйянь вышла замуж за 24-летнего сына высокопоставленного чиновника одной из северо-восточных провинций КНР, что, как утверждает издание «China Daily», «порадовало ее отца». Ян Хуэйянь тоже ведет себя очень закрыто, ее личная и семейная жизнь не становятся достоянием общественности, она редко посещает публичные мероприятия и никогда не соглашалась давать интервью. На 1 января 2019 года ее состояние оценивалось в 19,9 миллиарда долларов — шестое место в списке китайских миллиардеров по версии «Forbes». На тот момент она была самой богатой женщиной в мире — хороший пример накопления, начавшегося с малого бизнеса, который перерос в крупный, а также важности семейных связей в процессе попадания в высшие слои общества.

Однако мелкобуржуазный путь к богатству не отрицает значимости политического капитала. Среди первых китайских долларовых миллиардеров, которые разбогатели уже к середине или концу 1990-х годов, еще можно найти немало выходцев из скромных слоев общества, которые начинали как рисоводы или каменщики и добрались до вершины пирамиды богатства. Несколько подобных персонажей можно обнаружить и в России или в Восточной Европе. Но за последние 15 лет ситуация, похоже, изменилась: теперь мы наблюдаем гораздо больше семей высокопоставленных чиновников, владеющих миллиардными состояниями (например, семьи Вэнь Цзябао, Ху Цзиньтао, Си Цзиньпина, Бо Силая и Чжоу Юнкана), которые чрезвычайно богаты и, по-видимому, извлекают выгоды из «политического капитализма». В то же время за последнее десятилетие появилось немало молодых капиталистов, которые двигались «снизу вверх», особенно в сфере информационных технологий. Впрочем, эти новые миллиардеры, в отличие от братьев Лю или Ян Квок Кеунга, обычно являются высокообразованными людьми, а их истории успеха обусловлены связями с Западом (как правило, они получили образование или работали в США).

5.4.1. *Начальная стадия политического капитализма в Китае?*

Наш анализ списка самых богатых китайцев по состоянию на 2000 год показал, что биографии девяти его фигурантов очень напоминают карьерные траектории братьев Лю или династии Ян. Но есть и одно явное исключение — Жун Чжицзянь, который в свое время занимал первое место в китайском рейтинге Forbes.

Пример 8. Жун Чжицзянь

Жун (родился в 1942 году) происходил из высокопоставленной китайской семьи. Его отец Жун Ижэнь (1916–2005) в 1993–1998 годах был заместителем председателя КНР, то есть занимал должность, относящуюся не просто к верхушке номенклатуры, а к самому узкому кругу элиты китайской системы. К тому же Жун Ижэнь был совершенно необычной фигурой для коммунистических кадров КНР. Он родился неподалеку от Шанхая, в городе Уси (провинция Цзянсу), в одной из самых состоятельных китайских семей. Его собственный отец Жун Дэшэн, дед Жун Чжицзяня, входил в десятку богатейших бизнесменов последнего периода правления династии Цин, владея мукомольными и хлопковыми предприятиями. Жун Ижэнь учился в Университете святого Иоанна в Шанхае, престижном на тот момент христианском колледже, а в 1948 году унаследовал семейный бизнес. После того, как в 1949 году была основана КНР, Жуну было позволено сохранить этот бизнес до 1956 года, когда все частные предприятия были национализированы, однако он получил в качестве компенсации сумму, эквивалентную 6 миллионам долларов, и был назначен на должность вице-мэра Шанхая, а также стал экономическим советником Коммунистической партии. Жун Ижэнь действительно имел репутацию «красного капиталиста», поскольку еще до 1949 года его семья была одной из немногих промышленных династий, к которым хорошо относилась Коммунистическая партия благодаря тому, что они с ней сотрудничали. Кроме того, в 1985 года Жун Ижэнь «тайно» вступил в КПК, хотя об этом стало известно только после его смерти. До этого, во времена «культурной революции» (1966–1976), Жун пережил непростые времена: в 1966 году его сослали в Ляншань (провинция Сычуань) из-за капиталистического происхождения, но после окончания этого периода Жун Ижэн наладил связи с Дэн Сяопином и был назначен его советником по открытию китайской экономики для западных инвестиций. Уже в 1979 году Жун создал Международную трастовую и инвестиционную корпорацию Китая (CITIC), а в должности вице-председателя КНР (1993–1998) вновь принимал активное участие в привлечении западных инвестиций в китайскую экономику. После того как в 1998 году Жун Ижэнь ушел в отставку, его сменил не кто иной, как Ху Цзиньтао.

Старт карьеры Жун Чжицзяня был не особенно впечатляющим. В 1959 году он поступил в образцовую среднюю школу города Наньяна, затем изучал электронную инженерию в университете Тяньцзиня. Во времена «культурной революции» его сослали работать на ГЭС в округе Цзилинь, хотя уже в 1972 году Жуну-младшему было разрешено вернуться в Пекин, а в 1978 году переехать в Гонконг (вероятно, семье удалось спасти часть компенсации, полученной за свой бизнес, и перевести туда эти средства). Свою первую крупную сделку, которая принесла ему 72 миллиона долларов, Жун Чжицзянь провел, продав принадлежавшие ему акции в компании по производству электроники, основанной его двоюродным братом. В 1986 году он присоединился к возглавляемой его отцом корпорации CITIC, став вице-президентом ее подразделения в Гонконге. В 1987 году Жун Чжицзянь получил от КНР кредит в размере 800 миллионов гонконгских долларов для покупки акций авиакомпании «Cathay Pacific» и к 1990 году приобрел не только 12,5 % этого перевозчика, но и 46,2 % в авиакомпании «Dragonair», 23,5 % в компании «Hong Kong Eastern Harbor Crossing», 20 % в «Hong Kong Electricity», а также к 1990-м годам в его портфеле появились активы в сфере недвижимости и телекоммуникаций. При помощи одного магната из Гонконга Жун приобрел компанию «Hengchang», контролирующую 40 % гонконгского рынка розничной торговли автомобилями.

Однако в 2009 году Жуну пришлось сложить полномочия в CITIC после того, как ему были предъявлены обвинения в участии в валютных спекуляциях, в которых что-то пошло не так. Во время мирового финансового кризиса Жун действительно потерял значительные средства, в его отношении проводились расследования полицией Гонконга по коммерческим преступлениям и Комиссией по ценным бумагам и фьючерсам Гонконга (SFC). Жун больше не фигурирует в списках ведущих китайских миллиардеров, хотя утверждается, что он продолжает вести роскошный образ жизни в Китае.

Несмотря на то что биография Жуна предельно необычна для китайских миллиардеров, его взлет и падение можно интерпретировать как пример политического капитализма. Его отец не был обычным представителем высшего коммунистического руководства: Дэн нуждался в нем для легитимации своих реформ, и Жун-младший позволил ему показать себя «хорошим капиталистом». Но политические связи отца принесли Жун Чжицзяню пользу не только в этом. Ему разрешили досрочно вернуться в Пекин, а затем перебраться в Гонконг как раз в тот момент, когда режим Дэн Сяопина делал первые шаги. Жун Чжицзянь имел масштабные семейные связи, а также, вероятно, и определенные средства, накопленные благодаря компенсации, которую его отец получил от коммунистического режима. Поэтому Жуну было легко начать бизнес, затем он стал работать в компании, которой руководил его отец, а также важную роль в его превращении в богача сыграли деньги, полученные в виде займа от КНР. В 2009 году Жун Чжицзянь стал мишенью расследований (хотя еще неизвестно, совершал ли он вообще какие-либо преступления) лишь потому, что после смерти отца потерял политические связи в Пекине. Но, несмотря на то что у него больше не было «покровителей», Жун по-прежнему мог наслаждаться своим личным состоянием.

Глава 6
Консолидация и частичная новая конвергенция посткоммунистических траекторий?

1. Либеральные демократии Восточной Европы: успехи и кризисы (2000–2010)

Второе десятилетие либеральных преобразований в целом оказалось историей успеха: перед нами разворачивается картина в основном непрерывного и вполне впечатляющего роста, продолжавшегося вплоть до глобального финансового кризиса (2008–2009), который нанес по Восточной Европе достаточно сильный удар. Первым и последним исключением оказалась Польша — единственная страна не только среди посткоммунистических государств этого региона, но и во всем Евросоюзе, которая сохраняла положительную экономическую динамику все первые десять лет XXI века.

Но эта довольно оптимистичная формулировка требует по меньшей мере одной снижающей позитивный настрой оговорки: в первые годы второго десятилетия трансформации — задолго до удара финансового кризиса — экономический рост замедлялся. Довольно существенное сокращение суверенных долгов, прежде заметное по меньшей мере в отдельных странах, сменилось обратным процессом. Чехия, Польша и Венгрия столкнулись с «проблемой благосостояния». Государства были вынуждены пойти на реализацию мер жесткой экономии и сокращение расходов на социальное обеспечение, что спровоцировало политическое сопротивление, мобилизационную реакцию (например, в виде забастовок) и рост числа голосов за праворадикальные популистские партии.

В первой половине второго десятилетия XXI века страны Восточной Европы разделились на два разных «лагеря». В первый из них входили государства с более крепким гражданским обществом и более качественными системами социальной защиты — Чехия, Венгрия и Польша. Эти страны начали испытывать трудности под давлением мер жесткой экономии и сокращения социальных выплат, рост их экономик замедлился, в результате чего государственный долг снова начал расти — так произошло сползание во «второй переходный кризис». Если первый подобный кризис был следствием адаптации экономики к рыночным императивам, то второй возник как результат необходимости в создании такого режима социального обеспечения, который соответствовал бы логике рыночной экономики. Что же касается второго лагеря, то в нем оказались прочие страны Восточной Европы, такие как Болгария и Румыния, где гражданское общество было слишком слабым, чтобы бросить серьезный вызов политике жесткой экономии, а сфера социальной защиты еще в социалистическую эпоху пребывала в настолько плохом состоянии, что ее не стоило и отстаивать.

Этот «второй переходный кризис» был достаточно мощным лишь в Венгрии, где существовало довольно сильное гражданское общество, а потери в области существовавших мер социального обеспечения определенно были самыми значительными. В результате в стране возникло чрезвычайно решительное противостояние любому сокращению социальных пособий, что привело к рецессии еще до наступления мирового финансового кризиса, а государственный долг постоянно увеличивался. Полякам, а также в некоторой степени чехам удалось вырваться из нисходящей спирали, характерной для первых лет второго переходного периода: они смогли достичь более высоких темпов роста и ограничить дефицит бюджета. Болгары, румыны и словаки, в свою очередь, пускались во все тяжкие до самого наступления глобального кризиса. Капитал, уходивший из экономик Чехии, Венгрии и Польши, где издержки становились слишком высокими, поглощался странами второго лагеря, которым удалось провести сокращение расходов и удержать под контролем дефицит бюджета и государственный долг.

Кризис сильно ударил почти по всем либеральным режимам: как указано выше, только Польше удалось остаться в плюсе даже в 2009 году. Больше остальных пострадали Румыния и Венгрия, но и в других странах Восточной Европы наблюдались падение ВВП и рост безработицы — тенденции, характерные и для прочих стран Евросоюза или развитых экономик. К 2010–2011 годам экономика стала в целом восстанавливаться, но вскоре Восточная Европа снова пострадала, на сей раз — от европейского кризиса, из-за которого темпы роста опустились ниже 3 %. Уже в 2012 году в Венгрии снова началась рецессия, а экономика Чехии стагнировала.

Сравнения различных стран влекут за собой два важных последствия.

a) Болгария и Румыния представляют собой примеры «позднего цветения». В течение первого десятилетия трансформации они пережили более резкий спад, чем остальные страны региона, а восстановление их экономик также началось позже. Тем не менее во втором десятилетии переходного периода обе страны наверстывали упущенное по меньшей мере до финансового краха в США в 2008 году и европейского кризиса.

b) Худшей по всем показателям страной во втором десятилетии транзита была Венгрия. Первое десятилетие XXI века можно назвать для нее потерянным временем: Венгрия не только отставала от других либеральных стран в экономической динамике, но и имела самые серьезные фискальные проблемы, определенно самый большой государственный долг и самую высокую безработицу (более 10 % в 2008–2013 годах). Венгрия и Словения, похоже, были двумя единственными странами с либеральными режимами, которые после начала

> европейского кризиса пострадали от двойной рецессии. Словения в первые годы второго десятилетия реформ демонстрировала исключительно высокие результаты, но международный финансовый кризис поразил и ее. Масштаб суверенного долга Словении составлял лишь половину венгерского, но увеличивался по мере разворачивания европейского кризиса. В итоге Словения в 2009–2012 годах оказалась страной, наиболее напоминавшей Венгрию.

Тот факт, что Болгария и Румыния оказались в состоянии нагнать Венгрию, может быть не столь уж озадачивающим, как кажется на первый взгляд. Когда в 2000 году мы обсуждали затянувшуюся рецессию в Болгарии с нашим уважаемым коллегой из этой страны Петаром Митевым, он проницательно заметил: «Подождите еще немного. Как только Германия скупит Чехию, Словакию, Венгрию и Польшу, после этого она возьмется и за Румынию с Болгарией». В этом замечании, безусловно, было зерно истины. Вступление Болгарии и Румынии в Евросоюз определенно способствовало росту их экономик на протяжении большей части второго десятилетия трансформации. Но здесь требуется сделать одну оговорку: слишком быстрая интеграция в Евросоюз и растущая зависимость от иностранного капитала могли быть теми самыми причинами, по которым эти страны, как и Венгрия, оказались наиболее уязвимыми перед глобальным финансовым кризисом и кризисом в ЕС. Кроме того, в течение первого десятилетия трансформации и Болгария, и Румыния колебались между патримониальной и либеральной траекториями, хотя в первом десятилетии XXI века, когда они стремились вступить в Евросоюз, от них потребовалось скорректировать свою правовую и политическую системы таким образом, чтобы соответствовать критериям приема в этот альянс.

1.1. *Потерянное десятилетие Венгрии*

Вопрос о том, почему исключением оказалась именно Венгрия, представляет собой более сложную загадку. Как получилось, что эта страна стала отставать во втором десятилетии трансформации, хотя в первом ее результаты уступали только Польше? По большинству показателей Венгрия опережала не только Болгарию и Румынию, но и Чехию, уходя в отрыв от Словакии. Что же произошло в 1999–2010 годах? Почему Венгрия смещается в направлении южной периферии Евросоюза и может ли она стать следующей в очереди на суверенное банкротство после Греции или Испании?

Политические партии возлагали вину за это друг на друга: правое правительство, пришедшее к власти в 2010 году, обвиняло своих предшественников — коалицию социалистов и либералов — в восьмилетней бесхозяйственности и чрезмерном росте суверенного долга[1], а оппозиция в лице социалистов и либералов обвиняла правых в том, что это они начали «перерасход средств» еще до избирательной кампании 2002 года и не опирались на фискальную консолидацию, которая была достигнута в последний период работы коалиционного правительства в 2009 году. Политика правительства — это действительно важный фактор. Удручающие показатели венгерской экономики до начала финансового кризиса в 2008 году можно объяснить (по меньшей мере отчасти) политическими ошибками, допущенными правительством социалистов и либералов[2]. В 2007–2008 годах в Венгрии наблюдалась стагнация ВВП (рост составлял всего 1,3 и 0,6 % соответственно, причем эти показатели затем уточня-

---

[1] В 2002 году Социалистическая партия сформировала коалиционное правительство с Либеральной партией (СДС), а в 2010 году правоцентристская партия «Фидес» получила две трети мест в парламенте.

[2] Авторы не упоминают чрезвычайно важный для понимания развития ситуации в Венгрии политический кризис сентября 2006 года, когда достоянием общественности стал ряд скандальных высказываний тогдашнего премьер-министра Ференца Дюрчаня. Вскоре после победы Венгерской социалистической партии на парламентских выборах в апреле 2006 года Дюрчань в конфиденциальном выступлении признался ее руководству, что экономическая политика Венгрии была «самой тупой в Европе», а избирателям приходилось регулярно врать, приукрашивая истинное положение дел. На волне массовых протестов в Будапеште «Фидес» осенью 2006 года удалось выиграть местные выборы, что обеспечило партии Орбана хорошую исходную позицию для победы на национальных выборах 2010 года. — *Прим пер.*

лись официальной статистикой задним числом), тогда как экономическая динамика в остальной части Восточной Европы составляла от 6 до 10 %. Социалистическое правительство должно нести определенную ответственность за десятилетие медленного роста и за два этих несчастных года, но в том-то и дело, что правоцентристское правительство, пришедшее к власти в 2010 году, тоже не может особенно гордиться собственными достижениями — темпы восстановления страны после глобального финансового кризиса были слабыми, а реакция на европейский кризис оказалась худшей во всем посткоммунистическом мире. Другие либеральные посткоммунистические страны Восточной Европы лишь замедлили темпы роста (например, Чехия балансировала на грани рецессии), а патримониальные режимы, как мы увидим в дальнейшем, и вовсе не пострадали — по меньшей мере до середины 2014 года, когда Россия вновь оказалась в рецессии в результате падения цен на нефть, авантюры на востоке Украины и постепенного разворачивания ограничительных санкций, введенных США и Евросоюзом.

Поэтому, возможно, нам необходимо заглянуть глубже, чем ошибки в политике, допущенные отдельными кабинетами министров, — вопрос лишь в том, насколько глубже. Интересное объяснение неожиданного провала Венгрии в длительном историческом контексте предлагает Янош Ладаньи [Ladányi 2012; Ladányi, Szelényi 2015], который не согласен с привычным представлением о том, что реформы режима Кадара были преимуществом для периода посткоммунистического транзита. Ладаньи придерживается противоположной точки зрения, полагая, что реформы Кадара были тупиковыми — они лишь привели к появлению специфического *homo Kadariensis* [человека эпохи Кадара — *лат.*], который был еще менее способен адаптироваться к рыночным условиям, сохраняя свои социалистические черты в рамках «второй экономики» в сельском хозяйстве и других секторах. Это любопытная идея, однако она вызывает два возражения.

а) Гипотеза Ладаньи не согласуется с данными первого десятилетия переходного периода. В этот период Венгрия выиграла от ранее проведенных реформ (а Польша — в еще большей степени), тогда как отсутствие реформ стало наказанием для Болгарии и Румынии, а в некоторой степени и для Чехии.

b) Наследие Кадара отвергла даже Венгерская социалистическая партия, а правоцентристская партия «Фидес», которая во второй раз сформировала правительство в 2010 году, похоже, отождествляла себя в политическом плане с существовавшим в докоммунистический период режимом Хорти и проводила социальную и экономическую политику, определенно напоминающую период между двумя мировыми войнами. Могут ли эти политические силы «объективно» быть кадаристами, если даже «субъективно» они отвергают режим Кадара как «диктатуру»? Едва ли на этот вопрос можно ответить утвердительно.

Тем не менее стоит признать, что, хотя Венгрия по иронии судьбы могла извлечь выгоду из реформ Кадара в первое десятилетие трансформации, во второе десятилетие посткоммунизма эти преимущества — а именно зеленый свет для ПИИ, относительно достойный масштаб социальных льгот и уровня жизни — дали обратный эффект.

Если отвергнуть гипотезу Ладаньи, то в чем заключаются возможные причины неудовлетворительных результатов Венгрии после 2006 года?

a) Слабые показатели вовлеченности населения в экономическую активность (ликвидация рабочих мест определенно происходила из-за специфически венгерских практик приватизации и сильной зависимости от ПИИ, см. [EEAG 2012: 120]).

b) Сильное разочарование в реформах и все более жесткое политическое сопротивление наступлению на социальные льготы способствовали росту дефицита бюджета и суверенного долга. В «самом веселом бараке соцлагеря» уровень жизни был несколько выше, чем в других коммунистических странах, поэтому, когда после либерализации и приватизации правительство взялось за «систему социального обеспечения», людям было что терять. В связи с этим их сопротивление жесткой экономии было еще сильнее, чем в соседних странах.

c) Значительная зависимость от внешней торговли и высокий уровень валютных кредитов (изначально Венгрия была более привлекательной для ПИИ, так как имела долгую историю реформ), что сделало ее более уязвимой к финансовому кризису и европейскому кризису, чем большинство неолиберальных стран (см. [EEAG 2012: 115 и 125]).

В заключение сделаем небольшое отступление. К концу первого десятилетия XXI века Венгрия оказалась в долговой ловушке. Ее суверенный долг достиг 80 % ВВП, и хотя этот показатель примерно соответствовал среднему показателя по Евросоюзу и был ниже уровня суверенного долга стран Южной Европы, слабый уровень участия населения в рабочей силе, низкая производительность труда и плохие перспективы экономического роста подразумевали, что даже с таким соотношением долга и ВВП Венгрия способна приблизиться к порогу суверенного дефолта. В 2002 году на выборах победила Социалистическая партия, выступившая за «смену режима ради благосостояния» (jóléti rendszerváltás). Те, кто считал, что социализм, используя формулировку Корнаи, представлял собой «преждевременно родившееся государство благосостояния», которое необходимо сократить, и выступал за жесткую экономию, полагали, что именно эта программа виновна в разворачивающемся долговом кризисе. Один из авторов этой книги, а именно Иван Селеньи, не согласен с такой постановкой вопроса. После 13 лет снижения уровня жизни венгерское общество было готово к большему вниманию к вопросам «благосостояния» и агрессивной государственной политике по созданию рабочих мест, поэтому в первые годы XXI века, когда кредит был легкодоступным, а процентные ставки находились на низком уровне, заимствования были разумны. Правительства социалистов в период с 2002 по 2010 год допустили серьезные ошибки, но не потому, что хотели повысить благосостояние, а потому, что шли к этому неправильным путем. Заемные средства были опрометчиво потрачены на увеличение реальных доходов государственных служащих и пенсионеров, то есть на покупку голосов, а не на создание рабочих мест. До 2006 года экономика продолжала расти, но этот рост оказался не столь быстрым, как мог бы быть, а самое худшее — это был рост без рабочих мест. Если бы уровень участия населения в рабочей силе и производительность труда в Венгрии были сопоставимы с основными странами Евросоюза, то 80-процентный суверенный долг не привел бы к тому, что Венгрия оказалась худшей страной в первые годы третьего десятилетия посткоммунистического переходного периода. Поэтому рецепт спасения от венгерских неудач — и ключ к устойчивому экономическому росту в неолиберальных посткоммунистических экономиках — прост: не больше жесткой экономии, не сокращение социальных пособий, а рабочие места, рабочие места и рабочие места.

Балинт Мадьяр, один из ведущих либеральных политиков посткоммунистической Венгрии, выразил свое разочарование политикой этого периода во введении к вышедшему в 2014 году под его редакцией второму тому книги о мафиозном государстве под заголовком «Венгерский спрут». Как отмечал Мадьяр, «после падения советской империи многие из нас разделяли иллюзию, что на смену коммунистическим диктатурам — по меньшей мере в Европе — могут прийти либеральные демократии западного образца» [Magyar 2014: 7]. Подобные настроения разделяли многие либеральные демократы[3] в бывших социалистических странах Восточной Европы. Действительно, в 1989–1991 годах легитимирующими идеологиями новых политических элит в большинстве бывших социалистических стран Европы выступали либеральная демократия и рыночный капитализм. В первый год президентства Бориса Ельцина казалось, что даже Россия может двигаться в сторону либерализма[4]. Егор Гайдар, испол-

---

[3] В настоящей главе мы используем термин «демократия» в более узком смысле этого понятия. Некоторые авторы обозначают им либеральную демократию (верховенство закона, разделение властей, гарантии собственности и правление большинства), другие же просто определяют демократию как систему, в которой лидеры избираются на основании воли большинства. Мы не становимся ни на одну из сторон в этом сложном теоретическом споре, но в данном случае используем термин «демократия» во втором, более узком смысле.

[4] Некоторые страны Восточной Европы вообще не экспериментировали с либеральной демократией. Хорватия при Франьо Туджмане или Сербия при Слободане Милошевиче, Болгария или Румыния в начале 1990-х годов

нявший обязанности премьер-министра Российской Федерации во второй половине 1992 года, имел признанную репутацию либерала и выступал сторонником шоковой терапии — одного из основных инструментов либеральной экономической политики. В Восточной Европе и даже в России действительно зарождались некоторые основные институты либеральной демократии и рыночного капитализма. Была создана многопартийная политическая система, проводились довольно свободные и честные выборы, СМИ были в значительной степени свободны. В формирующихся новых обществах реализовывалось верховенство закона, а исполнительной власти (как в парламентских, так и в президентских республиках) приходилось взаимодействовать со свободно избранными законодательными органами. Конституционные суды проверяли, соответствуют ли законы, принятые законодательной властью, конституции (даже в России в 1991–1993 годах функционировал влиятельный конституционный суд). Создавалось впечатление, что три ветви власти — исполнительная, законодательная и судебная — были достаточно автономны и при этом действует некая система сдержек и противовесов. Одновременно развивались институты рыночного капитализма. Частная собственность была признана неприкосновенной, поэтому предпринимались попытки принятия законов, которые регулировали бы упорядоченное превращение общественной собственности в богатство, принадлежащее частным владельцам. Также были внедрены основные институты свободной рыночной экономики — законы о банкротстве, центральные банки, обладающие относительной автономией от законодательной и исполнительной власти, свобода перемещения труда и капитала.

были далеки от любых представлений о либеральной демократии или даже о капитализме свободного рынка. Как указывал Кен Джоуитт, специалист по Румынии в Калифорнийском университете в Беркли [Jowitt 1996], было не вполне понятно, в каком направлении пойдет развитие посткоммунистических обществ: станут ли они «гражданскими» или «этническими»? Сам Джоуитт прогнозировал, что более вероятен этнический поворот, и почти 20 лет спустя мы, к сожалению, вынуждены признать, что он дал верную оценку, которая актуальна не только для Румынии.

Но, как демонстрирует приведенная выше мысль Балинта Мадьяра, спустя четверть века после *Die Wende* [смены курса — *нем.*] путь к либеральной демократии и рыночному капитализму оказался более тернистым, чем ожидалось. К середине второго десятилетия XXI века стал возникать вопрос, была ли вообще состоятельной некогда широко распространенная доктрина «демократической телеологии» (см. [Carothers 2002; Trencsényi 2014]). В «транзитологии» и теории «третьей волны демократизации» признавалось, что укрепление демократии может занять длительное время, хотя обычно предполагалось, что на ранних этапах перехода отклонения от моделей либеральной демократии являются лишь временными: в тот или иной момент все общества в конечном итоге придут к конечному пункту назначения — либеральной демократии.

Тревоги Балинта Мадьяра разделял Фрэнсис Фукуяма, некогда объявивший о «конце истории»[5]. В одной из своих недавних книг под названием «Политический порядок и политический упадок» [Fukuyama 2014] (см. также [Berman 2014]) он не только признал, что некоторые страны переходного типа еще не приступили к демократии, но и продемонстрировал, что отдельные из них даже совершили разворот и вернулись к автократии. Фукуяма убедительно продемонстрировал, что демократические институты не только развиваются — они могут и разрушаться, причем даже в устоявшихся демократиях (отсюда и заголовок рецензии Шери Берман на книгу Фукуямы в «The New York Times»: «Глобальное предупреждение»).

1.2. *Три кризиса, с которыми столкнулись не все страны*

В этой главе мы не задаемся столь грандиозной целью, как Фукуяма, — достаточно будет попытаться понять природу политической экономии посткоммунистических стран, которые,

---

[5] Книга Фукуямы «Конец истории» была опубликована в 1992 году, хотя аналогичные идеи он представлял еще в своей одноименной статье 1989 года [Фукуяма 1990].

вступив на путь либерального капитализма, теперь, похоже, отклоняются от либерализма. Мы уделим особое внимание России и Венгрии, но подобное явление, вероятно, имеет место и в некоторых других странах.

В посткоммунистических странах Восточной Европы в разные моменты времени действительно происходил отход от траектории, ведущей к либеральной демократии, причем масштабы этого отклонения разнились. Кроме того, в разных странах этими изменениями были затронуты разные институты. Необходимо также отметить, что переход от одной системы к другой не является улицей с односторонним движением: отдельные страны перескакивают с одной траектории на другую.

В начале XXI века либеральные страны с переходной экономикой столкнулись со вторым кризисом посткоммунистического транзита (первый кризис проявился в резком падении производства). Сокращение финансирования систем социального обеспечения и структурные реформы в этой сфере натолкнулись на политическое сопротивление. Меры жесткой экономии привели к замедлению роста, увеличению государственного долга и дефицита бюджета. Пока рассматриваемые нами страны продолжали бороться со вторым переходным кризисом, они еще и пострадали от глобального финансового кризиса, особенно сильно ударившего по группе государств, которые впали в существенную зависимость от международного капитала. Наконец, когда мир выкарабкивался из глобального финансового кризиса, бывшие социалистические страны Европы оказались под воздействием *бедственного положения европейской периферии* — «еврокризиса».

Напротив, для России второе десятилетие переходного периода началось очень успешно. До начала глобального кризиса Россия не только вышла из депрессии переходного периода, но и достигла высоких темпов экономического роста. Патримониальный капитализм, в 1990-е годы напоминавший катастрофу, был успешно трансформирован в новую систему, которую мы называем термином «пребендальный посткоммунизм». Китай продолжал свой стремительный прогресс, а страны БРИКС

(Бразилия, Россия, Индия, Китай и ЮАР) начали играть впечатляющую роль в мировой экономике и политике, причем две из этих пяти «историй успеха» демонстрировали бывшие коммунистические страны, которые не следовали либеральной траектории. Был ли либерализм неправильным путем выхода из коммунизма для отдельных стран? Предложил ли Путин лучшую альтернативу? Является ли путинизм устойчивой стратегией роста? Движутся ли по траектории путинизма Китай и как минимум некоторые страны Восточной Европы? Вот основные вопросы, которые мы рассмотрим в этой главе.

2. Новая легитимность и новая политическая экономия: иллиберальная управляемая демократия и пребендализм

2.1. *Политическая система при посткоммунизме*

Во многом следуя Монтескьё [Монтескьё 2019: 150], Джону Стюарту Миллю [Милль 1993: 10], а из современных авторов — Фариду Закарии [Закария 2004: 55], мы проводим критически важное — и неоднозначное — различие между демократией и либерализмом. Мы определяем либерализм как политическую систему, в которой различные ветви власти (исполнительная, законодательная, судебная, а в наше время, возможно, и четвертая ветвь — СМИ) отделены друг от друга, а частные/индивидуальные свободы и собственность неприкосновенны.

26 июля 2014 года, выступая на румынском курорте Бэиле Тушнад (или, по-венгерски, Тушнадфюрдё), премьер-министр Венгрии Виктор Орбан назвал политическую систему, построению которой он посвятил свои усилия, «иллиберальной демократией», что с точки зрения терминологии, используемой в этой книге, является довольно точным определением. Впрочем, Орбан использовал термин «иллиберальный» в несколько ином смысле, чем мы: «либерализм» для него означает чрезмерный акцент на индивидуальных интересах в сравнении с интересами «национальными», которые можно интерпретировать и как «общественные» (к объяснению потенциальной разницы между «националь-

ными» и «общественными» интересами мы еще вернемся ниже). Джордж Шёпфлин [Schöpflin 2014] также критикует так называемый «либеральный консенсус» за игнорирование «коллективных идентичностей» (наиболее важной из которых ему представляется «национальная») и выступает за «иллиберализм»[6].

Виктор Орбан совершенно прав: то, насколько большое значение мы придаем индивидуальной свободе и национальным (общественным) интересам, представляет собой важнейший вопрос достойного правления. Некоторые либералы действительно склонны считать, что общественные интересы — это просто совокупность интересов индивидуальных. Сторонником этой точки зрения был Адам Смит, писавший, как известно, в «Богатстве народов», что «не от благосклонности мясника, пивовара или пекаря ожидаем мы добротный обед, а от их отношения к их собственным интересам» [Смит 2020: 19]. Похоже, что именно это Орбан и считает «либерализмом». Но что такое «собственные интересы»? В классической либеральной теории — а равно и в практиках наиболее либеральных политических режимов нашего времени — они никак не противопоставляются интересам общественным, хотя именно это, похоже, и подразумевалось в выступлении Орбана.

В «Теории нравственных чувств» Смит четко сформулировал, что корысть не противоречит *общественным* интересам: «Какую бы степень эгоизма мы ни предположили в человеке, природе его, очевидно, свойственно участие к тому, что случается с другими, участие, вследствие которого счастье их необходимо для него» [Смит 2022: 5]. По утверждению Смита, поддерживать спокойствие моего «нравственного альтер эго» — в моих собственных интересах: если я делаю счастливыми других, мое «нравственное альтер эго» это одобрит. Поэтому моей целью будет преследование собственных интересов таким образом, чтобы не делать

---

[6] Джордж (Дьёрдь) Шёпфлин (родился в 1939 году) — венгерский политик, долгое время (1950–2004) проживший в Великобритании, где он занимался социальными и политическими науками. В 2004–2010 годах Шёпфлин был депутатом Европарламента от Венгрии, представляя партию «Фидес». — *Прим. пер.*

других несчастными и тем самым не оскорблять мое «нравственное альтер эго». Разумеется, «симпатическая теория человеческой природы» Смита определенно включает представление об интересах всех «других», с которыми мы взаимодействуем («граждан», или еще шире — «людей», *homo sapiens*), вне зависимости от их этнорасовой и культурной принадлежности. Именно в таком смысле термин «либерализм» используется в Соединенных Штатах или в Скандинавии. В этой политической культуре либералы служат коллективному благу, борются за всеобщее здравоохранение и против этнорасовой дискриминации, защищают права беженцев и приветствуют миграцию, благодаря которой их страны становятся мультикультурными обществами.

Указание на *национальные* интересы относится к другому порядку явлений. Национальный интерес исходит не от взаимодействующих индивидов, а от «воображаемого сообщества нации», если воспользоваться формулировкой из работы Бенедикта Андерсона 1983 года [Андерсон 2001]. «Нация» понимается в этнорасовых и культурных терминах: люди с другим цветом кожи и другой культурой являются опасными «чужаками» — они, как выразился Дональд Трамп, «убийцы и насильники». «Альтернативные правые» хотят «снова сделать Америку великой», восстановив ее белую этническую и культурную однородность.

Поэтому можно утверждать, что для Трампа, Путина, Качиньского, Ле Пен, Сальвини или Орбана акцент на национальных интересах при формировании концепции «коллективного» схож с упором «альтернативных правых» на однородных в этническом, религиозном и культурном отношении «нациях». Все перечисленные политики считают, что для этого необходима очень сильная исполнительная власть — а в конечном итоге и очень сильные лидеры, — которые будут защищать «нации» от «чужаков».

Теперь вернемся к Монтескьё и Миллю. Проблема венгерского режима после 2010 года — или же путинской политики после 2000 года — заключается не столько в нарушении правил мажоритарной (демократической) политики. «Единая Россия» и «Фидес» действительно манипулировали избирательными регламентами, а первая из этих партий, возможно, даже жульничала на выборах в Госдуму 2011 или 2016 годов. Однако уникальная особенность этих режимов состоит в том, что они осуществляют власть нелиберальными, неумеренными способами, предоставляя как можно больше бесконтрольных полномочий исполнительной ветви во имя возможности защищать «национальные интересы»[7].

Мы полагаем, что существование иллиберальных демократий в определенной степени возможно, но в то же время существуют и либеральные автократии, а также либеральные конституционные монархии. Даже «хороший монарх» Гоббса, то есть монарх абсолютный, определенно может действовать в либеральной манере. Например, правление наследного принца Мухаммуда бин Заида Аль Нахайяна, абсолютного монарха Абу-Даби, является довольно «умеренным». Закария в качестве примера либеральной автократии и конституционной монархии указывает на Австро-Венгерскую империю [Закария 2004: 60]. Таким образом, мы рассматриваем демократию и либерализм как два особых измерения «добропорядочного правления». Джон Стюарт Милль также считал, что разделение властей, или либерализм, и гарантия индивидуальных свобод более важны для такого правления, чем одобрение большинством человека, стоящего у власти. Милль был сильно обеспокоен «тиранией большинства». «Народные правительства» могут быть избраны большинством и поэтому претендуют на выражение «воли народа». Но если «наиболее многочисленная или наиболее активная часть народа» навязывает «свое мнение» остальному обществу, «само общество» становится «тираном» над отдельными людьми, «порабощая саму

---

7 Принципиальный вопрос заключается в том, существует ли какая-либо оппозиционная партия, которая по меньшей мере теоретически способна сменить силу, находящуюся у власти. В той разновидности парламентской системы, где у правящей партии имеется большинство в две трети, принципиально значимое разделение исполнительной и законодательной ветвей власти становится фикцией. Если такое супербольшинство манипулирует правилами проведения выборов, в результате чего правящая партия продолжает их выигрывать, то вся система находится на грани превращения в недемократическую или автократическую.

душу». Это приводит к ситуации, когда либеральные принципы не связывают демократически избранного лидера принципом разделения властей [Милль 1993: 10–11, 21–22].

Однако в Североатлантическом регионе к концу XX — началу XXI века появился консенсус по поводу того, что «лучшим правительством» является правительство либеральное и демократическое — сочетание двух измерений «добропорядочного правления». Поскольку сущность либерализма заключается в защите всех тех, с кем мы взаимодействуем, причем не только «таких же, как мы», либерализм всегда подразумевает защиту этнических меньшинств или, к примеру, людей с иной, чем у нас, сексуальной ориентацией.

Определение демократии можно начать с формулировки Сэмюела Хантингтона, чья «минималистская дефиниция» соответствует как либеральным, так и иллиберальным практикам:

> Выборы, открытые, свободные и честные, — суть демократии, ее неизбежное *sine qua non* [неотъемлемое качество — *лат.*]. Правительства, создаваемые в результате выборов, могут быть неэффективными, коррумпированными, недальновидными, они могут руководствоваться особыми интересами и быть неспособными проводить политику, которой требует общественное благо. Подобные качества делают такие правительства нежелательными, но не делают их недемократическими. Демократия — одна из общественных ценностей, но не единственная, и понять отношение демократии к другим общественным ценностям и наоборот можно лишь в том случае, если демократия будет четко выделена из других характеристик политических систем [Хантингтон 2003: 20] (цит. в [Закария 2004: 57]).

Вслед за Хантингтоном и Закарией мы используем понятие «демократия» для обозначения «мажоритарной» легитимации господства и отбора лидеров при помощи голосов большинства. Здесь перед нами возникает сложный вопрос с множеством мелких деталей. Кому принадлежит это большинство? Каковы те правила, которые гарантируют «открытые, свободные и честные» выборы? В конце XVIII века идеальным типом либеральной демократии были Соединенные Штаты, даже несмотря на то, что у женщин и чернокожих не было избирательного права и даже для белых мужчин существовал ряд жестких ограничений электоральных прав, из-за чего возможность голосовать оказывалась в зависимости от владения собственностью и способности платить налоги[8]. Таким образом, выборов, которые являются совершенно «открытыми, свободными и честными», никогда не существовало и, скорее всего, никогда не будет. Хотя демократии в целом становятся более инклюзивными, в плане честности и открытости выборов по-прежнему существуют значительные отклонения как в положительную, так и в отрицательную сторону. Возможно, что в какой-то момент в будущем отдельные избирательные правила станут столь ограничительными, что возникнет вопрос о том, по-прежнему ли вся система является «демократической». Кроме того, идея демократии имеет относительный характер. В современном мире либеральная форма демократии обладает гегемонией, поэтому есть существенные основания полагать, что иллиберальные демократии Путина и Орбана вообще не являются демократиями. На момент завершения работы над этой книгой складывалось ощущение, что в этом направлении смещается и Румыния[9].

---

8 Примерно в 1790 году, вскоре после того, как была принята, по-видимому, самая либеральная конституция в истории человечества, правом голоса в недавно появившемся государстве США обладали 60–70 % белых мужчин. Голосовать не разрешалось женщинам, небелым и людям, не имевшим какого-либо имущества или по меньшей мере не платившим налогов.

9 Вслед за Польшей и Венгрией Европейская Комиссия в мае 2019 года предупредила и Румынию, где на тот момент правительство возглавлял социал-демократический (!) премьер-министр, что «незамедлительно задействует механизм верховенства права» в связи с «серьезной озабоченностью» ситуацией с верховенством закона в стране. Об этом говорилось в письме, направленном первым вице-председателем Еврокомиссии Франсом Тиммермансом президенту, главе правительства и руководителям обеих палат парламента Румынии. Процедура статьи 7 Договора о Европейском Союзе предусматривает самую серьезную политическую санкцию, которую Брюссель может применить к стране — члену ЕС: приостановление права голоса при принятии решений в рамках альянса.

Особенности появляющихся иллиберальных посткоммунистических систем мы описываем в политических терминах. Другие авторы часто называют их «автократиями» (см. недавнюю детально проработанную формулировку в работе [Kornai 2014]), «электоральными автократиями» [Shevtsova 2000], «управляемыми демократиями» [Anderson 2007] и «иллиберальными (нелиберальными) демократиями» [Закария 2004; Gati 2013; Ladányi, Szelényi 2014][10]. Некоторые исследователи старательно устанавливают экономические отличия этих систем от капитализма свободного рынка, используя такие термины, как «политический капитализм» [Staniszkis 1990], «государственный капитализм» [Wooldridge 2012] и «кумовской капитализм» [Sharafutdinova 2011]. Есть и работы, где подобные системы описываются как своего рода «неопатримониализм» или «неопребендализм» [King, Szelényi 2005][11].

В одной из самых последних формулировок этой концепции, примененной конкретно к Венгрии, второе и третье правительства Орбана получили название «мафиозного государства» [Magyar 2014; Мадьяр 2016][12]. Снискавшая значительную популярность теория мафиозного государства Балинта Мадьяра рассматривает нынешнее посткоммунистическое государство в Венгрии не как организованный «преступный мир», а как ор-

---

10 В настоящей работе мы пишем об «управляемой иллиберальной демократии», совмещая подходы Гати и Андерсона.

11 В этой главе перед нами не стоит задача всестороннего обзора соответствующей литературы, которая слишком обширна для краткого резюме. Мы лишь выбираем некоторые примеры из имеющихся источников, чтобы проиллюстрировать различные способы концептуального осмысления посткоммунистических отклонений от либеральной демократии.

12 См. также статью Мойзеса Наима [Наим 2013], где дается более раннее и более широкое определение мафиозного государства. Наим применяет это понятие к России и Болгарии, а также ряду стран Латинской Америки и других регионов мира. Тем не менее заслуга в появлении данного термина должна принадлежать Мадьяру, который, насколько нам известно, представил свою концепцию мафии в интервью и коротких статьях в СМИ на венгерском языке еще в 2001 году.

ганизованный «высший свет». В такой системе премьер-министр выступает в роли крестного отца (*capofamiglia* [главы семьи — *ит.*] или *дона*) и использует публичную власть для реализации экономических интересов — как собственных, так и своей настоящей и «приемной» (состоящей из верных последователей) семей непредсказуемыми (неортодоксальными), нелегитимными и внеидеологическими методами [Magyar 2014: 10, 14]. С момента выхода в свет тщательно проработанная книга Мадьяра о мафиозном государстве была переведена с венгерского на английский, русский, польский и болгарский языки. Уже один этот факт демонстрирует, что концепция мафиозного государства получила исключительно широкое внимание в академическом мире посткоммунистических стран — вне зависимости от нашего личного мнения о присущих всей этой теории недостатках.

Не столь известны работы об идеологии возникающих посткоммунистических систем, которую мы именуем *посткоммунистическим неоконсерватизмом*[13]. О том, что это за идеология и почему она, похоже, пользуется значительной поддержкой населения, мы более подробно расскажем в последнем разделе этой главы. Мы хотели бы предложить собственную генеалогию феномена, именуемого нами *посткоммунистической управляемой иллиберальной демократией*, где отношения собственности трансформируются от режима частной собственности и рыночного капитализма к патримониальным, а в конечном итоге и к пребендальным[14]. Вместо того чтобы дезавуировать эту

[13] Термин «неоконсерватизм» был придуман в США в 1960 году. За последние полвека его значение изменилось и до сих пор вызывает споры; см., например, [Hunter 2011]. Золтан Габор Сюч [Szűcs 2012] использовал это понятие применительно к Венгрии.

[14] В этой главе, как, впрочем, и во всей книге, мы используем термины «патримониальный» и «пребендальный» в их веберовском понимании. При «патримониальной» власти какое-либо имущество передается его собственникам по милости их господина в ленное владение (fief), однако их права собственности обычно надежно защищены, а само имущество может наследоваться. При пребендальной власти собственность (*бенефиций*) дается сподвижникам за их заслуги, но правители могут отобрать эту собственность в любой момент [Вебер 2016–2019, I: 273–274].

возникающую систему как нелегитимную[15], мы хотели бы понять механизмы ее самолегитимации, а следовательно, и то, какова ее идеология — тот самый «посткоммунистический неоконсерватизм».

У нас имеется три набора «переменных»: экономические институты, политические организации и идеологии. Эти переменные, или измерения, взаимодействуют друг с другом. Используя формулировку Вебера, мы намерены исследовать избирательное сродство[16] между политическими системами, экономическими институтами и идеологиями. Большинство попыток объяснить природу посткоммунистических систем сосредоточены только на одном из этих аспектов — мы же, напротив, попытаемся изучить способы их взаимодействия.

2.2. *Революция Путина: поворот к пребендализму*

Когда Путин пришел к власти (в 1999 году в качестве премьер-министра, а в 2000 году уже как президент), он ощущал себя весьма неуютно из-за чрезмерной власти «бояр», или «олигархов». Хотя последние оказывали ему поддержку, они не догадывались, кого именно поддерживают: олигархи ожидали, что у них будет новый Ельцин, и рассчитывали, что деньги останутся у власти. Но ведущий олигарх ельцинских времен Борис Березовский очень скоро понял, что дела обстояли в точности до наоборот, и это понимание обошлось ему очень большой ценой, о чем уже

---

[15] Вслед за Максом Вебером мы считаем любое господство легитимным до тех пор, пока подвластные подчиняются приказам без принуждения. Нелегитимная власть и недобровольное подчинение — это лишь «предельный случай» [Вебер 2016–2019, I: 252–254]. Поэтому мы не склонны называть «нелегитимной» любую политическую систему, от путинской России до орбановской Венгрии (или, если угодно, Венгрии Кадара или Китая Дэн Сяопина), которая использует или использовала значительный объем «добровольного подчинения» и даже некоторую степень «веры» в эту систему.

[16] Вебер не верил в возможность причинного объяснения при изучении социальной жизни. Отношения между экономическими интересами и идеологиями можно лучше всего понимать как «избирательное сродство» (*Wahlverwandtschaften*), см. [Gerth, Mills 1946: 62, 284].

говорилось в главе 5. Напомним, что Березовский владел одним из самых популярных российских телеканалов. Согласно одной истории тех времен (кто знает, правда это или нет — это случай, когда, как говорится, за что купил — за то продал), как только Путин был избран президентом, он попросил Березовского — одного из своих тогдашних активных сторонников — зайти к нему в кабинет и там сообщил Березовскому, кто именно должен быть генеральным директором канала ТВ6. «Но, господин президент, — ответил Березовский, — у нас капиталистическое общество, генерального директора назначает собственник...» На что Путин ответил: «Ну, вы же хотели, чтобы я был президентом — вот и получите». Березовский — в отличие от Ходорковского — понял суть сказанного, поэтому взял билет в один конец и улетел в Лондон.

Теперь мы хотели бы сформулировать два тезиса.

a) Олигархи становились слишком могущественными. Путин же хотел держать их на поводке и убедить не лезть в политику.
b) Все «общинные земли» уже были «огорожены», и единственным способом привлечь новых сторонников было перераспределить богатство, которое уже досталось первому кругу олигархов.

Путин был готов принять оба эти вызова — подвергнуть первый круг олигархов тесту на *лояльность* и дисквалифицировать их, если они его не пройдут, а также он был готов перераспределять состояния, конфискованные у нелояльных олигархов, в пользу новой группы владельцев. Политический гений Путина состоял в том, что он преобразовал патримониальные отношения собственности в пребендальные. Сохранить свою собственность при путинизме могли только те, кто хорошо служил политическому боссу. Путин превратил «бояр» в «помещиков», или «служилое дворянство». Его задачей было завершить трансформацию, начатую Иваном Грозным и Петром Великим: создать покорный класс владельцев собственности, сделать права собственности гораздо менее надежными и гораздо более зависимыми от политической власти. Это был первый — фатальный —

шаг в направлении иллиберализма, который вполне можно назвать «первородным грехом».

Однако в осуществлении задуманного Путин столкнулся с серьезными препятствиями, одним из которых была «демократия». Поэтому он пытался совмещать демократическую процедуру выборов политических лидеров с иллиберальными практиками. Учитывая глобальную гегемонию либеральной демократии после 1991 года, возможности Путина включать «задний ход» имели определенные пределы. Он мог серьезно ограничивать либерализм (например, усиливая исполнительную власть и ослабляя законодательную и судебную), но все равно нуждался в одобрении своего лидерства со стороны большинства. Чтобы легитимировать свое правление в качестве премьер-министра или президента, Путину требовались регулярно проводимые, довольно свободные[17] и — по меньшей мере внешне — честные выборы. Путин и правда оставался довольно близок к «демократии» или «республиканскому правлению» в понимании Монтескьё или Хантингтона, хотя и пытался «управлять» этим процессом, насколько это было возможно.

Следует признать, что демократические процессы являются «управляемыми» во всех «реально существующих демократиях». В США, например, если одна из партий получает достаточно большое электоральное большинство, она часто меняет границы избирательных округов. Критерии, определяющие, в каком случае тому или иному лицу разрешается голосовать, неоднократно пересматриваются. Может ли, скажем, голосовать бывший заключенный? Если нет, то это оказывается ограничением избирательных прав чернокожего электората Демократической партии [Manza, Unger 2006]. Должно ли проводиться установление личности избирателей при их регистрации, или же это можно делать в момент голосования по водительскому удостоверению

[17] С этой формулировкой можно как минимум поспорить. Выборы при режиме Путина проходили, в особенности в 2010-х годах, при отсутствии реальной конкуренции, поскольку независимые от Кремля кандидаты не допускались к участию в кампаниях, а в процессах голосования и подсчета голосов регулярно обнаруживались грубые нарушения. — *Прим. ред.*

(что также явно создает неудобства для чернокожего/демократического электората)? Однако Путин «управляет» системой не только с помощью подобных технических процедур. Поскольку российская политическая система не является устоявшейся, он «сфабриковал» собственную оппозицию, поддерживая формальное присутствие «оппозиционных» партий наподобие КПРФ [Anderson 2007]. Применительно к Венгрии об аналогичном включении политической оппозиции в периметр «Фидес» с целью убедить всех, что перед нами настоящая «многопартийная система», утверждал Золтан Рипп [Ripp 2014: 97].

Суть дела в следующем: учитывая «демократические ограничения» для его правления и «железные законы» капитализма и рыночной экономики, Путину нужна была буржуазия, которая окажет ему безоговорочную поддержку. Пока притязания на демократическую/мажоритарную легитимность или хотя бы ее видимость остаются слишком важными, «иллиберальным демократиям» необходима дальнейшая «отделка». Здесь не получится порассуждать на эту тему подробнее, но достаточно отметить, что в рамках «третьей волны демократизации» без проведения регулярных и внешне свободных выборов трудно или вовсе невозможно приобрести международное признание.

В распоряжении политической власти имеются различные технологии, которые могут помочь ей достичь цели перераспределения богатства, приобретенного на первом этапе накопления капитала. Вот их набор:

— избирательная криминализация оппонентов (реальных или потенциальных),
— «транзитная национализация» компаний и
— использование возможностей государства-рантье.

Существуют и другие технологии власти, такие как предоставление выгодных бизнес-концессий участникам сети преданных последователей (например, предложение монопольных прав на продажу табака или алкоголя определенным торговым структурам) либо введение чрезвычайных налогов (например, на банки, рекламу или пользователей интернета), причем зачастую задним числом, что противоречит основным принципам либерального законодательства, и т. д. Однако пока достаточно будет сосредоточиться на трех указанных выше пунктах.

В начале своего правления Путин инициировал кампанию по борьбе с коррупцией, что действительно является благородным делом. Однако очень скоро эта кампания превратилась в охоту на политических оппонентов. То же самое происходило и в Китае, например, в ходе кампании против Бо Силая, чье тюремное заключение имело политические мотивы, но в качестве обоснования его преследования указывалась «экономическая коррупция». За полученный от одного бизнесмена «подарок» в размере 3,5 миллиона долларов Бо Силай сейчас отбывает пожизненный тюремный срок, в то время как бывший глава правительства КНР Вэнь Цзябао[18], чья семья за время его премьерства, предположительно, накопила 2,7 миллиарда долларов [Barboza 2012], никогда не становился фигурантом расследований и не подвергался уголовному преследованию. Все это можно назвать понятием «избирательная криминализация»: власти используют возбуждение уголовных дел против олигархов, которые стали слишком крупными фигурами, начинающими вынашивать собственные политические амбиции. С точки зрения комментаторов российской политики, это в большей степени свидетельствует об изменении природы коррупции, нежели является реальной попыткой коррупцию искоренить. По утверждению Перри Андерсона [Anderson 2007], коррупция стала сутью системы. Те, кто отказывался от собственных политических амбиций и присягал на верность новому «царю», могли двигаться дальше (даже таким людям, как Роман Абрамович (пример 9) и Олег Дерипаска (пример 10), которые долгое время числились в «семье» Ельцина, не грозили ни эмиграция, ни тюрьма).

То же самое утверждается в теории мафиозного государства Балинта Мадьяра: он не отрицает, что коррупция в Венгрии существовала и в прежних посткоммунистических режимах, но настаивает, что при режиме Орбана после 2010 года коррупция

---

[18] Шестой премьер-министр КНР Вэнь Цзябао занимал эту должность в 2003–2013 годах.

стала государственной политикой, самой сутью системы. Несомненно, у всех олигархов есть «скелеты в шкафу». Многие нувориши мошенничали с налогами, платили за «помощь» высокопоставленным чиновникам, и даже если они не нарушали законы, то наверняка по меньшей мере манипулировали ими. Власти могут привлечь к уголовной ответственности кого угодно, однако криминализация представляет собой систему или, как сказал бы Мишель Фуко, «технологию» управления. Это избирательный процесс, в ходе которого одни подвергаются преследованиям, а другие нет. Криминализация как технология власти создает чувство страха: если вы не демонстрируете свою лояльность постоянно, то будете вечно гадать, когда придут за вами.

Технология криминализации не ограничивается сверхбогатыми, поскольку власти могут криминализировать даже среднюю буржуазию или мелких предпринимателей. По некоторым оценкам, число российских предпринимателей, находящихся в тюрьмах, может исчисляться несколькими сотнями тысяч [Lobello 2013]. По другим оценкам, в первом десятилетии XXI века тюремные сроки могли получить до 3 миллионов предпринимателей [Кесби, Ньюман 2012]. Это значительные цифры, пусть и несравнимые с количеством жертв чисток в сталинские времена. Если какому-то мелкому предпринимателю приглянулась чья-то собственность и у него есть определенные связи в полиции/прокуратуре, он может «занести» в эти структуры, чтобы те возбудили уголовное дело против его конкурента/соседа, а затем прибрать к рукам его собственность. В путинской системе коррупция — и криминализация соседей или конкурентов — стала инструментом государственного управления [Anderson 2007]. То же самое можно утверждать и о Китае, а также о Вьетнаме, хотя отличие (возможно, единственное) заключается в том, что в России выборочная криминализация не сопровождается открытой пропагандой, в то время как в двух азиатских странах этим постоянно занимаются контролируемые правительством СМИ.

Еще одним методом перераспределения богатства от «бояр» к «помещикам» (от «плохих» олигархов к «хорошей» крупной буржуазии) является «*транзитная национализация*» (см.

[Békesi 2014: 248; Magyar 2014: 37]). Ренационализация частной собственности в России привлекала внимание комментаторов, однако доля государственной собственности на производственные активы при режиме Путина выросла всего на 5 % (по меньшей мере согласно данным, собранным Перри Андерсоном). Хотя достоверная статистика отсутствует, можно предположить, что по большей части эта ренационализированная собственность была вновь приватизирована. Сначала власти подводят ту или иную компанию к банкротству, и когда у нее возникают серьезные проблемы, «помогают» ей путем «национализации». Как только это происходит, ее снова продают — часто, как можно предположить, по заниженной цене — неким нуворишам, на сей раз лояльным власти.

Твердая рука Путина в борьбе с коррупцией оказалась привлекательной для российского общества, и популярность Путина достигла космических высот: его рейтинг превышал уровень 70 %. Отчасти этому способствовал рост цен на нефть в начале 2000-х годов, что привело к ежегодному увеличению российского ВВП на 6–7 % и определенному повышению уровня жизни большинства социальных классов, в особенности верхней группы среднего класса, представители которого, скорее всего, наиболее активно голосуют на национальных выборах.

Агрессивное возвращение патримониальных режимов стало громадной неожиданностью посткоммунистической трансформации. Социальная теория предсказывает, что патримониальные режимы неконгруэнтны экономической модернизации — именно по этой причине крах 1990-х годов не стал сюрпризом для многих социологов. Но начиная с 1999 года и в течение последующих десяти лет все страны, которые мы отнесли к патримониальным режимам, находились на непрерывной траектории роста, а некоторые из них достигли двузначных показателей увеличения ВВП — по экономической динамике они превзошли либеральные режимы и демонстрировали темпы роста, сравнимые с Китаем.

Разумеется, *большая загадка* заключается в том, являются ли эти страны столь успешными потому, что в них установились патримониальные режимы, или же потому, что они богаты ресурсами? Дать ответ на этот вопрос сложно, поскольку кризис 1990-х годов и рывок первого десятилетия XXI века, вероятно, в равной степени связаны как с ресурсным богатством / ресурсной зависимостью, так и со стратегией перехода или природой общественно-политического режима.

Существует два концептуальных подхода к объяснению различий в динамике 1990-х и начала 2000-х годов. К первому из них, помимо прочих экспертов, относятся Андерс Ослунд [Гуриев и др. 2011] и Дэниел Трейсман [Treisman 2010], утверждающие, что масштаб краха 1990-х годов переоценен, а пресловутое ресурсное проклятие слишком преувеличено (с этим склонны соглашаться Питер Ратленд [Rutland 2009] и другие авторы). По их мнению, Россия (а возможно, и вся группа патримониальных посткоммунистических стран) находится на правильном пути: патримониальный или авторитарный порядок является преходящим явлением, так что в конечном итоге, по мере экономического роста и модернизации, Россия тоже вступит на путь демократического развития (это также согласуется с утверждениями Джеффри Сакса [Сакс 2011]). Однако другие исследователи объясняют крах и восстановление / новый спад российской экономики именно зависимостью от ресурсов. Российская экономика резко упала в 1990-е годы, затем, с 1999 по 2009 год, восстановилась после стремительного роста цен на энергоносители и минеральное сырье, а после кризиса 2008 года снова резко снизилась из-за сокращения спроса на сырье в целом и нефть/газ в частности. Экономист Алексей Сидоренко [Sidorenko 2011] утверждает, что даже в 2010 году 98 % российского экспорта составляли природные ресурсы и продукция их первичной переработки[19]. В 2009–2019 годах цены на нефть колебались, но возврата к их

---

[19] Детальное рассмотрение экспортных данных демонстрирует, что в 2010 году на долю информационно-коммуникационных услуг в экспорте РФ приходилось уже более 5 %, см. URL: https://atlas.cid.harvard.edu/explore?country=186&queryLevel=location&product=undefined&year=2010&productClass=HS&target=Product&partner=undefined&startYear=undefined (дата обращения 18.05.2023) — *Прим. ред.*

буму не произошло, что вызвало серьезные проблемы для российской экономики.

Уровень экономического развития той или иной страны и перспективы экономического роста тесно связаны со структурой ее национального богатства. Согласно классификации Всемирного банка, природно-ресурсный капитал является наиболее значительным компонентом богатства в странах с низким уровнем доходов (47 % в 2014 году) и составляет более четверти богатства в странах с уровнем доходов ниже среднего. Невозобновляемый природный капитал наподобие углеводородного топлива и полезных ископаемых дает разовый шанс профинансировать развитие за счет инвестирования ресурсной ренты. Будучи даром природы, ресурсный капитал исторически был самым значительным активом, доступным всем странам на определенном этапе их развития, хотя обеспеченность им сильно варьировалась от страны в стране. Экономики с низкими доходами в основном организуются вокруг этого относительно избыточного актива. Чтобы стимулировать развитие, такие страны инвестируют полученные средства в относительно дефицитные активы — произведенный и человеческий капитал. Можно поупражняться в статистике, определив в качестве богатых ресурсами посткоммунистических стран те из них, где доля совокупных рентных доходов от невозобновляемых природных ресурсов превышает произвольно установленный уровень в 10 % от национального ВВП на 2016 год[20]. Поскольку большинство бывших социалистических стран были (и остаются) относительно слаборазвитыми, многие из них попадут именно в эту категорию: в таблице 11 приведены десять стран, претендующих на статус богатых ресурсами (их названия указаны заглавными буквами).

Если попытаться объединить политические и экономические оценки в простую трехмерную картину, то страны Восточной Европы выступают свидетельством того, что по-настоящему

---

[20] Данные взяты с сайта индикаторов развития Всемирного банка. URL: https://data.worldbank.org/indicator/NY.GDP.TOTL.RT.ZS?view=chart&year_high_desc=true (дата обращения: 30.12.2018).

Таблица 11. Политико-экономические результаты лучших и худших посткоммунистических экономик

	Посткоммунистические демократии (26)	**Посткоммунистические автократии (8)**	**Посткоммунистические диктатуры (11)**
Быстрорастущие экономики	Кабо-Верде (1;1) Эстония (1;1) Словакия (1;2) МОНГОЛИЯ (1;2) Польша (2;2) Албания (3;3) Сейшельские острова (3;3) Босния и Герцеговина (4;4) МОЗАМБИК (4;4)	Мьянма (5;5) Камбоджа (6;5) АНГОЛА (6;5) Эфиопия (6;6)	КОНГО (7;5) КАЗАХСТАН (7;5) Вьетнам (7;5) Белоруссия (7;6) АЗЕРБАЙДЖАН (7;6) Китай (7;6) Лаос (7;6) УЗБЕКИСТАН (7;6) ТУРКМЕНИСТАН (7;7)
Медленно растущие или стагнирующие экономики	Литва (1;1) Словения (1;1) Хорватия (1;2) Латвия (2;2) Бенин (2;2) Сан-Томе и Принсипи (2;2) Венгрия (3;3) Черногория (4;3) Буркина-Фасо (4;3) Македония (4;3) Танзания (4;5)	Армения (4;4) Гвинея-Бисау (5;4) Кыргызстан (5;4)	РОССИЯ (7;6)
Страны с сокращающейся экономикой	Грузия (3;3) Сербия (3;3) Молдова (3;3) Украина (3;4) МАДАГАСКАР (3;4)	Зимбабве (5;5) Афганистан (5;6)	Таджикистан (7;6)

Примечания. Предлагаемая трехуровневая политическая классификация отражает ситуацию на февраль 2019 года, страны расположены по принципу «от лучшего к худшему». Цифры в скобках взяты из Рэнкинга политических прав и гражданских свобод «Freedom House»: первая из них является показателем политических свобод, вторая — гражданских (7 = наихудшая из возможных оценок). Страны, чей совокупный средний рейтинг находится в диапазоне от 3,0 до 5,0, согласно методологии «Freedom House», являются «частично свободными», а страны с рейтингом в диапазоне от 5,5 до 7,0 являются «несвободными». Заглавными буквами указаны страны, богатые природными ресурсами и имеющие рентную государственную систему.
Источник: разработано авторами на основе данных, приведенных в таблице 2 настоящей книги, показателей развития Всемирного банка, использованных для выявления богатых ресурсами стран, а также данных исследования «Свобода в мире» (FIW) за 2018 год.

успешными оказались только ранние радикальные усилия. Мы принимали во внимание следующие факторы:

— долгосрочный рост доходов на душу населения,
— уровень и качество демократии,
— ресурсная обеспеченность.

За исключением двух азиатских стран (Китая и Вьетнама), посткоммунистические автократии и диктатуры не сделали выбор в пользу свободнорыночных реформ, хотя у их лидеров было достаточно фактических полномочий, чтобы действовать. Показатели роста диктаторских режимов также не были выдающимися, за исключением пяти стран, чрезвычайно богатых природными ресурсами (Азербайджан, Конго[21], Казахстан, Туркменистан и Узбекистан). В 1989 году было распространено мнение, что демократия будет препятствовать реформам, поскольку болезненные меры не являются популярными. Однако

---

[21] Имеется в виду бывшая Народная Республика Конго со столицей в Браззавиле, которую не следует путать с Демократической Республикой Конго (бывшим Заиром) со столицей в Киншасе.

в течение последних трех десятилетий в большинстве стран лидеры, которым никто не бросал вызов и чья власть оставалась неоспоримой, даже не пытались укреплять частную собственность — главным образом потому, что эффективные частные компании были слишком слабы, чтобы оказывать на них давление.

Итак, было ли впечатляющее восстановление ряда посткоммунистических стран попросту результатом роста цен на сырьевые товары, включая нефть и газ, или же за этим стояло что-то еще? Некоторые исследователи утверждают, что после финансового кризиса 1998 года в России произошла реиндустриализация (по меньшей мере частичная). В условиях обвала рубля импортная продукция стала слишком дорогой, поэтому политика импортозамещения привела к определенному возрождению промышленности [Кадочников 2006]. Дополнительным фактором является восстановление государственных структур при президенте Путине, когда, по утверждению Питера Ратленда [Rutland 2009], произошел переход от олигархического капитализма Ельцина к «капитализму под управлением государства» (об этом различии см. также работу [Baumol et al. 2007]), который кое-кто может связывать с фигурой Путина. Трудно сказать, насколько успех первых двух его президентских сроков связан с «управляемым государством» капиталистическим развитием (которое, в соответствии пусть не с буквой, но с духом работы Баумоля и его соавторов, является, возможно, не лучшей траекторией, но уж точно не худшей). Альтернативное объяснение состоит в том, что причиной экспансии первых лет XXI века была не столько рациональная или даже грамотная промышленная политика российского государства, сколько рост цен на нефть, газ и минеральные ресурсы. Ответ на этот принципиальный вопрос может дать лишь дальнейшее тщательное исследование: переходила ли Россия от олигархического капитализма к капитализму во главе с государством, или же, как предполагает Питер Ратленд, все дело было просто в «живых» доходах, получаемых *государством-рантье*?

Понятие «капитализма рантье» стало использоваться в социальных дисциплинах вслед за формулировками некоторых марксистов[22]. Начиная с 1970-х годов марксисты обычно предпочитали использовать термины «сверхприбыль» или «монопольный капитализм» для описания экономик, которые получают высокие доходы от экспорта минеральных ресурсов, но не развиваются гармонично, несмотря на свои природные богатства. В этом и заключается так называемое ресурсное проклятие. Высокие доходы, получаемые от какого-либо единичного природного ресурса (например, нефти), дестимулируют развитие других отраслей национальной экономики[23]. Хазем Баблауи и Джакомо Лучиани [Bablawi, Luciani 1987] применили метафору государства-рантье к странам Персидского залива и в целом к арабским государствам, а Дуглас Йейтс [Yates 1996] проделал то же самое на материале Африки (а именно Габона, тогда как другие исследователи обращались к Нигерии).

Ахмет Куру [Kuru 2002] в качестве такого государства определил Туркменистан. Насколько можно судить, работа Куру была первой попыткой дать концептуальное осмысление посткоммунистических патримониальных режимов в качестве государств-«рантье». Туркменистан, крайне авторитарное государство с уровнем безработицы, оцениваемым в 40–60 %, и четвертыми по величине запасами нефти и газа в мире, идеально соответствовал этому ярлыку. Россия и Казахстан в первом десятилетии XXI века также определенно демонстрировали характерные черты государства-рантье. Обе эти страны обладают необъятными минеральными и нефтяными ресурсами, а впечатляющий рост их экономик колебался в сильной корреляции с ценами на

---

22 Считается, что первым этот термин употребил Хоссейн Махдави [Mahdavy 1970].

23 Если природные ресурсы обнаруживаются в уже развитых странах, это может вызвать так называемую «голландскую болезнь»: новые ресурсы способны оттягивать капитал и рабочую силу из достаточно развитых секторов, увеличивать их издержки и снижать их конкурентоспособность. [Однако это лишь один из механизмов так называемого ресурсного проклятия, именуемый голландской болезнью, — современные экономисты выдвинули множество других гипотез относительно того, каким образом ресурсные доходы могут замедлять экономический рост. — *Прим. ред.*]

нефть. Ресурсное богатство государства-рантье, как правило, оказывается неоднозначным благом, а то и просто проклятием. Экономисты обычно подчеркивают долгосрочное негативное влияние ресурсного богатства на экономическое развитие, но это богатство и рентный характер государства также могут еще и выступать препятствием для демократизации [Ross 1999: 312]. Государства-рантье способны покупать внутреннее спокойствие и разжижать политическую мобилизацию за счет щедрых социальных выплат, а также, стоит добавить, при помощи поддержания мощного репрессивного аппарата для удержания в узде тех, кто не получает выгод от этих мер социальной помощи (как, например, гастарбайтеры в странах Персидского залива).

Провести четкое разграничение между патримониальными режимами и авторитарным государством / государством-рантье трудно, если вообще возможно. Патримониальными мы называем те режимы, в которых существуют отношения между патронами и клиентами. Например, постсоветское российское государство в начале своего существования было патримониальным, поскольку нувориши получили свои богатства в качестве «вотчин (patrimony)» благодаря доброй воле правителя. От работодателей также ожидалось, что они будут заботиться о своих работниках, а не увольнять их и оставлять на милость государства всеобщего благосостояния. В результате ВВП падал, но безработица оставалась на низком уровне. Отношения между подвластными и властителем отличали лояльность и наличие взаимных обязательств. Олигархический этап развития России (с середины 1990-х годов до конца правления Ельцина) был совсем другим: олигархи угрожали власти политических правителей. Наиболее чистый тип патримониального порядка можно было наблюдать в первые годы правления Ельцина и особенно в первые годы правления Путина, когда после его довольно успешной попытки утвердиться в качестве «доброго царя» произошло сокращение бедности. Коэффициент Джини, измеряющий неравенство, снижался, а режим, пусть и далеко не демократический, пользовался значительной поддержкой населения. Но эти «старые добрые времена» явно прошли — Россия все больше и больше становится авторитарной системой. Некоторые государства-рантье хорошо обращаются хотя бы с частью своих подданных и сочетают строгое авторитарное правление для большинства с щедрыми отчислениями от рентных доходов привилегированному меньшинству.

Самыми отчетливыми примерами этого являются монархии Персидского залива, в частности Катар и ОАЭ, где чрезмерная эксплуатация большинства «гастарбайтеров» (около 90 % рабочей силы в этих странах составляют приезжие, которые работают там на основании трехлетних виз с правом продления) сочетается с социальным обеспечением в духе скандинавских стран для 10 % «коренных жителей» (Кристофер Дэвидсон, лучший исследователь ОАЭ, не определился, назвать ли этот режим «племенным капитализмом» [Davidson 2009] или «государством-рантье» [Davidson 2005: 298]). Несомненно, племенной капитализм или патримониальный режим в большей степени подразумевает идеи лояльности, послушания и взаимных обязательствах, тогда как понятие «государство-рантье» указывает на практики угнетения и эксплуатации. Сдвиг от патримониального к авторитарному/рентному государству заметен в некоторых странах — преемницах бывшего СССР: на одном конце этой шкалы находится Белоруссия, а на другом — Туркменистан.

Белоруссия — а также Украина — представляют собой особый случай. Первая из этих стран бедна минеральными ресурсами. Вторая, хотя и не богата ресурсами, все же имеет некоторые полезные ископаемые. Эти страны скрепляет скорее их политическая система, нежели политическая экономия. Если в России, Казахстане и Туркменистане резкое падение ВВП в течение первого десятилетия транзита было явно связано с низким уровнем цен на нефть, а их взрывной рост в первом десятилетии XXI века был по большей части вызван новым нефтяным бумом, то экономические циклы Белоруссии и Украины были в большей степени связаны с их зависимостью от российской экономики. Крах украинской экономики во время глобального финансового кризиса 2008 года также был связан с ее растущей зависимостью от мировых рынков и Евросоюза.

* * *

Принципиальным элементом либерализма является то, что права личности / частной собственности должны быть священными, а это может быть гарантировано только при наличии необходимых «сдержек и противовесов», то есть разделения ветвей власти. Либерализм превращается в свою противоположность, когда гарантия прав индивидуальной собственности ставится под сомнение вместе с этими сдержками и противовесами. При посткоммунистическом капитализме существует по меньшей мере два вызова легитимности личной частной собственности.

Прежде всего, повторим, что превращение общественной собственности в частные состояния произошло за короткий период — что-то вроде 500 дней или пяти лет. Произвести подобную трансформацию с соблюдением принципов легально-рациональной власти чрезвычайно сложно, в особенности при наличии правового вакуума. А последовательно рыночными и юридически/морально легитимными способами реализовать такой переход практически невозможно. У большинства — а то и у всех — из тех, кто извлек выгоды из процесса преобразования собственности, имеются «скелеты в шкафу», если не в юридическом, то по меньшей мере в этическом смысле.

В теории преобразование общей собственности в индивидуальные состояния могло произойти путем приобретения новыми владельцами активов, находившихся в коллективной собственности, на конкурсных торгах по рыночным ценам. Однако зачастую это было невозможно по двум причинам. (1) У резидентов конкретных стран, которые принимали участие в таких торгах, не было капитала, чтобы заплатить за коллективную собственность цену, адекватную ее ценности. (2) Даже если бы они располагали таким капиталом (как крупные иностранные инвесторы), они не обладали достаточно надежной информацией, позволяющей оценить реальную стоимость приобретаемого имущества. Поэтому даже при наличии самых благих намерений зарождающаяся легально-рациональная власть (либеральная система) была вынуждена полагаться на ту или иную патримониальную поддержку в тот момент, когда требовалось решить, кто станет новыми владельцами собственности. Внутренним инвесторам нужны были «связи» для получения кредитов, а иностранным инвесторам «связи» требовались для получения информации о реальной стоимости компаний, которые они хотели приобрести.

Учитывая эти моменты, можно определить три последующие схемы распределения прав собственности в эпоху Путина.

a) *Рыночная система, поддерживаемая вторичным патримониальным механизмом*: общественная собственность продавалась на конкурентном рынке, но доступ к кредитам для внутренних инвесторов (с небольшим капиталом или без него) и доступ к информации для иностранных инвесторов зависел от патримониальных связей с теми, кто контролировал кредитные ресурсы и/или информацию.

b) *Патримониальное распределение общественных благ среди частных инвесторов в легально-рациональных пределах*: политические власти действовали в демократических рамках (даже если последние уже в какой-то степени были управляемыми) и должны были побеждать на выборах. Поэтому им требовались лояльные сторонники, особенно среди крупного бизнеса, контролирующего СМИ. Поэтому в расчете на лояльность этих кругов власти «назначали» новую крупную буржуазию. Распределяемая таким образом собственность находилась во власти политических сил. Права собственности были вполне гарантированными, и в этом смысле она напоминала ленное владение (fief). Однако отличие от классических ленных отношений заключалось в том, что собственность можно было отчуждать, и в этом плане она приближалась к частной собственности. Новые владельцы собственности благодаря недавно приобретенному богатству чувствовали себя раскрепощенно и даже притязали на политическое могущество. Архетипическим примером этой системы стала ельцинская Россия: некоторые комментаторы того времени предполагали, что к концу правления Ельцина отдельные олигархи де-факто приватизировали государство, то есть осуществили его захват.

c) *Попытки нового поколения политических лидеров превратить патримониальную собственность в пребендальную*: как только «общинные земли огорожены», приватизировать общественную собственность уже было невозможно, но (квази)демократические рамки политики по-прежнему требовали от властей формирования политической поддержки. В таких условиях у них не было другого выхода, кроме как перераспределять уже расписанную собственность. Для этого они изымали собственность у владельцев, которые считались недостаточно лояльными либо подозревались в чрезмерно высоких политических амбициях, и передавали ее (в качестве «бенефициев») в пользу новых владельцев, которые считались верно служащими политической власти. Мы именуем эту систему пребендализмом, который функционирует в рамках гораздо более ограниченной версии легально-рациональной власти. Создается впечатление, что она осуществляет свои операции в рамках верховенства закона, но законы легко меняются в зависимости от потребностей исполнительной власти (иногда даже ретроспективно), поскольку законодательная ветвь власти недостаточно автономна. Если оппозиция слишком слаба, а ротация исполнительной власти становится невозможной, несмотря на регулярные выборы, система может перестать быть демократической и способна превратиться в автократию. Путинская Россия приближается именно к этому типу[24]. Можно аргументированно утверждать, что дорога от демократии к автократии вымощена «камнями» иллиберализма. Хотя иллиберализм не обязательно устраняет демократию, он создает условия (учитывая слабость конституционных судов и законодательной власти) для того, чтобы особо влиятельные политические лидеры заигрывали с отказом от демократических процедур в том случае, если они ощущают, что их электоральная база размывается и они могут не победить на следующих выборах.

---

[24] Следующий кандидат в этом списке — правительство Орбана в Венгрии.

Таким образом, приход Путина к власти представлял собой значительный сдвиг в системе легитимации в посткоммунистической России. К концу ельцинского периода новая российская крупная буржуазия начала «приватизировать» само государство: большие деньги хотели получить политическую власть. Березовский, например, некоторое время был помощником Ельцина по национальной безопасности. Такое положение дел было совершенно неприемлемо для молодого, амбициозного, энергичного и дееспособного бывшего сотрудника КГБ: он хотел поставить денежные мешки под политический контроль, надеть «поводок» на новую крупную буржуазию. Сделать это можно было, подвергнув нуворишей испытанию на лояльность: те, кто его прошел, могли остаться и становиться еще богаче, а те, кто не выдержал, могли отправиться в ссылку в Лондон или Тель-Авив либо в итоге оказаться в тюрьме в Сибири. Умные, такие как Березовский или Гусинский, уезжали в аэропорт Шереметьево с билетом в один конец, а слишком амбициозные наподобие Ходорковского отбывали длительные сроки в Сибири. Те, кто отказался от политических амбиций, присягнул на верность новому «царю» и перешел в «служилое дворянство», как Абрамович или Дерипаска, смогли сохранить свои позиции и нарастить свои состояния (тот факт, что они принадлежали к ельцинской «семье», был забыт).

В течение первого десятилетия XXI века произошли существенные изменения. Путин занял пост сначала премьер-министра, а затем и президента. Ельцин был довольно некомпетентен как администратор (хотя действительно проявлял признаки гениальности как политик — достаточно вспомнить, какую роль он сыграл в государственном перевороте 1991 года) и находился в заложниках у олигархов. Путин же оказался умелым администратором, не пожелавшим подчиняться диктату олигархов, в особенности после того, как некоторые из них начали проявлять политические амбиции. При содействии быстрорастущих цен на нефть Путин навел порядок в государственном управлении. ВВП России на душу населения при нем резко увеличился — с 7627 долларов в 2000 году до 17 407 долларов (в постоянных долларовых ценах по паритету покупательной способности). Эта ситуация отличалась от времен президентства Ельцина, когда доходы на душу населения падали: в 2000 году их уровень был ниже, чем в 1992 году [CIA Fact book 2009]. Путин, во многом как и вызывавшие его восхищение предшественники Иван Грозный и Петр Великий (или даже Сталин, для которого у Путина тоже нашлось несколько теплых слов), взялся за бояр. Тех, кто ему плохо служил, изгоняли (пример — Борис Березовский) или на долгие годы сажали в тюрьму (Михаил Ходорковский), менее удачливых убивали (как произошло с Сергеем Юшенковым в 2003 году[25]). К настоящему моменту Путин установил стабильное патримониальное правление. Кроме того, он с почтением относится к православной церкви, тратит огромные средства на восстановление храмов, которые были в запустении, и проявляет показное уважение к традициям.

Путину удалось представить себя «добрым царем», и в первые годы XXI века он смог, в отличие от демократически избранных правительств Восточной Европы, провести довольно жесткие неолиберальные реформы системы социального обеспечения. Несомненно, ему помогли быстрый рост экономики, низкий бюджетный дефицит и небольшой государственный долг. Если Восточная Европа в 2000–2009 годах испытывала трудности, то Россия присоединилась к числу «глобальных вундеркиндов». Темпы роста российской экономики лишь немного уступали

---

[25] Депутата Госдумы, выходца из кадровых военных Сергея Юшенкова едва ли можно отнести к «боярам», однако его движение «Либеральная Россия» первоначально финансировалось Березовским. В 2002 году Юшенков вступил в конфликт с Березовским после того, как последний призвал к объединению либеральных сил с национально-патриотической оппозицией. Вскоре после убийства Юшенкова заказчиком покушения на него был объявлен новый председатель «Либеральной России» Михаил Коданев, близкий к Березовскому, в дальнейшем получивший 20 лет тюремного заключения. В качестве альтернативной версии убийства Юшенкова называлось наличие у него некой информации, компрометирующей действия спецслужб во время теракта в Театральном центре на Дубровке («Норд-Ост»). — *Прим. пер.*

китайским, но пока непонятно, сможет ли Россия, как продолжает обещать Путин, сохранить динамичный рост в условиях снижения цен на нефть и газ. На конец 2018 года Путину не удалось сдержать это обещание. В то же время можно с определенностью утверждать, что *российская система легитимации перешла от патримониализма к пребендализму.*

Озадачивает тот факт, что пребендализм вновь возникает после того, как первоначальное накопление капитала произошло либеральным или патримониальным путем. Наиболее очевидным примером пребендализма является путинская Россия, однако некоторые страны Восточной Европы, похоже, движутся по той же траектории по меньшей мере с 2010 года. Существенной особенностью этой системы является перераспределение прав собственности путем сначала ренационализации, а затем реприватизации активов в пользу новых верных последователей. Дело не в том, что появляющаяся новая система *более* коррумпирована (коррупции хватало и на предыдущем этапе), а в том, что гарантии прав собственности ставятся под сомнение и напрямую связываются с политической лояльностью клиента. Если патримониализм предполагал одномоментное перераспределение прав собственности в пользу тех, кто был лично или политически связан с политической элитой, то пребендализм представляет собой процесс перераспределения прав собственности после многократных проверок на лояльность. Патримониализм был однократной сделкой по передаче общественной собственности частным владельцам, пребендализм же представляет собой циклическое движение от приватизации к ренационализации и далее к реприватизации.

2.3. *Примеры путинского пребендализма*

Как только общественные активы были исходно распределены, политические власти стали испытывать искушение «перераспределить права собственности». Двумя фигурами, которые извлекли огромные выгоды из этой стратегии, являются Роман Абрамович (пример 9) и Олег Дерипаска (пример 10).

Пример 9. Роман Абрамович

Абрамович (родился в 1966 году) не входил в «семибанкирщину», хотя и был одним из первых олигархов. В кремлевский круг его ввел Березовский, и Абрамович даже переехал жить в Кремль, став близким другом дочери Ельцина Татьяны, которая часто проводила время на даче Абрамовича.

Свою карьеру Абрамович начинал в теневой экономике. По слухам, он начал свою предпринимательскую деятельность в конце 1980-х годов, продавая пластиковых уточек из своей московской квартиры и работая уличным торговцем. Позже Абрамович основал множество мелких компаний, а в 1993 году познакомился с Березовским, которому смог понравиться, и тот ввел Романа в «семью». В 1995 году, после того как Ельцин своим указом в рамках схемы залоговых аукционов создал компанию «Сибнефть», ее приобрели именно Березовский и Абрамович. За весь этот бизнес, который уже на тот момент должен был стоить несколько миллиардов долларов, они заплатили примерно 80 миллионов долларов. Это был классический пример российского способа приватизации, многократно описанный в различных источниках. В дальнейшем Абрамович занялся еще и алюминиевым бизнесом. Приватизация алюминиевой промышленности также сопровождалась «войнами»: ходили слухи о коррупции, имели место шантаж и даже убийства руководителей заводов и журналистов.

Абрамович вышел сухим из воды, пережив не только «алюминиевые войны», но и смену режима с Ельцина на Путина. В 1999 году Абрамович был избран в Госдуму, а в 2000 году стал губернатором Чукотки. Когда в 2005 году Путин отменил выборы губернаторов, он продлил губернаторские полномочия Абрамовича, хотя в 2008 году тот ушел с этой должности. Возможно, выживание Абрамовича объясняется тем, что до какого-то времени он, в отличие от Березовского или Ходорковского, держался в тени. Мало кто знал даже то, как он выглядит — одна из газет как-то вообще предложила вознаграждение тому, кто первым предоставит его фотографию. После 1999 года Абрамович стал более известен, но в первые несколько лет своего восхождения действительно был фигурой непубличной.

Теперь Абрамович уже не прячется — он выставляет напоказ свое богатство (а также свою красавицу подругу Дашу Жукову, еще одну представительницу известной семьи российских нуворишей), вкладывает значительные средства в британский футбол и владеет престижной недвижимостью по всему миру. Одной из его недавних покупок стало шато на французской Ривьере, которое в 1930-х годах принадлежало принцу Уэльскому. Он купил эту виллу за 27 миллионов долларов и потратил такую же сумму на ее реконструкцию. Согласно оценке «Forbes», состояние Абрамовича на 1 января 2019 года составляло 11,3 миллиарда долларов, что позволяло ему занимать 120-е место в мировом рейтинге миллиардеров.

Пример 10. Олег Дерипаска

Дерипаска (родился в 1968 году) также начинал с самых низов и поднялся на вершину по милости высших политических властей. Он породнился с семьей Ельцина, когда женился на Полине Юмашевой, дочери Валентина Юмашева, руководителя администрации президента Ельцина и впоследствии его зятя (после того, как Юмашев женился на дочери Ельцина Татьяне, Полина стала ее падчерицей). Трудно сказать, как в данном случае правильно выстроить причинно-следственные связи: Дерипаска стал таким богатым потому, что женился на дочери Юмашева, или же он смог жениться на красавице Полине из семьи с определенно самыми большими связями в России, потому что был богат? Но какой бы логике ни отдавать предпочтение, очевидно, что перед нами великолепный пример переплетения политики и бизнеса в посткоммунистической России.

У Дерипаски также были тесные связи с Абрамовичем, с которым они вместе создали компанию «РусАл». Когда распался Советский Союз, Дерипаске было всего 23 года, но уже в 1994 году он был финансовым директором компании «Алюминпродукт» и использовал эту должность для приобретения алюминиевых заводов по ваучерным схемам. В силу тесных связей Дерипаски с Ельциным и олигархами, которые оказались в опале после прихода Путина к власти, ожидалось, что именно Олег будет следующим, кого обвинят в уклонении от уплаты налогов, мошенничестве или коррупции, но в годы правления Путина он не только остался на плаву, но и пришел к огромному успеху. Достижения Дерипаски определенно объясняются его талантом: он увидел возможности, которые открылись в момент ваучерной приватизации, и смог ими воспользоваться, занимая управленческий пост, а принадлежность к «семье» и личные связи с Ельциным и олигархами, конечно же, оказали ему большую поддержку.

Одним из первых действий Путина на посту президента было увольнение Татьяны Дьяченко с должности его специального советника. Татьяна, как и многие другие протеже Ельцина, выпала из фавора, но Дерипаска оказался любопытным исключением. В конечном итоге он сделал свое состояние на алюминии, за приватизацию которого велись самые кровопролитные войны, поэтому трудно поверить, что Путину не удалось бы найти компромат, с помощью которого он мог посадить Дерипаску в тюрьму или отправить в изгнание. Однако Дерипаска, как и Абрамович (а может быть, даже в большей степени), не увлекался политической активностью во времена Ельцина, а новому царю демонстрировал подчеркнутую лояльность. Согласно рейтингу миллиардеров «Forbes», на 1 января 2019 года его состояние в реальном времени составляло 3,2 миллиарда долларов (651-е место в мире).

Как неоднократно указывалось выше, при Путине демократический процесс уже давно находится под существенным «управлением», но необходимость в сохранении видимости многопартийной демократии остается. Перри Андерсон [Anderson 2007] отмечал, что подобная иллиберальная демократия (хотя Андерсон не использует этот наш термин) требует наличия «оппозиционных» партий. По этой причине можно предположить, что главная оппозиционная сила путинской России, КПРФ, остается в живых благодаря самому Путину. Однако в какой-то момент подобное управление заходит «слишком» далеко, и управляемая демократия превращается в автократию. Этот переход может произойти, когда существует шанс, что правящая партия потеряет власть на выборах. Соответствующий исторический пример обнаруживается на другом краю планеты. В Сингапуре партия местного правителя Ли Куан Ю, именуемая «Народным действием», выигрывала «выборы» начиная с 1959 года при наличии лишь марионеточной оппозиции, однако в 2011 году впервые за более чем полвека выборы стали конкурентными, и партия власти набрала всего 60 % голосов. Даже Сингапур, возможно, движется к выборам с реальными ставками. В путинской России история примерно такая же. Путин создал свою партию «Единая Россия» в 2001 году, и с тех пор она доминирует в Госдуме. В 2007 году она получила подавляющее большинство голосов на выборах в Госдуму, позволявшее даже вносить изменения в конституцию, но в 2011 году результат «Единой России» оказался несколько хуже — она получила 49,3 % голосов[26].

3. Идеология посткоммунистического традиционализма

Пока политические правители действуют в демократических рамках, элитам нужна не только поддержка крупного капитала (что, впрочем, также важно, в основном из-за того, что большие деньги контролируют СМИ), но и народное голосование. Это означает, что правители должны придумать идеологию, которая будет привлекательна для «простых людей», в особенности для тех, кто обладает очень сильной национальной, а также религиозной коллективной идентичностью.

---

[26] На выборах в Госдуму 2016 года для достижения «Единой Россией» конституционного большинства было использовано изменение избирательного законодательства с возвращением одномандатных округов. По так называемому единому округу (при голосовании по партийным спискам) «Единая Россия» получила 54,2 % (140 мест в Госдуме), однако в одномандатных округах ее кандидаты, нередко целенаправленно дистанцируясь от терявшей популярность партии, обеспечили 203 места, в результате чего в итоговом составе Думы она контролировала 76 % мандатов. На выборах же в Госдуму в 2021 году роль таких манипуляций и вовсе снизилась, поскольку «системная» оппозиция в России окончательно приобрела декоративный характер, а проходные части списков прочих партий, судя по всему, заранее согласовывались на уровне администрации президента. — *Прим пер.*

Чрезвычайный успех Путина и Орбана на выборах во многом связан с их способностью сформулировать идеологию, которая вписывается в мировоззрение значительной части их электората. Манипулирование правилами выборов представляет собой лишь один из аспектов этого сюжета. Другая составляющая заключается в поиске идеологии, привлекательной для избирателей. Мы называем эту идеологию посткоммунистическим традиционализмом / неоконсерватизмом. Каковы ее принципиальные элементы? Они довольно тривиальны: нация (*patria* [отечество — *лат.*]), церковь и традиционная семья — все это выступало и выступает основными строительными конструкциями для любых консервативных движений. В чем же тогда заключается их «нео-» или «посткоммунистическая» специфика?

3.1. *Путин и «Движение чаепития»*

Ортодоксальные консерваторы наподобие христианских демократов в Германии или умеренных республиканцев в США нередко критикуют левый либерализм. Консерваторы пеняют либералам за слишком мягкое отношение к бедным, наркотикам, преступности, гомосексуализму, иммиграции и формированию избыточной системы социального обеспечения. Однако классические консерваторы склонны сохранять уважение к свободе личности, и в случае возникновения конфликта между традиционными ценностями и индивидуальными свободами могут отдать предпочтение последним. Неоконсерваторы, с другой стороны, ведут «культурные войны»: традиционные ценности для них могут превалировать над ценностью индивидуальных свобод. Образцом неоконсерватизма в США обычно выступает фракция социальных консерваторов / традиционалистов, известная как «Чайная партия» («Движение чаепития»)[27]. Ее «культурные

[27] «Чайная партия» представляет собой многогранное движение внутри Республиканской партии США, инициированное Роном Полом, либертарианцем, который ценил свободу личности и исповедовал изоляционизм в вопросах внешней политики. К 2010 году одной из самых влиятельных фигур «Чайной партии» стала губернатор Аляски Сара Пейлин — крайний соци-

войны» преследуют цель криминализации абортов и всех видов употребления наркотиков, а также неоконсерваторы борются за преподавание «креационизма», выступают за чтение молитв в школах и хотят сохранить Америку «белой» и «христианской».

Система ценностей посткоммунистических традиционалистов довольно схожа с ценностями того крыла «Чайной партии», чьим лидером является Сара Пейлин[28]. Однако есть и некоторые принципиальные различия. Традиционалисты-неоконы из «Чайной партии» обычно являются убежденными последователями Томаса Джефферсона — они борются с федеральной властью и хотят, чтобы государственный аппарат был как можно меньше. Посткоммунистические традиционалисты / неоконы, с другой стороны, являются государственниками, они хотят использовать сильное государство для восстановления и укрепления традиционного социального порядка. Интересное ответвление неоконсерватизма предложил Трамп — «возвращение исполнительной власти» и создание американской версии иллиберализма в духе Путина или Орбана.

Тем не менее еще до мирового финансового кризиса обнаружились голоса (в основном с правого фланга, хотя и не только оттуда), которые не хотели связывать популярность Путина только с высокими ценами на нефть и ростом уровня жизни. Некоторые наблюдатели утверждали, что Путину удалось восстановить традиционную систему господства в России — «самодержавную» систему, в которой граждане не должны брать на себя ответственность за государственные дела. Вместо этого они могут положиться на заботливое государство, которое защитит их от реальных экономических опасностей и какого-нибудь воображаемого внешнего врага. Поскольку этот новый режим был

альный консерватор-традиционалист и «ястреб» во внешней политике. Сын Рона Пола Рэнд сохранял приверженность либертарианству и изоляционизму своего отца, в результате чего у движения «Чайной партии» появилось два крыла: «пейлинисты» и «полисты» [Hunter 2011].

28 Клиффорд Гэдди утверждал, что «мог бы с уверенностью составить длинный список цитат, благодаря которым вы бы сочли Путина типичным представителем "Чайной партии"» (цит. по: [Taylor 2013]).

дружественным к бизнесу, более резонно рассматривать его как «ретроцаристский», а не неосталинистский [Anderson 2007; Пайпс 2008; Cannady, Kubicek 2014]. Конструирование общего врага является чертой сходства посткоммунистических традиционалистских / неоконсервативных правых партий в Восточной Европе. В качестве довольно экстремального примера можно привести режим «Фидес» в Венгрии после 2010 года, обвинявший МВФ, Брюссель, а в последнее время и США во многих бедах, которые страна сама же на себя и навлекла. Однако с помощью этой стратегии венгерскому режиму удалось не только успокоить общественность, но и мобилизовать массы, что привело к демонстрациям в поддержку правительства и против внешних врагов.

Российская экономика испытала удар мирового финансового кризиса, поэтому неудивительно, что, несмотря на слабость оппозиции и отсутствие альтернативного образа будущего, Путин и его «Единая Россия» потеряли значительную часть поддержки. В этих условиях становилось все более очевидным, что режим нуждается в идеологическом самообосновании. В октябре 2013 года Никита Михалков, кинорежиссер с хорошими связями в Кремле, потребовал заново обрести национальную идеологию — данный момент, по его мнению, стал «вопросом национальной безопасности» (цит. в [Whitmore 2013]). До тех пор путинизм был своего рода латентным консерватизмом, но теперь ему необходимо было занять агрессивно традиционалистскую/неоконсервативную идеологическую позицию.

Путин начал создавать свой идеологический образ, как только стал премьер-министром в 1999 году. В самом конце этого года он опубликовал программный текст «Россия на рубеже тысячелетий», который стал первым шагом к избавлению от его прошлого, связанного с КГБ, и созданию новой политической и идеологической идентичности [Cannady, Kubicek 2014]. Уже в этом документе Путин изложил принципы своего будущего правления — патриотизм, порядок и эффективное управление.

Те, кто подозревает за этим проектом «коммунистическую реставрацию», вероятно, ошибаются. Режим Путина далек от того, чтобы выступать против интересов бизнеса. Активы самых богатых россиян в первые годы правления Путина быстро росли: из года в год «Forbes» сообщал о росте числа долларовых миллиардеров в России. В 2006 году в Москве проживало больше миллиардеров, чем в Лондоне [Anderson 2007].

Для режима Путина крайне важно сохранять хотя бы видимость демократии и конституционализма. Коммунистические режимы тоже имели конституции и проводили выборы, но все это не имело никакого значения. При коммунистических режимах, как правило, никто не мог подать в суд на исполнительную власть, а институт конституционного суда обычно отсутствовал[29]. Выборы не были конкурентными, а кандидаты в законодательные органы назначались исполнительной властью. В путинской России все действительно обстоит иначе: Путин настолько серьезно относился к необходимости создания видимости конституционности, что не стал изменять конституцию (хотя юридически он мог бы это сделать), дабы получить возможность баллотироваться на третий президентский срок подряд. Вместо этого он поменялся местами на один срок с Медведевым. Акцент на христианстве или православии также имеет существенное значение в конституциях ряда других стран Восточной Европы, таких как Польша, Венгрия, Сербия, Хорватия, Босния и Болгария.

Учитывая слабые результаты «Единой России» в 2011 году и Путина в 2012 году[30] (а также последовавшие за выборами антипутинские митинги), призыв к усилению идеологической привлекательности казался более оправданным. 10 декабря 2013 года влиятельный околокремлевский аналитический Центр стратегических коммуникаций опубликовал доклад «Новый лидер мирового консерватизма» (см. [Абзалов 2013; Whitmore 2013]).

---

[29] Как указывал Габор Хамза [Hamza 2017], единственной социалистической страной, имевшей конституционный суд с 1963 года, была Югославия. Венгрия создала «зачаточный» конституционный суд в 1984 году, за ней последовала Польша в 1985 году. Китай также создал конституционный суд с ограниченными полномочиями в 1982 году.

[30] На выборах 4 марта 2012 года Путин получил 63,6 % голосов при явке 65,34 % — заметно меньше, чем он же в 2004 году (71,31 % при явке в 64,38 %) и Медведев в 2008 году (70,28 % при явке в 69,81 %). — *Прим. пер.*

Всего два дня спустя Путин выступил с ежегодным президентским посланием [Путин 2013], в котором энергично следовал идеологии, предложенной Центром стратегических коммуникаций. В наше время, заявил Путин (мы стараемся передать суть его послания, а не цитировать его дословно), некоторые страны — он не назвал ни одной из них, но имел в виду «Запад» и в особенности США — переоценивают свои моральные ценности. Во имя глобализации они стремятся ослабить культурные различия между людьми и нациями. Разрушение традиционных ценностей имеет значительные негативные последствия для общественного порядка. Путин утверждал, что этот процесс не только разрушителен, но и антидемократичен, поскольку пытается навязать систему ценностей воинствующей светской, мультикультурной и транснациональной элиты.

С другой стороны, у Путина были и кое-какие хорошие новости для его аудитории: людей, готовых защищать традиционные ценности и основы духовно-нравственных ценностей, становится, по его мнению, все больше в каждой стране. В числе этих ценностей Путин назвал традиционную семью, имея в виду семью гетеросексуальную — это вполне очевидно, учитывая известное неприятие Путиным гомосексуализма. Он также подчеркнул необходимость защиты «жизни» (скорее всего, это было несколько завуалированное возражение против абортов) и сделал акцент на необходимости признания примата религиозной жизни и духовности над материальным существованием. «Конечно, это консервативная позиция» — эти слова Путина стоит привести уже дословно.

И Центр стратегических коммуникаций, и Путин в президентском послании 2013 года пытались отыскать идеологию, которая объединила бы сторонников Путина и разделила его противников, причем не только в России, но и во всем мире. В глобальном контексте заявлялось о существовании двух лагерей — консерваторов (в своем послании Путин допускал, что к нему принадлежит даже Меркель) и леволиберальных «популистов». Это очень интересный поворот в терминологии, поскольку неолибералы обычно используют термин «популист» для дискредитации оппонентов на обоих концах политического спектра. Однако здесь Путин четко указал, кого он имел в виду — Обаму и президента Франции Франсуа Олланда, двух политиков, которые теряли поддержку населения, несмотря на свои популистские обещания.

Путин хотел убить двух зайцев сразу: он пытался завоевать симпатии западных, в особенности американских неоконсерваторов и в то же время предложить России идеологию, которая восстановит ее мессианское призвание перед лицом угасающего Запада. В представлении Путина Россия должна была стать «третьим Римом», вновь выступить в роли самого преданного защитника традиционных ценностей — религии, православия, семьи и патриотизма.

Но каковы соответствующие исторические прецеденты — кто является образцом для подобного лидера и подобной идеологии? Еще в 2005 году этим вопросом задавался Ричард Пайпс [Пайпс 2008] (см. также [Whitmore 2013; Cannady, Kubicek 2014]). Необходимым требованиям не удовлетворяет ни один из советских лидеров, и в особенности это касается Сталина, с которым Путина, учитывая его прошлое в КГБ, так часто сравнивают. Как уже отмечал Пайпс, ближайшим историческим прецедентом является правивший железной рукой царь Николай I, который безжалостно расправился с декабристами и заново утвердил «закон и порядок». В манифесте, выпущенном в 1826 году, Николай I легитимировал свое правление тремя принципами: православие, самодержавие и народность (patriotism)[31], хотя, как

---

[31] В Высочайшем манифесте Николая I от 13 июля 1826 года, выпущенном после казни пяти декабристов, содержалась следующая формулировка (курсив добавлен): «Обращав последний взор на сии горестные происшествия, обязанностию себе вменяем: на том самом месте, где в первый раз, тому ровно семь месяцев, среди мгновенного мятежа, явилась пред нами тайна зла долголетнего, совершить последний долг воспоминания, как жертву очистительную за кровь Русскую, *за веру, царя и Отечество*, на сем самом месте пролиянную, и вместе с тем принести Всевышнему торжественную мольбу благодарения». Триада «православие, самодержавие, народность» появилась позже, в докладе императору министра народного просвещения Сергея Уварова, представленном в ноябре 1833 года. — *Прим. пер.*

уточняют Шон Кеннеди и Пол Кубичек, Николай I не был «националистом» в духе Французской революции — «отечество» для него составлял именно «народ», а не «граждане», как во французской традиции. Что касается религии, то ее важность Путин признал еще в 1999 году (сейчас он утверждает, что мать тайно крестила его, когда он был маленьким мальчиком), и ему удалось установить теплые отношения с православной церковью, имеющей долгую историю признания государственной власти. Примечательно, что в ноябре 2013 года депутат Госдумы от «Единой России» Елена Мизулина выступила с предложением включить в преамбулу Конституции РФ положение о том, что Россия является православной страной; она же предложила и законопроект о запрете «гей-пропаганды». В марте 2014 года президент Обама наказал Мизулину за непреклонную поддержку Путина, заморозив ее активы в США.

Некоторые аналитики (см. [Whitman 2013]) интерпретировали доклад Центра стратегических коммуникаций и выступление Путина в декабре 2013 года как призыв к созданию некоего нового «интернационала». Однако на сей раз это, похоже, будет «интернационал консерваторов» (теперь же его лучше называть «иллиберальным интернационалом»), который, предположительно, возглавит Владимир Путин.

Может ли все это воплотиться в реальность, или же Путин может об этом только мечтать? В 2013 году, до начала украинского кризиса, «Forbes» назвал Путина самым влиятельным человеком в мире, поставив его выше президента Обамы, и даже в 2014 году, когда кризис на Украине уже разразился, Путин удерживал этот титул — лишь в рейтинге 2018 года его сместил председатель КНР Си Цзиньпин. В мае 2019 года в списке десяти самых влиятельных людей мира не оказалось ни одного политика, которого можно хотя бы смутно ассоциировать с левыми силами. Все остальные, кроме Си и Путина, за исключением популярного папы римского Франциска, являются представителями деловой сферы наподобие Билла Гейтса или Ларри Пейджа, что свидетельствует об ограниченном и определенно ослабевающем значении демократически легитимной власти в сегодняшнем мире.

3.2. *Путин и Бьюкенен*

Еще до того, как разразился украинский кризис, у Путина было мало шансов привлечь на сторону своего «интернационала» традиционных консерваторов. Тем не менее правое крыло американского политического спектра услышало его послание. Пэт Бьюкенен, один из самых умных и внятных представителей крайне правого крыла Республиканской партии, выражал симпатию, а то и восхищение Путиным и его президентским посланием. Это была нетривиальная похвала, ведь ранее Бьюкенен работал советником президентов Никсона и Рейгана, а также участвовал в президентских праймериз республиканцев в 1992 и 1996 годах (в 1992 году он получил 23 % голосов на республиканских съездах, а в 1996 году — 21 %, выступая против Боба Доула). Таким образом, Бьюкенен является серьезным выразителем мнений американских консерваторов. 17 декабря 2013 года, всего через пять дней после президентского послания Путина, он опубликовал в своем блоге пост с заголовком «Путин — один из нас?» Тогда Бьюкенен давал на этот вопрос утвердительный ответ, увидев в Путине лидера, который борется против воинствующего секуляризма, абортов, однополых браков, порнографии и распущенности, против всего «голливудского паноптикума». Во всем этом Бьюкенен разглядел зарождение новой глобальной «культурной войны» (сам этот термин обычно и ассоциируется с Бьюкененом, который использовал его в 1992 году на съезде республиканцев). Примечательно, что в 2018 году его использовал и Виктор Орбан, когда, получив большинство в две трети голосов на своих третьих выборах, он пообещал, что за его победой последует «культурная война».

По словам самого Бьюкенена, «президент Рейган однажды назвал старую советскую империю "средоточием зла в современном мире". Президент Путин намекает на то, что Америка Барака Обамы может заслужить это звание в XXI веке». Далее Бьюкенен рассуждал о том, что во второй половине XX века борьба шла по вертикали: Запад боролся с Востоком. Однако в XXI столетии борьба становится горизонтальной: сегодня консерваторы и традиционалисты сражаются с воинствующими секуляристами, мультикультурной и транснациональной элитой. Сходство терминологии Бьюкенена и Путина поразительно, и Бьюкенен задается вопросом о том, почему мы не называем Путина «палеоконсерватором», как Бьюкенен любит именовать самого себя. В своем блоге в конце декабря 2013 года он уже признавал, что западные интеллектуалы могут расценивать его позицию как «кощунство», но всякому, кто ознакомится с президентским посланием Путина 2013 года, станет понятно, что он прав.

В 1999 году Бьюкенен вышел из Республиканской партии, а через год попытался выдвинуть свою кандидатуру на пост президента от некой «третьей партии». Однако в конце концов он решил поддержать Джорджа Буша-младшего в 2004 году и Митта Ромни в 2012 году в качестве кандидатов в президенты, хотя был ближе к «Чайной партии», чем к республиканскому мейнстриму. Бьюкенен не причислял себя к неоконсерваторам, считая себя «палеоконсерватором» и «независимым традиционалистом». Однако большинство американских консерваторов и британских тори, в отличие от Бьюкенена, отнюдь не были настроены приветствовать появление Путина в их лагере еще до украинского кризиса [Franklin 2013].

Тем не менее невозможно поспорить с тем, что мир сдвигается вправо. Идущее за Сарой Пейлин крыло «Чайной партии» разделяет почти те же ценности, что и Путин. На последних парламентских выборах во Франции одну из самых успешных партий возглавляла Марин Ле Пен, а в Италии лидером аналогичных сил стал Маттео Сальвини. Ле Пен будет серьезным соперником на следующих президентских выборах во Франции и особо значимым игроком (что еще более важно) на европейских выборах в мае 2019 года[32].

---

[32] Эти опасения по поводу Ле Пен в целом не подтвердились. В мае 2019 года ее «Национальный фронт» получил первое место на выборах в Европарламент во Франции, но разрыв с движением Эммануэля Макрона «Вперед, республика!» составил менее 1 %. В 2020 году Ле Пен еще раз проиграла Макрону президентские выборы и в ноябре 2022 года уступила пост лидера партии молодому политику Жордану Барделла. Однако в Италии в 2022 году победа на парламентских выборах досталась коалиции ультраправых во главе с Джорджей Мелони. — *Прим. пер.*

Существует много признаков того, что Путин в определенной степени близок к ультраправым в Европе, а также в США, и на момент написания этой главы (апрель 2019 года) опросы общественного мнения показывают, что радикальные националисты, возможно, добьются на выборах значительных успехов.

Тем не менее консерваторам Республиканской партии не обязательно принадлежать к социально-консервативной «Чайной партии», чтобы выражать восхищение Путиным. В частности, Руди Джулиани, популярный бывший мэр Нью-Йорка, после вторжения Путина в Украину без споров или раздумий отметил: «Это настоящий лидер!» (цит. по: [Кругман 2014]).

Теперь давайте более детально остановимся на социальных консерваторах из «Чайной партии». Если вдуматься в то, что говорит Путин, он действительно похож на ее типичного представителя. Однако путинизм резко отличается — по меньшей мере в двух отношениях — от того, во что верят американские социальные консерваторы-неоконы из «Чайной партии». Сара Пейлин могла бы согласиться с Путиным по многим вопросам (таким, как традиционная модель семьи, права геев и значимость религии, например, в необходимости преподавания креационизма в школах), но есть и фундаментальные различия.

«Чайная партия» — даже в своей самой радикальной версии — придерживается взглядов Джефферсона, занимая антифедералистскую и антигосударственную позицию. Правда, «Чайная партия» действительно признает, что государственная власть играет решающую роль в таких этических вопросах, как аборты, проституция, порнография, наркотики и права геев, а стало быть, по меньшей мере в том, что касается социальных вопросов, социальные консерваторы являются «государственниками». Однако, когда дело доходит до вопросов экономических, даже Сара Пейлин выступает против государственного регулирования — именно здесь неоконсервативная позиция перерастает в неолиберализм. Еще в опубликованной в 1962 году работе Александра Гершенкрона «Экономическая отсталость в исторической перспективе» [Гершенкрон 2015] указывалось, что идея модернизации под руководством государства характерна для отсталых в экономическом отношении регионов мира, желающих «догнать» лидеров. На Западе проект модернизации осуществляли предприимчивые личности и национальная буржуазия, тогда как страны к востоку от Пруссии были вынуждены полагаться на государственную опеку. А второе отличие между Путиным и американскими ультраконсерваторами заключается в том, что даже занимающие крайние позиции по социальным вопросам неоконы из «Чайной партии» признают либеральные принципы разделения властей, а следовательно, не относятся к иллиберальному лагерю. Формула путинизма — или, в более общем контексте, посткоммунистического традиционализма / неоконсерватизма — выглядит так: традиции в духе «Чайной партии», «государственничество» плюс невнимание к правам меньшинств. В свою очередь, восточноевропейский иллиберализм близок к «альтернативным правым».

3.3. *Путин и его европейские союзники*

Как бы Путину этого ни хотелось, представляется маловероятным, что такие фигуры, как Тэтчер, Рейган или Меркель, посчитали бы себя частью его «интернационала», однако Путин имеет больше шансов апеллировать к «новым правым» типа Ле Пен или «Фидес» в Венгрии. Действительно, имеются некоторые свидетельства того, что Путин прилагает все усилия для привлечения в свой лагерь европейских ультраправых, выступающих против Евросоюза. До украинского кризиса некоторые американские и британские неоконсерваторы дистанцировались от поддержки Путина Бьюкененом [Franklin 2013], а отдельные неоконсерваторы в США также сторонились путинских «автократических тенденций» (как утверждал бывший спичрайтер Буша-младшего Дэвид Фрам, Путин — хладнокровный убийца, но он хотя бы ненавидит геев, см. [Taylor 2013]).

Существуют также некоторые подозрения (хотя они не доказаны в суде), что российские спецслужбы вмешивались в американские выборы 2016 года, сыграли определенную роль в референдуме по Брекзиту, а также, возможно, в некоторых других европейских выборах, где они всегда поддерживали радикальных националистов, евроскептиков, противников мультилатерализма и антинатовские политические партии.

В условиях конфронтации между Западом и Россией американские и российские позиции несколько изменились. В глазах «интервенционистской» части правого крыла в США Россия предстала «врагом народа номер один», и представители этого лагеря нападали на администрацию Обамы за недостаточно решительные действия по украинскому вопросу. Однако в «Чайной партии» и среди правого крыла республиканцев имеются собственные «изоляционистские» элементы. Одной из ведущих фигур здесь является Пэт Бьюкенен (а также Рэнд Пол, надеявшийся выдвинуться кандидатом в президенты в 2016 году), который остается приверженцем Путина[33]. Тем не менее несомненно, что украинский кризис, пусть он и принес Путину краткосрочные выгоды (позволив ему воспользоваться поддержкой, которую он получил от российских патриотических сил за возвращение России Крыма и защиту русских на востоке Украины), нанес серьезный ущерб его амбициям — если таковые вообще были — по созданию нового «консервативного интернационала».

Однако посткоммунистическая Восточная Европа, в отличие от Запада, может оказаться гораздо более восприимчивой к этой специфической комбинации консерватизма, которая сочетает традиционализм (триединство «семьи, отечества и Бога») с той или иной версией этатизма. Такая идеология обладает привлекательностью для всего восточноевропейского региона, и многие элементы этатистского неоконсерватизма можно было заметить уже в 1990 году в Польше, Словакии и Венгрии. Как совершенно верно установил на примере Венгрии Золтан Габор Шюч, явное изменение в риторике произошло в 2000-х годах [Szűcs 2006:

---

[33] См. запись в его блоге «Является ли Путин чем-то худшим в сравнении со Сталиным?» от 28 июля 2014 года. Бьюкенен отвечает на этот вопрос так: «Да ладно... Путин не Сталин, он просто играет в геополитическую игру, и только Обама этого не понимает».

99–128; 2012: 133–141]. Однако это далеко не означает простую восприимчивость Венгрии к путинизму — во всем восточноевропейском регионе нет практически ни одной страны, которая не была или не остается открытой для этой доктрины. Не будем забывать о таких фигурах, как Владимир Мечьяр, Роберт Фицо (которого часто считают более изощренным продолжателем Мечьяра), Траян Бэсеску, Бойко Борисов, братья Качиньские и «чешский Берлускони» Андрей Бабиш — последний пример из этого списка. Конечно же, мы можем включить в него и Белоруссию при Лукашенко и Украину при Януковиче, а возможно, и при Петре Порошенко, Сербию при Слободане Милошевиче и Хорватию при Франьо Туджмане. Все они — «родные братья» Путина и Орбана.

Резонно предположить, что здесь перед нами возникает по меньшей мере частичный эффект *longue durée* [долгого времени — *фр.*]. Во всех перечисленных странах консерватизм в XIX веке или в годы между мировыми войнами XX столетия имел несколько иной смысл, нежели на Западе. Что именно считать Востоком или Западом — отдельный вопрос. Относился ли, к примеру, Бисмарк к Востоку или к Западу? Разумеется, венгерские консерваторы конца XIX — начала XX века (Иштван Тиса или Миклош Хорти) не пользовались особой любовью английских тори или других западных консерваторов [Tamás 2014]. Даже по консервативным меркам эти фигуры не были достаточно толерантны к меньшинствам, а также были склонны к «этатизму», особенно характерному для режима Хорти в период премьерства Дьюлы Гёмбёша.

Интересно, что идеологи «Фидес» умалчивают о Гёмбёше, но ищут исторических предшественников в таких фигурах, как Хорти, Бетлен и Тиса. Можно привести и ряд примеров за пределами Венгрии. Маршал Пилсудский вряд ли был более приемлем для британских тори, но братьев Качиньских вполне удовлетворило бы считать Пилсудского своим историческим предшественником. Степан Бандера — украинский политик, напоминавший Хорти или Пилсудского, — также является героем украинских правых.

3.4. *Путин и Трамп*

Вопрос о том, какое отношение имеет Трамп к Путину, «путинизму» и «иллиберализму», сложен. Когда Трамп был еще кандидатом в президенты, он выражал восхищение Путиным как лидером, который твердо контролирует свою страну, и обещал «дружить» с ним. В свою очередь Путин официально заявил, что надеется на победу Трампа.

Одним из осложняющих факторов для Трампа, когда речь идет об отношениях между США и Россией, являются его непростые отношения с Республиканской партией, которая традиционно настроена резко антироссийски. Именно по этой причине, несмотря на пропутинскую риторику Трампа, его администрация позволила Конгрессу принять новые санкции в отношении России, а в 2018 году даже объявила о выходе из Договора о ликвидации ракет средней и меньшей дальности (ДРСМД). Есть определенные основания предполагать, что это были уступки «ястребам» среди республиканцев.

Отношения между Трампом и Путиным действительно очень сложны. 16 июля 2018 года они провели приватную встречу тет-а-тет в Хельсинки (без присутствия американских официальных лиц), и о чем именно там шла речь, до сих пор неизвестно. Встречи на столь высоком уровне довольно редко носят исключительно «личный» характер.

Однако важнее не столько «сговор» в ходе избирательной кампании или деловые отношения Трампа с Россией до и во время его подготовки к выборам (утверждается, что один из его сыновей вел переговоры о крупных инвестициях в недвижимость в Москве еще до завершения кампании), сколько идеологический консенсус между Путиным и Трампом в отношении «иллиберальной политики».

Трамп определенно является самым выдающимся «иллиберальным» политиком в Североатлантическом и Европейском регионах. Его лозунг «Америка прежде всего» представляет собой отчетливый рецепт иллиберальной политики, предполагающий отказ от многостороннего подхода к международным отношениям с акцентом на национальном суверенитете. Ключевой целью Трампа является укрепление исполнительной власти, в особенности стоящего на ее вершине лидера. Главной мишенью в данном случае выступает судебная власть: Трампу удалось назначить политически ангажированных судей в Верховный суд и на более низкие уровни судебной иерархии. Он продолжает нападать на СМИ за распространение «фейковых новостей», если в их материалах не поддерживается его политика. Он пытается обойти законодательную власть, издавая «указы»: в качестве одного из примеров можно привести объявление Трампом «чрезвычайного положения», чтобы отменить решение Палаты представителей о распределении бюджетных средств. Это полномочие принимать решения о распределении казенных денег, конечно же, является важнейшей характеристикой «системы сдержек и противовесов», с помощью которой законодательная власть может ограничивать исполнительную.

Несмотря на это, либеральный институт разделения властей 250-летней выдержки в США все еще работает. Хотя Верховный суд склонен поддерживать Трампа, суды низшей инстанции довольно часто выносят решения против его иллиберальной политики. Более того, выборы в США по-прежнему не только (достаточно) свободны, но и (совершенно) справедливы, в результате чего даже в условиях контроля республиканцев над Сенатом Трампу с 2018 года приходится иметь дело с демократическим большинством в Палате представителей. К тому же если в России Путин жестко контролирует «Единую Россию» (то же самое касается и Орбана в случае с «Фидес»), то в США все еще есть некоторые конгрессмены-республиканцы, которые время от времени проявляют инакомыслие. Даже в Верховном суде отдельные назначенные республиканцами судьи могут разочаровать «босса», голосуя в либеральном духе по тем или иным вопросам (как это сделал судья Джон Роберт по программе «Obamacare»).

Если подвести итог, то проект Трампа в значительной степени является путинистским, будучи иллиберальным и направленным на максимизацию власти исполнительной власти и ее лидера. Однако либеральные институты США тормозят этот иллиберальный проект.

В заключение вернемся к теории Балинта Мадьяра, поскольку для администрации Трампа характерны некоторые «мафиозные» тенденции. Но даже несмотря на то, что дочь Трампа, его сыновья и он сам получают выгоду от должности главы семьи (например, от собственного отеля в столице страны), все это в действительности не имеет значения. Суть правления Трампа — здесь мы склонны верить в суть посткоммунистического иллиберализма — заключается в максимизации полномочий исполнительной власти, а в особенности власти «лидера». Увеличение личного состояния является важным моментом, но он имеет вторичное значение: главное — это сокращение системы сдержек и противовесов.

4. Либерально-демократические траектории перехода к капитализму в Восточной Европе: возникновение пребендализма?

4.1. *Посткоммунистический либерализм после падения коммунизма*

Как уже отмечалось, в 1989–1991 годах легитимирующей идеологией новых политических элит в большинстве европейских посткоммунистических обществ были либеральная демократия и капитализм со свободным рынком. Однако важно понимать, что по меньшей мере в течение первого десятилетия трансформации эти общества были «переходными». Они сталкивались с довольно необычными вызовами, связанными с построением «капитализма без капиталистов» в течение короткого периода времени [Селеньи и др. 2008], что было отнюдь не тривиальной задачей.

Хотя свободнорыночный капитализм был гегемонистской идеологией, даже самые либеральные страны региона столкнулись с определенными трудностями, пытаясь соответствовать собственным идеальным представлениям. Наиболее важной проблемой была быстрая конверсия прав собственности. Большинство экономистов-неоклассиков были уверены, что решающим шагом является появление опознаваемых частных владельцев бывшей общественной собственности. Команда Ельцина и Гайдара обещала «создать» капитализм за 500 дней. Восточная Европа, возможно, не настолько торопилась, но и не отставала. Если в Англии на «огораживание общинных земель» понадобились века, то в посткоммунистических обществах первоначальное накопление капитала состоялось в течение нескольких лет. Это неизбежно привносило патримониальные элементы даже в либеральную версию посткоммунистических систем. Хотя правовые нормы, регулирующие переход от общественных благ к частной собственности, сильно варьировались от страны к стране, они были определены недостаточно четко и оставляли многие детали процесса создания частной собственности на усмотрение политических властей и личные связи.

В странах, где ключевым элементом этого процесса были приватизационные ваучеры (как в Чехии, Польше и прежде всего в России), было гораздо больше возможностей для клиентелистского манипулирования процессом. Появившаяся частная собственность была обеспечена гарантиями, но в процессе приобретения своих состояний ее новые владельцы нуждались в доброй воле политических сил и государственной бюрократии. Решения о том, кто именно может претендовать на получение кредитов, должны были принимать приватизационные агентства и банки, однако они не могли использовать традиционные механизмы установления кредитоспособности, поскольку практически ни у кого не было кредитной истории.

Даже в Венгрии, самой либеральной из посткоммунистических стран, в 1990-е годы было полезно иметь некоторые «патримониальные» связи — ниже мы представим пару примеров, описанных еще в работе [Kolosi, Szelényi 2010]. Если вы обладали достаточными инсайдерскими знаниями о реальной стоимости некоего общественного актива, который предлагалось приватизировать, это могло дать вам огромное преимущество. Под задачи приватизации можно было взять взаймы сумму в объеме до 90 % стоимости сделки в виде правительственного кредита с очень низкой процентной ставкой — было очевидно, что лица, облеченные властью, «помогут» получить приватизируемые активы «правильным» людям. Правда, Венгрия определенно относилась к странам с самым низким уровнем патримониализма, тогда как пример крепкого патримониализма являет собой Россия времен Ельцина.

В следующем разделе будет выдвинуто предположение, что Путин сыграл ведущую роль в изменении исходного механизма распределения собственности, основанного прежде всего на рыночных критериях, и в последовательном движении демократической системы России в направлении иллиберализма. В ретроспективе на раннем этапе транзита можно разглядеть некоторые признаки движения в том же направлении и во многих странах Центральной и Восточной Европы, даже в тех из них, где было больше либерализма. В какой степени правительства / политическая власть могут/должны оставлять приватизацию на откуп «слепым» силам рынка[34]? Поскольку в этом процессе неизбежно присутствовал некий элемент патримониализма, отдельные должностные лица (политики и в особенности менеджеры) и их «клиенты» (дети, родственники и знакомые) при помощи описанных выше механизмов получили привилегированный доступ к приватизируемым активам.

Кроме того, присутствовали и определенные ранние «иллиберальные» попытки ограничить разделение властей — с самого начала особой мишенью этих поползновений стала пресса. Политики (зачастую консервативного толка), получившие выборные должности, возмущались критикой со стороны СМИ, которые часто контролировались фигурами, известными еще со времен социализма (обычно либералами). Поэтому были предприняты попытки поставить СМИ под контроль властей, нередко превра-

---

[34] Поэтому неудивительно, что в рейтинге восприятия коррупции «Transparency International» лишь две крупные страны Центральной Европы, Венгрия (№ 32 в рейтинге) и Чехия (№ 42), в 2000 году были отнесены к 50 % наименее коррумпированных стран (всего в исследование было включено 90 государств), а Польша, Словакия, Румыния и Россия оказались в нижней половине списка. В 2008 году ситуация не изменилась, а в рейтинге 2013 года, где было представлено уже 177 стран, Польша (№ 38) опередила Венгрию (№ 47).

щавшиеся в скандальные баталии, как это было, например, при правительстве Анталла в Венгрии. Однако, за исключением Юго-Восточной Европы (Сербия, Македония, Албания, Болгария и Румыния), правила игры в этом регионе посткоммунизма в целом задавали сдержки и противовесы вкупе с верховенством закона — так было даже при правлении Мечьяра в Словакии, Клауса в Чехии или Анталла в Венгрии.

4.2. *Иллиберальные тенденции в ходе второго и третьего десятилетий транзита: «вирус Путина»*

К концу первого или началу второго десятилетия переходного периода (см. [Szelényi, Wilk 2010]) начальные успехи транзита в Восточной Европе несколько померкли. Реформы первого поколения в действительности были половинчатыми. Хотя экономика была довольно успешно преобразована в рыночную систему, здравоохранение, пенсионное обеспечение и образование (то, что восточноевропейские экономисты называют «великими распределительными системами») оставались в неприкосновенности и продолжали функционировать почти так же, как и при социализме. Впрочем, при социализме эти системы тоже работали не лучшим образом, будучи неэффективными и недофинансированными. Поскольку их финансирование происходило в основном за счет изымаемой в виде налогов прибыли предприятий, находившихся в общественной собственности, с началом трансформационного спада и/или приватизации этих компаний поступление средств прекратилось. В течение первого десятилетия XXI века подобная ситуация привела к увеличению бюджетного дефицита во всех странах Восточной Европы, в результате чего они вступили во второй переходный кризис задолго до того, как разразился великий глобальный финансовый кризис. Указанные страны испытывали гигантское давление необходимости в сокращении расходов на социальное обеспечение. А одновременно, как бы иронично это ни выглядело, давление на них оказывал Евросоюз, поскольку его новые восточноевропейские члены не следовали европейской социальной модели, а перенимали либеральную американскую систему социального обеспечения, основанную на проверке материального состояния соискателя льгот. Все это вызвало огромное сопротивление населения, и по меньшей мере до мая 2009 года страны Восточной Европы (за исключением Словакии) были не в состоянии провести реформы систем социального обеспечения, сократить дефицит бюджетов и свои национальные долги.

Сегодня «вирус Путина» присутствует если не во всех, то в большинстве восточноевропейских стран. Структурно этот момент проистекает из системы, которая функционирует в демократических рамках, предполагающих, что выборы хотя бы внешне должны быть конкурентными, а «общественная собственность» уже «огорожена». Поэтому единственным механизмом «скупки» голосов оказывается перераспределение уже распределенной собственности.

Особого внимания в данном случае заслуживают венгерская правящая партия и ее премьер-министр Виктор Орбан (1998–2002, 2010 — по настоящее время). Хотя по своему мировоззрению и идеологии «Фидес» напоминает представления премьер-министра Словакии Роберта Фицо и польского лидера Ярославом Качиньского, существует и одно отличие. На выборах Орбан может побеждать — и недавно победил[35] — с подавляющим большинством: начиная с 2010 года он набирает около 50% голосов, что дает ему большинство в две трети мест в парламенте. Нет сомнений, что по меньшей мере выборы 2010 года, на которых «Фидес» получила большинство в две трети голосов в парламенте, были свободными и честными — с этим может сравниться только популярность Путина (хотя то, насколько именно выборы, на которых победил Орбан, были «свободными и честными», оспаривается оппозицией, а также политологами в Венгрии и за

[35] Имеются в виду парламентские выборы апреля 2018 года, на которых коалиция «Фидес» — ХДНП под руководством Орбана получила 49,3 % голосов, а еще 19,1 % набрала праворадикальная партия «Йоббик». На следующих выборах депутатов Государственного собрания Венгрии в апреле 2022 года за «Фидес» — ХДНП было отдано уже 54,1 % голосов. Явка и в том, и в другом случае составила 70,2 %. — *Прим. пер.*

ее пределами). На деле в 2010 году «Фидес» получила только 53 % голосов на выборах при явке не более 64 % избирателей, но и с таким результатом ей удалось добыть 68 % мест в парламенте — учитывая любопытную природу венгерского избирательного законодательства, которая никогда не оспаривалась ни одной из основных политических сил, пока она служила их интересам, и не является чем-то беспрецедентным для других демократических стран. Поэтому «Фидес» обладала практически бесконтрольной и почти неограниченной властью изменять законы. Партия, теперь располагавшая парламентским большинством в две трети голосов, приняла новую конституцию, которая выражала неоконсервативное мировоззрение новой власти. Помимо прочего, в новой конституции утверждалось, что Венгрия утратила суверенитет 19 марта 1944 года вместе с немецкой военной оккупацией — эта новая интерпретация освобождала страну от ответственности за смерть 600 тысяч евреев, которые погибли после этого вторжения, в основном в Освенциме.

Венгерский парламент обладал конституционным правом как принять новую конституцию, так и изменять ее в любое время большинством в две трети голосов. Политическая оппозиция возражала, указывая, что правительство приняло новую конституцию без особых консультаций с оппозиционными партиями и избирателями — на парламентское обсуждение документа было отведено всего девять дней (!)[36]. Еще одним моментом,

---

[36] Для сравнения можно обратиться к истории Конституции США. Она была разработана и позже утверждена в 1787 году Конституционным Конвентом, делегаты которого избирались на основе «всеобщего права голоса», и предполагала ратификацию всеми 13 штатами. В XVIII веке американское избирательное право было сильно ограничено по расовому, половому и классовому признакам. Но за свою более чем 200-летнюю историю Конституция США получила лишь 33 поправки, причем процесс их внесения очень сложен. Конституция Венгрии за 20 месяцев после принятия была изменена пять раз (а затем еще трижды!) — это стало возможным благодаря наличию простого большинства в две трети голосов при отсутствии требований по проведению каких-либо консультаций (необходимо уточнить, что первые десять поправок к Конституции США также были приняты в первый год ее существования, но всякий раз это подразумевало сложный процесс консультаций).

который расстроил либералов, было то, что новая конституция (официально именуемая Основным законом) ограничивала полномочия Конституционного суда Венгрии. Также предпринимались попытки поставить судебную систему и СМИ под контроль исполнительной власти (подробное впечатляющее рассмотрение этого см. в работе Имре Вёрёша об ограничениях разделения властей [Vörös 2015]).

Янош Корнаи в одной великолепной статье [Kornai 2011] уже объявил о конце демократии, аргументируя свою позицию в основном указанием на ограничения для разделения властей. Возможно, здесь стоило бы еще раз вспомнить формулировки Монтескьё, Хантингтона и Закарии. Если демократия (республика) означает лишь правление большинства, то трудно оспорить, что «Фидес» действовала в соответствии с демократическими принципами по меньшей мере в период с 2010 по 2014 год, хотя даже после 2014 года она набирала больше голосов, чем оппозиция. Но это не означает, что она правила с «умеренностью», как сказал бы Монтескьё.

В те времена, когда «Фидес» имела парламентское большинство в две трети голосов, она — в соответствии с положениями действующей конституции — принимала законы, которые одновременно служили ее партийным интересам. Изменением в избирательном законодательстве, оказавшим наиболее значительное влияние на результаты выборов, стало введение одного тура выборов для кандидатов по одномандатным округам. Прежде, если кандидат не набирал 50 % + 1 голос в первом туре, проводился второй тур голосования, по итогам которого определялся победитель между кандидатами, показавшими лучшие результаты. Указанное изменение явно пошло на пользу той партии, которая имела уверенное большинство. Правительство «Фидес» также провело закон о предоставлении избирательных прав венграм, проживающим за границей. Поскольку либеральные и левые партии выступали против такого законопроекта на проходившем ранее референдуме, это также дало преимущество «Фидес», которая поддержала право голоса для всех венгров, независимо от срока их проживания в Венгрии. Поэтому никто не может сомневаться в том, что «Фидес» выиграла выборы 2010 года по правилам, признанным всеми партиями как «демократические». Хотя уже к 2014 году «Фидес» использовала эти правила в собственных интересах, подобные «инновации» в избирательных технологиях существовали и в других «демократических» странах, так что все изменения были приняты в соответствии с законодательными и процедурными правилами. Следовательно, единственным основанием для того, чтобы считать режим Орбана «диктаторским» или «автократическим», могут быть ограничения, наложенные им на либеральное разделение властей. Однако оспорить мажоритарную легитимность правительства «Фидес», которая вновь была подтверждена на выборах 2018 года большинством в две трети голосов, затруднительно.

В то же время, если мы назовем систему Путина или Орбана «демократией», это отнюдь не значит, что оба режима представляют собой «добропорядочное» или «умеренное» правление. Венгрия, несомненно, находится в авангарде «путинизации» посткоммунизма: Виктор Орбан проницательно назвал систему, которую он пытается установить в стране, «иллиберальной демократией». Со своей стороны, мы можем добавить к этому только определение «управляемая» — на наш взгляд, систему легитимации, которая утверждается в Венгрии, лучшего всего описывает формулировка «управляемая иллиберальная демократия».

После 2010 года режим Орбана пытается установить новый ранговый порядок, основанный исключительно на политической лояльности новой системе. Этот режим, на наш взгляд, является не более мафиозным, чем другие — в посткоммунистических странах вообще не было недостатка в мафиози, — но от прочих его отличает чрезвычайно агрессивное стремление к выстраиванию сети клиентов. Этот клиентелизм и является основным источником того, что как внутренними, так и внешними наблюдателями воспринимается в качестве антидемократических тенденций: режим Орбана расставляет своих клиентов на руководящие должности в СМИ, в судебной системе и т. д., где они остаются намного дольше срока полномочий действующего правительства.

Разумеется, политики всегда стараются ставить своих клиентов на желанные/значимые должности. Президенты США, например, пытаются назначать в Верховный суд тех судей, которые симпатизируют их собственным правовым/идеологическим позициям. Председатели Федеральной резервной системы, как правило, имеют схожую политическую ориентацию с президентом, который их назначает. Связи, социальный капитал и клиентелизм имеют значение в любых системах, но в Венгрии с 2010 года они, похоже, еще более важны, чем в типовом случае.

Самой значительной тенденцией, с точки зрения нашей логики, является «смягчение» прав собственности. После того, как в 1998–2002 годах «Фидес» впервые была правящей партией, но затем проиграла выборы в напряженной борьбе, господин Орбан признал одну ошибку, которую он совершил, будучи премьер-министром: он не создал собственную буржуазию. Это ошибка, которую нельзя совершить дважды.

В дальнейшем Орбан одерживал убедительные победы на выборах 2010, 2014 и 2018 [а также 2022] годов, прилагая усилия по созданию и поддержанию лояльной электоральной базы с пониманием, что ее ядром должна быть собственническая буржуазия. В период второго и третьего правительств «Фидес» (начиная с 2010 года) он перераспределял мелкие имущественные права от нелояльных клиентов к лояльным. А после того, как «Фидес» выиграла выборы 2014 года, получив конституционное (две трети мест в парламенте) большинство, Орбан сделал еще один шаг вперед — теперь он пытается обуздать крупный капитал. Еженедельный журнал HVG 2 сентября 2017 года процитировал слова Орбана, сказанные им после повторного избрания: «Деревья не растут, или, если угодно, не могут расти в небо». С тех пор он стремится ограничить могущество нескольких олигархов и заменить их рядом более мелких и, предположительно, более лояльных фигур. Это хрестоматийный пример того, что мы именуем пребендализмом — созданием класса «служилого дворянства». Феномен, возникающий в рамках посткоммунизма, можно описать так: легально-рациональная власть функционирует в (довольно управляемых) демократических рамках, которые по-новому сочетаются с отдельными компонентами патримониализма, а затем и пребендализма.

Сформулируем нашу мысль максимально ясно: мы не говорим о политических ошибках или о захвате власти одним или несколькими злонамеренными лицами — однако мы действительно наблюдаем необычное по историческим меркам (хотя и не совершенно беспрецедентное) сочетание легально-рациональной власти с определенными притязаниями на легитимность, обычно характерными для власти традиционной. В своей идеологии эти иллиберальные пребендальные государства с управляемой демократией задействуют значительные инъекции «традиционализма» или «консерватизма» наподобие центральной роли религии, патриотизма, традиционной семьи, сакральности человеческой жизни и т. д. Все это — атрибуты *иллиберального*, *традиционалистского*, *консервативного* или, если угодно, *неоконсервативного* подхода. Однако эти практики «неизбежно» (насколько в истории человечества вообще что-либо может быть «неизбежным») вытекают из ускоренного перехода от социализма к рыночному капитализму в рамках демократии. Как уже отмечалось выше, Путин и «Единая Россия», Орбан и «Фидес» достаточно близки к «чистым типам», которые мы пытаемся описать, однако рассматриваемый «вирус» — здесь этот термин не подразумевает никакого оценочного суждения — уже заразил все посткоммунистические демократические общества, а возможно, присутствовал в них всегда.

Российские и венгерские либеральные интеллектуалы склонны демонизировать Путина или Орбана, не замечая, что у этих политиков есть свои «братья по разуму» практически во всех посткоммунистических обществах — близнецы Лех и Ярослав Качиньские в Польше[37], Борисов в Болгарии, Мечьяр и Фицо в Словакии, Бабиш в Чехии, несколько топовых политиков в Румынии и т. д.

---

[37] Лех Качиньский был избранным президентом Польши в 2005–2010 годах. 10 апреля 2010 года он погиб в авиакатастрофе при неудачной попытке посадки его самолета в смоленском аэропорту «Северный».

Уникальность Путина и Орбана заключается не столько в том, какие именно ценности они отстаивают, сколько в том, кем они являются: у них есть некая доза харизмы. Является ли она «подлинной харизмой» или же просто «фальшивой харизмой», вопрос спорный, но легко заметить, что, в отличие от других традиционалистских/неоконсервативных лидеров, о которых мы упоминали, они способны выигрывать (причем раз за разом) выборы и располагают — пока их харизма не выветрилась — восторженными и лояльными последователями.

4.3. *Примеры поворота к пребендализму в Венгрии?*

Пожалуй, самой значительной тенденцией посткоммунизма последнего времени (в Восточной Европе она, вероятно, пока ограничивается Венгрией) является растущая незащищенность прав собственности, что свидетельствует о движении к российскому типу пребендализма.

— *Мелкий пребендализм.* До лета 2013 года режим Орбана представлял собой пребендализм мелкой буржуазии: режим перераспределял отдельные права собственности, но делал это, как правило, в пользу указанной группы. Например, в 2013 году венгерское правительство участвовало в создании мелких монополий на табачные магазины, выдавая лицензии на работу таких точек. Эти магазины стали прибыльным, хотя и крошечным бизнесом. Лицензии систематически выдавались клиентам правящей партии, что позволяло покупать их лояльность и голоса на следующих выборах.

— *Столкновения с крупной буржуазией.* В 2013 году режим Орбана затеял новый захватывающий сюжет, ввязавшись в противостояние с двумя самыми богатыми венграми.

Первый случай. Летом 2013 года миллиардер Шандор Чаньи (пример 5) был обвинен главой канцелярии премьер-министра Яношем Лазаром (который на тот момент также был доверенным лицом премьер-министра Орбана) в том, что его банк OTP взимает «ростовщические» процентные ставки. Ростовщичество является преступлением, так что это обвинение потенциально открывало путь к уголовному расследованию. Чаньи дал решительный отпор и пригрозил подать на Лазара в суд, а также постоянно подчеркивал, что у него сложились сердечные отношения с господином Орбаном, и действительно, они часто появлялись вместе на футбольных матчах. Но, несмотря на это, Чаньи заодно пообещал подать иск против венгерского правительства в Европейский суд в Страсбурге за навязывание банкам необоснованных издержек.

Второй случай. Масштабная конфронтация Орбана с Шандором Демьяном (1943–2018), который нередко соперничал с Чаньи за первое место в списке самых богатых венгров. Демьян занимал пост президента Национального союза сберегательных касс, и когда правительство национализировало сеть данных учреждений, это встретило сильное сопротивление с его стороны, оказавшееся, впрочем, тщетным. Кроме того, Демьян вступил в конфликт с властями, когда они значительно сократили часы работы по воскресеньям. Ни Чаньи, ни Демьян не подвергались «криминализации», однако правительство нацелилось на отдельные источники их доходов[38]. Это было тем более удивительно, что оба бизнесмена поддерживали правых, однако подобные действия могут свидетельствовать о полноценном повороте к «путинизму».

Третий случай. Еще более ярким столкновением между политической элитой и крупной буржуазией была случившаяся в 2015 году «война» между Орбаном и магнатом Лайошем Шимичкой — открытая и довольно грязная конфронтация. Истоки этого конфликта неизвестны, но вполне можно предположить, что Шимичка, о чьей биографии известно немного (см. пример 11), стал для Орбана слишком влиятельным в политическом смысле. Он создал большую медиаимперию, состоявшую из

---

[38] Шандор Демьян был не менее известен как глава и председатель совета директоров крупнейшей девелоперской корпорации Венгрии «TriGranit». В 2014 году он объявил, что в силу возраста намерен отходить от дел, а после его смерти в 2018 году «TriGranit» была куплена инвестиционной компанией «Revetas» и фондами под управлением инвестбанка «Goldman Sachs». Шандор Чаньи в глобальном рейтинге «Forbes» на середину 2022 года занимал 2190-е место с состоянием в 1,3 миллиарда долларов, сохраняя титул самого богатого венгра. — *Прим. пер.*

ежедневных газет, телеканалов и радиостанций, а также владел большинством крупных рекламных поверхностей. За год до открытого конфликта на Шимичку уже оказывалось давление, чтобы он продал часть рекламных активов новым «восходящим звездам», однако он сопротивлялся этому требованию, и к февралю 2015 года противостояние переросло в нескрываемую «горячую» фазу. В различных интервью Шимичка пытался объяснить конфликт в политических терминах, утверждая, что был несогласен с открытостью Орбана по отношению к России и все более авторитарным стилем правления премьера, но кто знает, насколько это соответствовало действительности. Возможно, Шимичка был расстроен тем, что другие клиенты Орбана, в особенности Лёринц Месарош (см. пример 12), стали получать выгоды от дирижируемых правительством аукционов по государственным закупкам. В качестве первого удара по Шимичке правительство аннулировало выгодный контракт на строительство автомагистрали с его девелоперской компанией, а затем продолжило наказывать его другими способами. Хотя состояние Шимички остается значительным, оно, несомненно, начало сокращаться — его потенциальные доходы стали переходить к новым верным последователям правящей партии. Чистая стоимость активов Шимички упала с 77 миллиардов форинтов в 2015 году до 27 миллиардов форинтов к 2019 году, тогда как состояние Месароша за тот же период подскочило с 8,4 миллиарда форинтов до 296 миллиардов форинтов к 2019 году, что ставит его на второе место в списке самых богатых венгров. Однако до недавнего времени Шимичку также миновала «криминализация», а возможно, этого и вовсе не произойдет, поскольку он слишком много знает о *семейных состояниях* высокопоставленных чиновников партии «Фидес».

Пример 11. Лайош Шимичка

Господин Шимичка (родился в 1960 году) был близким другом Орбана (они даже жили в одной комнате, когда учились в институте) и сделался кем-то вроде казначея партии «Фидес». Он не только собирал средства для партии, но и сам стал довольно богатым человеком. Примечательно, что достоверных оценок его личного состояния не существовало, но кое-кто считает, что оно, возможно, не так уж сильно отличалось от масштаба империй Чаньи и Демьяна. Многие наблюдатели предполагают, что Шимичка также способствовал созданию семейных состояний ведущих членов «Фидес», а быть может, даже и самого господина Орбана.

Интересно, что Шимичка успешно развивал свою карьеру в бизнесе и в 2002–2010 годах, при правительстве социалистов и либералов. В 2004 году доходы его компаний оценивались в 1,8 миллиарда форинтов, а к 2009 году эта сумма подскочила до 40 миллиардов форинтов (хотя так и не появилась ясность, кто же на самом деле владеет компаниями, находящимися под его контролем). После 2010 года, когда «Фидес» сформировала новое правительство, его состояние значительно увеличилось и к 2015 году оценивалось в 73 миллиарда форинтов[39].

Пример 12. Лёринц Месарош

Месарош (родился в 1966 году) взялся за предпринимательскую карьеру в начале 1990-х годов в качестве слесаря по ремонту газового оборудования в деревне Фелчут, где родился и Виктор Орбан. Но дела его шли не слишком хорошо, и к 2007 году Месарош был близок к банкротству — годом ранее его налогооблагаемый доход составлял всего 2,4 миллиона форинтов [около 5,5 тысячи евро]. Собственную бизнес-империю Месарош начал строить в 2013 году, располагая состоянием уже в 6,9 миллиарда форинтов. Портфель его активов обширен: он владеет банками, строительными и производственными компаниями, а медиаимперия Месароша состоит из более чем 200 национальных и местных газет, телеканалов, ра-

---

[39] После конфликта с Орбаном Шимичка финансировал на выборах 2018 года ультраправую партию «Йоббик», а когда Орбан в третий раз подряд получил подавляющее большинство в парламенте, решил выйти из бизнеса, распродав активы. В частности, Шимичка закрыл газету «Magyar Nemzet», ведущее консервативное издание Венгрии с 80-летней историей, а также принадлежавшее ему «Lánchíd Rádió». — *Прим. пер.*

диостанций и т. д. В Венгрии широко распространено мнение, что Месарош — это всего лишь *штрохманн*[40], или прикрытие для господина Орбана, настоящего владельца всех указанных богатств, хотя это так и не было доказано. По состоянию на начало 2019 года «Forbes» поставил Месароша на первое место среди венгерских миллиардеров с оценкой состояния в 279 миллиардов форинтов, и этого оказалось достаточно, чтобы он занял 2057 место в международном рейтинге. Согласно последнему венгерскому рейтингу, Месарош находится на втором месте после Шандора Чаньи с оценочным общим состоянием в 296 миллиардов форинтов, но при этом занимает первое место по площади сельскохозяйственных земель, контролируемых членами его семьи, и количеству компаний, которые принадлежат его родственникам.

Подозрительные взлеты и падения состояний, намекающие на «коррупцию», не редкость в посткоммунистической Восточной Европе. Еще одним примером является Румыния. После победы Клауса Йоханниса на президентских выборах в 2014 году правительство этой страны начало жестокую антикоррупционную кампанию: в коррупции были обвинены больше тысячи человек, и трудно сказать, сколько из них были в первую очередь политическими оппонентами, а сколько коррумпированных политических партнеров режима фактически смогли выйти сухими из воды.

5. Идет ли Китай по пути к путинизму?

Китай, похоже, также сближается с путинизмом. Председатель Си делает попытку стать «харизматическим лидером», позволяя официальным СМИ называть его «отец Си» и выступая с длинными обращениями к ученым и писателям о том, что им следует делать. Его кампания против «коррупции» очень напоминает

---

40 Этот термин широко использовался в нацистской Германии и Венгрии до 1945 года, когда неевреям предлагалось взять на себя бизнес евреев на бумаге, хотя в действительности формальные владельцы не принимали в нем никакого участия.

избирательную криминализацию в иллиберальных демократиях посткоммунистических стран Европы, таких как Венгрия или Румыния, о которых говорилось выше.

Бо Силай, к фигуре которого мы вскоре обратимся, был исповедовавшим идеи маоизма соперником нынешнего руководства Коммунистической партии Китая. Объясняется ли вынесенный ему пожизненный приговор тем, что Бо был коррупционером, или же это был случай избирательной криминализации? Бо был обвинен в получении пары миллионов долларов коррупционным путем, ему присудили пожизненный срок и лишили всего имущества. Антикоррупционная кампания в Китае подозрительно похожа на путинизм. Находится ли Китай на пути к пребендализму? У нас нет достаточных доказательств, чтобы делать такое утверждение, однако атака на Бо Силая и его сторонников очень похожа на путинские удары по российским олигархам. От Китая до России и Восточной Европы посткоммунизм, вероятно, устремляется в общем направлении к иллиберальной пребендальной системе.

В последующих подразделах мы рассмотрим изменения отношений между политической властью и крупным бизнесом в Китае. В главе 4 было выдвинуто предположение, что в 1980-е годы Китай строил «капитализм снизу», а многие из самых богатых людей страны еще в начале 2000-х годов, когда начинали составляться рейтинги китайских миллиардеров, были выходцами из скромных слоев общества (например, братья Лю или династия Ян). Даже те, кто, казалось бы, соответствовал образу политических капиталистов (например, Жун Чжицзянь), не являлись ими в том смысле, в каком мы обнаруживаем политический капитализм в посткоммунистической России или хотя бы в некоторых странах Восточной Европы. Но уже в рейтинге «Hurun» 2014 года обнаруживается другая картина. В этом списке по-прежнему представлено несколько семей, которые соответствуют категории «капитализм снизу», но пятеро молодых предпринимателей в нее не встраиваются — эти люди сделали свое состояние в сфере информационных технологий или в других высокотехнологичных отраслях. Но действительно новым за последние 15–25 лет стало накопление значительного *семейного богатства* высокопоставленными политическими кадрами — именно так выглядит новая китайская форма «политического капитализма». Какие-то представители номенклатуры, вступив в политические баталии, проигрывают, неся «сопутствующий ущерб». Вместе с ними пойдут ко дну и их деловые партнеры — некоторые из них являются политическими капиталистами, разбогатевшими благодаря партийным связям, а другие — это просто нувориши, нуждающиеся в защите партии.

5.1. ***Старая крупная буржуазия, поднявшаяся из низов***

Если в начале прошлого десятилетия большинство из десяти самых богатых людей Китая, как правило, были капиталистами, чье состояние формировалось по принципу «снизу вверх», то в рейтинге 2014 года мы обнаружили только две фигуры, подходящих под это определение — это Цзун Цинхоу и Янь Цзехэ.

Биография Цзуна очень похожа на историю братьев Лю. Этот выходец из крайне бедной семьи получил минимальное формальное образование, затем был разнорабочим, а в 1980-х годах открыл небольшой бизнес под вывеской «Wahaha» — компанию по производству напитков, которая в итоге выросла в крупное предприятие. К 1 января 2019 года состояние Цзуна достигло 8 миллиардов долларов, что позволило ему занять 155-е место в глобальном рейтинге миллиардеров «Forbes».

Янь Цзехэ несколько отличается от других китайских миллиардеров из низов: его родители были учителями, но, по утверждению бизнесмена, они подвергались дискриминации, особенно во время «культурной революции». В 1980-х годах он работал в строительной отрасли, а в 1995 году основал собственную компанию. Янь разбогател, когда было приватизировано одно из ПВП в строительной отрасли.

Отметим также, что капиталисты, выросшие «снизу вверх», которых мы обнаружили в предыдущих рейтингах «Hurun», а именно братья Лю и династия Ян, по-прежнему имеют довольно крупные состояния. Они выпали из рейтингов не потому, что потеряли богатство, а потому, что другие нувориши стали намного богаче. В Китае по-прежнему существует буржуазия, которая движется «снизу вверх», просто вероятность того, что она окажется на самом верху рейтингов, снижается.

5.2. Новая крупная буржуазия, выросшая «снизу вверх»

Хорошими примерами молодых предпринимателей, сделавших состояние на информационных технологиях, являются Джек Ма (пример 13) и Ли Яньхун (пример 14).

Пример 13. Джек Ма

Самый необычный сюжет — история Джека Ма (родился в 1964 году), главы компании «Alibaba». Его дед был общественным деятелем, но с приходом к власти Мао попал в черные списки, поскольку был связан с Гоминьданом. В возрасте 12 лет Ма купил радиоприемник и слушал английские передачи — именно так он впервые заинтересовался изучением языков. Он трижды сдавал *гаокао* (китайский национальный экзамен), пока его наконец не приняли на отделение английского языка в Университете Ханьчжоу. В университете Ма демонстрировал прекрасные результаты в учебе, был избран председателем студенческой организации и возглавлял межвузовскую лигу студентов.

В 1988 году Ма окончил Технический университет Ханьчжоу по специальности «английский язык» и тогда же стал преподавать английский и международную торговлю в местном колледже электронной техники. С 1988 по 1992 год он работал переводчиком, а в 1992 году открыл переводческую компанию, наняв для выполнения заказов учителей-пенсионеров. Дела фирмы шли не очень хорошо, и Ма пришлось заняться другими видами бизнеса, например продажей цветов. Тем не менее все это помогло ему наладить связи с влиятельными людьми. В 1994 году, услышав о существовании интернета и посетив Сиэтл, чтобы узнать об этом изобретении побольше, Ма решил инвестировать в сферу ИТ. В 1995 году он основал первую китайскую интернет-компанию с капиталом в 20 тысяч юаней — на тот момент до прихода интернета в КНР оставалось всего три месяца. В том же году Ма запустил коммерческий веб-сайт, известный как «Китайские желтые страницы», и продал его в 1997 году, заработав около 100 тысяч юаней.

В 1997 году Ма пошел работать в Министерство внешней торговли и экономического сотрудничества Китая, чтобы создать для него официальный сайт и сетевой рынок. В 1999 году он основал компанию «Alibaba» и начал развивать одноименную торговую онлайн-платформу. Ма привлек для нее 25 миллионов долларов от международных банков и уже в 2000 году попал на обложку журнала «Forbes». В 2003 году Ма основал «Taobao» (китайский аналог «eBay») и примерно в то же время открыл сервис «Alipay» (китайский аналог «PayPal»). В 2005 году Ма стал председателем совета директоров «Yahoo China» после того, как эта компания обменялась акциями с «Alibaba». В 2007 году было проведено первичное размещение акций (IPO) «Alibaba» в Гонконге, а в 2014 году — на Нью-Йоркской фондовой бирже. Состояние Ма в реальном времени на 1 января 2019 года оценивалось в 33,4 миллиарда долларов, по данным рейтинга «Forbes», что позволило ему занять 22-е место в глобальном списке и стать вторым среди китайских миллиардеров. Согласно заявлению «Alibaba», Джек Ма должен был покинуть компанию 10 сентября 2019 года[41].

Пример 14. Ли Яньхун

Ли Яньхун (английский вариант его имени — Робин Ли) родился в 1968 году в провинции Шаньси, его родители работали на фабрике. В начальной школе Ли стал старостой класса, он был дисципли-

---

[41] Дальнейшая история Джека Ма вполне показательна с точки зрения разрабатываемой в книге концепции. В октябре 2020 года бизнесмен выступил с резкой критикой финансовой системы Китая, намекнув на то, что такие финтех-платформы, как «Alipay», являются гораздо более гибкими в сравнении с традиционными банками (в китайских реалиях это очень важный момент, поскольку значительная часть населения не имеет доступа к банковскому кредитованию). В СМИ утверждалось, что это заявление вызвало крайнее недовольство Си Цзиньпина, после чего давно готовившееся IPO компании «Ma Ant Group» было сорвано, а сам бизнесмен оказался в немилости у властей. Согласно сообщениям СМИ, прозвучавшим в ноябре 2022 года, в итоге Джек Ма перебрался в Японию. — *Прим. пер.*

нированным учеником и обычно входил в тройку лучших в своей школе. Еще в то время он заинтересовался компьютерным программированием и занял второе место в местном конкурсе по написанию программ. В 1987 году он лучше всех сдал экзамен *гаокао* в своем городе и поступил в Пекинский университет, после окончания которого был принят в Университет штата Нью-Йорк в Буффало, где получил степень магистра компьютерных наук. Ли отклонил предложенное ему место в докторской программе, решив вместо этого искать работу, в которой он мог бы использовать свои компьютерные навыки. Он проработал три месяца в компании «Panasonic» в качестве стажера, а затем, летом 1994 года, начал стажировку в компании «Dow Jones» и в 1994–1997 годах работал на Уолл-стрит. Ли стал старшим советником «Dow Jones» и разработчиком финансовой информационной системы для «The Wall Street Journal», а после ухода с Уолл-стрит провел некоторое время в Кремниевой долине, работая в компании «Infoseek», популярной на тот момент поисковой системе. Ли изобрел технологию ESP, применив ее в «Infoseek», а также разработал функцию поиска изображений на сайте Go.com.

В 1999 году Ли решил вернуться в Китай и вместе с семью партнерами основал в Пекине компанию «Baidu», которая получила 120 миллионов долларов венчурного капитала в течение девяти месяцев после создания бизнеса и еще 100 миллионов долларов в дальнейшем. В 2001 году Ли превратил «Baidu» из многопрофильного портала в чистую поисковую машину. Несмотря на огромное сопротивление акционеров, Ли оказался прав: это решение было поворотным моментом для компании. По состоянию на 1 января 2019 года состояние Ли в реальном времени оценивалось в 11,4 миллиарда долларов, что позволило ему занять 118-е место в глобальном списке миллиардеров «Forbes».

И Ма, и Ли разбогатели по принципу «снизу вверх», но их траектории в значительной степени напоминали карьеру многих состоятельных людей в сфере информационных технологий в США и других странах. Чтобы разбогатеть, им не потребовались связи в партии или армии, но, учитывая строгий контроль китайских властей над интернетом, Ма и Ли для ведения своего бизнеса, вероятно, приходится сотрудничать со спецслужбами. Таким образом, это классическая китайская история о капиталистах «снизу вверх»: да, вы можете стать богатым «человеком, который сделал себя сам», но как только это произойдет, вам могут понадобиться связи или даже покровители в государственной и партийной бюрократии.

5.3. *Избирательная криминализация политических оппонентов*

Имеющиеся в нашем распоряжении данные свидетельствуют о том, что за последние 15–25 лет некоторые высокопоставленные политические кадры КНР и их семьи накапливают значительное богатство. Можно предположить, что в 1980-е годы путь к богатству пролегал «снизу вверх», но после 1992 или 2000 года коммунистическая номенклатура не хотела оставаться в стороне и использовала свои должности для накопления состояний для себя или своих семей. Происходило ли все это в соответствии с законами или же этот процесс можно рассматривать как коррупцию, сказать трудно. После 2012 года председатель Си начал антикоррупционную кампанию, в ходе которой некоторые крупные партийные и государственные руководители были обвинены в коррупции и приговорены к длительным тюремным срокам. Мы рассмотрим два наиболее ярких подобных случая: семью Бо Силая (примеры 15 и 16) и фигуру Чжоу Юнкана (пример 17).

Пример 15. Бо Силай

Бо родился в провинции Шаньси в 1949 году, его отцом был Бо Ибо (1908–2007), «герой войны» и один из «восьми старейшин» Коммунистической партии при Дэн Сяопине. Бо-старший занимал ряд высоких постов — он был министром финансов и советником Государственного экономического комитета. При Дэне Бо Ибо сыграл ведущую роль в смещении Ху Яобана и Чжао Цзыяна, двух генеральных секретарей Коммунистической партии, сменивших друг друга во время бурной и безуспешной либерализации Китая в 1980-х годах.

Бо Силай получил степень бакалавра по всемирной истории в Пекинском университете (1979) и вступил в Коммунистическую партию в 1980 году. Далее он получил степень магистра по международной журналистике в Китайской академии общественных наук (1982).

В 1993–2000 годах Бо был мэром Даляня и сыграл ключевую роль в его превращении из унылого портового города в современный мегаполис. Позже он занимал должности губернатора провинции Ляонин, министра торговли КНР и, наконец, с 2007 по 2012 год — члена Политбюро ЦК КПК и секретаря горкома партии в Чунцине. В этом городе Бо экспериментировал с новаторскими — вдохновленными Мао — популистскими реформами, получившими название «модель Чунцина», и рассматривался большинством высших руководителей в Пекине как опасный конкурент. Однако некоторые лидеры не разделяли эту точку зрения: главным сторонником Бо был Чжоу Юнкан, министр общественной безопасности КНР (2002–2007) и соратник маоистов, который в 2012 году боролся за сохранение своего поста в Постоянном комитете Политбюро КПК.

6 февраля 2012 года полицейский начальник Ван Лицзюнь, бывший верным сподвижником Бо Силая, попросил убежища в американском консульстве в городе Чэнду. Пробыв там один день, он сдался китайской полиции и при задержании заявил, что скрывался от преследования со стороны Бо. Ван Лицзюнь утверждал, что у него есть улики против жены Бо Гу Кайлай по делу об убийстве британского бизнесмена Нила Хейвуда, случившемся 14 ноября 2011 года. Согласно показаниям Вана, первоначально он помогал Бо скрыть это преступление. Этот абсурдный эпизод стал началом падения Бо Силая. На первом этапе его свержения пекинские власти начали уголовное преследование Гу Кайлай. Ван Лицзюнь был ключевым свидетелем против нее, но и сам в итоге оказался в тюрьме. В сентябре 2012 года Ван был обвинен в неисполнении устава, злоупотреблении полномочиями и взяточничестве. После двухдневного процесса в Чэнду он был осужден и заключен в тюрьму на 15 лет — относительно мягкий приговор благодаря его сотрудничеству с полицией.

Бо Силай оказался в опале сразу после того, как Ван Лицзюнь был задержан при выходе из консульства США. В течение месяца Бо был уволен с должности первого секретаря горкома партии Чунцина (города с населением 30 миллионов человек!) и подвергся критике со стороны премьер-министра Вэнь Цзябао на пресс-конференции. К апрелю 2012 года Бо уже был исключен из Центрального Комитета, а вскоре после этого и из КПК. Еще спустя год он был привлечен к уголовной ответственности: 25 июля 2013 года Бо были предъявлены обвинения в коррупции и злоупотреблении полномочиями. Суд над ним начался 22 августа 2013 года и завершился всего через четыре дня. Согласно обвинительному заключению, представленному судом, Бо получил взятки в размере 21,8 миллиона юаней (3,56 миллиона долларов) от двух бизнесменов из Даляня — Сюя Мина и Тана Сяолиня (первый из них был арестован, местонахождение второго было неизвестно). В суде Бо отверг оба обвинения, затем обжаловал приговор, но его апелляция была отклонена.

Пример 16. Гу Кайлай

Гу (родилась в 1958 году) происходила из высокопоставленной номенклатурной семьи, ее отец был влиятельным армейским генералом и заместителем партийного секретаря автономного региона Синьцзян. Она изучала право в Пекинском университете с 1978 года и получила степень магистра в области международной политики. Гу познакомилась с Бо в 1984 году, а в 1987 году была принята в коллегию адвокатов и открыла юридическую фирму в Даляне, но со временем перевела ее в Пекин. Сын супругов Бо Гуагуа учился в Оксфорде, а затем в Гарварде.

Когда Гу было предъявлено обвинение в убийстве Нила Хейвуда, следствие утверждало, что у нее были давние деловые отношения с этим бизнесменом. Хейвуд выступал посредником, связывавшим западные компании с влиятельными фигурами в политическом руководстве Китая. Иностранные компании, желавшие работать в Чунцине, должны были поручать юридической фирме Гу Кайлай действовать от их имени. Эта компания «Kailai Law», ныне известная как «Beijing Ang-dao Law», как утверждается, брала за свои услуги непомерно высокие гонорары. Обвинение заявило, что Гу собиралась незаконно переправить значительные средства из Китая на Запад и попросила Хейвуда сделать это от ее имени, однако Хейвуд хотел взять за свои услуги плату, которую Гу посчитала слишком высокой. 14 ноября 2011 года Хейвуд был найден мертвым в одном из отелей Чунцина. Сразу после этого появилось сообщение, что бизнесмен умер от отравления алкоголем, и его тело было кремировано. После того, как Ван Лицзюнь раскрыл подробности этой истории, в отношении Гу было начато расследование, а в июле 2012 года ей предъявили обвинение в убийстве: по версии следствия, она встретилась с Хейвудом в отеле и отравила его при содействии своего помощника Чжан Сяоцзюня. Суд над Гу состоялся 9 августа 2012 года и длился лишь семь часов: ее приговорили к смертной казни (обычный приговор за убийство в Китае), но вердикт не был приведен в исполнение. Однако Гу придется провести остаток жизни в тюрьме, а Чжан был приговорен к девяти годам лишения свободы.

Пример 17. Чжоу Юнкан

Чжоу (родился в 1942 году) был выведен из состава Постоянного комитета Политбюро в 2012 году, а к концу 2013 года в его отношении было начато расследование по обвинению в злоупотреблении полномочиями и коррупции. Сначала он был исключен из Коммунистической партии, а затем признан виновным в получении взяток на сумму около 118 тысяч долларов, включая деньги и имущество, от Цзян Цземиня, руководителя из нефтегазовой отрасли, бывшего председателя правления государственного энергетического гиганта «PetroChina» и его материнской Китайской национальной нефтегазовой корпорации (CNPC). Жена Чжоу Цзя Сяое и его сын от предыдущего брака Чжоу Бинь получили более 20 миллионов долларов взяток от других лиц, включая сычуаньского бизнесмена У Бина, бывшего мэра Луляна Дин Сюэфэна и главного бухгалтера CNPC Вэнь Циншаня.

В сообщении агентства «Синьхуа» утверждалось, что Чжоу работал на Цзяна Цземиня, а один из братьев Лю (тех самых, о которых уже говорилось выше) предоставил 345 миллионов долларов родственникам Чжоу. По данным «Синьхуа», жена Чжоу и трое его родственников — невестка, сын и госпожа Чжань, теща сына — владели или контролировали доли по меньшей мере в 37 компаниях, находившихся более чем в десятке провинций, от дилерских центров «Audi» до агентств по продаже недвижимости. В 2015 году Чжоу был осужден за взятки, полученные им и его семьей, и приговорен к пожизненному заключению.

Власти конфисковали у семьи Чжоу и его соратников имущество на сумму не менее 14,5 миллиарда долларов, включая банковские вклады, облигации и акции, квартиры, виллы, антиквариат, картины, автомобили, золото и т. д. Десять членов семьи и 20 личных сотрудников (водители, телохранители и секретари) были задержаны. Также под следствием находились около десяти должностных лиц, включая уже упомянутого Цзян Цземиня, бывшего заместителя министра общественной безопасности Ли Дуншэна и бывшего вице-губернатора самой южной островной провинции Хайнань Цзи Вэньлиня.

Суммы взяток, упомянутые в приговоре Бо Силаю, были ничтожными по сравнению с богатством семьи Чжоу. Расследование, проведенное «The New York Times», показало, что эта семья располагала документально подтвержденными активами на сумму более 160 миллионов долларов, хотя это очень скромная оценка, которая не включает банковские счета, недвижимость, активы, записанные на доверенных лиц, или другие ценности, не отраженные в общедоступных документах. Журналист американского издания поставил интригующий вопрос: «Действительно ли председатель Си пытается обуздать коррупцию, или же он укрепляет свою власть?» [Forsythe 2015b]. В материале также упоминалось еще большее богатство семей Вэнь Цзябао, Си Цзиньпина и бывшего мэра Пекина Цзя Цинлиня. Похоже, что высокопоставленные китайские чиновники считают более безопасным не спокойно накапливать чрезмерные богатства во время пребывания у власти, а уличать своих политических недругов (Бо и Чжоу были политическими союзниками и врагами Ху, Вэня и Си), обвиняя их не в идеологических отклонениях, а в коррупции. Именно это мы называли «избирательной криминализацией» в контексте путинизма. Однако в рассмотренных примерах имеются и признаки пребендализма — с китайской спецификой. Как только политические недруги были осуждены по обвинению в коррупции, их имущество было конфисковано, а что еще любопытнее, такому же наказанию подверглись и их деловые партнеры.

Теперь попробуем сравнить состояния Бо Силая, Гу Кайлай и Чжоу Юнкана с нынешними и прежними партийными/правительственными лидерами, такими как бывший председатель КНР Ху Цзиньтао, бывший премьер-министр Вэнь Цзябао и нынешний председатель Си Цзиньпин. При этом необходимо задать два вопроса: (1) возможно ли, что Бо, Гу и Чжоу подверглись «избирательной криминализации», если обретение такого богатства, которое они накопили, находясь у власти, подразумевает «коррупцию» и (2) почему не проводится расследование происхождения состояний некоторых бывших и нынешних лидеров? Наконец, в завершении этого раздела мы обратимся к фигуре настоящего «политического капиталиста» Ван Цзяньлиня (пример 18), который способствовал значительному обогащению нынешних китайских лидеров и с удовольствием признается, что политические связи сыграли важную роль в создании его бизнес-империи.

5.4. *Новые состояния, приобретенные высокопоставленными чиновниками благодаря политическим связям во время пребывания в должности*

Как уже отмечалось выше, случай Вэнь Цзябао был ярким примером огромного богатства, накопленного членами семей высокопоставленных чиновников за время их пребывания в должности. Трудно допустить, что такое богатство могло быть получено без использования связей (если использовать мягкую формулировку, не прибегая к слову «коррупция»), которыми располагал высокопоставленный представитель семьи. Повторим уже звучавшую мысль: все нувориши и, вероятно, многие или большинство высокопоставленных чиновников, скорее всего, имеют свои «скелеты в шкафу». Но вопрос заключается в том, чьи шкафы власть имущие решатся открыть — уголовные дела против Бо Силая и Чжоу Юнкана, видимо, в самом деле подразумевают, что берутся преимущественно за политических конкурентов или врагов. Уникальная китайская особенность этой избирательной криминализации заключается в том, что основными мишенями, судя по всему, выступают прежде всего политические конкуренты, а не партнеры по бизнесу. Однако после краха политического покровителя его деловые компаньоны, скорее всего, тоже окажутся в большой беде, и огромные состояния будут присвоены теми, кто считается верными клиентами властей предержащих (а также, предположительно, будут перераспределены в пользу этих лиц).

По сравнению с долларовыми миллиардерами Бо Силай выглядел относительно «бедным» человеком, а Чжоу Юнкан принадлежал к тому же «клубу», что и люди, по-прежнему находящиеся у власти. Эти детали в совокупности с очень короткими сроками судебных процессов, по итогам которых были вынесены длительные тюремные сроки, похоже, подтверждают тезис об «избирательной криминализации». А что мы знаем о Ван Цзяньлине (пример 18), человеке, который, по-видимому, является казначеем политической элиты Китая?

Пример 18. Ван Цзяньлинь

Ван родился в 1954 году, его отец служил в китайской Красной армии и был чиновником коммунистического правительства. Сам Ван Цзяньлинь вступил в Народно-освободительную армию Китая в возрасте 15 лет, через восемь лет получил звание командира отряда и поступил в военное училище. Затем он изучал политику партии в Ляонине и в 1986 году получил степень бакалавра в области экономического менеджмента. Некоторое время Ван работал в правительственных структурах в качестве начальника второго уровня, а затем занялся бизнесом в одной из государственных корпораций, решив вопросы с ее долгами и заработав свой первый миллион долларов в 1988 году. Ван является членом КПК.

В 1992 году Ван создал компанию «Wanda», которая занималась недвижимостью. В захватывающем эксклюзивном интервью газете «The New York Times» Ван, объясняя свой успех в бизнесе, утверждал:

> Держитесь поближе к государству и подальше от политики... Экономика Китая действительно управляется государством, а индустрия недвижимости зависит от получения разрешений, поэтому если вы думаете, что в этом бизнесе можно игнорировать государство, то сообщаю вам: это нереально... [Такое утверждение было бы] лицемерным и фальшивым... Но взяток мы не даем [Forsythe 2015a].

По состоянию на 1 января 2019 года чистые активы Вана оценивались в 22,5 миллиарда долларов, что обеспечивало ему позицию № 34 в мировом рейтинге миллиардеров.

* * *

Теперь мы можем перейти к завершающей части обзора системы легитимации при посткоммунизме. Руководящими принципами при переходе от коммунизма были легально-рациональная власть (либерализм в нашей терминологии) и демократия (определяемая нами как мажоритарный отбор лидеров, та самая *Wille der Beherrschten* [воля подчиняющихся — *нем.*]). Учитывая вызовы, связанные с быстрыми темпами переходного периода, особенно с преобразованием общественной собственности в частную, в большинстве этих стран (а возможно, и ни в одной) укрепления либеральной демократии не состоялось — все эти страны или по меньшей мере большинство из них оказались беременны патримониализмом. Пребендализм, иллиберализм и подобные возможности реализуются (или, используя другую формулировку, подобные вирусы созревают), если на сцене появляются лидеры с харизмой. Пока эти лидеры творят чудеса, общества, опутанные традициями, ценят то обстоятельство, что они обеспечивают одновременно и безопасность, и благосостояние. Возможно, большинство таких обществ именно к этому и стремится.

Однако Китай определенно вступил в новую эпоху своего развития, где наблюдаются не только признаки сближения с путинизмом, но и все больше черт пребендализма. Вопрос о том, началось ли все это с приходом к власти председателя Си или же корни этого явления уходят в 1990-е годы, в эпоху Цзян Цзэминя, требует тщательного изучения. Хуан Яшэн, возможно, был прав, утверждая, что в 1990-е годы Китай сменил вектор развития с предпринимательского капитализма первых лет реформ на государственный капитализм. Однако он, вероятно, дал слишком оптимистичную оценку десятилетию правления Ху Цзиньтао и Вэнь Цзябао. Сейчас этот период часто рассматривают как «потерянное десятилетие»: если главной целью руководства Ху и Вэня была борьба с чрезмерным неравенством времен Цзян Цзэминя, то они потерпели неудачу.

18 декабря 2012 года газета «The South China Morning Post» опубликовала статью, в которой Центр опросов и исследований финансов китайских домохозяйств, исследовательское подразделение Юго-Западного финансового университета, сообщил, что измеряющий неравенство коэффициент Джини в Китае подскочил до значения 0,61 пункта, что ставит Китай на второе место после ЮАР по уровню социального равенства. Месяц спустя, 18 января 2013 года, то же издание указывало, что, по утверждению Китайского бюро статистики, индекс Джини в стране снизился с 0,491 в 2008 году до 0,474 в 2012 году. Трудно сказать, какая из этих оценок является точной, но обе они подтверждают: едва ли можно утверждать, что политика Ху и Вэня по превращению Китая в гармоничное общество привела к успеху. Исходя из приведенных выше данных, это десятилетие выглядит еще хуже на фоне чрезмерного обогащения политической элиты, включая бывшего премьер-министра Вэнь Цзябао и бывшего председателя КНР Ху Цзиньтао. Си Цзиньпин довольно критично оценивал их правление, но у него хватило мудрости не предавать огласке то, насколько масштабно они использовали свою власть для обогащения себя и своих семей — ведь Си и его семья

тоже богатели. Вместо этого председатель Си обещал вернуться к более дружественной рынку и более либеральной политике 1990-х годов. Однако по мере консолидации своей власти он, судя по всему, двигался в противоположном направлении и, подобно Путину, усиливал огосударствление экономики с акцентом на реализуемую государством промышленную политику — а заодно усиливался и контроль над обществом.

За семь лет Си во главе Китая особого либерализма не наблюдалось, зато налицо признаки концентрации власти в его руках, нарастающего культа личности и «избирательной криминализации» его политических оппонентов, облаченной в идеологически более приемлемые одежды антикоррупционной кампании. Но поскольку в Китае «командует политика», мишенями такой «избирательной криминализации» становятся другие политики. Бо Силай, Чжоу Юнкан и их клиенты из числа крупной буржуазии выступают лишь «сопутствующим ущербом». Как остроумно выразился Янь Цзехэ, «покровитель может превратиться в вулкан. Извержения таких вулканов, как Чжоу, Бо и Лин, обернулись катастрофой для многих боссов»[42]. Здесь перед нами действительно по меньшей мере полуразворот в направлении пребендализма — в отличие от Си, Путин, а в последнее время и Орбан избирают для криминализации не только политических недругов, но и зачастую нелояльных представителей крупной буржуазии.

6. Социальная структура в посткоммунистических обществах, пришедших к пребендализму или идущих к нему

Однако самым интригующим трендом в странах наподобие Венгрии является использование экономического капитала посредством ренационализации и реприватизации для формирования крупных масс клиентелы [Mihályi 2014b]. В 1990-е годы

---

[42] Tom Mitchell. Yan Jiehe, CPCG; the Chinese billionaire turned debt collector // Financial Times. 2015, February 1. Цит. по: URL: http://www.ft.com/intl/cms/s/0/1cddb8cc-a7ac-11e4-8e78-00144feab7de.html (дата обращения: 18.05.2023).

в большинстве постсоветских государств наблюдалась уверенная тенденция к формированию нового класса крупной буржуазии. Уникальной особенностью этого процесса классообразования был его «патримониальный характер»: нувориши в основном отбирались правящим сословием. В России до прихода к власти Путина их имущественные права казались достаточно надежными, однако Путин подверг новый класс испытанию на политическую лояльность, и если его представители не проходили этот тест при помощи какого-либо правового механизма, их лишали собственности. Затем эта собственность подвергалась ренационализации и/или новой приватизации в пользу новых лояльных сторонников. Наличия культурного капитала в посткоммунистической России никогда не было достаточно для попадания в высший класс — этот вид капитала рассматривается, скорее, как опасность: например, журналистов могут убить. В мае 2013 года после допроса с запугиваниями и унижениями ведущий российский специалист по экономической теории Сергей Гуриев эмигрировал в Париж, чтобы избежать правоохранительного преследования[43].

Разумеется, в путинской России присутствовала коррупция. Как утверждалось в нашей работе «Получатели ренты» [Михайи, Селеньи 2020], коррупция существует в любом капиталистическом обществе, в особенности на стадии первоначального накопления капитала, а в законодательстве о финансировании выборов она практически кодифицирована. Учитывая недостаточность публичного финансирования избирательных кампаний, политики на любом фланге политического спектра зависят от «пожертвований» крупного бизнеса, который взамен получает компенсации в виде выгодных заказов на государственные закупки. (Эта схема особенно распространена при строительстве автомобильных дорог, причем ее используют как правительства социалистов и либералов, так и правые кабинеты.) Политический капитал в постсоветских государствах сохранял значимость, и некоторые

[43] Вскоре после этого, в 2015 году, Гуриев стал главным экономистом Европейского банка реконструкции и развития.

нувориши тоже пошли в политику. Однако сейчас происходит определенное сближение с российской пребендальной формацией. Политическое руководство использует *ренационализацию* для выстраивания новой системы клиентов, и это в большей степени напоминает «багдадского вора» (то есть мелкого воришку) из книги «Построение капитализма без капиталистов» — «малую приватизацию» начала 1990-х годов, а не «крупное ограбление» в ходе акционерной приватизации второй половины 1990-х годов. В результате формируется скорее средний предпринимательский класс, нежели крупная буржуазия, однако этот процесс определенно ослабляет права собственности и усиливает ранговый характер системы стратификации.

Режим Орбана начиная с 2010 года особенно энергично направлял Венгрию обратно на восток — из группы стран Центральной Европы в группу Восточной Европы. Об этом сдвиге, обладающем в Восточной Европе массовой популярностью, свидетельствуют многие черты режима Орбана. Во многом как и правые в Польше и даже некоторые центристы в Чехии, он является евроскептиком (или, если воспользоваться его собственным излюбленным определением, «евререалистом»), ведет «борьбу за свободу» от ЕС и других международных экономических институтов, таких как МВФ. Однако для нас наиболее важным аспектом является ведущая роль Венгрии среди стран Восточной Европы в возвращении незащищенности прав собственности — тем самым Венгрия сближается с российским типом пребендализма. Чуть ли не в первый же день своего прихода к власти в 2000 году Путин выступил против «олигархов» и начал перераспределять состояния самых богатых членов общества — так выглядел пребендализм крупной буржуазии. Режим Орбана, напротив, до лета 2013 года использовал пребендализм мелкой буржуазии. При этом режиме перераспределялись отдельные права собственности, но, как правило, в пользу мелких буржуа. В 2013 году режим Орбана перешел к новому примечательному этапу, попытавшись бросить вызов двум самым богатым венграм, хотя лично к Шандору Чаньи у премьер-министра не возникло никаких обид — по меньшей мере так было до первых месяцев 2019 года.

Все это не просто местечковая венгерская история. Орбан является привлекательной фигурой в некоторых странах Восточной Европы, особенно в Польше с ее евроскептицизмом. Многие чехи также являются евроскептиками, а Сербия, Болгария и Румыния имеют давние пророссийские симпатии. По этим причинам ортодоксальный призыв к «закону и порядку», сильному лидерству, сопротивлению немецкой «колонизации», «мигрантам» и мультикультурализму может обладать более масштабной привлекательностью. Поскольку в центре посткоммунистической приватизации находился вопрос о перераспределении прав собственности — и многие, вероятно, считают этот процесс «коррумпированным», — данный пункт также может быть включен в политическую повестку большинства стран Восточной Европы.

Совсем другая история — период реформ в Китае, где Коммунистическая партия сохранила свою политическую гегемонию. В России при Путине политический капитал, по всей вероятности, восстановил свое господство, однако экономический капитал все же бросил значительные вызовы политической власти, пусть пока и безуспешно. В Восточной Европе даже режиму Орбана, представляющему собой крайний случай восстановления политической власти над экономической в этом регионе, пока не удалось вернуть политику на командные высоты. В Китае же политика, бесспорно, главенствует: политическое сословие в китайской системе по-прежнему доминирует, а времена «капитализма снизу» прошли еще в середине 1990-х годов. По мере того, как Китай продвигается к приватизации корпоративного сектора, остаются без ответа два вопроса.

1. В какой степени эта приватизация «реальна»? Действительно ли она создает настоящих, опознаваемых собственников? Или же она обогащает бывших топ-менеджеров, высокопоставленные кадры и/или их семьи и детей? (Хорошей иллюстрацией этого процесса выступает история семьи Вэнь Цзябао.)
2. Действительно ли эта приватизация является квазиприватизацией, как утверждал Хуан Яшэн, оставляя активы в руках государственных банков и попросту расширяя пе-

рекрестное владение активами между государственными предприятиями? Если это так, то в Китае лишь появляется новый класс технократов, которые не обладают полноценными правами собственности, хотя имеют право распоряжаться «приватизированными» активами.

По мере дезинтеграции коммунистического порядка казалось, что бывшие социалистические общества разбегаются в разных направлениях. Восточная Европа присоединялась к Евросоюзу и глобальному капитализму, поэтому складывалось впечатление, что экономический капитал обретает твердый контроль, а социальная структура движется к четкой классовой стратификации. Однако в России (и в большинстве стран бывшего СССР) сохранялась гораздо более сильная политическая власть. Трансформация здесь тоже шла в капиталистическом направлении, но осуществлялась волей центра, даже если его власть больше не легитимировала себя идеологией социализма, склоняясь, скорее, к националистическим воззваниям. Китай после 1978 года строил «капитализм снизу», начав реформы с того, что право действовать было дано свободным рыночным силам. В Китае была запущена экономика, основанная на семейном фермерстве, а затем она была открыта для мелких предприятий сельской промышленности — ПВП. Следующим этапом стало создание изолированных зон свободной торговли, привлекающих в основном мелкий китайский капитал из Гонконга или Тайваня. Вознаграждение правами собственности на активы общественного сектора произошло гораздо позже, но даже когда корпоративный сектор был приватизирован, власть партии сохранялась.

Глава 7
Заключение: является ли путинизм образцом для посткоммунизма?

Основная гипотеза этой книги заключается в том, что в некоторых (или даже в большинстве) посткоммунистических обществ можно обнаружить элементы *пребендализма* и/или *патримониализма* (эта идея наглядно представлена на рис. 2). Учитывая скорость, с которой в период транзита требовалось «огородить общинные земли» (то есть провести быструю приватизацию государственной собственности), а также то, что информация о стоимости выставленных на приватизацию активов была ненадежной, а покупатели не имели кредитной истории, некоторые элементы патримониализма, которые также можно называть «коррупцией» или «патернализмом», присутствовали во всех посткоммунистических режимах.

В России патримониализм преобладал во времена Ельцина, который практически назначил новых владельцев собственности. Однако российские «нувориши» располагали гарантиями собственности, и со временем у них даже сформировались политические амбиции. Эти люди стали действовать как олигархи — или бояре, если использовать историческую аналогию. При Путине Россия вернулась от патримониализма к пребендализму. Путин сломил политическое могущество олигархов и систематически перераспределяет собственность тех из них, которые считаются нелояльными, в пользу новой группы последователей. «Путинизм», похоже, обладает привлекательностью и в других посткоммунистических обществах, прежде всего в Китае, в Польше

Качиньского и в Венгрии Орбана. Сочетание легально-правовой власти с патримониализмом/пребендализмом является неотъемлемой чертой посткоммунизма.

Мао дал знаменитое определение коммунизма как системы, в которой «политика находится на первом месте» [Kraus 2012: 24]. По ироничному совпадению, иллиберальный посткоммунистический капитализм Путина и компании движется именно в этом направлении. При Ельцине олигархи начали «приватизировать само государство» и привели к его краху. Иллиберальный посткоммунизм, в отличие от коммунизма, не ликвидирует частную собственность, но на деле ставит ее под политический контроль. Денежные мешки должны либо смириться с этим, либо перебраться за границу (что в долгосрочной перспективе может поставить под угрозу экономическую стабильность). И ельцинский патримониализм, и путинский пребендализм резко отличаются от либеральной рыночной экономики, где собственно экономика и «командует». Как гласит по этому поводу знаменитая формулировка Маркса и Энгельса из «Манифеста Коммунистической партии» (1848), «современная государственная власть — это только комитет, управляющий общими делами всего класса буржуазии» [Маркс, Энгельс 1955–1981, IV: 426]. Это, конечно же, огромное упрощение глубокой идеи либеральной демократии. В условиях конкурентной демократии государственные деятели должны побеждать на выборах и убеждать большинство избирателей в том, что их интересы будут соблюдены. Тем не менее крупные капиталы играют огромную роль в формировании политического курса — особенно благодаря финансированию избирательных кампаний и СМИ. Было бы преувеличением сказать, что принцип «один человек — один голос» был заменен практикой «один доллар — один голос», но разве кто-то может сомневаться в том, что корпорация или частное лицо с активами в 1 миллиард долларов оказывает большее влияния на исход выборов, чем человек с годовым доходом в 35 тысяч долларов?

Россия в первые годы второго десятилетия преобразований демонстрировала впечатляющий рост, однако неясно, было ли это результатом «нового издания» пребендализма. «Русское чудо» было во многом связано с ростом цен на нефть. Россия превратилась в государство-рантье (возможно, даже в еще большей степени, чем в свое время Советский Союз) и понесла серьезный ущерб после 2008 года, когда цены на энергоносители и сырье упали.

Неолиберализм показал в целом несколько лучшие результаты. Наиболее успешными примерами этой траектории были такие страны, как Польша, Словакия и государства Балтии. Польша была единственной страной, которая сохранила траекторию роста во время глобального финансового кризиса и Великой рецессии. Впрочем, Венгрия продемонстрировала слабые показатели и вступила в длительную рецессию. Однако остается мало сомнений в том, что *все посткоммунистические режимы, вне зависимости от существующей в них системы господства, будь то неолиберальная или патримониальная, добились большего, чем если бы они оставались на траектории государственного социализма*. Ностальгия по коммунистическому прошлому, которая все еще преследует восточноевропейский регион, — это, вообще говоря, глупость. Люди стали свободнее, и большинство из них живут лучше, чем они или их родители привыкли жить 30 лет назад. Посткоммунистическая ностальгия представляет собой либо романтизацию людьми собственной молодости, либо рациональное выражение тревоги в новом мире, где стало меньше гарантий и больше рисков. Тем не менее надежды конца 1980-х — начала 1990-х годов не вполне оправдались. Люди могут жить лучше, чем раньше, но не так хорошо, как они надеялись, что и объясняет сдвиг массовых настроений в крайне правую сторону. Восточная Европа не стала Западом и осталась на периферии. Как сформулировал эту мысль Иван Т. Беренд [Berend 1998], проблема как социализма, так и посткоммунизма заключалась в том, что это был «*détour* [обходной маршрут — *фр.*] от одной периферии к другой».

В начале 1990-х годов на различных конференциях мы несколько раз встречались с Дэвидом Старком, профессором социологии Колумбийского университета, который часто рассказывал один старый ирландский анекдот. Турист в Ирландии спрашивает у кого-то из местных жителей, как ему попасть в Белфаст [столицу Северной Ирландии], на что ему отвечают: «Знаете, сэр, на вашем месте я бы не стал отправляться туда отсюда». Это хорошая шутка, но она преувеличивает важность стартовых условий и недооценивает политические ошибки, допущенные при выборе траекторий. Отсюда вопрос: можем ли мы учиться друг у друга, или же мы можем учиться только на собственных ошибках? Конечно, не хотелось бы заканчивать эту книгу на абсолютно агностической ноте, но если и есть урок, который необходимо извлечь из всего сказанного выше, то он, безусловно, сложен. Путь от социализма к капитализму оказался более тернистым, более дорогостоящим — и более медленным, чем предполагалось. Некоторые из этих издержек следует сбросить со счетов, учитывая пресловутые «стартовые условия». Однако другие издержки были понесены из-за неправильного выбора политического курса, сделанного конкретными государствами. Некоторые выгоды от перехода к рыночной экономике и демократии могли быть переоценены — на практике реализовалось меньше выгод, чем ожидалось, — а издержки оказались выше, чем общество было готово оплатить. Результатом всего этого стало массовое разочарование.

Но вернемся к ирландской шутке. Что бы мы ответили заблудившемуся посреди Ирландии человеку на вопрос о том, как лучше всего попасть в Белфаст? Во-первых, мы бы задали ему встречный вопрос: «А вы уверены, что хотите попасть в Белфаст? Есть же много других возможных направлений, почему бы вам не сравнить с Белфастом хотя бы некоторые из них? Может быть, вы рассмотрите вместо Белфаста Лондон или Стокгольм? Что вы вообще знаете о Белфасте? Вполне возможно, что Белфаст на самом деле не так прекрасен, как вы думаете, так что если вы туда попадете, то можете пожалеть об этом».

Второй момент, на который мы бы обратили внимание в этом воображаемом диалоге: «Как вы, наверное, знаете, вы можете попасть в Белфаст множеством путей. Одни из них могут оказаться неподходящими для вас. Если же вы пойдете другой дорогой, то придется долго карабкаться вверх, и, глядя на ваши колени, мы бы вам ее не советовали. Не позволяйте никому обманывать вас, утверждая, что существует только один (или же “лучший”) способ добраться до места назначения — каким бы он ни был. Первое, что нужно сделать, — это исключить некоторые пути, которые вам явно не подходят. Как только это будет сделано, вы сможете как следует оценить издержки и выгоды каждого из путей, доступных для вас».

Наконец, мы бы отметили, что у каждого пункта назначения есть свои выгоды, а у каждого пути — свои разнообразные и многочисленные издержки. Решение о том, какие выгоды вы хотите получить и какую цену вы готовы заплатить, не может быть принято научным путем — это политический выбор, который должна делать хорошо информированная общественность в рамках демократического процесса.

Белфаст — это реальная точка на карте, и пиво там хорошее, но делать в этом месте особо нечего. Лондон вдохновляет, но он может показаться вам слишком большим, и там вы почувствуете себя потерянным. Стокгольм может подойти вам по масштабу и предложить немало интересного, но получится ли у вас выдержать долгие холодные зимние ночи? Поэтому все зависит от ваших предпочтений. То же самое касается и издержек: если вы отправитесь по дороге А, а не по дороге Б, это может занять больше времени, но она может оказаться более тенистой, а значит, вы будете меньше страдать от чрезмерного солнечного света. Итак, вопрос сводится к тому, сколько вы готовы платить и за что именно?

В конечном итоге переходный период заканчивается, потребовав большего или меньшего объема издержек и вызвав больше или меньше разочарований. Однако этот процесс мог бы быть не таким разочаровывающим, если бы на старте было меньше иллюзий, а со стороны информированной общественности проводились более хладнокровные и рациональные расчеты в рамках демократического дискурса.

И последнее, но не менее важное: не будем забывать, что в истории вообще не бывает конечных пунктов. Рыночный транзит завершен, но впереди нас ждут другие переходные процессы: для одних это создание государства всеобщего благосостояния, для других — переход к демократической политике, или же и то, и другое сразу. Мы вновь — и всегда — находимся на перепутье, так что стоит еще раз подумать о советах для заблудившегося в Ирландии путешественника. Не следует забывать и о том, что, добравшись до Белфаста, можно продолжить путешествие в Лондон, Нью-Йорк, а то и, как знать, куда-нибудь в Сингапур.

Это подводит нас к заключительному пункту книги, касающемуся отдельной траектории, которой следовал Китай. Нередко звучали предупреждения [Сакс 2011] о необходимости с особой осторожностью подходить к сравнению китайской трансформации с преобразованиями в европейских постсоветских и посткоммунистических странах. Любопытно, что такая аргументация прямо противоположна ирландской шутке, которая подразумевает, что проблема заключается в стартовых условиях: если вы начнете путешествие из более выгодной точки, вы сможете легко добраться до Белфаста. Теперь понятно, что в Китае стартовые условия были, несомненно, худшими: если считать Китай — в отличие от постсоветских стран или бывших восточноевропейских сателлитов СССР — историей успеха, то ее как раз не следует связывать со стартовыми условиями. Используя формулировку Гершенкрона [Гершенкрон 2015], этот успех мог стать результатом «преимуществ» отсталости. Иными словами, либо верно утверждение, противоположное ирландской шутке, либо же в ней неверно ставится задача: важны не стартовые условия, а выбор подходящей политики.

Когда дело доходит до оценки того, что важнее — начальные условия или выбор политики, — мы твердо стоим на мнении: важно и то, и другое. Чехи, возможно, допустили некоторые ошибки в политике, но они все равно добились хороших результатов, поскольку их стартовые условия были намного лучше. Для венгров же начальные условия были довольно удачными, но сейчас дела их идут плохо, и за этим могут стоять ошибки в политике. Поляки были не в лучшей форме в 1980-е годы, но теперь ситуация улучшилась, возможно, потому что было принято несколько правильных политических решений. Аналогичным образом можно рассуждать и о Китае. Можно ли утверждать, что китайцы сделали что-то правильно или что они добились успеха только потому, что начали с самой нижней точки (пользуясь преимуществами отсталости)?

Итоговый тезис этой книги звучит так: путинская «Единая Россия» и партия Орбана «Фидес» в какой-то степени близки друг к другу, и вполне резонно характеризовать соответствующие режимы как проявления посткоммунистического иллиберализма (или неоконсерватизма) либо как управляемые иллиберальные «демократии». Однако существует и одна уникальная особенность восточноевропейского и российского неоконсерватизма. Путин и его восточноевропейские союзники занимают уверенную позицию в поддержку бизнеса и олигархов, и их нельзя обвинить в «популизме». Некоторые из элементов их экономической политики могут показаться «левыми» (против ЕС, антиглобализация и национализм в экономической политике) — это утверждение в особенности верно применительно к Орбану, но актуально и для таких политиков, как Мечьяра и Фицо, Качиньский, Борисов или даже Клаус. Венгерский социолог Жужа Хегедюш [Hegedűs 2013] однажды даже назвала господина Орбана «настоящим социал-демократом». Увы, в той политической неразберихе, в которой оказалась нынешняя посткоммунистическая Восточная Европа, отличить «левых» от «правых» та еще задача...

Левые венгерские исследователи, такие как Гашпар М. Тамаш [Tamás 2014], предложили свое объяснение этому феномену, которое нашло развитие у Агнеш Гадьи [Gagyi 2014]. Правые или правоцентристские партии Восточной Европы зачастую демонстрируют большее понимание народных нужд и потребностей, нежели либералы, которых отличает определенное осознание собственной миссии [Eyal 2000]. По утверждению Гадьи, «уловка-22» посткоммунистической политики заключается в конкуренции между *демократическим антипопулизмом и антидемократическим популизмом*. Постановка вопроса «демократия против антидемократии», возможно, не самая точная, но сама по себе дилемма сформулирована неплохо. Серьезная конкуренция между антипопулистским настроем либералов (и «левых», если этот термин вообще уместен) и популизмом патриотических правых движений, безусловно, существует. Кто же победит на выборах? Разумеется, популистские и националистические правые (или правоцентристские) силы. Ради чего голосовать за партию, которая обещает только «пот и кровь», когда есть альтернатива — другая партия, обещающая быть отзывчивой к народным нуждам (например, обложить налогами банки, а не заемщиков, снизить стоимость газа, электричества и отопления за счет прибыли компаний-монополистов и т. д.)? Являются ли правоцентристы популистами или же просто используют популистскую риторику — это другой вопрос. Правительство «Фидес» в Венгрии, например, доказало, что реагирует на проблемы, которые волнуют людей. Несомненно, верную идею сформулировал Гил Эял: превратившиеся в либералов бывшие диссиденты, настаивая на «жизни не по лжи», похоже, занимаются самоуничтожением в рамках демократической политики. Они проигрывают выборы, а потом, не имея понятия, как лучше играть в демократическую игру, навешивают на своих противников ярлыки противников демократии или даже сторонников диктатуры. Давайте же наконец признаем: суть игры в демократической политике заключается в завоевании голосов.

Искренне ли правые партии выступают «за народ» и «против бизнеса»? На этот вопрос тоже трудно дать однозначный ответ. Правительство «Фидес» в Венгрии после 2010 года, безусловно, производит впечатление образцового ученика в школе жесткой экономии. Оно сократило дефицит бюджета до уровня ниже 3 %, требуемого Евросоюзом, снизило инфляцию, урезало расходы на социальное обеспечение (в клинтоновском смысле — превратив политику вэлфера в политику воркфера[1]) и не наращивало государственный долг во время рецессии, когда государства должны — по крайней мере, согласно представлениям Кейнса или более поздним рекомендациям Кругмана — увеличивать свои долги и дефицит бюджета. Таким образом, популистская риторика звучала на фоне реализации антипопулистской политики в исполнении «реальных» неоконсерваторов или сторонников иллиберализма.

---

[1] Имеется в виду переход от традиционной системы социальной защиты, основанной на распределении различных пособий (welfare), к системе социального обеспечения, стимулирующей получающих пособие браться за любую работу (workfare). — *Прим. пер.*

В заключение обратимся к вопросу об идеологии и поиску исторических прецедентов. *Создание имиджа* — важнейший компонент политики. Именно здесь обнаруживается одна из главных слабостей тех теорий, где предпринимается попытка охарактеризовать посткоммунистические правоцентристские неоконсервативные и иллиберальные режимы как «фашистские», «диктаторские» или «неокоммунистические», сравнивая их с Гитлером, Муссолини, Сталиным, Кадаром или же просто объявляя их «мафией». Эти режимы предпринимают невероятные усилия, чтобы обнаружить достаточно респектабельных исторических предшественников и приемлемую идеологию, поэтому совершенно неверно утверждать, что они неидеологичны. Этот момент совершенно нельзя оставлять без внимания. Николай I для Путина, Пилсудский для Качиньского, адмирал Хорти (принципиальный момент: до немецкой оккупации Венгрии 19 марта 1944 года), Иштван Бетлен и Иштван Тиса (два венгерских премьер-министра в первой трети XX века) для Орбана являют собой чрезвычайно важные идеологические модели. Посткоммунистические неоконы хотят легитимировать себя при помощи (совершенно правых) фигур консерваторов докоммунистических времен точно так же, как американские неоконы хотят вернуться к Джефферсону, или, если угодно, к классическим либералам, таким как Джон Стюарт Милль или Адам Смит. Все эти претензии требуют тщательного анализа и взвешенной оценки.

Как в исследовательских целях, так и с точки зрения политических задач чрезвычайно важно провести различие между посткоммунистическими неоконами и радикальными ультраправыми, которые не имеют (по меньшей мере пока) шансов на победу на выборах. Посткоммунистическая Восточная Европа — это (опять же, пока) не Веймарская республика, готовая к приходу революционной политики радикальных правых (или левых) сил. Посткоммунистические неоконы способны выигрывать выборы со своей популистской риторикой до тех пор, пока им приходится конкурировать с антипопулистской левой/либеральной оппозицией, которая может лишь обещать болезненное лечение у хорошего врача [Bokros 2014]. Посткоммунистический *неоконсерватизм*, *пребендальная система* перераспределения собственности и *управляемая* иллиберальная демократия — вот строительные материалы для новой модели, предложенной Путиным, и в очереди стоит немало посткоммунистических стран.

Поскольку мы сохраняем уверенность в наличии специфически китайского способа посткоммунистической трансформации, еще один интригующий вопрос заключается в том, является ли китайская модель устойчивой. Безусловно, у нее есть как минимум две уязвимых точки, одна из которых, конечно же, относится к политической сфере — удастся ли сохранять политическую монополию Коммунистической партии в долгосрочной перспективе? Джеффри Сакс и, вероятно, большинство западных аналитиков считают, что это невозможно. Китай, по их мнению, является капиталистической страной или находится на пути к капитализму, а капитализм предполагает многопартийную демократию. Мы относимся к такой аргументации чрезвычайно скептически, склоняясь к мнению, что либеральная демократия, вероятно, является исключением, а не правилом.

Один из авторов этой книги (Иван Селеньи) четыре года прожил в ОАЭ, где прекрасно функционирует капиталистическая экономика в постиндустриальной стадии, однако эта страна не только не является либеральной демократией — она остается абсолютной монархией, Левиафаном в том виде, в каком представлял идеальное государство Гоббс. Еще один пример — Сингапур: квазимногопартийная система с практически единственной правящей партией. Когда Чжоу Эньлая, премьер-министра Китая во времена правления Мао, спросили, что он думает о Французской революции, он, как известно, ответил: «Еще слишком рано об этом говорить»[2]. Китай следовал собственным путем на протяжении тысячелетий — там никогда не было всеобъемлющей

---

[2] Человек, который переводил это интервью, недавно рассказал, что Чжоу, возможно, имел в виду парижские события 1968 года, а не революцию 1789 года, но это высказывание в любом случае остается тонким замечанием, призывающим к осторожности в оценках или прогнозировании исторических тенденций. См. URL: https://mediamythalert.com/2011/06/14/too-early-to-say-zhou-was-speaking-about-1968-not-1789/ (дата обращения: 18.05.2023).

системы рабства или классической формы капитализма, а китайский коммунизм заметно отличался от советской модели. Неужели сейчас силы глобализации настолько сильны, чтобы изменить эту затяжную историческую траекторию? Это действительно может произойти — но может и нет. Насколько можно судить, Си Цзиньпин не идет в направлении западной либеральной демократии — похоже, что он внедряет единоличное правление, которого Китай не знал со времен Мао.

Наконец, кое-кто утверждает, что успех Китая всецело связан с тем, что он находится на экстенсивной стадии роста и следует стратегии индустриализации, ориентированной на экспорт. Поскольку Китай находится на пороге вступления в интенсивную фазу роста, его внутренний рынок приобретает все большую значимость по сравнению с экспортными рынками. Темпы роста Китая должны будут существенно снизиться до уровня, наблюдаемого сейчас в развитых странах Запада. Опять же, эта далеко идущая гипотеза может подтвердиться, а может и нет. Тем не менее это важный аргумент, поскольку китайская модель сработала по той причине, что благодаря быстрому экономическому росту гигантский рост неравенства мог происходить одновременно с повышением уровня жизни и сокращением абсолютной бедности для большинства, а то и для всех. Рост «поднимал все лодки», и это было основанием социально-политической стабильности.

В этот решающий момент мы бы сделали ставку на долговечность китайской модели. В одном интервью Генри Киссинджера («Der Spiegel», 6 июля 2011 года) он дал такое предостережение: «Заявлять стране, имеющей четыре тысячи лет непрекращающейся истории, что мы понимаем эту историю лучше, чем она сама, попросту неуместно с психологической точки зрения» — хорошая формулировка для заключительной фразы этой книги.

Библиография

Абзалов 2013 — Абзалов Д. Г. Новый лидер мирового консерватизма // Независимая газета. 11 декабря 2013. URL: https://www.ng.ru/ideas/2013-12-11/5_putin.html (дата обращения 18.05.2023).

Аджемоглу, Робинсон 2020 — Аджемоглу Д., Робинсон Д. А. Почему одни страны богатые, а другие бедные. Происхождение власти, процветания и нищеты. М.: АСТ, 2020.

Андерсон 1991 — Андерсон П. Размышления о западном марксизме. На путях исторического материализма. М.: Интер-Версо, 1991.

Андерсон 2001 — Андерсон Б. Воображаемые сообщества. Размышления об истоках и распространении национализма. М.: КАНОН-пресс-Ц, Кучково поле, 2001.

Буравой, Кротов 1992 — Буравой М., Кротов П. Советский вариант перехода к капитализму // Рубеж. Альманах социальных исследований. 1992. № 4. С. 107–139.

Бурдьё 2005 — Бурдьё П. Формы капитала // Экономическая социология. Том 6. № 3. Май 2005. С. 60–74.

Валлерстайн 2015 — Валлерстайн И. Мир-система Модерна. Т. 1. Капиталистическое сельское хозяйство и истоки европейского мира-экономики в XVI веке. М.: Русский фонд содействия образованию и науке, 2015.

Вебер 2016–2019 — Вебер М. Хозяйство и общество: очерки понимающей социологии. В 4 томах. М.: Издательский дом Высшей школы экономики, 2016–2019.

Гегель 1990 — Гегель Г. В. Ф. Философия права. М.: Мысль, 1990.

Гершенкрон 2015 — Гершенкрон А. Экономическая отсталость в исторической перспективе. М.: Дело, 2015.

Грановеттер 2002 — Грановеттер М. Экономическое действие и социальная структура: проблема укорененности // Экономическая социология. 2002. Т. 3. № 3. С. 44–58.

Грановеттер 2009 — Грановеттер М. Сила слабых связей // Экономическая социология. Т. 10. № 4. Сентябрь 2009. С. 31–50.

Гуриев и др. 2011 — Гуриев С., Качинс Э., Ослунд А. Россия после кризиса. М.: Альпина Бизнес Букс, 2011.

Джилас 1961 — Джилас М. Новый класс. Нью-Йорк: Издательство Фредерик А. Прегер, 1961.

Жуков 1969 — Жуков Г. К. Воспоминания и размышления. М.: АПН, 1969.

Закария 2004 — Закария Ф. Возникновение нелиберальных демократий // Логос. 2004. № 2 (42). С. 55–70.

Кадочников 2006 — Кадочников П. А. Анализ импортозамещения в России после кризиса 1998 года. М.: Институт экономики переходного периода, 2006.

Каутский 1919 — Каутский К. Терроризм и коммунизм. Берлин: Т-во И. П. Ладыжникова, 1919.

Кейнс 2007 — Кейнс Д. М. Экономические последствия Версальского мирного договора // Кейнс Д. М. Общая теория занятости, процента и денег. Избранное. М., 2007.

Кесби, Ньюман 2012 — Кесби Р., Ньюман Д. Расследование Би-би-си: как сажают бизнесменов в России. 4 июля 2012 года. URL: https://www.bbc.com/russian/russia/2012/07/120704_russia_corruption (дата обращения 18.05.2023).

Кёстлер 1988 — Кёстлер А. Слепящая тьма // Нева. № 7–8. 1988 (дата обращения 18.05.2023).

Кларк 1934 — Кларк Д. Б. Распределение доходов. М. — Л.: ОГИЗ, СоцЭкГИЗ, 1934.

Корнаи 1990a — Корнаи Я. Дефицит. М.: Наука, 1990.

Корнаи 1990b — Корнаи Я. Путь к свободной экономике. Страстное слово в защиту экономических преобразований. М.: Экономика, 1990.

Корнаи 2000 — Корнаи Я. Социалистическая система. Политическая экономия коммунизма. М.: НП «Журнал “Вопросы экономики”», 2000.

Кругман 2014 — Кругман П. Путинский пузырь лопнул // The Insider. 19 декабря 2014 года. URL: https://theins.ru/ekonomika/2285 (дата обращения 18.05.2023).

Ленин 1958–1965 — Ленин В. И. Полное собрание сочинений. В 55 томах. Изд. 5-е. М.: Государственное издательство политической литературы, 1958–1965.

Либерман 1962 — Либерман Е. Г. План, прибыль, премия. Совершенствовать хозяйственное руководство и планирование // Правда. 9 сентября 1962 года. № 232 (16108).

Лукач 2003 — Лукач Г. Легальность и нелегальность // Лукач Г. История и классовое сознание. М.: Логос-Альтера, 2003. С. 332–345.

Мадьяр 2016 — Мадьяр Б. Анатомия посткоммунистического мафиозного государства: на примере Венгрии. М.: Новое литературное обозрение, 2016.

Макиавелли 1990 — Макиавелли. Государь. М.: Планета, 1990.

Малиновский 2004 — Малиновский Б. Избранное: Аргонавты западной части Тихого океана. М.: Росспэн, 2004.

Маркс, Энгельс 1955–1981 — Маркс К., Энгельс Ф. Сочинения. В 50 томах. Изд. 2-е. М.: Политиздат, 1955–1981.

Маршалл 1993 — Маршалл А. Принципы экономической науки. М.: Прогресс, 1993.

Милль 1993 — Милль Д. С. О свободе // Наука и жизнь. 1993. № 11. С. 10–15; № 12. С. 21–26.

Михайи, Селеньи 2020 — Михайи П., Селеньи И. Получатели ренты: прибыли, заработки и неравенство (верхние 20 %). М.: Магистр, 2020.

Монтескьё 2019 — Монтескьё Ш.-Л. О духе законов. М.: РИПОЛ классик, 2019.

Наим 2013 — Наим М. Мафиозные государства: организованная преступность рвется к власти // 2000. 2013. № 20–21 (654).

Норт и др. 2011 — Норт Д., Вайнгост Б., Уоллис Д. Насилие и социальные порядки. Концептуальные рамки для интерпретации письменной истории человечества. М.: Издательство Института Гайдара, 2011.

Ослунд 1996 — Ослунд А. Россия: рождение рыночной экономики. М.: Республика, 1996.

Ослунд 2011 — Ослунд А. Строительство капитализма. Рыночная трансформация стран бывшего советского блока. М.: Логос, 2011.

Пайпс 2008 — Пайпс Р. Русский консерватизм и его критики. Исследование политической культуры. М.: Новое издательство, 2008.

Парето 2008 — Парето В. Компендиум по общей социологии. М.: Издательский дом ВШЭ, 2008.

Пикетти 2015 — Пикетти Т. Капитал в XXI веке. М.: Ad Marginem, 2015.

Поланьи 2002a — Поланьи К. Великая трансформация. Политические и экономические истоки нашего времени. СПб.: Алетейя, 2002.

Поланьи 2002b — Поланьи К. Экономика как институционально оформленный процесс // Экономическая социология. Т. 3. № 2. 2002. С. 62–73.

Поланьи 2010 — Поланьи К. Торговые порты в ранних обществах // Поланьи К. Избранные работы. М.: Издательский дом «Территория будущего», 2010. С. 104–116.

Прудон 1998 — Прудон П. Что такое собственность. М.: Республика, 1998.

Путин 2013 — Послание Президента Российской Федерации от 12.12.2013 (О положении в стране и основных направлениях внутренней и внешней политики государства). URL: http://www.kremlin.ru/acts/bank/38057 (дата обращения 18.05.2023).

Рикардо 1955 — Рикардо Д. Начала политической экономии и налогового обложения. М.: Госполитиздат, 1955.

Сакс 2011 — Сакс Д. Конец бедности. Экономические возможности нашего времени. М.: Издательство Института Гайдара, 2011.

Селеньи и др. 2008 — Селеньи И., Эял Г., Тоунсли Э. Построение капитализма без капиталистов. Образование классов и борьба элит в посткоммунистической Центральной Европе. Киев: Институт социологии НАН Украины, 2008.

Смит 2020 — Смит А. Исследование о природе и причинах богатства народов. М.: АСТ, 2020.

Смит 2022 — Смит А. Теория нравственных чувств. М.: АСТ, 2022.

Стаклер и др. 2017 — Стаклер Д., Кинг Л., Макки М. Массовая приватизация и посткоммунистический кризис смертности // ИА «Аврора». 30 апреля 2017 года. URL: https://aurora.network/articles/136-chelovek-i-obshhestvo/30502-massovaja-privatizatsija-i-postkommunisticheski-krizis-smertnosti (дата обращения 18.05.2023).

Стиглиц 2003 — Стиглиц Д. Глобализация: тревожные тенденции. М.: Мысль, 2003.

Стиглиц 2015 — Стиглиц Д. Цена неравенства. Чем расслоение общества грозит нашему будущему. М.: Эксмо, 2015.

Такер 2006 — Такер Р. Сталин. История и личность. Путь к власти.1879–1929; У власти. 1928–1941. М.: Весь мир, 2006.

Троцкий 2017 (1936) — Троцкий Л. Д. Преданная революция: Что такое СССР и куда он идет? М.: Т8, 2017 (первое издание — 1936 год).

Фукуяма 1990 — Фукуяма Ф. Конец истории // Вопросы философии. 1990. № 3. С. 134–147.

Хантингтон 2003 — Хантингтон С. Третья волна. Демократизация в конце XX века. М.: РОССПЭН, 2003.

Хлебников 2001 — Хлебников П. Крестный отец Кремля: Борис Березовский, или история разграбления России. М.: Детектив-Пресс, 2001.

Aghion et al. 2015 — Aghion, Philippe, Ufuk Akcigit, Antonin Bergeaud, Richard William Blundell and David Hemous. Innovation and Top Income Inequality // CEPR Discussion Paper. 2015. № 10659.

Alba, Nee 1997 — Alba, Richard and Victor Nee. Rethinking Assimilation. Cambridge: Oxford University Press, 1997.

Anderson 2005 — Anderson, Perry. Imagining Alternative Modernities // Tian Yu Cao (ed.). The Chinese Model of Modern Development. London: Routledge, 2005. P. 19–24.

Anderson 2007 — Anderson, Perry. Russia's Managed Democracy // London Review of Books. 2007. Vol. 29. № 2. P. 2–12.

Armstrong 1948 — Armstrong, Willis C. The Soviet Approach to International Trade // Political Science Quarterly. 1948. Vol. 63. № 3. P. 368–382.

Augusztinovics 2005 — Augusztinovics, Mária. Népesség, foglalkoztatottság, nyugdij (Population, labour force participation and pension) // Közgazdasági Szemle. 2005. Vol. 52. № 4. P. 429–447.

Azrael, Chalmers 1970 — Azrael, Jeremy R. and Chalmers Johnson (eds.). Change in Communist Systems. Stanford: Stanford University Press, 1970.

Bablawi, Luciani 1987 — Bablawi, Hazem and Giacomo Luciani. The Rentier State (Nation, State and Integration in the Arab World, Vol. 2). London: Routledge, 1987.

Bahro 1975 — Bahro, Rudolf. The Alternative in Eastern Europe. London: Verso, 1975.

Bailes 1980 — Bailes, Kendall. Technology and Society under Lenin and Stalin. Princeton: Princeton University Press, 1980.

Baum 1964 — Baum, Richard. Red versus Expert // Asian Survey. 1964. Vol. 4. № 9. P. 1048–1057.

Baumol et al. 2007 — Baumol, William J., Robert E. Litan and Carl Schram. Good Capitalism, Bad Capitalism. New Haven, CT: Yale University Press, 2007.

Barboza 2009 — Barboza, David. Contradictions in China, and the rise of a family // The New York Times. 2009, January 2.

Barboza 2012 — Barboza, David. Billions in Hidden Riches for Family of Chinese Leader // New York Times. 2012, October 25.

Behlami, Lucsiani 1987 — Behlami, Hazem and Giacomo Lucsiani (eds.). The Rentier State. London: Croom Helms, 1987.

Békesi 2014 — Békesi, László. A maffiaállam gazdaságpolitikája (The economic policy of the mafia-state) // Bálint Magyar (ed.). Magyar Polip, 2. Budapest: Noran Libro, 2014. P. 241–260.

Bell 2008 — Bell, Daniel. China's New Confucianism. Princeton: Princeton University Press, 2008.

Bensman, Givant 1975 — Bensman, Joseph and Michael Givant. Charisma and Modernity: the Use and Abuse of the Concept // Social Research. 1975. Vol. 42. № 4. P. 570–561.

Berend 1998 — Berend, Iván T. Central and Eastern Europe. Detour from the Periphery to the Periphery. Cambridge: Cambridge University Press, 1998.

Berman 2014 — Berman, Sheri. Global Warning. Francis Fukuyama's *Political Order and Political Decay* // New York Times. 2014, September 11.

Bertsch, Ganschow 1975 — Bertsch, Gary K. and Thomas W. Ganschow. Communism: Soviet, Chinese and Yugoslav Models. San Francisco: W. H. Freeman and Co Ltd, 1975.

Bettelheim 1976 — Bettelheim, Charles. Economic Calculations and Form of Property. London: Routledge and Kegan Paul, 1976.

Bhagwati 1982 — Bhagwati, Jagdish Natwarlal. Dirercly unproductive profit seeking activities // Journal of Political Economy. 1982. Vol. 90. № 5. P. 988–1012.

Big Seven 1998 — The Big Seven — Russia's Financial Empires. 1998. URL: www.worldbank.org/htlm/prddr/trans/feb98/bigseven.htm (дата обращения 18.05.2023).

Blondel 2015 — Blondel, Jean. The Presidential Republic. London: Palgrave, 2015.

Boda, Körösényi 2012 — Boda, Zsolt and András Körösényi (eds.). Van irány? Trendek a magyar politikában (Is there a direction? Trends in Hungarian Politics). Budapest: MTA TKPTI, 2012.

Bohle, Greskovits 2012 — Bohle, Dorothee and Béla Greskovits. Capitalist Diversity on Europe's Periphery. Ithaca, NY: Cornell University Press, 2012.

Bokros 2014 — Bokros, Lajos. Kár az orvosra haragudni (Do not blame the doctor) // Vasárnapi Hírek. 2014, October 19.

Bourdieu 1984 — Bourdieu, Pierre. Distinction - A Social Critique of Judgment of Taste. Cambridge: Harvard University Press, 1984.

Bourdieu, Passeron 1977 (1970) — Bourdieu, P. and J.-C. Passeron. Reproduction in Education, Society and Culture. London: Sage, [1970] 1977.

Bradsher 2009 — Bradsher, Keith. In Downturn China Sees Path to Growth // The New York Times. 2009, March 16.

Brainerd 1998 — Brainerd, Elizabeth. Winners and Losers in Russia's Economic Transition // American Economic Review. 1998. Vol. 88. № 5. P. 1094–1116.

Brandt et al. 2005 — Brandt, L., H. Li, and J. Roberts. Banks and Enterprise Privatization in China // Journal of Law, Economics and Organization. 2005. Vol. 21. № 2. P. 524–546.

Brugger 2010 (1974) — Brugger, William. Democracy and Organization in the Chinese Industrial Enterprise (1948–1953). Cambridge: Cambridge University Press, [1974] 2010.

Buchanan, Brennen 1980 — Buchanan, James M. and Geoffrey Brennen. The Power to Tax. New York: Cambridge University Press, 1980.

Buchanan 2013 — Buchanan, Pat. Is Putin one of us? 2013, December 17. URL: http://www.rightwingwatch.org (дата обращения 18.05.2023).

Bunck 1996 — Bunck, Julie M. Marxism and the Market: Vietnam and Cuba in Transition. Proceedings of the Annual Meetings of the Association for the Study of Cuban Economy (ASCE), 1996.

Cannady, Kubicek 2014 — Cannady, Sean and Paul Kubicek. Nationalism and Legitimation for Authoritarianism — a comparison of Nicholas I. and Vladimir Putin // Journal of Eurasian Studies. 2014. Vol. 6. № 5. P. 1–9.

Carothers 2002 — Carothers, Thomas. The end of transition paradigm // Journal of Democracy. 2002. Vol. 13. № 1. P. 5–21.

Chandler 1999 — Chandler, David. Brother Number One. Boulder, CL: Westview Press, 1999.

Chehabi, 1998 — Chehabi, Houchang E. and Juan Linz. Sultanistic Regimes. Baltimore, MD: The Johns Hopkins Press, 1998.

CIA Fact book 2009 — CIA Fact Book. URL: https://www.cia.gov/library/publications/the-world-factbook/geos/RS.html

Ciobanu 2010 — Ciobanu, Monica. Communist regimes, legitimacy and transition to democracy in Eastern Europe // Nationalities Papers. 2010. Vol. 38. № 1. P. 3–21.

Conze, Kocka 1985 — Conze, Werner and Jürgen Kocka (eds.). Bildungsbürgertum im 19 Jahrhundert. Stuttgart: Klett-Cotta, 1985.

Costa Pinto et al. 2007 - Costa Pinto, Antonio, Roger Eatwell and Stein Ugewik Larson (eds.). Charisma and Fascism in Interwar Europe. New York: Routledge, 2007.

Csaba 2018 — Csaba, László. Válság — Gazdaság — Világ. (Crisis, the economy and the world). Budapest: Éghajlat kiadó, 2018.

Cui 2005 — Cui, Zhiyuan. Liberal Socialism and the Future of China: A Petty Bourgeois Manifesto // Tian Yu Cao (ed.). The Chinese Model of Modern Development. London: Routledge, 2005. P. 7–174.

Davidson 2005 — Davidson, Christopher. The United Arab Emirates — a Study of Survival. London: Lynne Riemer, 2005.

Davidson 2009 — Davidson, Christopher. Abu Dhabi — Oil and Beyond. New York: Columbia University Press, 2009.

Deutscher 1965 — Deutscher, Isaac. The failure of Khrushchevism // Socialist Register. 1965. Vol. 2. P. 11–29.

Dragutinovic-Mitrovic, Ivancev 2010 — Dragutinovic-Mitrovic, Radmila and Olgica Ivancev. Driving forces of economic growth in the second decade of transition // Economic Annals. 2010. Vol. LV. № 185. P. 7–32.

Du 2005 — Du, Runsheng. We Should Encourage Institutional Innovations // Tian Yu Cao (ed.). The Chinese Model of Modern Development. London: Routledge, 2005. P. 9–15.

EEAG 2012 — EEAG European Economic Advisory Group at CESifo. The EEAG Report on the European Economy. Munich: CESifo, 2012.

Elster et al. 1998 — Elster, Jon, Claus Offe and Ultich K. Preuss. Institutional Design in Post-Communist Societies. Cambridge: Cambridge University Press, 1998.

EBRD 2000 — European Bank for Reconstruction and Development. Transition Report 1999. Ten Years of Transition. London: EBRD, 2000.

EBRD 2012 — European Bank for Reconstruction and Development. Regional Economic Prospects in EBRD Countries of Operations: May 2012. URL: www.ebrd.com.

Eyal 2000 — Eyal, Gil. Antipolitics and the Spirit of Capitalism: Dissidents, Monetarism and the Czech Transition to Capitalism // Theory and Society. 2000. Vol. 29. № 1. P. 49–92.

Fagen 1965 — Fagen, Richard. Charismatic authority and the leadership of Fidel Castro // Political Research Quarterly. 1965. Vol. 18. № 1–2. P. 275–284.

Fan et al. 2019 — Fan Xiaoguang, Lu Peng, et al. The Social Composition of China's Private Entrepreneurs // Social Sciences in China. 2019. Vol. 40. № 1. P. 42–62.

Fehér et al. 1983 — Fehér, Ferenc, Ágnes Heler and George Markus. Dictatorship over the Needs. Oxford: Blackwell, 1983.

Forsythe 2015a — Forsythe, Michael. Wang Jianlin, a Billionaire at the Intersection of Business and Power in China // International New York Times. 2015, April 28.

Forsythe 2015b — Forsythe, Michael. Zhou Yongkang, Ex-Security Chief in China, Gets Life Sentence for Graft // International New York Times. 2015, June 11.

Franklin 2013 — Franklin, Pete. Vladimir Putin — not, in fact, a Tory // The Home of Conservatism. URL: https://www.conservativehome.com/the-deep-end/2013/12/vladimir-putin-not-in-fact-a-tory.html (дата обращения 18.05.2023).

Fukuyama 2014 — Fukuyama, Francis. Political Order and Political Decay. New York: Farad, Straus and Giroux, 2014.

Furman, Orszag 2015 — Furman, Jason and Peter Orszag. A Firm-Level Perspective on the Role of Rents in the Rise in Inequality. Presentation at "A Just Society" Centennial Event in Honor of Joseph Stiglitz Columbia University, 16 Oct. 2015. Manuscript.

Gagyi 2014 — Gagyi, Ágnes. Az anti-populizmus, mint a rendszerváltás szimbolikus eleme (Anti-populism as one of the symbolic elements of the regime change) // Fordulat. 2014. Vol. 21. P. 298–316.

Galston 2018 — Galston, William A. A Populist Challenge to Liberal Democracy // Journal of Democracy. 2018. Vol. 29. № 2. P. 5–19.

Gati 2013 — Gati, Charles. Hungary's Backward Slide // New York Times. 2013, December 12.

Gerber, Hout 1998 — Gerber, Theodor and Michael Hout. More Shock than Therapy — Market Transition, Employment and Income in Russia, 1991–1995 // American Journal of Sociology. Vol. 104. № 1. P. 1–50.

Gerth, Mills 1946 — Gerth, Hans Heinrich and C. Wright Mills. From Max Weber: Essays in Sociology. New York: Oxford University Press, 1946.

Glazer, Moynihan 1970 — Glazer, Nathan and David Moynihan. Beyond the Melting Pot. Cambridge: MIT Press, 1970.

Gray 1974 — Gray, Jack. Politics in command: the Maoist theory of social change and economic growth // Political Quarterly. 1974. Vol. 45. № 1. P. 26–48.

Greenwood et al. 2014 — Greenwood, Jeremy, Nezih Gruner, Georgi Kocharkov and Cezar Santos. Marry you like — assortrative mating and income inequality // American Economic Review. 2014. Vol. 104. № 5. P. 348–353.

Gulyás 2014 — Gulyás, László. Regionalization, Regionalism and the National Question. (1945–1980) // Prague Papers on the History of International Relations. 2014. Vol. 1. P. 127–139.

Guo 2004 — Guo Sujian. Economic Transition in China and Vietnam // Asian Profile. 2004. Vol. 32. № 5. P. 393–410.

Hall, Soskice 2001 — Hall, Peter and David Soskice (eds.). Varieties of Capitalism. Oxford: Oxford University Press, 2001.

Hamilton 1999 — Hamilton, Gary G. (ed.). Cosmopolitan Capitalists: Hong Kong and the Chinese Diaspora at the End of the Twentieth Century. Seattle: University of Washington Press, 1999.

Hamm et al. 2012 — Hamm, Patrick, Larry King and David Stuckler. Mass Privatization, State Capacity, and Economic Growth in Post-Communist Societies // American Sociological Review. 2012. Vol. 77. № 2. P. 295–324.

Hamza 2017 — Hamza, Gábor. Post-Socialist Legal Systems in Transition // Budapest Summer Legal Studies. Syllabus I. Constitutional Law. Reading Materials. New Orleans (Louisiana, USA), 2017. P. 1–10.

Hanké et al. 2007 — Hanké, Bob, Martin Rhodes and Mark Thatcher. Beyond Varieties of Capitalism. Oxford: Oxford University Press, 2007.

Hankiss 1990 — Hankiss, Elemér. East European Alternatives. Oxford: Clarendon Press, 1990.

Hausmaninger 1995 — Hausmaninger, Herbert. Toward a new Russian Constitutional Court // Cornell Internatiional Law Journal. 1995. Vol. 28. № 2. P. 349–385.

Hegedűs 2013 — Hegedűs, Zsuzsa. Orbán igazi szociáldemokrata (Orbán, a genuine social democrat) // Heti Válasz. 2013, December 4.

Henderson 1976 — Henderson, Bruce. The Rule of Three and Four. 1976. URL: https://www.bcg.com/publications/1976/business-unit-strategy-growth-rule-threefour.aspx (дата обращения 18.05.2023).

Herbertsson, Orszag 2003 — Herbertsson, Tryggvi Thor and Mike Orszag. The Early Retirement Burden. Watson Wyatt Technical Reports, Report 2003. LS04. 2003.

Hill, Gaddy 2013 — Hill, Fiaona and Clifford Gaddy. Operative in the Kremlin. Washington, DC: Brookings Focus Book, 2013.

Ho 2001 — Ho, Peter. Who Owns China's Land? Policies, Property Rights and Deliberate Institutional Ambiguity // China Quarterly. 2001. Vol. 166 (June). P. 394–421.

Horvat 1982 — Horvat, Branko. The Political Economy of Socialism. Armonk, N.Y.: M. E. Sharpe, 1982.

Hsing 1998 — Hsing You-tien. Making Capitalism in China. New York: Oxford University Press, 1998.

Hu 2007 — Hu Angang. Economic and Social Transformation in China. New York: Routledge, 2007.

Huang P. 2011 — Huang, Philip. Chongqing: equitable development driven by the 'third hand' // Modern China. 2011. Vol. 37. № 6. P. 569–562.

Huang P. 2012 — Huang, Philip. Profit-Making State Firms and China's Development Experience — 'State Capitalism' or 'Socialist Market Economy'? // Modern China. Vol. 38. № 6. P. 591–629.

Huang Y. 2008 — Huang, Yasheng. Capitalism with Chinese Characteristics. Cambridge: Cambridge University Press, 2008.

HSCO 1997 — Hungarian Central Statistical Office. Mikrocenzus 1996. Budapest: KSH, 1997.

Hunter 2011 — Hunter, Jack. What is Neoconservative? // The American Conservative. 2011, June 23.

Jowitt 1996 — Jowitt, Ken. Undemocratic past, unnamed present, undecided future // Democratizatsiya. 1996. Vol. 4. № 3. P. 409–419.

Kagarlitsky 2002 — Kagalitsky, Boris. Political Capitalism and Corruption in Russia // International Journal of Socialist Renewal. 2002 (May-August).

Kalecki 1970 — Kalecki, Michał. Theory of Growth in Different Social Systems // M. Kalecki, J. Osiatyński and B. Jung (eds.). Socialism, Economic Growth and Efficiency of Investments. Oxford: Clarendon Press, 1970. P. 111–118.

King 2003 — King, Lawrence Peter. Shock Privatization: The Effects of Rapid and Large Scale Privatization on Enterprise Restructuring // Politics and Society. 2003. Vol. 31. № 1. P. 3–30.

King, Szelényi 2005 — King, Lawrence Peter and Iván Szelényi. Post-Communist Economic System // Neil Smelser and Richard Swedberg (eds.). The Handbook of Economic Sociology. Princeton University Press, 2005. P. 205–229.

Kirby 2006 — Kirby, William. China's internationalization in the early People's Republic. Dreams of a socialist world economy // The China Quarterly. 2006. Vol. 188 (December). P. 870–890.

Kolosi, Róbert 2004 — Kolosi, Tamás and Péter Róbert. A magyar társadalom szerkezeti átalaku-lásának és mobilitásának fö folyamatai a rendszerváltás ota (Changes in Hungarian social stratification and mobility since the fall of communism) // Társadalmi Riport. Budapest: TÁRKI, 2004. P. 48–74.

Kolosi, Szelényi 2010 — Kolosi, Tamás and Iván Szelényi. Hogyan legyünk milliárdosok? (How to become a billionaire?) Budapest: Corvina, 2010.

Konrád, Szelényi 1979 — Konrád, György and Iván Szelényi. The Intellectuals on the Road to Class Power. New York: Harcourt, Brace and Jovanovich, 1979.

Kornai 1984 — Kornai, János. Bureaucratic and Market Coordination // Osteurope-Wirtschaft. 1984. Vol. 29. № 4. P. 306–319.

Kornai 1995 — Kornai, János. Eliminating the Shortage Economy: A General Analysis and Examination of developments in Hungary // Economics of Transition. 1995. Vol. 3. № 1. P. 13–37; № 2. P. 149–168.

Kornai 2001 — Kornai, János. Hardening the Soft Budget Constraint: The Experience of the Post-Socialist Countries // European Economic Review. 2001. Vol. 45. № 9. P. 1573–1600.

Kornai 2008 — Kornai, János. From Socialism to Capitalism. (8 essays). Budapest: Central University Press, 2008.

Kornai 2011 — Kornai, János. Számvetés (Taking stock) // Népszabadság. 2011, January 6. In English. URL: http://nol.hu/gazdasag/janos_kornai_taking_stock-938851 (дата обращения 18.05.2023).

Kornai 2013 — Kornai, János. Dynamism, Rivalry and Surplus Economy. Oxford: Oxford University Press, 2013.

Kornai 2014 — Kornai, János. Fenyegető veszélyek (Threatening Dangers) // Élet és Irodalom. 2014, May 13. In English. URL: http://www.kornai-janos.hu/Kornai2014%20Threatening%20dangers.pdf (дата обращения 18.05.2023).

Kornai 2016 — Kornai, János. The system paradigm revisited: Clarifications and additions in the light of experiences in the post-socialist region // Acta Oeconomica. 2016. Vol. 66. № 4. P. 547–596.

Kornai 2018 — Kornai, János. "About the value of democracy and other challenging research topics", Closing remarks at the Kornai90 conference, on February 22 // Köz-Gazdaság. 2018. Vol. 13. № 2. P. 59–63. URL: http://www.kornai-janos.hu/Kornai2018-Closing-remarks-Feb22.pdf (дата обращения 18.05.2023).

Kornai et al. 2003 — Kornai, János, Eric Maskin and Gerard Roland. Understanding Soft Budget Constraints // Journal of Economic Literature. 2003. Vol. 41. № 4. P. 1095–1136.

Kueh 2008 — Kueh, Y. Y. China's New Industrialization Strategy: Was Chairman Mao Really Necessary? Northampton, MA: Edward Elgar, 2008.

Kraus 2012 — Kraus, Richard Curl. The Cultural Revolution. A Very Short Introduction. Oxford: Oxford University Press, 2012.

Krueger 1974 — Krueger, Anne O. The political economy of rent-seeking society // American Economic Review. 1974. Vol. 64. № 3. P. 291–303.

Kuru 2002 — Kuru, Ahmet. The rentier state model and Central Asian Studies: the Turkmen Case // Alternatives. 2002. № 1 (1).

Kuznets 1955 —Kuznets, Simon. Economic Growth and Income Inequality // The American Economic Review. 1955 (March). Vol. 45. № 1. P. 1–28.

Ladányi 2012 — Ladányi, János. Leselejtezettek (Outcasts). Budapest: L'Harmattan Kiadó, 2012.

Ladányi, Szelényi 2014 — Ladányi, János and Iván Szelényi. Posztkommunista neo-konzevatizmus (Postcommunist neo-conservatism) // Élet és Irodalom. 2014, February 21.

Lange 1936–1937 — Lange, Oscar. On the Economic Theory of Socialism 1–2 // Review of Economic Studies. 1936–1937. Vol. 4. № 1. P. 53–71; Vol. 4. № 2. P. 123–142.

Lau et al. 2000 — Lau, Lawrence, Yingyi Qian and Gerard Roland. Reform without Losers. An Interpretation of China's Dual-Track Approach to Tramsition // Journal of Political Economy. 2000. Vol. 108. № 1. P. 120–143.

Lever-Tracy 2002 — Lever-Tracy, C. The Impact of the Asian Crisis on Diaspora Chinese Tycoons // Geoforum. 2002. Vol. 33. № 4. P. 509–523.

Li 2009a — Li, Cheng. China's Team of Rivals. 2009b. URL: www.brookings.edu/articles/2009/03_china_li.aspx (дата обращения 18.05.2023).

Li 2009b - Li, Cheng. Hu Jintao's Land Reform: Ambition, Ambiguity, Anxiety // China Leadership Monitor. 2009. Vol. 27. P. 1–27.

Lovitt 1958 — Lovitt, Craig E. Yugoslavia and the Soviet Union // Pakistan Horizon. 1958, September. Vol. 11. № 3. P. 156–165.Lobello 2013 — Lobello, Carmel. Why being an entrepreneur in Russia could land you in jail? // The Week. 2013, August 9. URL: http://theweek.com/article/index/248137 (дата обращения 18.05.2023).

Lu 2017 — Lu, Peng. The Horatio Alger Myth in China // China: An International Journal. 2017. Vol. 15. № 2. P. 4–26.

Madden 1998 — Madden, Kristen. The Political Economy of Han Fei Tzu and Adam Smith // Osoman Suliman (ed.). China's Transition to a Socialist Market Economy. Westport, CT: Quorum Books, 1998.

Magyar 2013 — Magyar, Bálint. A poszt-kommunista maffia-állam (Post-communist mafia-state, an interview with Eszter Rádai) // Élet és Irodalom. 2013, June 15.

Magyar 2014 — Magyar, Bálint (ed.). Magyar Polip, 2. (Post-communist Mafia State, vol. 2.) Budapest: Noran Libro, 2014.

Mahdavy 1970 — Mahdavy, Hussein. The Patterns and Problems of Economic Development in Rentier States // M. A. Cook (ed.). Studies in Economic History of the Middle East. London: Oxford University Press, 1970. P. 255–267.

Manza, Unger 2006 — Manza, Jeff and Christopher Unger. Locked Out: Fellow Disenfranchisements and American Democracy. New York: Oxford University Press, 2006.

Martin 2004 — Martin, Bradley K. Under the Loving Care of the Fatherly Leader: North Korea and the Kim Dynasty. New York: St. Martin's Press, 2004.

McCarty 2000 — McCarty, Adam. The Social Consequences of Economic Transition in Vietnam. 2000. URL: www.mekongeconomics.com (дата обращения 18.05.2023).

McNally 2008 — McNally, Christopher A. (ed.). China's Emergent Political Economy: Capitalism in the Dragon's Lair. London: Routledge, 2008.

Mesa-Lago 1974 — Mesa-Lago, Carmelo (ed.). Comparative Socialist Systems. Pittsburgh: Pittsburg University Press, 1974.

Mihályi 1993a — Mihályi, Péter. Hungary: a unique approach to privatization — past, present and future // I. Székely and D. Newberry (eds.). Hungary: An Economy in Transition. Cambridge University Press, 1993. P. 84–117; see also: Institute of Economics, Hungarian Academy of Sciences, Reprints, № 6.

Mihályi 1993b — Mihályi, Péter. Plunder squander plunder: The strange demise of state ownership in Hungary // The New Hungarian Quarterly. 1993 (Summer). P. 6–75.Mihályi 1993c — Mihályi, Péter. Property Rights and Privatization: The Three-Agent Model. A Case Study on Hungary // Eastern European Economics. 1993. Vol. 31. № 2 (Winter 1992–1993). P. 5–64.

Mihályi 1994 — Mihályi, Péter. Common Patterns and Particularities in Privatization: A Progress Report on the Transition Economies // Acta Oeconomica. 1994. Vol. 46. № 1–2. P. 27–62.

Mihályi 1996a — Mihályi, Péter. Management and Sale of Residual State Shareholdings in Hungary // Acta Oeconomica. 1996. Vol. 48. № 3–4. P. 331–346.

Mihályi 1996b — Mihályi, Péter. Privatization in Hungary: Now comes the 'Hard Core' // Communist Economies Economic Transformation. 1996. Vol. 8. № 2. P. 205–217.

Mihályi 1997a — Mihályi, Péter. Comment on the Hungarian Experience — Trade Sales versus Mass Privatization // Herbert Giersch (ed.). Privatization at the End of the Century. Berlin: Springer Verlag, 1997. P. 259–268.

Mihályi 1997b — Mihályi, Péter. Corporate governance during and after privatization: the lessons from Hungary // Frankfurter Institut für Transformationsstudien Discussion Papers. 1997. № 17/97.

Mihályi 1997c — Mihályi, Péter. On the Quantitative Aspects of Hungarian Privatization // Comparative Economic Studies. 1997. Vol. 39 № 2. P. 729–795.

Mihályi 2000a — Mihályi, Péter. Corporate Governance during and after Privatization: the Lessons from Hungary // E. F. Rosenbaum, F. Bönker, H.-J. Wagener (eds.). Privatization, Corporate Governance and the Emergence of Markets. Houndmills, etc.: Macmillan Press Ltd., 2000. P. 139–155.

Mihályi 2000b — Mihályi, Péter. FDI in Hungary: The Post-Communist Privatization Story Reconsidered // CEU Department of Economics Working Paper. WP2/2000. 2000.

Mihályi 2001a — Mihályi, Péter. The evolution of Hungary's approach to FDI in post-communist privatization // Transnational Corporations. 2001. Vol. 10. № 3. P. 61–74.

Mihályi 2001b — Mihályi, Péter. Foreign Direct Investment in Hungary: The Post-Communist Privatisation Story Reconsidered // Acta Oeconomica. 2001. Vol. 51. № 1. P. 107–129.

Mihályi 2014a — Mihályi, Péter. Post-Socialist Transition in a 25-Year Perspective // Acta Oeconomica. 2014. Vol. 64. № 1. P. 1–24.

Mihályi 2014b — Mihályi, Péter. Re-nationalization in post-communist Hungary, 2010–2013 // The Privatization Barometer Report 2013/2014, Fondazione Eni Enrico Mattei - KPMG. 2014. P. 46–50. URL: http://www.privatizationbarometer.net/PUB/NL/5/3/PB_AR2013-2014.pdf (дата обращения 18.05.2023).

Mihályi 2017 — Mihályi, Péter. The motivation of business leaders in socialist and market-based systems (An essay to celebrate the 90th birthday of János Kornai) // Economics and Business Review. 2017. Vol. 3 (17). № 3. P. 116–127. doi: 10.18559/ebr.2017.3.10, ISSN 2392-1641.

Mihályi 2018 — Mihályi, Péter (ed.). Ten Years after the 2008 International Financial Crisis (Seven essays) // Acta Oconomica. 2018. Vol. 68. Special Issue № 2.

Mihályi, Banász 2016 — Mihályi, Péter and Zsuzsanna Banász. Your neighbours' growth doesn't always matter — an empirical study of 45 transition economies // Anna Visvizi (ed.). Rethinking the OECD's role in global governance: members, policies, influence. Rocznik Instytutu Europy Srodkovo — Wschodniej (Yearbook of the Institute of East-Central Europe). 2016. Vol. 14. № 4. P. 101–127.

Mihályi, Szelényi 2017 — Mihályi, Péter and Iván Szelényi. Wealth and Capital: A Critique of Piketty's Conceptualisation of Return on Capital // Cambridge Journal of Economics. 2017. Vol. 41. № 4. (July). P. 1237–1247. https://doi.org/10.1093/cje/bew054.

Miszlivetz, Jensen 2014 — Miszlivetz, Ferenc and Jody Jensen (eds.). Reframing Europe's Future. Challenges and Failures of the European Constitution. London: Routledge, 2014.

Montias 1970 — Montias, John Michael. Communist Economics Systems // Jeremy R. Azrael and Chalmers Johnson (eds.). Change in Communist Systems. Stanford: Stanford University Press, 1970. P. 117–134.

Mouffe 2018 — Mouffe, Chantal. For a Left Populism. London: Verso, 2018.

Murray 1984 — Murray, Charles. Losing Ground: American Social Policy. New York: Basic Books, 1984.

Naughton 1999 — Naughton, Barry. China's Transition in Economic Perspective // Merle Goldman (ed.). The Paradox of China's Post-Mao Reforms. Cambridge: Cambridge University Press, 1999.

Nee 1989 — Nee, Victor. A Theory of Market Transition // American Sociological Review. 1988. Vol. 54. № 5. P. 663–681.

Nee, Opper 2007 — Nee, Victor and Sonja Opper. On politicized capitalism // Victor Nee and Richard Swedberg (eds.). On Capitalism. Stanford: Stanford University Press, 2007.

Nee, Opper 2012 — Nee, Victor and Sonja Opper. Capitalism From Below. Cambridge, MA: Harvard University Press, 2012.

Nohlen, Stöver 2010 — Nohlen, Dietrich and Philip Stöver. Elections in Europe: A Data handbook. Baden-Baden: Nomo, 2010.

Nove 1975 (1969) — Nove, Alec. An Economic History of the USSR. London: Penguin, [1969] 1975.

Oi 1992 — Oi, Jean. Fiscal Reform and the Economic Foundations of Local State Corporatism in China // World Politics. 1992. Vol. 45. № 1. P. 99–126.

Oi 1999 — Oi, Jean. Rural China Take Off. Institutional Foundation of Economic Reform. Berkeley: University of California Press, 1999.

Oi, Walder 1999 — Oi, Jean and Andrew Walder (eds.). Property Rights and Economic Reforms in China. Stanford: Stanford University Press, 1999.

Orbán 2014 — Orbán Viktor. Full text of Viktor Orbán's speech at Băile Tuşnad (Tusnádfürdő) of 26 July 2014. 2014, July 26. URL: https://budapest-beacon.com/full-text-of-viktor-orbans-speech-at-baile-tusnad-tusnadfurdo-of-26-july-2014/ (дата обращения: 2.02.2019).

Ossinovski 2010 — Ossinovski, Jevgeni. Legitimacy of Political Power in Putin's Russia. London: London School of Economics, MSc dissertation, 2010.

Oxfam 2015 — Oxfam. The Richest 1 % Will Earn More than the Rest by 2016. Oxfam Internbational, 2015.

Pearson 2016 — Pearson, Helen. The Life Project: The Extraordinary Story of Our Ordinary Lives. Berkeley: Soft Skull Press, 2016.

Pearson 2017 — Pearson. 2016 Annual Report. URL: www.pearson.com/ar2016.htm (дата обращения 18.05.2023).

Pempel 1999 — Pempel, T. J. The Enticement of Corporatism: Appeals of the 'Japanese model' in developing Asia // Denis McNamara (ed.). Corporations and Korean Capitalism. London: Routledge, 1999.

Peng 2005 — Peng Yusheng. Lineage Networks, Rural Entrepreneurship, and Max Weber // Research in Sociology of Work. 2005. Vol. 15. P. 327–355.

Peternelj 2005 — Peternelj, Mateja. Slow is beautiful? Slovenia's approach to transition // ECFIN Country Focus. 2005. Vol. 2. № 10.

Plumper 2012 — Plumper, Jan. The Stalin Cult: A Study in the Alchemy of Power. New Haven, CT: Yale University Press, 2012.

Pryor 1987 — Pryor, Frederic. Marxist Regimes Series // Journal of Comparative Economics. 1987. Vol. 11. № 1. P. 124–132.

Putnam 2015 — Putnam, Robert D. Our Kids. The American Dream in Crisis. Simon & Schuster Paperbacks, 2015.

Rawski 2007 — Rawski, Thomas G. Social Capabilities and Chinese Economic Growth // Wenfang Tang and Burkart Holzer (eds.). Social Change in Contemporary China. Pittsburgh, PA: University of Pittsburgh Press, 2007. P. 89–103.

Redding 1990 — Redding, Gordon. The Spirit of Chinese Capitalism. Berlin: Walter de Gruyter, 1990.

Reeves et al. 2012 — Reeves, Martin, Mike Deimler, George Stalk, and Pasini, Filippo L. Scognamiglio. BCG Classics Revisited, The Rule of Three and Four. 2012. URL: www.bcgperspectives.com/content/articles/business_unit_strategy_the_rule_of_three_and_four_bcg_classics_revisited/ (дата обращения 18.05.2023).

Rigby 1983 — Rigby, T. H. (ed.). Authority, Power and Policy in the USSR. London: Palgrave, 1983.

Rigby, Fehér 1992 — Rigby T. H. and Ferenc Fehér (eds.). Political Legitimacy and Communists States. New York: S. Martin Press, 1992.

Ripp 2014 — Ripp, Zoltán. Ellenzék a centrális erőtérben: a maffia állam ellenzéke (Opposition in the centralized political system: opposition to mafia state) // Bálint Magyar (ed.). Magyar Polip 2. Budapest: Noran Libro, 2014. P. 97–128.

Rizzi 1985 (1939) — Rizzi, Bruno. The Bureaucratization of the World. New York: The Free Press, [1939] 1985.

Rose 2000 — Rose, Richard. Uses of Social Capital in Russia // Post Soviet Affairs. 2000. Vol. 16. № 1. P. 33–57.

Ross 1999 — Ross, Michael L. The Political Economy of Resource Curse // World Politics. 1999. Vol. 51. № 1. P. 297–322.

Rutland 2009 — Rutland, Peter. Can Russia Escape the Oil Curse? // Richard Sakwa (ed.). Power and Policy in Putin's Russia. London: Routledge, 2009.

Roth, Schluchter 1979 — Roth, Günther and Wolfgang Schluchter. Max Weber's Vision of History. Berkeley: University of California Press, 1979.

Sachs 1990 — Sachs, Jeffrey. What is to be done? // The Economist. 1990, January 13.

Schluchter 1981 — Schluchter, Wolfgang. The Rise of Western Rationalism. Berkeley: University of California Press, 1981.

Schöpflin 2014 — Schöpflin, György. Europe. An Epistemological Crisis // Ferenc Miszlivetz and Jody Jensen (eds.). Reframing Europe's Future. Challenges and Failures of the European Constitution. London: Routledge, 2014.

Sharafutdinova 2011 — Sharafutdinova, Gulnaz. Political Consequences of Crony Capitalism inside Russia. Notre Dame: Notre Dame University Press, 2011.

Shevtsova 2000 — Shevtsova, Liliia Fedorovna. Can electoral autocracy survive? // Journal of Democracy. 2000. Vol. 11. № 3. P. 36–38.

Shi 1998 — Shi, Zhong Liang. Review of the Experience of Economic Reform in China // Osman Suliman (ed.). China's Transition to a Socialist Market Economy. Westport, CT: Quorum Books, 1998. P. 5–20.

Shills 1965 — Shills, Edward. Charisma, Order and Status // American Sociological Review. 1965. Vol. 30. № 2. P. 199–213.

Sidorenko 2011 — Sidorenko, Alexei. Avoiding the Resource Curse in Russia. Mission Impossible? // Future Challenges. Bertelsmann Stiftung, 15th June 2011.

Solow 2014 — Solow, Robert. Growth and the State of Economics // MIT Econ Talks. October 27, 2014. URL: www.econtalk.org/robert-solow-on-growth-and-the-state-of-economics (дата обращения 18.05.2023).

Sohm 1892 — Sohm, Rudolph. Kirchenrecht. Leipzig: Ducker und Humbolt, 1892.

Sørensen 2000 — Sørensen, Aage. Towards a sounder basis of class analysis // American Journal of Sociology. 2000. Vol. 105. № 6. P. 1523–1558.

Stark 1996 — Stark, David. Recombinant Property in East European Capitalism // American Journal of Sociology. 1996. Vol. 101. № 4. P. 993–1027.

Stark, Bruszt 1998 — Stark, David and László Bruszt. Post-socialist Pathways. Cambridge: Cambridge University Press, 1998.

Staniszkis 1990 — Staniszkis, Jadwiga. Political capitalism in Poland // East European Politics and Societies. 1990. Vol. 5. № 1. P. 127–141.

Stavrianos 1964 — Stavrianos, Leften Stavros. Balkan Federation: a History of Movement toward Balkan Unity in Modern Times. Hamden, CT. Anchon Books, 1964.

Swedberg 2005 — Swedberg, Richard. The Economic Sociology of Capitalism: An Introduction and an Agenda // V. Nee and R. Swedberg (eds.). The Economic Sociology of Capitalism. Princeton: Princeton University Press, 2005.

Šušteršič 2004 — Šušteršič, Janez. Political economy of Slovenia's transition // M. Mrak, M. Rojec and C. Silva-Jáuregui (eds.). Slovenia — From Yugoslavia to the European Union. Washington, DC: The World Bank, 2004. P. 399–411.

Szabó 2006 — Szabó, Márton (ed.). Fideszvalóság. Diskurziv politikai értelmezések (Fideszreality. Discoursive political interpretations). Budapest: L'Harmattan, 2006.

Szelényi 1978 — Szelényi, Iván. Social Inequalities in State Socialist Redistributive Economies // International Journal of Comparative Sociology. 1978. Vol. 19. № 1–2. P. 63–87.

Szelényi 1988 — Szelényi, Iván. Socialist Entrepreneurs. Cambridge: Polity Press, 1988.

Szelényi 1990 — Szelenyi, Ivan. Social costs of post-communist transition // Magyar Nemzet. 15 September 1990 (in Hungarian).

Szelényi 2002 — Szelényi, Iván. An Outline of the Social History of Socialism or an Auto-Critique of an Auto-critique // Research in Social Stratification. 2002. Vol. 10. P. 36–65.

Szelényi 2008 — Szelényi, Iván. Varieties of Post-communist Capitalism: Convergences and Divergences // Heinz-Dieter Assman (ed.). Perceptions of China: Images of a Global Player. Baden-Baden: L Nomos Verlag, 2008.

Szelényi 2009 — Szelényi, Iván. Essays on Socialism, Post-Communism and the New Class. In Chinese. Beijing: Publishing House of the Chinese Academy of Social Sciences, 2009.

Szelényi 2013a — Szelényi, Iván. Poverty and Social Structure in Transitional Societies. The First Decade of Post-Communism. In English and Bulgarian. Plovdiv: College of Economics and Administration, 2013.

Szelényi 2013b — Szelényi, Iván. Kapitalizmusok a kommunizmus után (Capitalisms after communism) // Magyar Bálint (ed.). Magyar Polip. Budapest: Noran Libro, 2013. P. 89–99.

Szelényi et al. 1996 — Szelényi, Iván, Szonja Szelényi and Winifried R. Poster. Interests and symbols in post-communist political culture: the case of Hungary // American Sociological Review. 1996. Vol. 61. № 3. P. 466–477.

Szelényi, Mihályi 2018 — Szelényi, Iván and Péter Mihályi. A nemzetállamok ellenforradalma [The counter-revolution of nation-states] // Élet és Irodalom. 2018, June 1. Vol. 62. № 22.

Szelényi, Szelényi 1991 — Szelényi, Iván and Szonja Szelényi. The Vacuum in Hungarian Politics // New Left Review. 1991. Vol. 187 (May-June). P. 121–128.

Szelényi, Wilk 2010 — Szelényi, Iván and Katarzyna Wilk. From Socialist Workfare to Capitalist Welfare State // Glenn Morgan et al. (eds.). The Oxford Handbook of Comparative Institutional Analysis. Oxford: Oxford University Press, 2010.

Szűcs 1981 — Szűcs, Jenő. Jegyzetek Európa három történeti régiójáról (Notes on the three historic regions of Europe) // Történeti Szemle. 1981. Vol. 24. № 3. P. 313–359.

Szűcs 2006 — Szűcs, Zoltán Gábor. Újkonzervativ forradalom. A nyelvi újítás, mint diskurzív stratégia az 1998-as kormányprogram vitájában (Neoconservative revolution. Linguistic innovation as discoursive strategy in the 1998 debate on the program of the government) // Szabó Márton (ed.). Fideszvalóság. Diskurziv politikai értelmezések. (Fideszreality. Discoursive political interpretations). Budapest: L'Harmattan, 2006.

Szűcs 2012 — Szűcs, Zoltán Gábor. A magyar politikai diskurzus változásai 2000 óta (Changes in the Hungarian political discourse since the year 2000 // Zsolt Boda and András Körösényi (eds.). Van irány? Trendek a magyar politikában (Is there a direction? Trends in Hungarian politics). Budapest: MTATKPTI, 2012.

Tamás 2014 — Tamás, Gáspár Miklós. Az ellenzéket is le kell váltani // Élet és Irodalom. 2014, January 3.

Tardos 1975 — Tardos, Márton. Enterprise independence and central management // Acta Oeconomica. 1975. Vol. 15. № 1. P. 17–32.

Taylor 2013 — Taylor, Adam. Pat Buchanan Tells the Truth About Vladimir Putin that American Conservatives Don't want to hear. 2013, December 17. URL: http://www.businessinsider.com/is-vladimir-putin-a-US-style-conservative-2013-12 (дата обращения 18.05.2023).

Teiwes 1984 — Teiwes, Frederick. Leadership, Legitimacy, And Conflict in China: From a Charismatic Mao to the Politics of Succession. London: MacMillan, 1984.

Thompson 1991 (1963) - Thompson, Edward Palmer. The Making of the British Working Class. Toronto: Penguin Press, [1963] 1991.

Titma et al. 1998 — Titma, Mikk, Tuma, Nancy Brandon, and Silver, Brian D. Winners and Losers in the Postcommunist Transition: New Evidence from Estonia // Post-Soviet Affiars. 1998. Vol. 14. № 2. P. 114–136.

Tóth, Szelényi 2019 — Tóth, István György and Iván Szelényi. The upper middle class: a new aristocracy? // Social Report. Budapest: TÁRKI, 2019.

Tullock 1967 — Tullock, Gordon. Welfare Costs of Tariffs, Monopolies and Thefts // Western Economic Journal. 1967. Vol. 5. № 3. P. 224–252.

Treisman 2010 — Treisman, Daniel. Rethinking Russia. Is Russia cursed by Oil? // Journal of International Affairs. 2010. Vol. 63, № 2. P. 85–102.

Treml 1968 — Treml, Vladimir G., ed. The Development of the Soviet Economy: Plan and Performance. N.Y.: Praeger, 1968.

Trencsényi 2014 — Trencsényi, Balázs. Minek nevezzelek? (By what name can I call you?) // Bálint Magyar (ed.). Magyar Polip 2. Budapest: Noran Libro, 2014. P. 49–68.

Vidmar 2000 — Vidmar, Andreja Kavar. Social Exclusion and Poverty in Slovenia. Brussels: Obser-vatoire Social Europeen, 2000.

Vogel 1991 — Vogel, Ezra. The Four Little Dragons: the Spread of Industrialization in East Asia. Cambridge: Harvard University Press, 1991.

Voszka 1993 — Voszka, Éva. Spontaneous Privatization in Hungary: Preconditions and Real Issues // John Earl, Roman Frydman, Andrzej Rapaczynski (eds.). Privatization in the Transition to a Market Economy. St. Martin's Press and Pinter Publishers, 1993. P. 89–107.

Vörös 2015 — Vörös, Imre. Hungary's Constitutional Evolution During the Last 25 Years // SÜDOSTEUROPA. 2015. Vol. 63. № 2. P. 173–200.

Walder 1988 — Walder, Andrew. Communist Neo-Traditionalism. Berkeley: University of California Press, 1988.

Walder 1996 — Walder, Andrew. Markets and Inequality in Transitional Economies // American Journal of Sociology. 1996. Vol. 101 № 4. P. 1060–1073.

Walder 2000 — Walder, Andrew. Politics and Life Chances in a State Socialist Regime // American Sociological Review. 2000. Vol. 65. № 2. P. 191–209.

Wang 2003 — Wang, Hui. China's New Order. Cambridge: Harvard University Press, 2003.

Weber 1951 (1915) — Weber, Max. The Religion of China. New York: Free Press, [1915] 1951.

Weber 1947 — Weber, Max. The Theory of Social and Economic Organization. From Wirtschaft und Gesellschaft, translated by Talcott Parsons. New York: Then Free Press, 1947.

Weber 1978 — Weber, Max. Economy and Society. Berkeley: University of California Press, 1978.

Weber 1999 — Weber, Max. Max Weber Gesamtausgabe. Band 22–5. Tübingen: Mohr and Siebeck, 1999.

Weber 2005 — Weber, Max. Max Weber Gesamtausgabe. Band 22–4. Tübingen: Mohr and Siebeck, 2005.

Weber 2010 — Weber, Max. Max Weber Gesamtausgabe. Band 22–1. Tübingen: Mohr and Siebeck, 2010.

Weber 2013 — Weber, Max. Max Weber Gesamtausgabe. Band 23. Tübingen: Mohr and Siebeck, 2013.

Whitman 2013 — Whitman, Richard G. The neo-normative turn in theorising the EU's international presence // Cooperation and conflict. № 48, 2013 (6). P. 171–193.

Whitmore 2013 — Whitmore, Brian. Vladimir Ilyich Putin, Conservative Icon // The Atlantic. 2013, December 20. URL: http://www.theatlantic.com/international.archive/2013/12/vladimir-putin-the-conservative-icon (дата обращения 18.05.2023).

Whyte 2007 — Whyte, Martin K. A Sociological Perspective on China's Development Record. Paper presented at the conference Rule and Reform in the Giants: China and India Compared, Harvard University, 2007. Manuscript.

Whyte 2009 — Whyte, Martin K. Paradoxes of China's Economic Boom // The Annual Review of Sociology. 2009. Vol. 35. № 1. P. 371–392.

Wong, Lai 2006 — Wong, John and Hongyi Lai (eds.). China into the Hu-Wen Era: Policy Initiatives and Challenges. Singapore: World Scientific Publishing, 2006.

Woolridge 2012 — Wooldridge, Abdiran. The Visible Hand // The Economist. 2012, 21 January.

Xie, Hannum 1996 — Xie, Yu and Emely Hannum. Regional Variation in Earning inequality in Reform Era Urban China // American Journal of Sociology. 1996. Vol. 101. № 4. P. 950–992.

Xin, Soboleva 2014 — Xin Lu and Elena Soboleva. Personality Cult in Modern Politics: Cases from Russia to China. Working Papers of the Center for Global Politics. Berlin: Freie Universität, 2014.

Xu et al. 2017 — Xu, Hengzhou, Zhao Yihang, Tan Ronghusi and Yin Hongchun. Does the policy of rural land rights confirmation promote the transfer of farmland in China? // Acta Oeconomica. 2017. Vol. 67. № 4. P. 643–672.

Yamaoka 2007 — Yamaoka, Kanako. Comparison of Two Remaining Socialist Countries — Cuba and Vietnam. Harvard University, USJP Working paper 07–15, 2007.

Yates 1996 — Yates, Douglas. The Rentier State in Africa: Oil Rent Dependency and Neocolonialism in the Republic of Gabon. Trenton/Amsara: Africa World Press, 1996.

Yeung 2004 — Yeung, Henry Wai-Chung. Chinese Capitalism in a Global Era. London: Routledge, 2004.

Yu 2005 — Yu, Guangyunan. Accomplishments and Problems: A review of China's Reform in the Past Twenty-three Years // Tian Yu Cao (ed.). The Chinese Model of Modern Development. London: Routledge, 2005. P. 23–53.

Именной указатель

Предметный указатель

Оглавление

Научное издание

Иван Селеньи, Петер Михайи

РАЗНОВИДНОСТИ ПОСТКОММУНИСТИЧЕСКОГО КАПИТАЛИЗМА

Сравнительный анализ России, Восточной Европы и Китая

Директор издательства *И. В. Немировский*
Ответственный редактор *И. Белецкий*
Куратор серии *Е. Яндуганова*
Заведующая редакцией *О. Петрова*

Дизайн *И. Граве*
Редактор *А. Пахомова*
Корректор *А. Филимонова*
Верстка *Е. Падалки*

Подписано в печать 30.06.2023.
Формат издания 60 × 90 $^{1}/_{16}$. Усл. печ. л. 26,1.

Academic Studies Press
1577 Beacon Street, Brookline, MA 02446 USA
https://www.academicstudiespress.com